경세치용의 공공리더십

-세상을 바꾸는 리더의 힘-

경세치용의 **공공리더십**

Public Leadership

도서출판 윤성사 179

경세치용의 공공리더십
-세상을 바꾸는 리더의 힘-

제1판 제1쇄 2022년 12월 30일
　　제2쇄 2023년 12월 8일

엮 은 이 **경제·인문사회연구회 · 한국행정연구원 공편**
　　　　　김경희·김기찬·김문조·김선욱·김택환·김형곤·박상철·백기복·
　　　　　성경륭·송재소·신용하·윤종록·이정우·제장명·한인섭
펴 낸 이 정재훈
꾸 민 이 안미숙

펴 낸 곳 도서출판 윤성사
주　　소 서울특별시 서대문구 서소문로 27, 충정리시온 제지층 제비116호
전　　화 대표번호_02)313-3814 / 영업부_02)313-3813 / 팩스_02)313-3812
전자우편 yspublish@daum.net
등　　록 2017. 1. 23

ISBN 979-11-91503-90-6 (03350)

값 24,000원

ⓒ 경제·인문사회연구회 · 한국행정연구원, 2022

지은이와의 협의에 따라 인지를 생략합니다.

이 책의 전부 또는 일부 내용을 재사용하려면 반드시 사전에 저작권자와
도서출판 윤성사의 동의를 받아야 합니다.

잘못 만들어진 책은 구입하신 서점에서 교환 가능합니다.

경세치용의 공공리더십

Public Leadership

-세상을 바꾸는 리더의 힘-

경제·인문사회연구회 • 한국행정연구원 공편

발간사

　우리 사회가 빠르게 변하고 있습니다. 블록체인과 인공지능의 출현, 4차 산업의 장밋빛 미래 뒤에 확대되는 인간 노동의 소외, 플랫폼 경제의 편리함 뒤에 숨겨진 자본의 집중, 급변하는 세계 질서와 신냉전체제의 도래, 그리고 그 한복판에서 전쟁과 평화의 기로에 서 있는 동아시아 정세….

　그 와중에 들려오는 여러 가지 소식도 우리 마음을 더욱 무겁게 합니다. 기후 위기와 각종 자연재해, 그리고 사회적 재난에 이르기까지 미래의 불확실성이 갈수록 커지는 '위험사회'의 재난은 더욱 대형화, 복합화되고 있고, 그나마 정확한 예측이 아예 불가능해지고 있습니다.

　그런 만큼 파편으로 흩어진 각 개인이 혼자서 이 모든 변화를 따라잡는다는 건 기대할 수 없습니다. 더욱 심각한 것은 기존의 국정관리시스템으로 이 모든 변화에 신속하고 효과적으로 대처하는 것이 사실상 불가능해졌다는 것입니다. 시스템과 프로세스는 그것이 아무리 정교하게 설계되었다고 해도 한번 구축되고 형태를 갖추는 순간, 자기유지(self-maintenance) 논리에 빠져 예외적인 상황에 민첩하게 반응하기 어렵습니다.

　그 때문에 바로 이 지점에서 우리 시대의 공공리더십이 얼마나 중요한지 다시 생각하게 됩니다. 기존의 국정관리시스템에 내재된 공백을 메워 줄 수 있는 것은 종이에 잉크로 박제된 법과 제도가 아니라 삶의 현장에서 살아 숨 쉬며 그 시스템을 관리하고 운용하는 관리자들의 리더십이기 때문입니다. 그것도 공공성에 대한 깊은 성찰과 공동체에 대한 진실한 애정으로 무장된 공공리더십이야말로 법과 제도의 흠결을 막아 주고, 나아가 그를 더 풍요롭게 해석하고 운용할 수 있는 원동력이 된다고 믿습니다.

　경제·인문사회연구회와 한국행정연구원이 공공리더십에 관한 대중서를 기획하게 된 것은 이런 믿음에서입니다. 생활 현장에서 맞닥뜨리는 수많은 난제들을 적시에 예방하고 해결할 수 있는 역량은 시스템과 매뉴얼 자체가 아니라 그것을 해석하고 적용하는 사람의 마음(mind) 속에 내재되어 있다는 것입니다.

Public Leadership

비단 국정 운영을 책임지는 공직자들만의 이야기는 아닙니다. 갈수록 공적 영역과 사적 영역의 경계가 모호해지고, 민·관 협력이 중요해지는 현대 정치·행정시스템에서 국정 운영에 관심을 가진 이라면 누구든 공공리더십에 대한 고민을 함께 나눌 수 있습니다. 그래서 이 책이 작게는 공직사회 도처에서 오늘도 묵묵히 헌신하는 대한민국 공무원들에게, 크게는 맡은 바 일터에서 이 나라의 역사와 시대에 책임감을 가지고 하루하루 성실하게 일하는 대한민국 시민 모두에게 작으나마 알찬 교양서가 되기를 희망합니다.

이 책은 크게 3부로 나뉘어져 있습니다. 제1부는 한류의 초석이 된 우리의 리더십을 다룹니다. 충무공 이순신, 다산 정약용, 도산 안창호, 가인 김병로 등 한국사의 중심에서 도도하게 흐르는 공공리더십의 거인들 이야기입니다. 제2부는 500년 세계 패권을 이끈 서구의 리더십을 소개합니다. 마키아벨리, 빌리 브란트, 한나 아렌트, 에이브러햄 링컨, 올로프 팔메, 시몬 페레스, 마틴 루터 킹 등 세계사의 현장에 펼쳐진 공공리더십의 형태와 원리를 살펴봅니다. 그리고 제3부는 우리 시대의 화두이기도 한 통합의 리더십을 위해 필요한 이론적 성찰을 담습니다. 시대를 가로지르는 실용적 리더십과 화합적 리더십, 그리고 불평등과 포퓰리즘의 예방과 대응을 위한 포용국가론이 그것입니다.

아직 우리 사회에 생경한 공공리더십의 길로 여러분을 초대합니다. 소복이 쌓인 흰 눈 위로 처음 걸어 보는 길일 수도 있습니다. 같이 손잡고 걸어볼 것을, 감히 청합니다.

2022년 12월

경제·인문사회연구회 이사장 **정해구**
한국행정연구원장 **최상한**

목차

발간사 4

제1부 공공리더십 – 한류의 초석이 되다 10

1. 충무공 이순신의 혁신적 사고, 국가 위기를 극복하다 13

들어가며 • 13
조정의 수군 정책에 대한 대응 전략 • 14
나오며: 정책적 함의 • 27
이순신 혁신적 사고의 연원(淵源) • 14
자체 판단에 따른 조선 수군 운영 전략 • 21

2. 다산 정약용, 『목민심서』의 공공리더십 29

들어가며 • 29
『목민심서』 집필의 동기 • 32
하급 관리의 단속 • 38
나오며 • 44
『목민심서』의 편찬 • 30
수령의 위치와 역할 • 34
삼정의 문란과 그 폐해 • 41

3. 독립운동 지도자, 도산 안창호의 리더십 46

안창호의 민족과 국가의 재발견 • 46
안창호 리더십 형성의 제2기와 그 특징 • 60
안창호 리더십의 특징 • 72
안창호 리더십 형성의 제1기와 그 특징 • 53
안창호 리더십 형성의 제3기와 그 특징 • 68

4. 가인 김병로와 사법 리더십 73

들어가며 • 73
법학도·법학교수로서 김병로 • 75
항일 민족 변호사로서 김병로 • 78
1930년대의 김병로 변호사 • 82
해방 직후 정치 현실 속에서 • 85
초대 대법원장 김병로 • 88
민주주의의 파수꾼 김병로 • 96
청(소)년기의 김병로 • 74
판사를 거쳐 변호사 입문 • 77
신간회와 사회운동가로서 김병로 • 81
일제 말 은거와 지조 지켜내기 • 84
미군정기 사법부장 김병로 • 86
법전편찬위원회 위원장 김병로 • 92
김병로의 리더십 • 99

5. 성군(聖君)의 조건 103

당 태종과 위징 • 103
외유내강의 장손황후 • 112
성군의 조건 • 116
범안감간하는 신하들 • 108
당 태종의 최후 • 114

제2부 서양의 공공리더십-500년 세계 패권을 이끌다　118

6. 『군주론』, 공존의 리더십　121

들어가며 • 121
나오며 • 131
관계와 활력의 리더십 • 122

7. 빌리 브란트의 비전 리더십　135

대한민국, 왜 독일에 주목하는가? • 135
나치의 만행에 독일 총리로 처음 무릎 꿇어 • 136
'접근을 통한 변화'를 내건 동방정책으로 통일 초석 놓아 • 137
사생아로 태어나 험난한 유년기를 거쳐 • 139　젊은 시절 나치와 투쟁 • 140
냉전과 분단의 상징인 베를린을 선택 • 142
더 큰 정치를 위해 '나치 부역자 세력'과도 연정 • 144
'더 많은 민주주의를 위해 • 145
총리실 비서관 기욤의 동독 간첩사건으로 총리직에서 물러나 • 146
김대중 구명운동에 앞장서는 등 왕성한 국제 활동 • 147
브란트 총리 리더십이 주는 함의와 시사점 • 149

8. 한나 아렌트와 공공성의 리더십　150

한나 아렌트는 누구인가? • 150
사안의 정치적 차원을 읽어 내는 리더십 • 152
공공성을 실현하는 리더십 • 154　관료주의를 극복하는 리더십 • 156
독단을 넘어서는 리더십 • 157　예측 불가능성을 예측하는 리더십 • 159
민주주의의 역동성을 이용하는 리더십 • 160　어떻게 이런 리더십이 가능한가? • 161

9. 에이브러햄 링컨의 공공리더십　162

들어가며 • 162
과미심괴(誇美甚愧): 아름다움을 과장하는 것을 멀리하시오 • 164
문어농부(問於農夫): 현장에 답이 있다 • 168
여지소이(予之所倚): 너를 믿는다는 말 한 마디가 사람을 바꿔 놓는다 • 171
유심간택(留心揀擇): 온 마음을 기울여 인재를 찾으시오 • 174
사위미성(事爲未成): 업(業)을 행하는 자, 맡은 사명을 명심하십시오 • 182
독단위지(獨斷爲之): 반대를 무릅쓰고 추진해야 할 일이 있다 • 187
선장악단(善長惡短): 장점은 오래, 단점은 짧게 기억하시오 • 192
나오며 • 199

목차

10. 올로프 팔메의 정치철학과 상생의 리더십  201

들어가며 • 201
정치철학 • 203
팔메의 국내 정치 및 국제 정치 접근 방법 • 214
팔메의 정치 리더십 • 226
나오며 • 229

11. 시몬 페레스의 탈피오트 리더십  232

들어가며 • 232
혁신을 위한 파괴: 거꾸로 보이는 거울, 플립 미러를 준비하자 • 234
탈피오트, 최고 중 최고를 지향하라 • 236   새로운 술은 새 부대에 • 238
과거의 기억이 아닌 미래로의 여행, 상상 • 239   무한의 자유, 실패의 용인 • 241
목표 지향의 인재가 빠르게 성장한다 • 243
틀을 깨는 사고로 1%의 차이를 만들 수 있어야 • 245
현장에 답이 있다 • 246
또 하나의 지구, 사이버 세상을 지배하라 • 248   영향력 • 249
보이는 것보다 보이지 않는 것의 가치를 추구 • 251
우주를 다시 보자, 2차원의 면적을 3차원의 공간으로 • 253
미사일 사령부, 단계적 방어망 • 255   티쿤 올람, 세상의 소금이 되자 • 256
두뇌, 국제 사회로 가는 여권 • 258   탈피오트의 힘은 개인 아닌 네트워크 • 260
스칼라가 아니라 벡터를 지향하라 • 262   탱크, 미사일에서 이제는 생명으로 • 263
나오며 • 265

12. 공감한다. 고로 존재한다.
호모 엠파티쿠스: 링컨과 마틴 루터 킹의 공감 리더십 267

들어가며 - 링컨의 공감과 포용 리더십 • 267   라이벌을 포용한 링컨 리더십 • 268
링컨의 게티즈버그 국민 공감 연설 • 269   공감, Why? • 270
공감, How? - 공감한다. 고로 존재한다 • 271   아담 스미스가 본 인간의 본성 • 271
아담 스미스의 사람중심경제: 공감과 포용, 그리고 보이지 않는 손 • 273
호모 엠파티쿠스 • 274   공감, What? • 274
나오며: 리더들을 위한 함의 • 275

제3부 미래를 준비하는 화합의 리더십   278

13. 세종대왕과 벤저민 프랭클린: 시대와 대륙을 가로지르는 실용적 리더십   281

    세 가지 리더십 • 281
    세종대왕과 벤저민 프랭클린의 실용적 리더십 • 282
    세종 리더십: 정책적 함의 6제(六題) • 287

14. 단절사회, 화합적 통합의 길   293

    들어가며 • 293   사회 불안 • 294
    사회 격차: 양극화 • 295   사회 갈등 • 297
    불평등 시대의 사회 통합 원리 • 298   대안적 사회통합론의 요청 • 300
    넬슨 만델라의 용서와 화해 • 302   화해적 통합론의 의의 • 304
    화합적 성숙사회를 향해 • 308

15. 민주주의와 포용국가: 불평등과 포퓰리즘의 예방과 대응   314

    들어가며 • 314   민주주의와 포용국가의 기원 • 315
    세계사의 진행: 민주주의와 포용국가의 병행 발전 • 317
    근현대 민주주의의 작동과 포퓰리즘의 확산 • 320
    불평등을 확대하는 다양한 메커니즘 • 321   불평등의 정치적 결과 • 327
    포스트 코로나 시대 대응 방안 • 329   나오며 • 332

참고 문헌   334
저자 소개   340

경세치용의 공공리더십

Public Leadership

제1부

공공리더십
– 한류의 초석이 되다

Public Leadership

Public Leadership

우리나라의
리더십
-한류의 초석이 되다

충무공 이순신의 혁신적 사고, 국가 위기를 극복하다

제장명

들어가며

혁신이란 이제까지 이뤄지지 않았던 새로운 방법이 도입돼 관습, 조직, 방법 등을 완전히 바꿔 새롭게 하는 것을 가리킨다. 이순신 사고의 기저에는 임진왜란이라는 전쟁을 맞아서 기존의 고식적인 제도의 범위 내에서 수군을 운영하다가는 전쟁에서 승리를 거두기 어렵다는 인식이 있었다.

이 글에서는 그의 혁신적인 사고에 대해 정리해 보고 그것이 해전 승리에 어떻게 연결돼 당시의 전쟁을 극복하는 데 기여할 수 있었는가를 살펴보고자 한다. 이를 위해 먼저 이순신(李舜臣, 1545-1598)이 혁신적 사고를 갖게 된 연원을 알아보고, 혁신적 사고의 발휘 사례를 조정의 수군 정책에 대한 대응 전략 차원과 자체 판단에 따른 수군 운영 전략 차원에서 정리하고자 한다.

이순신 혁신적 사고의 연원(淵源)

이순신이 혁신적 사고를 형성하게 되는 과정을 요약하면 다음과 같다.

먼저 어릴 때 유학(儒學)을 공부하면서 유학의 기초 이념인 충·효·예·민본주의 사상을 형성해 나갔다는 것이다. 그러다가 21세에 결혼한 후 22세부터 무과를 준비하면서 수많은 병법 서적을 탐독했다. 이를 통해 병법에 대한 전문지식과 장수의 기본 자질인 통찰력을 기를 수 있었다.

이순신은 32세에 무과에 급제한 후 남북의 변방 지역에서 무관으로서 다양한 직책을 경험해 나갔다. 이 과정에서 실전 경험을 통한 통찰력의 발전을 이룰 수 있었다. 그러다가 그의 나이 45세 되던 해에 정읍 현감직을 수행하게 되는데, 이때 백성을 다스려 본 경험은 그의 독특한 애민사상을 형성하는 계기가 된다.

그 후 정읍 현감에 있던 이순신이 전라좌수사로 승진해 임명되는데 이는 서애(西涯) 류성룡(柳成龍)의 추천에 의해서였다. 그리고 류성룡은 영의정 등 조정의 요직에 있으면서 이순신의 다양한 정책 건의를 수용함으로써 그가 마음껏 혁신적인 포부를 펼칠 수 있도록 적극적인 지원을 아끼지 않았다. 이순신은 류성룡 덕분에 혁신적 사고의 발휘 기회를 가지게 된 것이다.

한편으로 이순신은 일상생활을 하면서 언제나 자신에게 엄격하고 타인에게 모범이 되는 생활을 견지함으로써 올바른 가치관을 형성할 수 있었다. 이러한 점이 이순신에게 혁신적 사고를 하게 만들었다고 볼 수 있다.

조정의 수군 정책에 대한 대응 전략

이순신이 전라좌수사를 본직으로 수군 지휘관으로 근무하면서 조정의 지시에 따라 수군 운영 방향을 결정했다. 그런데 조정의 지시가 이순신이 생각하고 추진하는 방향과 상충되는 경우가 있었다. 이럴 경우 이순신은 조정의 지시에 따르지 않고 자신의 방안을 제시하면서 조정을 설득하는 노력을 기울였다. 그러나 그 과정은 결코 쉽지 않았다.

임진왜란 직전 방왜육전 지시에 대한 방왜해전 주장

다음 기록(『선묘중흥지(宣廟中興志)』)을 먼저 살펴보자.

선조 24년(신묘) 7월에 비변사에서 논의하기를, 왜적들이 해전에는 능하지만 육지에 오르기만 하면 민활하지 못하다 해서 육지 방비(防備)에 전력하기를 주장하고 대장 신립(申砬)은 수군을 철폐하자고 청해서 마침내 호남과 영남의 큰 고을의 성들을 증축하고 수보(修補)하도록 명령했다. 이때 전라좌수사 이순신이 장계(狀啓)를 올려 "바다로 오는 적을 막는 데는 수군만한 것이 없으니 수군을 없앨 수는 없습니다."라고 하니 그대로 따랐다. 이때 벌써 왜와의 흔단(釁端: 틈)이 벌어졌건만 조정과 민간은 무사태평으로 지내고 순신만이 홀로 걱정해 크게 전함을 수보하고 군사들을 다스림에도 법도가 있었다.

비변사에서 유사시 일본군을 육지에서 막으라고 했을 때 이순신의 판단 근거는 다음과 같다고 할 수 있다. 당시 일본은 봉건영주들 간의 패권 쟁탈전인 전국시대(戰國時代)가 종전된 지 얼마 지나지 않은 시점이었다. 일본의 전투 양상은 주로 육지에서 공성전(攻城戰)의 형태였다. 이순신은 일본의 정세에 대해 정보망을 가동해 파악했는데, 그 방법이란 것이 주로 해상 표류인 등의 증언이었다.

이순신은 당시 장차전에 대한 대비를 하는 와중에 유사시 전쟁 수행 방법에 대한 개념을 체계적으로 정립해 나가고 있었다. 그리고 최근의 일본군 전술에 대한 파악을 했는데, 그것은 이순신이 부임하기 4년 전에 있었던 1587년 손죽도해전의 교훈을 통해서였다. 손죽도해전의 경과 상황을 기록한 내용을 살펴봤을 때 이순신은 조선 수군이 준비만 잘하면 해전 수행 시 승리할 수 있다고 봤다. 반면에 일본군을 육지에서 막게 될 경우 수군은 무용지물이 되는 것은 물론이고, 유사시 일본군을 육지에 상륙시킨다면 승패를 떠나 그 자체만으로도 백성들에게 피해를 줄 수 있다는 생각이었다.

이에 이순신은 자신의 생각을 정리해 장계로 건의했는데, 조정에서는 이순신의 건의를 수용해 해상 방어를 병행하도록 지시했다. 이순신의 노력으로 수군은 존속됐으며, 전쟁 시작 후 해전 전반에서의 승리로 전쟁 극복이 가능해졌다. 요컨대 이순신은 전쟁이 일어나기 전에 이미 나라를 구한 것이라고 해도 과언이 아닐 것이다.

한산도 통제영 시기 수군만의 과거 시행 관철

이순신이 삼도수군통제사로서 한산도에 주둔한 지 3개월이 지났을 무렵 전라도 관찰사 이정암(李廷馣)의 서장(書狀)이 도착했다. 그 내용은 광해군이 주도하는 무과시험이 1593년 12월 27일 무군사(撫軍司)가 있는 전주부에서 시행된다는 것이었다. 이에 수군 장정들도 다수 참가할 수 있도록 하라는 지시였다.

이에 이순신은 수군의 경우 한산도에서 진중무과를 시행하게 해 줄 것을 건의했다. 과거 장소인 전주는 한산도와 너무 멀어서 전선을 타고 갈 경우 제 기한 내에 도착하지 못한다는 것과 적과 서로 대진해 있는 때에 뜻밖의 환란이 없지 않을 것이므로 정군(正軍) 용사들을 일시에 내보낼 수 없다는 것이 그 이유였다. 그러면서 수군의 경우 한산도에는 기사(騎射: 말 타고 활을 쏘는) 종목을 수행할 공간이 없으므로 대신 편전(片箭: 작고 짧은 화살)을 쏘는 종목으로 변경시켜 달라는 요청까지 했다.

이러한 보고를 받은 광해군은 이순신이 매우 건방지다고 인식하게 됐다. 그래서 직접 오라고 호출했지만 이순신은 전시임을 감안해 갈 수 없다고 거부했다. 이러한 사안에 대해 선조는 후일 이순신의 태도를 비판한 적도 있다. 이순신은 상당히 곤란한 상황에 처할 수 있었다.

　그렇지만 이순신은 끊임없이 서신을 보내 광해군을 잘 설득해서 진중무과를 치렀다. 갑오년(1594) 4월 6일부터 8일까지 한산도에서 무과를 시행해 100명의 합격자를 내었다. 물론 이때 수군 사정을 고려한 종목(편전)도 반영됐으며, 두 번째 무과(병신년 윤 8월 10일)도 건의해 시행할 수 있었다.

　당시 한산도에 주둔한 조선 수군의 당면 과제는 전염병과 흉년으로부터 피해를 입은 병력을 충원하는 것이었다. 이에 수군만의 과거 관철 시행으로 수군의 전력 증강에 기여할 수 있었으며, 이는 해전 승리에 보이지 않는 힘이 됐다.

관찰사의 수군 이관에 대해 수군 전속 주장

　이순신이 조정에 보고한 다음의 기록을 살펴보자.

　전라도 연해안의 각 고을 중에 좌도가 5고을이고 우도가 14고을인데, 이번에 관찰사 이정암이 군사를 고쳐 나누면서 좌도에는 광양·순천·낙안·흥양·보성, 우도에는 장흥·강진·해남·영암·진도 등 각각 다섯 고을만 수군에 이속시키고 기타 연해안 고을들은 모두 육전의 여러 장수에게 소속시켰는 바 공문을 보내 좌우도 각각 5고을의 군량을 각처에서 징발해 가고…(『李忠武公全書』 권3, 「狀啓二」 '請沿海軍兵糧器全屬舟師狀').

　당시 이순신은 전력 증강계획을 수립해 각 지역에 전선(戰船) 건조를 할당했는데, 전라우도의 수군에 전속된 14개 고을에도 책임량이 할당된 상태였다. 그런데 이러한 이순신의 수군 전력 증강 계획에 관찰사 이정암이 제동을 건 것이다.

　이순신은 전라도 관찰사의 지시대로 내버려 둔다면 수군의 전력 증강은 이룰 수 없다고 판단해서 시정을 요구했다. 그러나 관찰사 이정암은 이를 무시하고 자신이 계획한 바대로 추진해 나갔다. 이정암은 수군보다 육군이 더 중요하다고 본 것이다.

이에 이순신은 조정에 관찰사의 행태를 멈추게 해 줄 것을 건의했다. 처음에는 조정에서 미온적인 태도를 보이자 이순신은 조정에 수차례 건의해 결국 관철시킬 수 있었다. 그 결과 수군 전력 증강 계획이 절반이지만 나름의 성공을 거뒀다.

정유재란 초기 일본군 도해 차단 지시에 대한 거부

정유년(1597년) 1월, 일본군은 강화 협상이 결렬되자 조선을 재침략하게 된다. 그렇지만 막강한 조선 수군이 한산도에서 진을 치고 있어서 일본군의 입장에서는 조선 수군을 먼저 없애는 것이 전쟁 승리의 관건이라고 봤다.

그래서 일본의 조선 수군 와해 공작이 시행됐는데, 그 방법은 다음 기록에서 보는 바와 같이 요시라(要時羅)를 통해 일본군 도해(渡海) 사실을 조선에 통보하는 것이었다.

"가토 기요마사(加藤淸正)가 7천 명의 군사를 거느리고 4일에 이미 대마도에 도착해 있는데 순풍이 불면 곧 바다를 건널 준비를 하고 있으므로 나오기 전에 미리 막아야 한다는 것이었다. 그런데 당시 1월 11일 전후로 순풍이 불고 있어 바다를 건너는 데 어려움이 없을 것이니 조선 수군이 속히 거제도에 나아가 정박했다가 가토 기요마사가 바다를 건너는 날을 엿봐야 한다"는 것이었다(『宣祖實錄』 권84, 30년 1월 庚戌).

이러한 일본의 간계에 속은 조정에서는 통제사 이순신에게 일본군의 도해를 차단하라는 지시를 내렸다.

그러나 현장 지휘관인 이순신의 판단은 조정의 지시와 달랐다. 이순신은 "바닷길이 험난하고 왜적이 필시 복병을 설치하고 기다릴 것이므로 전선을 많이 출동시키면 적이 알게 될 것이고, 적게 출동하면 도리어 습격을 받을 것이다."라고 하면서 출동하지 않았다.

이순신은 출전했을 경우 당면할 상황에 대해 예측한 바, 조선 수군이 큰 피해를 입게 될 것이라는 판단이었다. 이순신은 고민 끝에 임금의 명은 어기게 되지만 출전을 하지 않음으로써 수군 전력을 유지하는 방향으로 선택했다.

이러한 이순신의 태도는 그에게 큰 시련을 줬다. 이 항명 사건으로 이순신은 1597년(정유년) 2월 파직돼 3월 4일 의금부에 투옥됐다. 다음의 기록과 같이 선조가 거론한 하옥 죄명 세 가지 중 두 번째 죄에 해당되면서 이순신은 사형의 위기에 처하게 됐다.

비망기(備忘記)로 우부승지 김홍미(金弘微)에게 전교했다.

"이순신이 조정을 기망(欺罔)한 것은 임금을 무시한 죄이고, 적을 놓아 줘 치지 않은 것은 나라를 저버린 죄이며, 심지어 남의 공을 가로채 남을 무함하기까지 하며【장성한 원균(元均)의 아들을 가리켜 어린아이가 모공(冒功)했다고 계문(啓聞)했다.】 방자하지 않음이 없는 것은 기탄함이 없는 죄다. 이렇게 허다한 죄상이 있고서는 법으로도 용서할 수 없는 것이니 율(律)을 상고해 죽여야 마땅하다. 신하로서 임금을 속인 자는 반드시 죽이고 용서하지 않는 것이므로 지금 형벌을 끝까지 시행해서 실정을 캐어내려 하는데 어떻게 처리할 것인지 대신들에게 하문하라"(『宣祖實錄』 권86, 30년 3월 13일(癸卯)).

그러나 다행스럽게도 이순신은 원로대신 정탁(鄭琢) 등의 건의로 인해 사형의 위기를 모면할 수 있었다. 이순신의 판단은 결과적으로 옳았다. 그것은 통제사 원균이 지휘한 칠천량해전의 참패를 통해 입증됐다. 요컨대 이순신의 혁신적 사고의 발휘는 자신의 안위보다 조선 수군의 존속과 임진왜란 전체 전황 극복이 더 소중했기 때문이라는 확신이 있었던 것이다.

수군 폐지령에 대한 수군 재건의 중요성 건의

이순신이 다시 삼도수군통제사에 임명된 것은 칠천량해전 참패 후 5일이 지난 1597년 7월 23일이었다. 이순신은 통제사 재임명 교서를 8월 3일 경상도 진주에서 받게 된다. 그런데 조정에서는 정유년(1597년) 8월 7일에 다시 교서를 내렸는데, 조정의 판단은 수군이 무척 약해 적을 막아 내지 못할 것이라 해서 이순신에게 수군을 폐지하고 육지에서 싸우라는 명령이었다. 이러한 지시를 이순신은 전라도 지역을 서진하면서 수군 정비를 하던 중 보성에서 머물고 있을 때인 8월 15일 선전관으로부터 받게 됐다.

이러한 지시에 대해 이순신의 대응은 다음 기록과 같다.

> 저 임진년으로부터 5, 6년 동안에 적이 감히 충청·전라를 바로 찌르지 못한 것은 우리 수군이 그 길목을 누르고 있었던 때문입니다. 이제 신에게는 전선이 12척이 있는 바 죽을힘을 내어 항거해 싸우면 오히려 할 수 있는 일입니다. 이제 만일 수군을 전폐한다는 것은 적이 만 번 다행으로 여기는 일일뿐더러 충청도를 거쳐 한강까지 갈 것이라 그것이 신의 걱정하는 바입니다. 그리고 또 전선은 비록 적지만은 신이 죽지 않는 한 적이 우리를 업신여기지는 못할 것입니다(『李忠武公全書』 권9, 부록1 이분 撰 「行錄」).

그 유명한 "신에게는 전선 12척이 남아 있습니다."라는 문구가 여기서 나온 것이다. 이순신의 판단은 10여 척의 적은 전선이지만 수군이 존속함으로써 이후 전력 증강이 가능하다고 본 것이다. 만약 조정의 지시대로 수군을 없애고 육전에 종사했더라면 전황(戰況)은 조선에게 크게 불리했을 것이 명백하다. 이순신은 당면한 수군 폐지가 이후 전개될 전황에 미칠 영향을 예리하게 추정해서 행동한 것이다.

자체 판단에 따른 조선 수군 운영 전략

이순신의 혁신적 사고는 자신이 직접 판단한 사안을 조정에 건의해서 시행하는 방향으로도 발휘됐다. 이것은 조정에서 지시하지 않은 사항이지만 이순신이 근무하면서 수군 운영을 좀 더 효율적으로 하는 방안을 강구하면서 발현된 것이다. 물론 이것은 조정의 승인을 필요로 하는 것이므로 조정과의 소통도 중요했다.

수군 제도의 발달에 따른 거북선 창제

이순신은 전라좌수사로 부임한 후 전쟁에 대비해서 여러 가지 노력을 보였는데, 그중 하나가 거북선을 건조하는 것이었다. 이순신이 거북선을 건조하게 된 배경은 1550년대 후반 판옥선(板屋船)이라는 신형 군선이 개발된 것과 이 전선에 탑재한 화포의 성능이 비약적으로 개량됐다는 것, 그리고 일본군의 수군 전술인 등선백병전(登船白兵戰)을 무력화할 방안을 강구한 결과에서 비롯됐다고 볼 수 있다.

이순신이 창제한 거북선은 조선 초기에 있었던 거북선과 비교되는 형태로 임진왜란 거북선이라고 부른다. 거북선을 개발한 목적은 한마디로 화포의 명중률을 제고하는 데 뒀다. 이순신은 전선과 무기의 발달 현황에 대한 예리한 판단에 기초한 혁신적 사고의 산물로서 거북선을 창제한 것이다.

이순신이 개발한 수군 전술의 핵심은 적의 등선백병전을 거부하면서 아군의 장기인 화력의 집중을 높이는 것이었다. 거북선을 이용해서 적의 대장선(大將船)이나 선봉선에 대한 집중 공격으로 적의 진형(陣形)을 교란한 다음에 화포로 적선을 당파(撞破)하는 전술인 것이다. 이순신이 개발한 수군 전술은 임진왜란 해전 전체를 통해 일관성 있게 투영됐고 승리의 원동력이 됐다.

병법 원칙을 적용한 한산도 전략 기지 건설

　　임진왜란 시기 삼도수군통제사 제도가 시행되기 1개월 전에 이순신은 수군들을 한산도에 주둔시키면서 적의 서진(西進)을 막는 조치를 취하게 된다. 이순신이 이렇게 한 것은 1592년(임진년) 해전 수행의 경험에 따른 것이었다. 이를테면 임진년에 있었던 해전 시 각 지역의 수군들은 자신의 주둔지에서 출동해 약속한 지점에서 만나 상호 협력해 작전을 수행하고 전투가 끝나면 다시 자신들의 기지로 귀환하는 행동을 되풀이했다. 이렇게 하니 정보 교환도 힘들고 출동과 귀환하는 데에도 시일이 오래 걸릴 뿐만 아니라 격군(格軍: 사공의 일을 돕는 水夫)들의 경우 다음 출동을 위해 상당 기간 휴식을 가져야만 했다.

　　이에 이순신은 사안 발생 때마다 각자의 기지에서 출동했다가 임무를 마치고 자신들의 기지로 돌아가는 것이 매우 피곤하고 위험할뿐더러 비효율적이라는 점을 인식했다. 그리하여 방안을 강구한 것이 바로 한산도에 전진 기지를 설치하는 것이었다. 당시 한산도는 일본군이 서진을 하는 수로의 요충지에 위치하고 있었다. 이순신의 전략 구상은 한산도에 주둔하면서 전력을 비축하고 만반의 준비를 갖춘 상태에서 적이 침범해 왔을 때 준비된 전력을 발휘해서 적을 물리치고자 하는 것이었다. 이것은 손자병법의 이일대로(以逸待勞: 편안히 있으면서 피로한 적을 맞아 물리친다)의 원칙을 적용한 것이었다. 동시에 한산도에서 적을 막아야만 호남을 제대로 방어할 수 있다고 본 것이다.

　　다음 기록에서 보는 바와 같이 한산도는 전략적으로 우수한 지역이었다.

> 계사년(1593) 7월 15일 공은 본영이 전라도에 치우쳐 있기 때문에 해상을 막고 지휘하기가 어려우므로 마침내 진을 한산도로 옮기기를 청해 조정에서도 이를 허락했다. 그 섬은 거제 남쪽 삼십 리에 있는데 산 하나가 바다굽이를 껴안아 안에는 배를 감출 수 있고 밖에서는 그 속을 들여다볼 수 없을뿐더러 또 왜적선들이 전라도로

가자면 반드시 이 길을 거치게 되는 곳이라 공이 늘 요긴한 길목이라고 하더니 이때에 여기다 진을 치게 된 것이다. 그 뒤에 명나라 장수 장홍유(張鴻儒)가 여기 올라와 한참이나 바라보다가 '참말 좋은 진터다.'라고 했다(『李忠武公全書』 권9, 이분, 「行錄」).

이순신은 1593년 7월 한산도에 전진 기지를 설치할 계획임을 조정에 건의했다. 이에 조정에서는 이 건의안에 대해 승인했으며, 8월에는 삼도수군통제사 직책을 신설해 초대 통제사에 이순신을 임명하는 조치를 취했다. 결과적으로 조선 수군은 한산도에 주둔하면서 약 4년간 일본군의 해상 서진을 효율적으로 막을 수 있었다. 나아가 전라도가 보전돼 군량을 확보할 수 있어서 전쟁을 극복하는 데 크게 기여했음은 물론이다.

요컨대 이순신의 한산도 전략 기지 건설은 그의 병법 분야에 탁월한 능력과 예리한 통찰력에 기인한 혁신적 사고의 산물인 것이다.

대규모 수군 전력 증강 계획의 추진

이순신은 삼도수군통제사에 임명된 지 1개월이 지난 시점에 대규모 수군 전력 증강계획을 추진하게 된다. 이전의 전력 규모는 1592년(선조 25) 6월 50여 척 → 8월 말 부산포로 출동할 당시 80여 척 규모 → 1593년(선조 26) 5월 96척으로 증가 → (6월 충청수영의 전선 수척 합류) → 7월 삼도의 전선 120여 척 정도였다. 이순신은 이 정도 전력으로는 한산도에서 적을 막기가 쉽지 않다고 보고 유사시 지역 불문 분산 운용도 가능한 수준의 전력을 보강할 필요가 있다고 판단했다.

이순신은 1593년 9월 조정에 수군 전력 증강 계획을 보고했다. 현재 전력의 2배 규모인 250척을 건조하겠다는 야심 찬 계획이었다. 이를 위해 각 지역에 건조할 전선 수를 할당했는데, 전라좌도의 5관 5포: 60척, 전라우도의 14관 12포: 90척, 경상우도: 40여 척, 충청도: 60척으로 계획대로 추진될 경우 250여 척

1. **충무공 이순신**의 혁신적 사고, 국가 위기를 극복하다

을 확보할 수 있다는 것이다. 이 정도만 구비한다면 적의 행방을 듣는 대로 '우리 도'니 '남의 도'니 할 것 없이 즉시 응원해 어디를 가든지 대적할 적이 없을 것이라는 생각이었다.

이순신의 생각은 전선(戰船)을 건조하는 지역은 적의 침입을 많이 받은 경상도보다 전라도 주요 고을 또는 기지에서 전선을 건조해 한산도 통제영에 배치할 계획이었다. 그러나 계획대로 순조롭게 진행되지 않았다. 이를테면 전선을 건조하기로 계획한 전라도 9개 고을이 육군에 편입돼 20여 척의 전선 건조가 불가능하게 됐다. 이에 이순신은 조정에 육군 편입 취소를 요청했고, 비슷한 이유로 전선 건조 수가 감해진 충청도 수군절도사에게도 독촉해 줄 것을 요청했다.

그리하여 1594년 2월까지 전선을 건조한 곳은 전라좌도만 가능했으며, 전라우도는 46척, 충청도는 20척만을 건조했고, 경상우도는 1593년 윤11월 현재 전선 40척을 만들었지만 수부(水夫: 배에서 허드렛일을 맡아 하는 하급 선원)와 격군을 구할 수 없어서 전선을 가동이 불가능했다.

이순신은 이에 굴하지 않고 지속적으로 기존에 배정된 전선을 만들도록 독려했다. 그 결과 1597년(선조 30) 5월 현재 한산도에 있는 전선 134척과 5월 말까지 건조될 전선 48척을 추가하면 도합 180여 척 규모의 함대를 형성할 수 있다고 보고했다. 이는 당초 목표 250척에 미치지 못하는 규모로서 절반의 성공을 거뒀다고 평가할 수 있다.

비록 계획보다 줄어들었지만 이 정도의 전력으로 향후 수군 운용과 해전에 자신감을 가지게 됐다. 다시 말해, 비교적 막강한 규모의 전선을 한산도에 배치해 일본군의 서진을 차단함으로써 일본군도 조선 수군에 대한 두려움을 가지게 됐다. 아울러 이러한 전력 증강 계획을 추진하는 과정에서 수군의 중요성과 역할에 대해 조정과 관련 기관에 홍보하는 기회로도 작용했다. 요컨대 험난한 과정을 초지일관한 이순신의 열정이 짐작된다고 할 것이다.

명 수군과의 작전을 고려한 수군 재건

정유재란 시기 칠천량해전의 패전 후 남아 있던 전선을 정비한 조선 수군은 명량해전에서 극적인 승리를 거뒀다. 그런데 명량해전 이후가 문제였다. 명량해전 이후 13척의 전력으로는 남해상의 제해권을 되찾을 수가 없었다. 더욱이 명나라 수군의 대규모 참전이 예정되는 상태였다. 통제사 이순신은 수군 전력 재건의 필요성을 인식했다.

이를테면 이순신의 판단으로는 명 수군 함선 수백 척이 참가할 경우 명군의 힘에 의지해 전투를 수행할 수 있겠지만, 그럴 경우 조선 수군은 명 수군에 흡수되다시피 할 것을 우려했다. 다시 말해, 조선의 국가 이익을 위해 존재할 수군이 명나라의 전쟁 수행 목적을 달성하는 데 기여할 수도 있다는 상황을 예상한 것이다. 그리해서 이순신의 주도하에 수군 재건 노력을 기울이는데, 고하도에서 106일간 유진(留陣)하면서 전선 40척을 추가 건조하고 병력 2천여 명을 확보할 수 있었다. 이어서 고금도에서 60여 척의 판옥선과 7천여 명의 병력을 보유할 수 있었다.

한편 조선 수군이 고금도에 유진하고 있을 무렵인 1598년(무술년) 7월에 명 수군이 원군으로 파견돼 도착했다. 이어서 벌어진 절이도해전에서의 수군 승리는 조선 수군의 건재함을 명 수군에 알리는 계기가 됐다. 이러한 조선 수군의 능력을 확인한 명 수군의 진린(陳璘) 도독(都督)은 일부 조선인에 대한 범죄를 저지르는 명 수군에 대한 처벌권을 이순신에게 허용하기도 했다.

요컨대 이순신의 주도로 조선 수군이 고하도와 고금도를 거치면서 이룩한 수군 재건 노력의 결과는 명 수군과의 대등한 관계를 형성할 수 있었으며, 효율적인 조명(朝明) 연합작전 수행이 가능해짐으로써 노량해전에서의 대승을 이룰 수 있었다.

백성을 위한, 백성과 함께하는 사고

이순신의 대민관(對民觀)이 형성된 것은 1년 2개월간 근무한 정읍 현감 시절로 추정된다. 그리고 백의종군 중 천 리 길을 종횡하면서 많은 백성의 참상을 확인한 것도 기여했을 것이다. 이순신은 전쟁의 와중에 가장 고통받는 계층이 힘없는 백성이라는 사실을 인지했다. 그리고 고통받는 백성을 구하기 위해서는 무엇보다도 조선을 침략한 왜군을 물리쳐야만 한다는 생각이었다.

이순신 대민관의 특징은 다른 사람과 다른 독특한 면이 있다. 우선 전과(戰果)보다는 백성의 안위를 우선시한 것이 그가 지휘한 해전에서 고르게 나타나는 특징이다. 그리고 백성을 단순히 보호의 대상으로만 본 것이 아니라 필요 시 전란 극복의 동반자로 인식한 점도 독특하다. 예컨대 임진왜란 초기 적 상황에 대한 정보입수는 백성들에게 의존한 바가 컸다(옥포해전 시 포작선[鮑作船]의 동원, 한산도 해전 하루 전 목자[牧子] 김천손의 정보 제공). 백성들은 군량미 확보를 위한 둔전(屯田) 경영에도 적극적으로 참여했다(여수의 돌산도, 흥양의 도양장, 강진의 화이도, 해남의 황원곶). 명량해전에서는 피란선이 100여 척이나 동원돼 후방에서 성원했으며, 명량해전 후 수군 재건 시 해로통행첩 제도에 백성들은 적극적으로 협조했다.

특히 정유재란 시기 백성들의 도움은 노량해전의 큰 승리로 귀결됐다. 임진왜란 극복은 국민총력전, 백성들의 피땀 어린 노력이 있었기에 조선 수군의 위대한 승리가 이뤄진 것이다. 이는 이순신의 백성을 위하고 백성과 함께하는 혁신적 사고가 발현된 결과인 것이다.

나오며: 정책적 함의

고금을 막론하고 리더의 자질 중 혁신적 사고는 매우 중요한 요소라 할 것이다. 리더의 혁신적 사고가 전황에 크게 기여한 사례의 대표적인 인물이 바로 이순신이다. 이순신은 임진왜란 당시 시대 상황과 환경의 변화를 읽고 끊임없는 연구와 노력으로 뛰어난 리더십을 발휘했다. 그가 이룩한 수많은 해전 승리는 바로 그의 혁신적 사고에서 비롯된 것임을 확인할 수 있었다.

이순신의 혁신적 사고의 근원은 이순신 자신의 타고난 능력으로만 설명할 수 없고 후천적인 요인이 더 큰 영향을 미쳤다고 보여진다. 다시 말해 이순신 자신이 주변 환경의 영향을 직시하면서 혁신적 사고를 기르기 위해 끊임없이 노력한 소산인 것이다. 그러한 결과 형성된 그의 능력, 즉 당대의 어떤 무장보다도 전문지식과 병법에 능통했다는 점, 구국에의 일념, 고도의 집중력, 전승에의 의지 등이 어우러진 결과 그러한 혁신적 사고를 발휘할 수 있었던 것이다.

당시 조선 조정에서 이순신에게 지시한 내용들은 왕명이었다. 절대왕정 사회에서 왕명을 거역하는 것은 자신의 목숨을 담보로 해야 하는 극히 위험한 일이었다. 그렇지만 이순신은 자신의 안위보다는 나라와 백성이라는 대승적 차원에서 현실을 직시했다. 특히 그가 처한 환경은 나라의 존망을 결정짓는 전쟁 상황이었다. 그랬기에 지시가 옳지 않은 경우에도 과감히 반대의 목소리를 높인 것이다.

이순신의 혁신적 사고는 단순히 상부의 지시에만 국한된 것이 아니었다. 수군 운영 현실을 직시하면서 본인의 예리한 통찰력으로 수군 운영에의 핵심적인 요소들을 확인해 개선 방안을 강구했다. 자체적으로 해결이 되지 않을 경우 이를 시행하기 위해 조정을 설득하는 노력을 병행하는 적극적인 모습도 보였다.

이와 같은 이순신이 보여 준 혁신적 사고는 비록 400여 년 전의 인물에 관한 사례이지만 오늘날 리더들이나 현장 지휘관들에게 시사하는 바가 적지 않으리라 본다. 왜냐하면 자신이 처한 전황(戰況)을 꿰뚫어 보고 환경 변화를 직시하면서 이에 대한 대비책을 강구해 나가는 과정은 시공을 초월해 필요한 면이 있으리라 보기 때문이다.

　요컨대 이순신의 혁신적 사고의 발휘 사례를 통해 이순신 리더십의 특성을 이해하고 오늘날의 리더십 발휘 환경에 접목시킬 수 있는 분야가 있는지를 탐색하는 노력이 필요하다고 본다. 덧붙인다면 무엇보다 상하좌우로 소통하면서 시대의 변화를 읽고 변화를 주도하면서 국가정책을 추진하는 노력이 필요하다는 교훈을 주고 있다. 그리고 그러한 노력을 하는 이유는 국민을 위함이라는 사실을 잊지 말아야 할 것이다.

Public Leadership

우리나라의
리더십
-한류의 초석이 되다

다산 정약용,
『목민심서』의 공공리더십

송재소

들어가며

　　다산(茶山) 정약용(丁若鏞, 1762-1836)의 사상을 한 마디로 규정하기는 어려운 일이지만, 다산사상의 요체를 개혁사상이라 불러도 큰 무리가 없을 것이다. 주지하는 바와 같이 다산이 살았던 18세기 후반과 19세기 초의 조선 사회는 정치·경제·사회·문화 등 모든 분야에 걸쳐 총체적인 위기에 처해 있었다. 이러한 위기의 상황에서 국가를 구제해 바로 세우는 길은 개혁밖에 없다는 사실을 다산은 깊이 통찰하고 있었다. 어느 시대에나 개혁을 통한 자기 발전이 필요하지만 특히 위기의 상황에서는 더욱 절실히 요구되는 것이 개혁이다. 당시의 위기가 얼마나 심각한지는 "(우리나라는) 털끝 하나도 병들지 않은 것이 없다."라고 한 다산 자신의 말에서도 짐작할 수 있다. 다산은 당시 국가가 앓고 있는 병의 원인이 무엇이며 그것을 어떻게 치료해야 하는가를 심각하게 고민했고 그 고민의 궤적이 방대한 저술로 응축됐던 것이다. 그 방대한 500여 권에 달하는 다산의 저술을 꿰뚫고 있는 중심축이 바로 개혁정신이다. 실로 그는 개혁을 통해서 "낡은 우리나라를 새롭게(新我之舊邦)" 하려는 일념으로 살다 간 분이다.

다산의 개혁사상은 세계관의 개혁, 의식의 개혁, 각종 제도의 개혁에 이르기까지 광범위한 내용을 포괄하고 있는데, 그중에서도 가장 핵심적인 것이 제도의 개혁이다. 이러한 제도개혁안은 담은 대표적인 저술이 『경세유표(經世遺表)』와 『목민심서(牧民心書)』다. 『경세유표』는 당시의 법질서를 초월한 국가기구 전반에 걸친 혁명적인 개혁안의 청사진이고, 『목민심서』는 당시의 법질서 안에서의 지방행정에 대한 개혁안이다.

『목민심서』의 편찬

『목민심서』는 강진(康津)에서의 18년간의 유배생활을 마감하던 해인 1818년 봄에 초고(草稿)가 이뤄진 것으로 보인다. 그리고 그해 8월에 해배(解配)돼 고향인 마재(馬峴)로 돌아온 후 미진한 부분을 보완해 1821년에 48권의 완성본을 만들었다.

이 책은 지방행정의 일선 책임자인 지방장관, 즉 수령(守令)들의 행정 지침서로서, 고을에 부임하는 날부터 퇴임할 때까지 지켜야 할 사항들을 기록해 놓은 책이다. 이 책은 12편으로 짜여 있는데, 각 편은 다시 개 조(條)로 나뉘어 모두 72개조로 구성돼 있다. 이제 그 대강을 살펴보기로 한다.

1. 부임 6조(赴任六條): 수령으로 임명돼 임금에게 하직 인사를 하고 임지로 가는 과정과 임지에서의 첫 정사(政事)를 보기까지 수령이 지켜야 할 사항이 기록돼 있다.

2. 율기 6조(律己六條): 수령 개인의 마음가짐과 몸가짐이 어떠해야 하는가를 제시한 것으로, 집안 식구들의 행동거지와 손님 접대, 검소한 일상생활 등의 강령이 기록돼 있다.

3. 봉공 6조(奉公六條): 수령의 일상적인 집무의 자세를 제시한 것으로, 조정으로부터의 명령을 전달하는 방법, 모든 일을 법에 따라 처리할 것, 윗사람이나 아랫사람, 그리고 동료 수령들과의 대인 관계, 공문서 작성 요식, 수령이 국가의 다른 일에 차출됐을 때의 사항 등이 기록돼 있다.

4. 애민 6조(愛民六條): 고을의 노인, 어린이, 과부, 홀아비 등 외로운 사람과 상(喪)을 당한 사람들과 중한 병에 걸린 사람들에 대해 지원해 주는 방책이 기록돼 있다.

5. 이전 6조(吏典六條): 하급관리의 단속과 임용, 상벌 제도, 민정의 파악, 인재의 등용에 관한 일들이 기록돼 있다.

6. 호전 6조(戶典六條): 전지(田地)의 실태 파악, 합리적인 조세 행정, 환곡(還穀) 제도의 올바른 운용, 호적의 정리, 합리적인 영농법 등이 기록돼 있다.

7. 예전 6조(禮典六條): 수령이 주재하는 각종 제사의 의식, 외국으로 가는 사신 등의 행차에 따른 접대, 지방민들에 대한 교화의 방법 등이 제시돼 있다.

8. 병전 6조(兵典六條): 병사의 징발과 훈련, 외적의 침입에 대한 방비책 등이 기록돼 있다.

9. 형전 6조(刑典六條): 백성들의 소송사건에 대한 공정한 심리와 판결, 죄수들의 보호, 특권 세력의 횡포와 각종 미신, 잡희(雜戲) 등을 금하는 일이 기록돼 있다.

10. 공전 6조(工典六條): 산과 물에서 생산되는 자원의 보호와 개발, 관공서의 신축과 수리, 외적의 침입에 대비한 성곽의 수축과 도로의 정비, 도량형의 통일 등의 사항이 기록돼 있다.

11. 진황 6조(賑荒六條): 흉년이나 재해를 당했을 때의 구호사업에 관한 사항이 명기돼 있다.

12. 해관 6조(解官六條): 수령이 임기를 마치고 돌아갈 때의 일들이 기록돼 있다.

다산은 제1편과 제12편을 제외한 나머지 중 율기, 봉공, 애민을 '3기(三紀)'라 하고 이, 호, 례, 병, 형, 공의 6편을 '6전(六典)'이라 했다. 이상의 72개조에는 각 조마다 수령들이 지켜야 할 사항을 명시하고 그 이론적인 근거를 밝혔으며, 우리나라와 중국의 역대 지방관들이 한 일 중에서 본받을 만한 선정(善政)과, 경계로 삼아야 할 악정(惡政)이 구체적으로 열거돼 있다.

『목민심서』 집필의 동기

다산이 『목민심서』를 쓴 동기와 목적은 그 서문에 잘 드러나 있다.

> 군자의 학(學)은 수신(修身)이 그 반이요, 나머지 반은 목민(牧民)이다. 성인의 시대가 이미 멀어졌고 그 말씀도 없어져서 그 도(道)가 점점 어두워졌으니, 오늘날 백성을 다스리는 자들은 오직 거두어들이는 데에만 급급하고 백성을 부양할 바를 알지 못한다. 이 때문에 하민(下民)들은 여위고 병들어 줄지어 진구렁을 메우지만 그들을 다스린다는 자들은 바야흐로 고운 옷과 맛있는 음식에 자기만 살찌고 있으니, 어찌 슬프지 아니한가.

백성을 부양해 백성의 생활을 평안하게 할 책임을 진 목민관들이 도리어 백성을 병들게 하는 현실을 보고 이것을 고쳐야겠다는 의지에서 쓰여진 것이다. 글 읽는 선비들의 임무는 원래 수기(修己)와 치인(治人)을 겸하는 것으로 인식돼 왔다. 수기는 학문을 통한 개인적인 자기 완성의 과정이고, 이 수기의 바탕 위에서 실제 행정 실무에 종사해 자신의 경륜을 펼치는 것이 치인(治人), 즉 목민이다. 이렇게 수기와 치인을 겸하는 것이 이상적인 선비상이다. 다산은 『목민심서』 서문에서 "먼 변방 귀양살이 18년 동안에 오경(五經)과 사서(四書)를 잡고 되풀이 연구해 수기(修己)의 학은 익혔으나, 이윽고 생각해 보니 수기의 학은 학의 절반에 불과하다."라고 말했다. 그래서 치인의 영역에 속하는 『목민심서』를 저술한 것이다.

그러나 이 책을 저술했다고 해서 치인을 실천한 것은 아니다. 진정으로 치인하려면 직접 행정 실무에 종사해야 한다. 벼슬을 해야 하는 것이다. 오랜 기간 유배돼 있는 몸이고 또 앞으로도 벼슬할 가망이 없다는 것을 잘 알고 있었기에 그는 치인에의 의지를 저술로 달랠 수밖에 없었다. 서문에서 그는 책의 제목을 "심서(心書)"라 한 이유를 "심서라 한 것은 무슨 까닭인가? 목민할 마음은 있으나 몸소 실행할 수 없다. 그 때문에 심서라 이름한 것이다."라고 했다. 몸으로는 실천할 수 없고 그 마음으로만 그릴 수밖에 없는 안타까움의 토로다.

그러나 무엇보다도 다산사상을 일관하고 있는 애민정신(愛民精神)이 『목민심서』를 집필케 한 가장 큰 원동력이 됐을 것이다. 사실상 애민사상은 새롭게 내세울 것이 못 된다. 『서경(書經)』의 "백성은 나라의 근본이니 근본이 튼튼해야 나라가 편안하다."는 구절 이래로, 그리고 맹자(孟子)가 이를 거듭 강조한 이후 애민사상은 모든 유학자가 지향해야 할 절대적 명제였다. 그러나 다산의 시대에 오면 이 애민사상은 그저 겉으로 표방하는 구호가 돼 버린 것이 사실이다. 다산은 이렇게 껍질만 남은 애민사상에 실체를 채우려고 했다. 그는 "천하에 가장 천해서 의지할 데 없는 것도 소민(小民)이요, 천하에 가장 높아서 산과 같은 것도 소민이다."라 말하고 나라의 근본인 백성을 근본에 걸맞게 대접해야 한다고 했다. 이것이 『목민심서』 집필의 가장 근본적인 동기일 것으로 생각된다.

그러나 참으로 백성이 근본인 나라를 만들기 위해서는 『목민심서』에서 구상한 지방행정의 개혁에만 머물러서는 안 된다. 좀 더 근본적이고 본질적인 개혁이 필요하다는 것을 그도 알고 있었다. 그래서 『경세유표』를 저술한 것이다. 그러나 그가 『자찬묘지명』에서 말했듯이 『경세유표』는 '지금 실행 여부에 구애되지 않고' 초법적(超法的)이고 혁명적인 개혁안을 제시한 것이기 때문에 언젠가는 실현되기를 바라는 그의 이상을 담은 것이었다. 이러한 이상이 실현될 날을 기다리기에는 현실의 상황이 너무나 급박했다. 우선 백성들을 굶주림으로부터 구해야만 했다. 국가기구 전반의 개혁 없이는 지방행정의 개혁에 일정한 한계가 있음을 잘 알고 있었음에도 『목민심서』를 집필한 이유가 여기에 있다. 그렇기 때문에 이 책에는 제도 개혁에 연관된 본질적인 문제들은 우선 유보돼 있다. 그가 이 책에서 지방행정의 불합리한 제도와 관행을 날카롭게 지적하면서도 "이것은 한 고을의 수령이 만들어 시행할 수 있는 것이 못 되므로 이제 여기서는 우선 생략한다."라는 식의 말을 되풀이하는 것은 이런 이유에서다.

수령의 위치와 역할

다산이 『목민심서』에서 역점을 둬 강조한 것은 수령의 덕성(德性)이다. 지방행정을 운용할 때 각종 제도의 개혁도 중요하지만 제도 못지않게 중요한 것이 제도를 운용하는 자들의 기본 자세다. 지방행정을 운용하는 주체는 수령(守令)이다.

당시의 지방행정은 지금과 달라서 중앙정부의 통제력이 직접 영향을 미치지 못하는 경우가 많았기 때문에 수령은 그 지방의 모든 일을 거의 독자적으로 처리했다. 그만큼 수령의 위치가 중요했다. 그래서 다산은 이 책의 첫머리에 "다른 벼슬은 구해도 좋으나 목민(牧民)의 벼슬은 구해서는 안 된다."라고 선언적으로 말했다. "목민의 벼슬"은 수령을 가리킨다. 그리고 "구해서는 안 된다"라는 것은 엽관(獵官)이나 매관(賣官)을 해서는 안 된다는 말이다.

이어서 그는 "벼슬 이름은 비록 다르지만 수령의 직책은 옛날의 제후(諸侯)다."라고까지 말했다. 그가 이렇게 수령을 제후에까지 비긴 것은, 당시 수령들의 개인적인 능력과 인품이 백성들에게 직접적으로 영향을 미치는 막중한 자리임을 강조하기 위한 것이다. 사실상 수령은 그가 맡아서 다스리는 지역에 관한 한 막강한 권력을 행사할 수 있었다. 수령은 그 고을의 치안, 징세(徵稅) 등의 행정을 담당할 뿐만 아니라 상당한 정도의 사법권도 가지고 있었으며 심지어 지방민의 일상적인 사생활까지도 관여할 수 있었다. 부모에게 불효하는 자식을 처벌하고, 늙은 처녀를 시집보내는 일까지 수령의 임무였음을 보면 당시 수령의 위치가 어떠했는가를 짐작할 수 있다. 수령들에게 주어진 이 막강한 권한이 지방민들에게 좋은 방향으로 행사될 것인가, 나쁜 방향으로 행사될 것인가는 오로지 수령들의 개인적인 능력과 인품에 달려 있다는 것을 잘 알고 있었기 때문에 다산은 이 책에서 수령들의 인품과 덕성을 그토록 중요하게 다뤘던 것이다. 그는 무엇보다도 수령의 청렴을 강조했다.

> 청렴은 수령의 본무인데 모든 선(善)의 원천이며 모든 덕의 근본이다. 청렴하지 않고 능히 수령 노릇 할 수 있는 자는 없을 것이다. … 수령이 청렴하지 않으면 백성들은 그를 도적으로 지목하여 마을을 지날 때에는 욕하는 소리가 비등할 것이니 이것 역시 수치스러운 일이다. …「율기6조(律己六條)」, <청심(淸心)>

> 청렴은 천하의 큰 장사다. 그러므로 크게 탐하는 자는 반드시 청렴하려 한다. 사람이 청렴하지 못한 것은 그 지혜가 짧기 때문이다. <청심>

이렇게 다산은 청렴이 수령의 기본 덕목임을 누누이 강조하고 있다. 훌륭한 인품을 지닌 수령의 청렴으로부터 합리적인 행정의 단서가 마련될 수 있다는 것이 다산의 일관된 견해다. 그는 청렴하지 못한 수령을 도적에 비유했을 뿐만 아니라, 선비의 청렴을 여자의 순결과 같다고 말하기도 했다. 여자가 순결을 잃으면 여자로서의 가치가 없듯이 수령이 청렴하지 않으면 수령으로서의 자격이 없다는 말이다. 당시의 윤리 관념으로 볼 때 이 말은 수령에 대한 협박에 가까운 발언이라 할 수 있다. 그래서 이 책에는 중국과 우리나라의 역대 관리들 중에서 청렴했던 사람들의 행적을 무수히 예시하고 있다. 당시 수령들로 하여금 이를 본받게 하려는 것이다.

■ 이약동(李約東)이 제주 목사로 있다가 돌아올 때 다만 가죽 채찍 하나를 가졌을 뿐이었다. 이윽고 말하기를 "이것 역시 제주도의 물건이다." 하고 관청의 문루(門樓)에 걸어뒀다. 제주도 사람들이 그것을 보물처럼 보관하여, 매양 목사가 새로 부임할 적에 내다 걸었다. 해가 오래돼 채찍이 해어지자 고을 사람들이 처음 채찍을 걸었던 곳에 그 사적(事迹)을 그림으로 그려 사모하는 마음을 나타냈다. 「해관6조(解官六條)」, <귀장(歸裝)>

일반적으로 수령의 임기가 끝나 퇴임할 때는 그동안 모은 재산을 바리바리 싣고 가는 경우가 많은데 그러한 수령들이 백성을 위한 정치를 했을 리 없을 것이다. 그러니 이약동과 같은 청렴을 본받으라는 다산의 간절한 호소다. 지금 우리 사회에 만연한 부정과 부패를 척결하기 위해서는 무엇보다 한 기관의 수장이 청렴해야 한다는 교훈을 주고 있다. 기관의 수장이 청렴하지 않고서는 제대로 된 리더십을 발휘하기 어려운 법이다.

청렴하기 위해서는 생활 자체가 검소해야 한다. 다산은 수령들의 기본적인 몸가짐을 얘기하면서 "백성을 사랑하는 근본은 절용(節用)하는 데 있고 절용하는 근본은 검소함에 있다. 검소한 후에라야 청렴할 수 있고 청렴한 후에라야 자애로울 수 있을 것이니, 검소야말로 목민하는 데 가장 먼저 힘써야 할 일이다."라고 말했다.

■ 참판 유의(柳誼)가 홍주(洪州)를 다스릴 때, 찢어진 갓과 성근 도포에 찌든 색깔의 띠를 두르고 조랑말을 탔으며, 이부자리는 남루하고 요도 베개도 없었다. 이리하여 위엄을 세우게 되니 가벼운 형벌조차 쓰지 않았는데도 간사하고 교활한 무리들이 모두 숨을 죽였다. 이것은 내 눈으로 본 일이다. 「부임6조(赴任六條)」, <치장(治裝)>

한 고을의 사또로서 "이부자리는 남루하고 요도 베개도 없었다"라는 것은 "내 눈으로 본 일이다"라는 다산의 진술에도 불구하고 다소 과장된 감이 없지 않다. 그리고 『목민심서』에 예시된 청렴한 수령들의 행적을 보면 거의 '청교도적'이라 할 만큼 극단적인 경우가 많은데, 이것은 극에 달한 당시 수령들의 부패에 대한 하나의 충격 요법이라 생각된다. 이런 예시를 통해서 다산은 수령들의 의식 구조를 끊임없이 바꾸려고 한 것이다.

백성을 위하는 정치를 하려면 청렴해야 하고 청렴하기 위해서는 검소해야 한다는 것이 수령의 기본 덕목이다. 그러나 청렴하고 검소한 덕성(德性)을 구비했다고 해서 이것이 곧 백성을 위한 정치의 충분 조건이 되는 것은 아니다. 한 고을의 수장(首長)으로서 수령은 마땅히 행정 실무를 제대로 파악하고 이를 합리적으로 처리해야 한다. 다산은 이 점을 매우 강조하고 있다. 그는 "시(詩)나 읊조리고 바둑이나 두면서 정사(政事)를 아래 아전들에게 맡겨 두는 것은 큰 잘못이다."라고 경계했다. 사실상 당시의 수령들은 고을의 행정 실무에 일일이 관여하는 것을 일종의 수치로 여기기까지 했다.

남창(南牕) 김현성(金玄成)이 여러 번이나 고을을 맡아 다스렸는데, 손을 씻은 듯 깨끗하게 직책에 봉사해 청렴한 소문이 세상에 드러났다. 그러나 성품이 심히 소방(疏放)해 실무에는 익숙하지 못하였고 매질하는 것을 일삼지 않았으며, 담담하게 동헌(東軒)에 앉아 종일 시를 읊조리고 있었다. 말하기 좋아하는 자들이 "남창이 백성 사랑하기를 자식처럼 하지만 온 고을이 원망해 티끌만한 것도 사사로이 범하지 않지마는 관청 창고는 바닥이 났다."고 하여, 이 말이 한때의 웃음거리가 됐다. 「율기6조(律己六條)」, <칙궁(飭躬)>

김현성은 지극히 청렴한 사람이지만 그가 수령으로 있는 고을의 창고는 바닥이 났고 백성들은 그를 원망해 탄식했다는 이야기인데 수령이 이래서는 안 된다는 것이다. 수령들은 글 읽는 선비임을 자처하고 행정 실무를 아전들에게 맡긴 채 시나 짓고 바둑이나 두는 것을 고상한 풍조로 여겼다. 다산은 이 점을 매우 못마땅하게 여겼다. 관행적으로 아전에게 일임했던 상부에 보내는 보고문도 직접 작성해야 하고, 군포(軍布)를 수납하는 일도 수령이 직접 챙겨야 한다고 했다. 행정 실무를 직접 관장하는 것이 부끄러운 일이 아니고 지극히 당연한 일임을 중국의 예를 들어 설파하기도 했다. 청렴과 행정 능력을 두루 갖춰야 기관을 옳게 통솔할 수 있다는 교훈을 남기고 있다.

하급 관리의 단속

다산이 이렇게 수령(守令) 중심의 행정을 강조한 것은 지방행정에서 하급 관리들의 부정과 부패가 심하다는 것을 알고 있었기 때문이다. 지방행정의 실무를 관장하는 자는 아전(衙前)들이다. 아전은 대부분 그 지방의 토착 현지인인데 수령은 상피제(相避制)에 따라 다른 지방에서 차임된다. 또 수령은 임기가 끝나면 교체되지만 아전은 교체되지 않고 그냥 남아 있다. 여기에서 문제가 생긴다. 그 지방의 실정에 밝은 아전이 잠깐 머물다 가는 수령의 눈을 속이는 것이다. 다산은 "지금의 수령은 그 임기가 길어야 혹 2년 가고, 그렇지 않으면 몇 달 만에 바뀌게 되니, 그 됨됨이가 주막에 지나가는 나그네와 같다."라고 말했다. 아전들은 그나마 나그네 대접도 제대로 하지 않고 수령 또한 '주막에 잠시 쉬었다 가면 된다'는 자세로 부임하기 때문에 사태가 심각해진다. 이조 후기에 백성들에게 직접적인 고통을 가한 주범(主犯)은 아전들이라 해도 과언이 아니다. 다산의 말을 들어 보자.

> 백성은 토지로써 논밭을 삼지만, 아전들은 백성으로써 논밭을 삼는다. 백성의 껍질을 벗기고 골수를 긁어내는 것으로써 농사짓는 일로 여기고 머릿수를 모으고 마구

거두어들이는 것으로써 수확하는 일로 삼는다. 이러한 습성이 이뤄져서 당연한 짓으로 여기게 되었으니, 아전을 단속하지 아니하고서 백성을 다스릴 수 있는 자는 없을 것이다. 「이전6조(吏典六條)」, <속리(束吏)>

수령이 백성을 다스리려면 먼저 아전을 다스려야 한다고 말할 만큼 당시 아전들의 횡포가 극심했음을 알 수 있다. 아전들은 이렇게 해서 모은 재산으로 뇌물을 바쳐 조정의 대신(大臣)들과 결탁하기도 한다. 심지어 대신들을 움직여 마음에 들지 않은 수령을 쫓아내기까지 했다. 수령은 기관장이고 아전은 부하 직원인 셈인데, 수령이 아전을 통솔하는 원칙을 다산은 이렇게 말하고 있다.

수령이 좋아하는 바를 아전이 영합하지 않음이 없으니, 내가 재물을 좋아하는 것을 알면 반드시 이(利)로써 유혹할 것이다. 한 번 유혹된다면 곧 그들과 함께 죄에 빠지게 된다. 「이전6조」, <속리>

부하를 통솔하는 방법은 위엄과 믿음이 있을 뿐이다. 위엄은 청렴한 데서 나오고 믿음은 성실한 데서 나오는 것이니 성실하고 청렴해야 뭇 사람을 복종시킬 수 있다. 「이전6조」, <어중(馭衆)>

목민관은 우뚝 고립돼 있어 내가 앉아 있는 그 자리 밖은 모두 나를 속이려는 자들이다. 「이전6조」, <찰물(察物)>

좌우에 가까이 있는 사람들의 말을 그대로 믿고 들어서는 안 된다. 비록 한가롭게 하는 말 같지만 모두 사사로운 뜻이 들어 있기 때문이다. 「이전6조」, <찰물(察物)>

이렇게 수령은 청렴과 믿음과 위엄을 바탕으로 아전을 단속해야 한다. 다산은 아전에 대한 단속을 수령의 가장 큰 임무로 여겼다. 왜냐하면 아전들의 농간이 백성들에게 직접적으로 피해를 주기 때문이다. 그래서 『목민심서』에는 아전을 다루고 감시하는 법이 자세히 기술돼 있다. 아전을 효과적으로 다루고 감시하려면 고을의 행정 업무를 철저히 파악하고 아전들의 행태를 낱낱이 알고 있어야 한다.

『목민심서』에는 아전들 중에서 군관(軍官)이 농간을 부리는 한 예를 들고 있다. 군관이란 관청에 소속된 병졸들인데 그 임무가 여러 가지로 나뉘어 있었다. 포도군관(捕盜軍官)은 군관 중에서도 도둑을 잡아 치안을 유지하는 임무를 띠고 있다. 그런데 이 포도군관이 도둑과 결탁하는 양상을 다음과 같이 구체적으로 기술하고 있다.

> 대개 장물 값이 10냥이라면 도둑이 그 3냥을 먹고 군관이 그 7냥을 먹는 것이니 관례가 본래 그러하다. 새 도둑이 처음으로 그 패거리에 들어가면 으레 신고식(申告式)을 행하게 돼 있어 세 번 그 장물을 바치고 나서야 자기도 먹기를 꾀할 수가 있는데, 한 번이라도 어쩌다 혼자 차지했다가는 바로 관청으로 잡혀오게 된다. 「형전6조(刑典六條)」, <제해(除害)>

다산은 이들을 "양산박(梁山泊)의 두령"이라 했다. 도둑을 잡는 자와 도둑이 야합해서 저지르는 이 기막힌 사태는 당시의 엄연한 현실이었다. 수령은 '주막에 지나가는 나그네'같이 처신할 것이 아니라 마땅히 이를 규찰하고 처벌해야 한다는 것이 다산의 생각이다. 이 밖에도 문서를 관리하는 서기(書記)나 하찮은 문졸(門卒)에 이르기까지 모두 그 나름의 농간을 자행하고 있음을 지적하고 이를 바로잡아야 할 것을 역설했다. 이렇게 하는 데에서 진정한 리더십이 나올 수 있는 것이다.

삼정의 문란과 그 폐해

조선 후기의 병폐는 이른바 '삼정(三政)의 문란'으로 집약된다. 삼정이란 전정(田政), 군정(軍政), 환곡(還穀)을 말하는데, 이 세 제도를 둘러싼 부정과 부패가 실로 백성들을 죽음으로 몰고 갔던 것이다. 『목민심서』에는 이 삼정의 문란 실상이 자세하게 기록돼 있다.

전정은 농업 생산 국가에서 나라를 경영하는 가장 중요한 정책이다. 이 전정의 핵심은 토지 제도인데 토지 제도를 개혁하는 것은 수령의 권한 밖의 일이기 때문에 『목민심서』에는 언급되지 않았다. 토지 제도에 관한 문제는 「전론(田論)」과 『경세유표』에 자세히 기술돼 있다. 『목민심서』에서는 기존의 토지 제도에서나마 백성들의 피해를 덜어 줄 수 있는 방안이 제시돼 있다.

군정의 문란은 군포(軍布)의 수납을 둘러싸고 자행되는 부정부패에 집중돼 있다. 군포는 16세 이상 60세 이하의 평민 남자가 현역에 복무하는 대신 내는 일종의 병역세(兵役稅)다. 이조 후기에 오면 이 제도가 문란해져 각종 부패의 온상이 됐다. 다산은 "그 폐단이 크고 넓어 백성들의 뼈를 깎는 병으로 됐다. 이 법이 고쳐지지 않으면 백성들은 모두 죽어 갈 것이다."라고 말했다. 드디어 군포는 백성들로 하여금 자기의 생식기를 자르게 하는 비극으로까지 사태를 악화시킨다. 『목민심서』에서 다산은 자신이 쓴 시(詩) 한 수를 소개하고 있다.

> 갈밭 마을 젊은 아낙, 울음도 서러워라
> 동헌 향해 통곡하고 하늘에 울부짖네
>
> 군인 남편 못 돌아옴은 있을 법한 일이지만
> 예부터 남자 절양(絶陽) 들어 보지 못했노라

시아버지 죽어서 이미 상복 입었고
갓난아인 배냇물도 안 말랐는데
삼대(三代)의 이름이 병적이 실리나니

달려가서 억울함을 호소하려도
범 같은 문지기 버티어 섰고
이정(里正)이 호통하여 소마저 끌고 갔네

남편이 칼을 갈아 방 안으로 들어가자
붉은 피, 자리에 낭자하구나
스스로 한탄하네 "아이 낳은 죄로구나"
…이하 생략…

「애절양(哀絶陽)」이란 제목의 시인데 '남자의 양경(陽莖), 즉 생식기를 절단함을 슬퍼한다.'는 뜻이다. 이른바 황구첨정(黃口簽丁), 백골징포(白骨徵布)의 실상이 생생하게 증언된 시다. 다산은 이 시 뒤에 다음과 같은 말을 덧붙였다.

이 시는 가경(嘉慶) 계해년(1803) 가을, 내가 강진에서 지은 것이다. 그때 갈밭에 사는 백성이 아이를 낳은 지 사흘 만에 군보(軍保)에 편입되고 이정(里正)이 못 바친 군포 대신 소를 빼앗아 가니 그 백성이 칼을 뽑아 자기 양경을 스스로 베면서 말하기를 "내가 이 물건 때문에 곤액을 받는다"라고 했다. 그 아내가 양경을 가지고 관문에 나아가니 피가 아직도 뚝뚝 떨어졌다. 울며 호소했으나 문지기가 막아 버렸다. 내가 듣고 이 시를 지었다. 백성의 수령된 자가 백성의 실정을 돌보지 않고 다만 통속적인 관례만 따라 군정(軍政)을 행하고 있기 때문에 때때로 악에 바친 백성이 이러한 변고를 일으키는 일이 있으니 지극히 불행한 일이다. 두려워할 만한 일이 아닌가.

「병전6조(兵典六條)」, <첨정(簽丁)>

군포와 함께 백성들을 궁핍으로 몰아넣은 제도가 환곡(還穀)이었다. 환곡이란 원래 사창 제도(社倉制度)에서 나온 것으로 풍년에 국가가 곡식을 사들였다가 흉년에 싼 이자로 빌려 줘 빈민을 구제하고 물가 조절의 기능도 함께 가지는 제도였다. 이 제도가 이조 후기로 오면서 그 폐해가 너무 지나쳐 흉년이 들어도 곡식을 대여해 가는 사람이 아무도 없게 됐다. 차라리 굶는 것이 더 낫다고 생각한 것이다.

이렇게 되자 관(官)에서는 농민들에게 곡식을 강제로 빌려 주고 강제로 거둬들이게 된다. "곡식을 빌리는 권한은 백성들에게 있는데 백성들이 이를 받아가지 않으면 그 집을 단속하고 백성들이 이를 도로 바치지 않으면 그 등에 매질을 하는" 기막힌 상황에까지 이른 것이다. 이마저도 후에는 아예 빌려 주지도 않고 받아들이기만 하는 극악의 지경에 이르고 만다. 그래서 다산은 이를 "강탈"이라고 했다.

드디어 환곡 제도는 그 본래의 기능을 상실하고 국가 조세의 한 항목이 됐는데 이것마저 명목 없는 조세여서 국가에 의한 강탈이나 다름없었다. 다산은 이 제도가 "백성의 뼈를 깎는 병폐가 됐으니 백성이 죽고 나라가 망함은 바로 눈앞에 닥친 일이다."라고 개탄했다. "폐단이 비록 이와 같으나 한 고을의 수령이 고칠 수는 없다."라고 말하면서도 다산은, 아전이 농간을 부리는 열두 가지 유형을 날카롭게 지적하고 있다. 또한 감사(監司)까지 환곡을 이용해서 이익을 챙긴다는 사실을 폭로하기도 했다.

2. 다산 **정약용**, 『목민심서』의 공공리더십

나오며

『목민심서』는 백성에 대한 참다운 애정을 토대로 집필된 것이기 때문에, 그 후 지방행정의 지침서로서 높은 가치를 인정받았다. 19세기 후반, 지방 수령으로 부임하는 관리들이 한결같이 이 책을 필사(筆寫)해 지니고 갔다는 사실이 이를 증명해 준다. 현재 수많은 필사본이 전하고 있는 것은 이러한 이유 때문이다. 또한 동학농민전쟁 때 동학군(東學軍)들이 『경세유표』, 『목민심서』 등을 '정다산 비결(丁茶山祕訣)'이라 해서 품속에 지니고 다녔다는 기록이 전한다고 하는데, 사실 여부는 접어 두고라도 이러한 소문이 돌게 됐다는 점 자체가 『목민심서』의 성격을 단적으로 드러내 준다고 하겠다. 백성의 편에 서서 백성의 이익을 적극적으로 대변했던 다산의 사상이 동학군들에게 깊은 공감을 불러일으켰기 때문일 것이다.

우리는 『목민심서』 전편을 통해 어려운 시대를 살다 간 한 양심적인 지식인을 만나게 된다. 자기 시대의 모순과 부조리를 낱낱이 파헤쳐서 일일이 그 시정책을 제시한 그의 노력에 경의를 표하지 않을 수 없다. 그리고 이 모든 노력이 민중의 이익과 국가의 발전을 위해 모아졌다는 점에서 다시 한번 그에게 머리를 숙이지 않을 수 없다. 끝으로 다산의 명언(名言) 하나를 소개한다.

> 목민관은 백성을 위해 있는 것인가? 백성이 목민관을 위해서 있는 것인가? 백성이 곡식과 베(布)를 바쳐서 목민관을 섬기며 수레와 종복을 내어 목민관을 맞고 보내며 백성의 고혈을 짜내어 목민관을 살찌게 하니 백성이 목민관을 위해 있는 것이 아닌가? 아니다. 목민관은 백성을 위해서 존재하는 것이다. 「원목(原牧)」

지금으로 말하면 목민관은 지방자치단체의 수장일 뿐 아니라 장관을 포함한 모든 정부기관의 수장이기도 하다. 국민이 세금을 내어 이들을 먹여 살린다고 해서 국민이 이들을 위해 있는 것이 아니라 이들이 국민을 위해 존재한다는 사실을 알아야 할 것이다. 다산 선생이 오늘 살아 있다면 아마 또 다른 새로운 『목민심서』를 집필했을 것이다.

Public Leadership

우리나라의
리더십
-한류의 초석이 되다

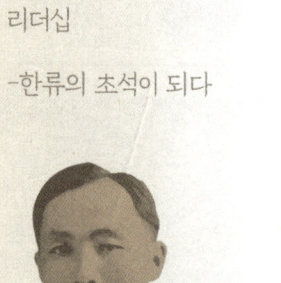

독립운동 지도자, 도산 안창호의 리더십

신용하

안창호의 민족과 국가의 재발견

도산(島山) 안창호(安昌浩, 1878-1938) 선생의 정치적 리더십은 3단계를 거쳐 형성됐다.

안창호 선생(이하, 도산 또는 안창호로 약함)은 1878년 11월 9일(음력 10월 6일) 평안도 대동강 하류 강서군(江西郡) '도롱섬'에서 가난한 평민 신분의 농민 아버지 안흥국(安興國, 1852-1885)과 어머니 황몽은(黃夢恩, 1847-1929)의 셋째아들로 태어났다. 도산의 집은 가계가 부유하지 못했으므로 소년 안창호는 서당 공부가 없을 때에는 꼴을 베고 소를 기르는 목동의 일을 했다.

안창호는 11세에 부친을 여의었고, 14세 때에 할아버지는 다시 강서군 동진면(東津面) 고일리(古逸里)로 이사했다. 이는 손자를 큰 서당에 보내기 위한 것으로 추정된다. 창호는 이곳에서 14세부터 16세까지 3년간 김현진(金鉉鎭)이라는 유림

훈장으로부터 유학(儒學)을 공부했다. 추정컨대, 할아버지는 영민한 손자 안창호에게 유학을 교육시킴과 동시에 당시 모든 뜻있는 할아버지들의 관행대로 과거시험 준비를 시키려 했던 것으로 보인다.

안창호는 김현진 훈장의 큰 서당에서 이 지방의 뛰어난 수재 친구들을 만나게 됐다. 그 가운데 평생 뜻이 맞는 친우가 된 필대은(畢大殷)이라는 선배를 만났다.

우리가 여기서 주목할 것은 소년 안창호가 엄격한 할아버지의 슬하에서 10년 간 한문 수학과 유교 경전들을 공부했다는 사실이다. 소년 도산이 7세부터 16세까지 모든 단계를 거르지 않고 거치면서 10년간 한문·유교 경전을 공부했다는 것은 이 시기 양반층 수재 자제들이 수학한 한문 학습 과정과 동일한 기간의 동일한 한문·유교 경전의 교육과정을 거쳤음을 의미하는 것이었다.

서당에서 한문과 과거 공부를 하던 소년 안창호에게 나라와 겨레에 대해 눈을 뜨게 한 큰 사건이 일어났다. 청일전쟁(1894~1895)이었다.

하지만 1894년에는 소년 도산에게도 충격적인 큰 사건이 일어났다. 호남지방에서 동학농민혁명운동이 폭발하자, 민비 정권은 이를 '진압'할 자신을 잃고 청국 군대의 '차병'을 요청했다. 이를 구실로 일본군이 불법으로 대군을 한반도에 침입시켜 1894년 7월 한반도에서 청일전쟁을 일으킨 것이었다.

일본군은 경기도 성환에서 청국군을 패배시키고, 북상해 안창호가 살고 있는 대동강변 평양에서 1894년 8월 17일부터 청국군을 공격해 일대가 전쟁터가 돼 버렸다. 평양성의 일부가 폐허가 됐다. 시민들과 부근 농민들이 모두 피란하지 않으면 안 됐다. 평양에 들어온 청국군과 승리한 일본군의 행패도 막심했다.

한학을 배웠고 이미 성숙한 소년 안창호도 청국군과 일본군이 자기 나라에 들어와서 제멋대로 전쟁을 일으켜 자기 나라와 고향 일대를 파괴하는 것을 보며 큰 충격을 받고, 당연히 서당 친구들과 청일전쟁에 대한 격렬한 토론을 자주 했다. 특히 나이 세 살 위의 필대은의 국제 정세·청일전쟁·국내 정세의 해설과 토론에 소년 안창호는 크게 공명했고 깨우쳐 배우는 바가 많았다. 안창호와 필대은

3. 독립운동 지도자, 도산 안창호의 리더십

은 이 토론 과정에서 뜻을 같이한 동지적 친우가 됐다.

청일전쟁 때 일본군과 청군의 전투로 파괴된 평양 선교리 시가 일부(1894)

필대은은 황해도 안악(安岳) 출신의 한문 잘하고 중국 고전과 중국 당대 서적을 많이 읽은 박식한 학도로서 강렬한 선각적 민족의식을 갖고 있던 청년으로 기록돼 있고, 그 이상은 밝혀져 있지 않은 인물이다.

안창호는 청일전쟁의 경험적 관찰과 필대은과의 토론 과정에서 자기가 태어난 나라와 겨레의 처지에 대해 크게 눈을 떴다. 영민한 두 청년이 청국과 일본의 전쟁터가 돼 버린 조국의 처지와 일본국의 행패에 분노해 나라와 백성을 위해 무엇인가 큰일을 해야 하겠다고 토론하고 합의했을 것임을 상상하는 것은 전혀 어려운 일이 아니다. 당시 이미 16세의 청년이 된 안창호는 청일전쟁의 경험적 관찰과 선배 친구 필대은과의 토론을 계기로 민족과 국가를 새로 다시 발견하고 크게 각성해, 나라와 겨레를 위해 일할 '내적 동기'를 확립한 것으로 해석된다.

안창호는 민족과 국가를 위해 일하려면 정치의 중심인 서울로 올라가서 더 배우고 더 알아야 한다고 생각하고 상경을 결심한 것으로 보인다. 안창호는 노자가 떨어지자 정동 거리에서 구경한 바 있는 서양인 목사의 '구세학당'(언더우드 학당, 밀러 학당, 민노야 학당) 학생 모집 권고를 기회로 잡았다. 기독교 장로회

(Presbyterian)는 한국 포교를 위해 1886년에 고아원을 세웠다가 1895년에 중등 과정의 학당(구세학당, 언더우드 학당, 밀러 학당, 민노야 학당)으로 발전시켜서 새문안교회에 운영을 맡기고 있었다. 안창호가 상경해 직업을 구하며 돌아다니고 있을 때에 마침 학생 모집을 하고 있었다.

안창호는 여비가 떨어진 상태에서 숙식 문제를 해결하며 신학문을 배우기 위해 '언더우드 학당'에 입학했다. 댕기머리를 잘라 머리를 깎고 학당 규칙대로 먼저 기독교 세례를 받았다. 안창호는 유학(儒學) 교육을 이미 받았으나, 신학문을 배우는 것이 더 중요한 목적이므로 기독교 입교는 신학문 학습의 부차적인 것으로 간주했다.

안창호는 '구세학당'에서 만 2년 간 신학문을 배웠다. 첫해는 '보통반'에 입학해서 수료했고, 이듬해에 '특별반'에 입학해 졸업했다. 교사는 미국인 밀러(F. S. Miller) 목사와 한국인 정동명(鄭東鳴)이었다. 교과목은 기독교 교리 이외에 산수, 세계지리, 과학, 체조, 음악을 교육했다. 그러나 이 학교에서는 '영어'는 과목으로 교육하지 않았다. 한국에서만의 기독교 포교자를 양성하려는 목적 때문이었던 것으로 해석된다.

안창호는 언더우드 학당에서 성실하게 신학문을 공부했다. 그는 기독교 공부도 성실하게 해서, 오래지 않아 '접장'(조교급)으로 지명되고, 보수도 매달 1원씩 받게 됐다.

안창호의 언더우드 학당 시절에 특기할 것은 필대은이 서울로 안창호를 찾아와서 안창호의 주선으로 기독교에 입교하고 구세학당 학생이 됐다는 사실이다. 필대은은 1894년 9월 제2차 동학농민혁명운동이 일어나자 황해도 동학당 수령의 참모로 동학 농민군에 들어갔다가, 동학당 해산 후 쫓기는 처지로 1895년 상경해 안창호를 찾아온 것이었다.

안창호는 필대은을 기독교에 입교시켜 피란처를 만들어 주고, 구세학당에 입학시켜 갈구하던 신학문도 배우게 했다. 안창호와 필대은이 더 굳은 동지가 됐

3. 독립운동 지도자, 도산 **안창호**의 리더십

음은 더 말할 필요가 없다.

또한 주목할 것은 안창호가 구세학당 수학 중에 1895년 유길준(兪吉濬, 1856-1914)의 『서유견문(西遊見聞)』이 간행됐는데, 안창호가 이를 구입해 읽고 큰 충격과 감명을 받은 사실이다. 유길준의 『서유견문』에는 단순한 서양 세계의 소개만 있는 것이 아니라 어떻게 하면 조선도 '실상개화(實相開化)'를 해서 문명한 나라를 만들 것인가에 대한 뚜렷한 문제의식을 갖고 서양을 소개해 줬다.

안창호는 『서유견문』을 읽고 직접 서양에 가서 '유학(留學)'을 하려고 결심한 것으로 추정된다. 안창호는 서양에 가서 '교육학' 박사까지 공부하고 연구해 귀국해서 조국 대한을 서양 열강처럼 자주독립하고 부강한 문명국가로 만들려고 결심했다. 이때 필대은도 동의해 함께 '유학'하기로 합의했던 것으로 보인다.

안창호의 독립협회 가입 시기는 일자 기록이 없어 1897년, 1898년 설이 추정되고 있으나, 방증 자료에서 보면 1896년 7월로 판단하는 것이 좀 더 정확할 것이라고 본다. 그 근거는 안창호가 1896년부터 서재필(徐載弼, 1864-1951)의 계몽 연설에 거의 빠짐없이 출석해 그의 연설 내용을 감탄하면서 공부했기 때문이다. 서재필은 1896년 3월부터 배재학당에 강사로 나가면서 서울시내에서 기회가 있을 때마다 '계몽 강연'을 했다. 또한 배재학당 안에 '토론회(Debating Society)'를 조직해 하나의 주제를 올려놓고 토론자를 양편으로 나눠 찬·반 토론을 시키면서 학생과 참석한 시민들을 교육 계몽했다. 서양 사정의 지식을 갈구했던 안창호는 서재필이 귀국하자 처음부터 서재필의 모든 강연과 배재학당의 모든 토론회에 참석해 공부했다. 뒤에 안창호 스스로 다음과 같이 회고했다.

> 배재학당 안에 협성회라는 회를 조직하고 모든 회규를 가르쳐 가면 어떤 때는 서 박사, 윤치호 두 분이 가·부 편으로 갈려 가지고 경쟁적 연설로 가르치매, 차츰 회규를 아는 자 점점 늘어서, 그 후는 독립협회를 조직하고 유신을 도모하는데, 그때는 양반들이 많이 왔소. 그중에 배재학당에서 협성회의 회규를 배운 선생과 학생들과

양반들 사이에 차츰 충돌이 많았나이다.

그때 서 박사의 주의는 낡은 정치를 개혁하고 백성이 마음대로 복리를 누리도록 국가를 건설함과 탐관오리의 결재를 아니 받고 자주해 살자는 정신을 주장했소.

그 후 『독립신문』을 발행할 때에는 백성을 본위로 하셨기 때문에 순국문으로 발행해서 각처로 퍼졌는데, 그때 인심이 신문을 보는 사람마다 서 박사는 참 선인이라고 부르짖음이 참 많았소. 그다음은 각처로 다니며 연설로 많이 깨우쳤는데, 연설에 감동돼 독립협회는 날로 발전됐소.

이 사람(안창호-인용자)도 서 박사의 연설로 감동을 많이 받았소. 그래서 서 박사가 연설한다면 밥 먹을 시간을 그만두고라도 따라다녔소. 내가 지금 그전보다 얼마나 변했다고 할진대, 그 변한 원인은 유길준의 『서유견문』이라는 책과 서 박사에게 감동받은 결과이외다. 그래서 나는 이 두 어른의 감화를 잊지 못합니다.

도산 안창호는 독립협회 시기의 서재필의 연설에 처음부터 감동을 많이 받아서 "서 박사가 연설한다면 밥 먹을 시간을 그만두고라도 따라다녔다."라고 25년 후에도 회고하고, 안창호 자신이 그 이전과 달리 이만큼 변한 원인은 "유길준의 『서유견문』이라는 책과 서(서재필-인용자) 박사에게 감동받은 결과이고, 그래서 나는 이 두 어른의 감화를 잊지 못한다."라고 회고하고 있으니, 서재필 박사의 계몽 강연, 『독립신문』과 독립협회 활동의 영향이 도산 안창호에게 끼친 영향이 얼마나 컸는가를 충분히 알 수 있는 일이다.

안창호는 동지들과 함께 독립협회 평양지회 설립을 추진해, 1898년 8월 지회 창립의 '연설'을 담당했다. 1898년 음력 7월 25일(양력 9월 10일)은 고종황제의 탄신일이므로 평양 감영 관원의 힘으로 대동강변 쾌재정(快哉亭)에 군민들을 모이게 해서 처음 경축식을 거행하고, 이어서 서울에서 내려온 안창호의 '연설'을 들은 다음, 독립협회 평양지회를 설립하도록 기획됐다.

독립협회 강제 해산 후 1899년 귀향한 안창호는 구국교육운동의 일환으로 강서군 동진면 바위고지(岩花里)에 사립학교로서 '점진학교(漸進學校)'를 설립했다. 이때 독립협회의 해산된 회원 가운데 뜻있는 이들은 각기 귀향해서 사립학교를 설립해 구국교육운동을 하면서 때를 기다리기로 약속했던 것으로 보인다. 1899년에 전국 각지에서 독립협회 회원들의 사립학교 설립이 갑자기 증가하고 있었다.

점진학교의 교장은 안창호가 맡고, 교사는 최광옥(崔光玉)과 이석원(李錫元)이 맡았다. 학생은 남녀 학령 아동을 모집해 신학문과 애국심을 교육했다.

안창호가 지은 다음의 점진학교 '교가'는 그가 가사 창작과 문장에도 탁월한 재능을 가졌음을 잘 나타내 주고 있다.

"점진 점진 기쁜 마음과
점진 점진 기쁜 노래로
학과를 전무(專務)하되 낙심 말고
하겠다 하세 우리 직무를 다"

중앙 서울에서도 독립협회의 복설(復設)은커녕, 황제는 1899년 8월 17일 '대한국국제(大韓國國制)'를 제정 공포해 황제가 행정·입법·사법·외교·상훈의 모든 전제권을 가지며, 백성들의 결사(結社)와 정치적 발언은 영구히 엄금한다고 공포한 것이다. 그뿐만 아니라 1902년에는 개혁당(改革黨) 사건이라 해서 전 독립협회 부회장 이상재(李商在, 1850-1927) 등 개혁파 인사 다수를 체포 투옥했다. 언제 이 폭압적 전제 체제가 해체될지 전망이 보이지 않았다.

또한 절친한 동지 필대은이 폐병으로 병사하게 된 것이다. 안창호는 수개월간 온갖 정성으로 그를 간호했으나, 필대은은 1902년 별세했다.

안창호는 이 수난의 기간에, 그가 구세학당 시절 계획했던 미국에 유학해 '교육학'을 박사까지 공부해서 귀국해 나라를 위해 헌신할 것을 실천하려고 결심했다. 그는 '점진학교'는 동지에게, 농토매축사업은 형님(안치호)에게 맡기고 도미 유학의 길에 나서게 됐다.

경축식이 끝난 후 청년 안창호의 '쾌재정' 연설은 참석한 평양 관리들과 평양 군민들을 놀라게 했다. 안창호의 18조항의 나라가 잘한 일 '쾌재'와 18가지 조항의 잘못한 '불쾌'를 논리 정연하게 설파한 유려한 연설에, 평안감사 조민희(趙民熙) 등 관리들은 부끄러워 고개를 숙였다 올렸다 하고, 군민들은 너무 통쾌해서 박수와 응답을 연호했다.

안창호 리더십 형성의 계기와 그 특징

안창호 부부는 1902년 제물포(인천)항을 출발해 일본 요코하마·하와이·시애틀을 거쳐 약 20여일 만에 미국 캘리포니아주 샌프란시스코항에 도착, 상륙했다. 태평양을 건넌 긴 뱃길 여행이었다.

샌프란시스코 이민국 건강검진 의사 다울은 일찍이 한국에 다녀온 일이 있어서 안창호와 서울에서 만난 적이 있었다. 무일푼으로 직업을 구해야 할 안창호 부부는 우선 첫 직업으로 다울 의사 집의 가사고용인으로 취업했다. 안창호 부부는 다울의 집안일을 도우면서, 안창호는 영어를 배우기 위해 그래머 스쿨(Grammar School; 공립초·중등학교)에 다녔다.

당시 샌프란시스코에는 한국인이 약 20가구, 차이나타운 한 곳에 세를 들어 거주하고 있었다. 안창호 부부가 다울 의사의 집에 장기간 있을 수 없어서 한국인 거주지 부근 셋방에 이사해 와 보니, 한국인들의 생활 상태는 외국인들에게 부끄러운 상태였다. 10여 가구는 인삼 행상 장수였고, 나머지는 학생들이었다.

인삼 장수들은 중국 인삼을 사다가 자주 '고려인삼'이라고 중국인들에게 속여 팔 뿐 아니라, 행상 구역을 침범했다고 싸우기 일쑤였다. 한 번은 한국인 인삼 장수 두 사람이 길가에서 구역을 침범했다고 상투를 붙들고 싸우는데 미국인들이 재미있다고 둘러싸고 구경하고 있는 광경을 목도하기도 했다. 주거생활도 불결하게 살고 있었다.

도산 안창호는 미국인들이 한국인들의 생활방식을 보고 한국인을 무시할 것 같아 부끄럽고 참담함을 느꼈다. 외국인들이 한국인은 독립할 자격이 없는 사람들이라고 생각하지 않을까 염려됐다.

도산은 우선 동포들의 생활 상태를 찾아가 살펴봤다. 춘원 이광수의 묘사를 빌려 보면, 우선 첫째로 그의 눈에 띈 것은 동포들이 거주하는 거처가 불결한 것이었다. 셋방이나 셋집을 물론하고 장식도 없고 소제가 불충분해서 밖에서 얼핏 봐도 어느 집이 한국인이 사는 집인지 알 수 있을 정도였다. 우선 유리창이 더럽고 커튼도 없었다. 서양인의 창에는 반드시 커튼이 있었다. 둘째로 눈에 띄는 것은 문 앞이 더러울뿐더러 찾는 손님을 기쁘게 하는 화초가 없는 것이요, 셋째는 실내가 불결하고 정돈되지 아니하고 또한 미화되지 아니한 것이었다. 넷째로 집에서 불쾌한 냄새가 나는 것이었다. 이 냄새로 말미암아 인접한 서양인이 살 수가 없어서 이사해 가버린 일도 있었다. 다섯째로 이웃사람이 싫어할 만큼 큰 소리로 말하고 싸움하는 것이었다.

도산은 여기서 마음의 갈등을 겪었다. 목사들의 추천서를 갖고 바로 고등학교·대학에 진학해 교육학 박사가 돼 귀국해서 나랏일을 할 것인가, 아니면 아직 24세로 젊으니 한 3년 유학을 미루고 먼저 이 동포들의 생활을 개선하도록 지도해 준 다음 대학 진학의 길을 택할 것인가의 갈등이었다. 안창호는 친하게 된 유학생 이강·정재관·김성무 등에게 "공부도 해야겠지만 이왕 늦은 공부니 한 3년 더 늦어도 큰일 없소. 우선 시급한 노동 주선과 생활 지도의 일을 해야 하겠소."라고 말하고 후자를 택했다.

안창호 부부는 한국인 거주지 일대에 셋방을 들어 살면서, 부인 이혜련은 생계를 위해 가사도우미 일을 나가고, 안창호는 동포들의 신임을 얻는 봉사활동을 시작했다.

　도산은 동포들의 생활 속으로 자연스럽게 파고 들어가기 시작했다. 그는 인사를 나눠 친분이 생긴 동포의 거처를 한 집 한 집 찾아가서 청소운동부터 시작했다. 도산은 스스로 집 안팎을 쓸고 유리창 먼지를 닦고 성심껏 청소를 해 줬다. 고장 난 곳이 있으면 고쳐 주고, 철사와 천을 사다가 커튼을 달아 줬다. 다음 방문할 때에는 화분을 창문과 문전에 놓고, 꽃씨도 심어 줬다.

　동포들은 처음에는 이 특이한 청년 도산을 의심도 하고 거절하는 이도 있었다. 그러나 도산이 외국에서 한국인의 삶의 방식이 외국인에게 부끄럽지 않고 독립할 자격이 있는 국민으로 알려질 수 있도록 성심껏 생활을 개선시켜 주려 일하는 것을 알게 됐고, 또 청결한 거처에서 살아 보니 역시 상쾌하고 좋으므로 나중에는 도산을 신뢰하고 환영하게 됐다. 도산과 동포들 사이에 봉사와 그 실증적 효과를 통해서 '친화력'이 형성된 것이었다.

　도산과 동포들의 친화력이 형성된 후 동포가 허락하는 경우에 도산은 방 안도 정돈해 주고, 냄새 나는 것도 치워 줬으며, 부엌도 깨끗이 청소해 줬다. 화장실을 더럽게 사용하면 화장실까지 깨끗하게 청소해 주고 고쳐 줬다. 이제는 도산을 바깥주인뿐 아니라, 안주인과 온 가족이 환영하게 됐다.

　얼마 안 가서 동포들의 거처 생활환경이 일신되자 동포들의 정신도 깨끗하게 됐는지, 그들 스스로 면도 깨끗이 하고 의복도 깨끗하게 빨아 입었으며, 말할 때도 이웃에 방해가 되지 않도록 낮은 소리로 말하고, 이웃이 싫어하는 냄새나 음식은 삼가게 됐다. 동포들도 가난하다고 생활을 제멋대로 하면 외국인들이 한국 민족 전체를 오해해 불쾌하게 생각할 것을 알게 됐다. 동포들은 점차 자발적으로 청결한 환경과 깨끗한 복장을 갖춘 문화생활을 갖춰 나가게 됐다.

　동포들은 마침내 도산을 신임하게 돼 일이 있으면 의논하려 찾아왔다. 좋은 음식을 차리면 도산을 초대했다. 동포들은 도산과의 자기 문제 자문 의논 과정에서 도산이 그들보다 훨씬 높은 지식과 학문과 교양을 가진 훌륭한 인물임을 알게 됐고, 처음에는 착한 아저씨로 생각하던 동포들이 어느새 도산을 저절로 '선생님'으로 부르게 됐다. 도산의 리더십이 형성되기 시작한 것이다. 동포들은 어려운 일이 생기면 찾아와 도산의 지도를 받았다. 동포들 사이에 도산의 지도력, 리더십이 자연스럽게 형성된 것이다.

도산은 지도력이 형성되자, 동포들에게 정직하고 예의 바른 문화생활을 하도록 지도해 주고, 인삼 장수들에게도 행상구역을 공평하게 정한 후 매달 구역을 순환해 바꾸도록 하며, 판매가격을 협정해 투매를 방지해서 이익을 보장하도록 하고, '계'를 조직해 서로 협동하는 체제를 갖추도록 지도해 줬다.

도산은 참담한 상태의 동포들과 생활을 같이해 봉사하는 과정에서 풀뿌리까지 서로 맺어지는 신뢰를 형성하고, 경험하면서 배우고 지도하는 방식을 체질화했다. 동포들을 굳게 신뢰하고 그들에게 실제로 성심껏 봉사하면서 친화력을 형성해 공익과 나라사랑·겨레사랑을 목표로 그들을 자발적으로 따라오도록 지도하는 '안창호형 리더십'은 도산이 이십 대에 샌프란시스코 동포사회에서 봉사하면서 처음 체득해 형성한 리더십 유형이었다고 볼 수 있다.

1년 후 집세를 놓는 미국인 사업가가 한국인 거주 지역에 왔다가 한국인의 생활 면모가 일신된 것을 보고 깜짝 놀라서, 당신네 나라에서 지도자가 왔느냐고 만나기를 희망했다. 집주인은 안창호를 만나 보고 노인인 줄 예측했다가 청년 지도자임을 알게 되자 더욱 감탄했다. 그는 집세를 1년에 1개월 치 공제해 주고 한국인이 모이는 회관을 무료로 제공해 줬다.

도산은 그의 독특한 지도력이 형성되자 1년 후인 1903년 9월 23일 샌프란시스코 거주 한국인들을 모아 '한인친목회(韓人親睦會)'를 조직했다. 회장에는 안창호가 선출됐다. 발기인은 박성겸·이대위·김성무·박영순·장경·김찬일·김병모·전동삼·박승지 등이었다. 한인친목회는 최초의 재미 한인단체였으며, 뒤에 공립협회, 이어서 국민회, 대한인국민회로 발전한 최초의 단체였다.

도산이 1903년 샌프란시스코에서 동포들과 '한인친목회'를 창립한 얼마 후에 로스앤젤레스에서 구조 요청이 왔다. 로스앤젤레스 부근 리버사이드(河邊)에서 귤밭 농장의 일자리가 열렸는데 하와이에 이민 왔던 한국인 노동자들 일부가 리버사이드에 찾아와서 방황하고 있다는 소식이었다.

한국인의 하와이 이민은 1902년부터 시작됐다. 하와이 사탕수수 농사 경주(耕主) 동맹회가 노동자를 모집하려고 1902년 5월 9일 테슬러를 한국에 보냈는데, 대한제국정부는 이에 응해 수민원(綏民院)을 설치해서 총재에 민영환, 국장에 서병호를 임명하고 이민을 모집해 보냈다. 1902년 12월 22일 이민을 실은 첫 기선이 인천항을 출항한 후, 1902년에 236명, 1903년에 1,113명, 1904년에 3,434명, 1905년에 2,659명, 모두 7,226명이 하와이에 이민했다. 그중 남자가 6,048명, 여자가 637명, 남녀 어린이가 541명이었다. 이들의 한국 내 직업은 학생·선비·광부·군인·농민·머슴·막벌이·역부·건달 등 다양했으나, 모두 사탕수수 농장에 투입돼 가혹한 조건의 동일한 농업노동자들이 됐다.

하와이 한국인 이민은 처음에는 농노적 상태의 열악한 농업노동을 했으므로, 그중에서 1903년부터 미주 본토 캘리포니아 지방으로 도항해 오는 노동자들이 생기기 시작했다. 그들 중 몇 사람이 리버사이드 귤밭 농장에 찾아와서 방황하고 있다는 것이었다. 도산은 한인친목회 회원들과 의논한 후 그들을 도우려고 이강(李剛)·임준기(林俊基)와 함께 리버사이드로 이사했다. 도착해 보니 도항해 들어와 있는 한국인 노동자는 6명이었다.

도산은 합숙하는 셋집을 빌려 자리를 잡고, 직업소개소를 통해서 귤밭 농장 캠프를 찾아가 보니, 일본인 사사키가 경영하는 '일본인 캠프'였다. 미국인 농장주들이 노동자 공급 요청을 해 오면, 사사키는 일본인 노동자들을 먼저 모두 보낸 다음, 자리가 남으면 한국인 노동자를 보냈다. 이 때문에 한국인 노동자들은 일거리가 없어서 일하는 날보다 쉬는 날이 더 많았다.

도산은 그의 방식대로 셋집과 주변을 자기 집처럼 깨끗이 청소해 단장하고 화초도 심어 가꿨다. 셋집 미국인 소유주가 지나가다 들러 매우 만족해하면서,

3. 독립운동 지도자, 도산 **안창호**의 리더십

당신들은 왜 일하러 가지 않았느냐고 질문했다. 사사키의 일본인 캠프의 정책을 설명했더니, 왜 당신네 캠프를 설치하지 않는지 또 질문했다. 캠프 설치에 1,500달러와 전화 1대가 필요하다고 응답했더니, 도산의 셋집 관리에 믿음이 갔는지 셋집 주인은 무이자로 1,500달러와 전화 1대를 임대해 줬다.

도산은 즉각 독립해서 한국인 캠프(Korean Camp)를 차렸다. 도산은 8명이 된 한인 노동자에게 "귤 하나를 따도 정성껏 따는 것이 나라를 돕는 일이다"라고 설명하고 지도하면서, 한국인이 당당하게 대우받으려면 성실하게 일해서 신용을 획득해야 함을 강조했다.

얼마 되지 않아 '한국인 캠프'가 일 잘한다는 소문이 나서 노동력 주문이 쇄도하기 시작했고, 노동자도 18명으로 증가했다. 캠프에 전화도 2대를 놓게 됐다. 도산의 '한국인 캠프'는 성공해서 한 달 후에는 빌린 1,500달러를 모두 갚았다.

도산은 한국인 캠프의 노동자 18명으로 1904년 9월 '리버사이드 공립협회(共立協會)'를 창립했다. 찾아오는 한국인 노동자들이 계속 늘어 회원은 곧 35명으로 증가했다. 도산은 미국 사회에서 공립협회 회원 35가구를 당당한 한국인으로 자치공동체를 만들어 공립(共立)해서 생활하도록 지도하는 리더십을 발휘했다.

도산은 먼저 캠프에 '야학(夜學)'을 차려 회원에게 영어와 문화생활 공부를 하도록 지도했다. 미국 교회에다 한국인 야학에서 가르칠 무료봉사 영어 교사를 요청했더니, 1명 요청에 무려 11명의 미국인이 자원했으므로 도산이 그중 1명을 선발했다. 도산은 캠프 부근의 마음에 드는 목사가 있는 장로교 신령회 교회를 선택해서 회원들이 주일에는 교회에 나가도록 권고했다.

도산은 회원들의 일상생활에서 미국인들이 한국인을 얕보게 할 수 있는 행동을 삼가도록 회원들과 토론해 합의해서 '규약'을 만들고, 세밀하게 지도했다. 예컨대, 한국인 노동자들은 밤에 잘 자고 이튿날 원기 있게 일하러 나가야 하므로 저녁 9시가 넘으면 불을 끄고 잘 것, 부인들이 긴 담뱃대를 물고 거리에 다니지 말 것, 남자도 속옷 바람으로 집 밖에 나오지 말고 반드시 와이셔츠를 입고 다닐 것, 절대로 거리에 침을 뱉지 말 것 등과 같은 것이었다.

도산은 회원들이 자기 거처와 그 주변을 항상 청결하게 청소하고, 꽃을 가꾸는 등 미화작업을 자발적으로 수행하도록 거듭 지도했으며, 도산은 회원들이 자치적으로 '경찰'을 둬 번갈아 임무를 맡으면서 규약을 잘 실행하는가를 감독하고 서로 권면하도록 지도했다.

몇 달이 지나지 않아 리버사이드 공립협회 회원들의 '삶'이 확실하게 일신됐다.

이 무렵 강명화(姜明華)라는 사람이 리버사이드를 방문해 동포들의 생활을 두루 살펴보고, "도산 선생의 공화국이 훌륭하다."라고 감탄했다.

미주 오렌지 농장 한국 노동자들과 함께한 도산(왼쪽에서 세 번째)

리버사이드의 한국인 생활이 안정되고 풍요해졌다는 소문이 나자, 한국인 노동자들이 계속 모여들어 회원은 더욱 증가하게 됐다. 그중에는 불량한 노동자가 끼어들기도 했다. 한번은 부채를 많이 진 한국인 노동자가 도망해 부채를 숨기고 리버사이드 공립협회에 들어왔다. 사실이 발각되자 도산은 임금에서 매번 일정액을 공제해 부채를 분할 상환케 하고 따뜻하게 포섭해서 그를 떳떳한 한국인으로 개조해서 함께 살게 했다.

연말이 가까워지자 귤밭 농장주들이 한국인 노동자를 성실하다고 초대해 파티를 열어 줬다. 한 귤밭 농장 회사 사장은 연설하기를 "귤은 가위질을 함부로 하면 상하기 쉽고, 꼭지를 길게 따서 팽개치면 다른 귤에 박혀서 흠이 생기고 그곳이 썩어 버려 손해를 보는데, 한국 형제들이 그런 일이 없도록 조심해서 따 줬기 때문에 큰 이익을 봤다."라고 칭송하고 선물을 한아름 줬다.

안창호 리더십 형성의 제2기와 그 특징

도산의 귀국과 대한신민회의 창립

도산 안창호는 미주에서 공립협회의 활동을 하던 중에 1905년 11월 일제가 '을사조약'을 강요해 대한제국의 외교권을 강탈해 가고 조국을 소위 '보호국' 이름의 반(半)식민지로 강점한 소식에 큰 충격을 받고, 그 직후부터 큰 번민에 빠졌다. 일제는 이제 대한제국을 급속히 완전 식민지로 강점할 것이 뻔한데, 도산은 미주에서 어떻게 이를 저지하는 일을 할 것인가를 고민한 것이었다. 조국에서 일제의 침략에 저항해 애국계몽운동과 의병운동이 일어나고 있음은 『공립신문』을 편집 발행하면서 대강 알고 있었다. 『공립신문』에서 소식이 들어오는 대로 이를 보도하면서 그 국권회복운동의 효율적 방법을 끊임없이 염려했다.

도산은 1902년 9월 미국에 올 때 원래 교육학을 박사까지 공부하고 귀국하려 했었고, 샌프란시스코에서 이민 동포들의 참담한 생활 상태를 보고 먼저 동포들의 생활개선사업을 약 3년 실행한 다음, 대학 학업에 들어갈 예정이었다. 만일 도산이 원래의 개인적 목표대로 나아갔었더라면, 그의 우수하고 명석한 두뇌와 근면 성실한 성품으로 봐서, 그는 미국 명문대학에서 교육학 박사가 돼 큰 학자와 교육가가 됐을 것이다.

이미 3년이 지나 미주 동포와의 사업은 어느 정도 체계가 잡히기 시작했는데, 그러나 이제는 멀리 조국과 민족의 위급한 사정이 급박하게 그를 부르는 것 같았다. 개인의 영달을 위해서는 미국 대학의 학업에 들어가야 할 것 같고, 조국을 위해서는 바로 귀국해 국권 회복을 위한 투쟁에 들어가야 할 것 같았다.

도산의 애국심은 후자를 택했다. 그는 1906년에 들어서자, 조국에 돌아가서 국권 회복을 위해 투쟁하기로 굳게 결심했다. 그 증거는 도산이 쓴 「대한신민회 취지서」에서 "본인 등은 국민의 일분자로서 해외에 표박한 지 다년, 바라건대 학문 문견의 가운데 득(得)한 바로서 국민의 책임을 수(酬)함으로써 국민의 천직(天職)을 행코저 한다."라고 밝힌 데서 알 수 있다. 또한 도산이 미주 공립협회 중앙총회 회장의 직책을 1906년 4월 동지 송석준(宋錫俊)에게 인계하고, 신뢰하는 동지 이강(李剛)·정재관(鄭在寬)·김성무(金成武)를 연해주 본국에 인접한 블라디보스토크와 간도에 보내어 공립협회 '원동지회'와 '만주지회'를 설치한 데서 확인할 수 있다.

도산은 1906년 샌프란시스코와 리버사이드를 왕래하면서 귀국 후의 국권 회복의 확실하고 효율적인 과학적 운동 방법을 연구하고 또 연구했다. 그 후의 도산의 언급과 사업과 독서한 서적, 남긴 유물을 검토해 보면 도산의 국권회복운동의 구상 방향은 대체로 다음과 같이 정리해 볼 수 있을 것이다.

① 국권을 허약하게 빼앗긴 부패하고 무능한 황실과 양반 귀족에게 국권 회복을 기대해서는 안 된다.
② 국민·백성을 조직하고 새로 교육해 새로운 국민의 힘, '민력'을 길러서 민력으로 국권·독립을 회복하고 쟁취해야 한다.
③ 새로운 국민의 힘을 기르려면 전 국민에게 우선적으로 새로운 교육을 실행해 신국민으로 되게 해야 한다.
④ 새로운 국민의 힘을 기르고 지도할 주체 세력으로 가장 애국적이고 헌신적인 지도적 인물들을 선발해 핵심 단체를 조직해야 한다.

⑤ 일제의 치밀한 조직적 침략 강화 추세에 대항해 장기 지속적 효율적 활동을 위해서는 애국적 지도적 인물의 핵심 단체는 반드시 '비밀결사'로 조직해야 한다.
⑥ 국내에는 '결사대'와 동일한 '비밀결사'를 조직하고, 미주 동포들에는 '공개단체'로 연락단체를 결성할 필요가 있다.
⑦ 국권을 회복한 후의 조국 대한은 왕정을 폐지하고 반드시 '민주공화국'으로 건설해야 한다.

도산은 국내에 조직할 비밀결사의 단체 명칭을 '대한신민회(New Korean Society)'로 작정하고, 미주에 설치할 공개 연락단체를 처음에는 '신고려회(New Korean Society)'로 작명했다(이태복, 2006: 118-119 참조). 단체의 한국어 호칭은 달리하고, 영문 명칭은 동일하게 한 것이었다.

도산은 1906년 말 크리스마스와 1907년 새해 초에 걸친 휴가 기간에 미주 캘리포니아 리버사이드에서 이강·임준기·정재관·김성무·송석준·신달원·박영순·이재수 등 다섯 명의 동지들을 초청해 비밀리에 그의 구상을 피력했다. 동지들은 적극 찬성했다.

이에 1907년 초 신고려회(New Korean Society)가 리버사이드에 설치됐다. 이강·임준기가 연락활동을 담당하고, 신달은·박영순·이재수가 재정 조달을 담당한 것으로 보인다.

도산은 국내 신민회 창립의 준비로 리버사이드에서 「대한신민회 취지서(大韓新民會趣旨書)」와 「대한신민회 통용장정(大韓新民會通用章程)」 초안을 작성했다.

신민회의 조직 체계는 다음 그림과 같다.

신민회 입회 때에는 생명과 재산을 회의 명령에 따라 바친다고 선서하는 예식이 있었다(애국동지원호회 편, 1956: 91).

신민회의 조직 체계도

도산의 주도로 이와 같이 조직된 신민회의 1910년 4월 도산의 망명 직전의 간부조직을 재구성해 보면 대체로 다음과 같이 정리할 수 있다.

```
총감독(중앙총감) - 양기탁(梁起鐸)
집행원(부총감격) - 안창호(安昌浩, 미주 총감 겸임)
총서기 - 이동녕(李東寧)
재무원 - 전덕기(全德基)
감찰원 - 이갑(李甲), 유동열(柳東說), 노백린(盧伯麟)
서울·경기 총감 - 전덕기(겸임), 양기탁
평안남도 총감 - 안태국(安泰國)
평안북도 총감 - 이승훈(李昇薰)
```

함경도 총감 - 이동휘(李東輝)

황해도 총감 - 김구(金九)

강원도 총감 - 주진수(朱鎭洙)

경상도 대표(총감대리) - 김진호(金鎭浩)

충청도 대표 - 최익(崔益)

기타도 대표 - 김도희(金道熙)

미주지역 총감 - 안창호(겸임)

본부연락 대표 - 임치정(林蚩正)

최고간부(의사원 등) - 안창호, 양기탁, 윤치호, 이갑, 유동열, 이동휘, 전덕기, 이동녕, 이종호, 박은식, 신채호, 이회영, 이승훈, 김구, 안태국, 조성환, 노백린, 이준, 최광옥

이러한 간부 구성을 끝내고 엄격하게 선발된 신민회의 회원 수에 대해, 도산은 그가 본국을 떠나 중국으로 망명한 무렵의 회원 수가 약 300명이라고 그 후 일제 심문 때 응답했다(박현환, 1954: 87). 백범 김구는 신민회의 회원 수가 약 400명이라고 기록했다(김구, 2021: 195). 한편 백암(白巖) 박은식(朴殷植, 1859-1925)은 신민회의 회원 수가 약 800명에 달했다고 기록했다(박은식, 2014: 479). 독립운동가들이 집필한 『한국독립운동사』도 신민회의 회원 수를 800명이라고 기록했다(애국동지원호회 편, 1956: 91).

1910년 4월 도산이 망명하기 직전의 회원 수가 300명이었다고 할지라도, 신민회가 발각돼 해산당한 1911년 9월까지는 회원의 증가가 있었을 것이므로, 신민회의 회원 수는 가장 융성했을 때를 기준으로 하는 경우 약 800명에 달했다고 볼 수 있을 것이다. 독립운동가들은 이 신민회 회원들에 대해 "당시 유지계(有志界)의 정화(精華)는 모두 가입"(애국동지원호회 편, 1956: 91)했다고 기록했다.

도산의 탁월한 조직 능력에 힘입어 신민회는 당시 대한의 가장 애국적인 지도자들을 엄선해 모아서 강력하고 철통같이 잘 조직된 전국적 비밀결사로 창립된 것이었다. 그리고 신민회가 매우 잘 조직된 비밀결사였기 때문에 신민회의 지도로 맹렬한 국권회복운동을 전개할 수 있게 된 것이었다.

도산 안창호가 중심이 돼 한말 한국의 애국지사들이 1907년 4월 초 국내에서 창립한 대한신민회는 일본 제국주의의 침략을 물리치고 국권을 회복해서 대한제국의 군주국 구체제를 변혁해서 자유로운 새 민주공화국을 건설할 것을 목적으로 전면적 투쟁을 전개한 한국 근대 사상 최초·최대의 '신민족·신민주 혁명당'이었다고 볼 수 있다.

신민회의 목적과 도산의 신민주의 사상과 활동

도산이 한국 근대 사회의 발전과 한국 근대사에서 획기적 공헌을 한 매우 중요한 활동의 하나는 1907년 신민회를 창립해 국권회복운동을 전개하면서 한국 민족과 민중의 근대적 역량을 비약적으로 증강시키고 한국 사회의 근대적 변혁을 획기적으로 추진한 것이었다.

도산이 발의해 창립 동지들이 동의한 신민회의 궁극적 목적은 ① 국권을 회복해 자유독립국을 세우고, ② 그 정치 체제는 공화정체(共和政體)로 하는 것이었다.

신민회가 국권 회복 후의 정체를 전제군주제(專制君主制)의 입헌군주제(立憲君主制)로의 개혁으로 하지 않고 아예 군주제를 폐지해 '민주공화국(民主共和國)'을 세울 것을 공식적 목표로 정한 것은 한국 역사상 최초의 참으로 혁명적인 것이었다.

신민회에 앞서 독립협회 때에는 전제군주국의 입헌군주국으로의 개혁을 공식 목표로 삼았으며, 민주공화국으로의 개혁은 만민공동회의 소수 급진파 청년들 사이의 이상에 불과했다. 그러나 10년 후의 신민회에 이르면 입헌군주국도 낡은 것으로 인식되고 처음부터 국권 회복 후에는 민주공화국의 수립을 목표로 삼기에 이르렀다.

　도산과 신민회는 이 목적을 달성하기 위해 한국 민족은 당장 '힘'이 없어 일제에게 국권을 박탈당했으므로 무엇보다도 '실력'을 양성해야 한다고 강조했다. 이에 도산과 신민회는 '실력'을 양성하기 위해서는 '백성을 새롭게 만들어야' 한다고 주장하고 '신국민(新國民)'을 주장했다. 이것은 도산과 신민회가 민주주의(民主主義) 사상에 기초해 국가의 주인은 국민이며 국가의 부강은 국가를 이루고 있는 국민의 부강에서 나온다는 사상에 의거하고 있었음을 나타내는 것이라고 볼 수 있다. 도산이 작명한 신민회의 이름을 나타내는 '신민(新民)'은 바로 이러한 뜻에서 취해진 것이었다. 도산과 신민회는 또한 이러한 '신민'은 타국의 도움에 의뢰하는 것이 아니라 반드시 자기 스스로의 힘으로 하는 '자신(自新)'이어야 한다고 주장했다.

　도산과 신민회는 이러한 '자신'의 내용으로 ① 신사상(新思想), ② 신교육(新教育), ③ 신도덕(新道德), ④ 신문화(新文化), ⑤ 신실업(新實業), ⑥ 신정치(新政治), ⑦ 신열심(新熱心)을 제창했다. 도산과 신민회는 이를 실행해 신국가와 신사회를 수립할 것을 주창했다.

　그러므로 신민회 창립 무렵부터의 도산 안창호의 사상은 '신민주의(新民主義)'라고 부를 수 있을 것이다. 도산의 신민주의는 침략자 일본제국주의를 타도해 국권을 회복하고, 국가 체제를 전제군주제를 비롯한 모든 군주제를 폐지해 '민주공화국(民主共和國)'을 수립하는 사상 체계였다. 도산은 국가의 주인인 국민을 '신국민(新國民)'으로 교육 계몽해 발전시킴과 동시에 사회 체제의 모든 부문을 낡은 구체제(舊體制)로부터 '신체제(新體制)'로 변혁해 국민의 자유와 평등과 복락을 실현시켜야 한다고 주장했다. 도산의 이러한 생각과 주장은 나라의 주인인 백성의 실력을 배양해서 모든 외래 제국주의 침략을 물리쳐 나라의 독립과 외래 발전을 지키고 세계 평화에 기여하면서 신민주공화국과 신국민의 자유와 평등과 행복을 지키려고 한 일종의 시민적 신민족·신민주 혁명사상이었다고 말할 수 있다.

도산은 이러한 자주 독립하고 자유 평등한 신국가(新國家)와 신사회(新社會)·신문화(新文化)를 일본 제국주의 침략에 대항해 투쟁하면서 건설하려 하는 것이므로 다른 나라의 도움을 기대하지 말고 한국 민족 스스로 새로워지는 '자신(自新)'에 의한 '힘의 양성'을 역설한 것이다.

이러한 도산의 사상과 이념에 찬동해 '신민회'가 창립됐으므로, 앞서 지적한 바와 같이 신민회는 1907년에 결성된 한국 최초의 시민적 '신민족·신민주독립혁명당' 비밀결사라고 볼 수 있다.

도산과 신민회는 이러한 목적과 이념을 달성하기 위한 사업으로서 우선 다음과 같은 일을 실행하기로 결정했다(大韓新民會通用章程. 1028~1029; 山縣五十雄 편, 1912: 26-154).

① 신문·잡지 및 서적을 간행해 백성의 새 지식을 계발케 할 것
② 각 곳에 권유원(勸諭員)을 파견해 백성의 정신을 각성하도록 계몽할 것
③ 정미(精美)한 학교를 세워서 인재를 양성할 것
④ 각 곳의 학교의 교육 방침을 지도할 것
⑤ 실업가의 영업 방침을 지도할 것
⑥ 신민회 회원의 합자(合資)로 실업장(實業場)을 건설해 실업계의 모범을 만들 것
⑦ 국외에 무관학교(武官學校)를 설립해 기회가 올 때의 독립전쟁(獨立戰爭)에 대비할 것
⑧ 국외에 독립군 기지를 건설하고 독립군(獨立軍)을 창설할 것

도산과 신민회는 국민의 실력이 일정한 수준으로 양성되면 신민회 회원이 앞장서고 새롭게 된 국민이 '통일연합(統一聯合)'해 비폭력 또는 무력의 방법으로 총궐기해서 일본제국주의를 몰아내고 국권을 회복해 자유 문명한 '입헌공화국(立

憲共和國)'을 수립하기로 결정했다(大韓新民會의 構成, 1024; 大韓新民會趣旨書, 1027).

안창호 리더십 형성의 제3기와 그 특징

1919년 통합 대한민국 임시정부의 수립은 도산 안창호 등의 애국적 희생적 노력과 분투에 힘입어 성취된 것이다.

3·1운동 직후 각지에 수립된 세 개 임시정부의 통합을 이해하기 위해 그 각료 구성을 표로 비교해 보면 다음과 같다.

3대 임시정부 각료 명단

재정부(공표 일자, 장소) / 각료	대한국민의회 (1919.3.21. 러시아령)	대한민국임시정부 (1919.4.13. 상해)	한성정부 (1919.4.23. 서울)
대통령	손병희		이승만(집정관 총재)
부통령	박영효		
국무총리	이승만	이승만	이동휘
외무		김규식	박용만
내무	안창호	안창호	이동녕
군무	이동휘	이동휘	노백린
재무		최재영	이시영
법무		이시영	신규식
학무			김규식
교통		문창범(前日, 신석우)	문창범
산업	남형우		
탁지	윤현진		
노동			안창호

참모		류동열		류동열
평화대사		김규식 (윤해·고창일 [高昌一])	김규식	이승만, 민찬호, 안창호, 박용만, 이동휘, 김규식, 노백린

도산 안창호가 3개 임시정부 수립 세력에게 통합을 위해 제시하고 설득해서 동의를 받아낸 5개 조건

1. 상해(上海)와 러시아령에 설립한 정부들은 일체 작소(作消)하고 오직 국내에서 13도 대표가 창설한 한성정부를 계승할 것이니 국내의 13도 대표가 민족 전체의 대표인 것을 인정함이다.
2. 정부의 위치를 아직 상해에 둘 것이니 각지에 연락이 비교적 편리한 까닭이다.
3. 상해에서 설립한 정부의 제도와 인선(人選)을 작소(作消)한 후에 한성정부의 집정관 총재제도와 그 인선을 채용하되 상해에서 정부 독립 이래 실시한

통합대한민국 임시정부 수립 1개월 후의 각료(앞줄 중앙 ○ 도산, △ 신익희)

행정은 그대로 유효를 인정할 것이다.
4. 정부의 명칭은 대한민국 임시정부라 할 것이니 독립선언 이후에 각지를 원만히 대표해 설립된 정부의 역사적 사실을 살리기 위함이다.
5. 현임정부 각원(現任政府各員)은 일제히 퇴직하고 한성정부가 선거한 각원들이 정부를 인계할 것이다.

그러나 도산은 의정원의 '대통령 대리' 선출에 대해서도 다음과 같이 단호하게 반대했다.

나는 후보자에서 사퇴함을 선언하였으나 여러분이 나를 선임하였으니 이는 개인의 의사를 무시함이라. 내가 노동국총판을 고집할 때에 이미 내 의사를 알았으니 나는 잠시라도 대통령 대리의 명목을 띠고는 몸이 떨려서 시무할 수 없노라. 여러분이 나를 향하여 어떠한 비평을 가하더라도 결코 이 자리에 취임하지 않겠노라.…… 일을 위하는 충성으로 이 자리를 받을 수 없나니, 내 말을 족히 이해할 이는 이해할 것이다.

도산의 헌신적 활동에 의거해 통합 대한민국 임시정부 성립에 성공한 후, 1919년 11월 3일 국무총리 이동휘, 내무총장 이동녕, 재무총장 이시영, 법무총장 신규식의 취임식을 거행하게 됐을 때, 도산은 다음과 같이 축하 연설을 했다.

오늘 나의 기쁨은 극도에 달하여 마치 미칠 것 같다. (일찍 정부를 조직할 때) 각지에 흩어져 있는 두령인을 망라하였음은 그들이 모이기를 원하였음이니, 일찍 그 실지가 없다가 오늘에 이 총리 이하 세 총장이 이곳으로 모여 취임케 되었다. 이후로 우리 민족의 통일이 더욱 공고케 되고 우리의 사업은 더욱 속성하리라. 내가 비재(非才)로 여기 와서 고독하게 책임을 전담할 때 스스로 송구함을 금치 못하다가 오늘을 당하니 나 개인의 기쁨도 극하다 하겠다.

통합 대한민국 임시정부를 성립시킬 때의 도산의 희생적 활동의 원자료들을 읽어 보면, 조국 광복의 대의를 위해 자기를 아낌없이 희생시키는 도산 안창호 선생이야말로 참으로 '위인'만이 할 수 있는 일을 해내는 '위대한 인간'이라고 말하지 않을 수 없게 된다.

통합 대한민국 임시정부 수립의 특징과 역사적 의의를 살펴보면 다음과 같다.

첫째, 대한민국 임시정부는 일본제국주의를 타도하고 대한의 '절대독립' 쟁취를 목표로 성립돼, 일본 제국주의 침략자들에 의해 9년간 단절됐던 민족정권을 잇게 됐다.

둘째, 대한민국 임시정부는 그 정치 체제에서 종래의 군주제를 폐지하고 한국 역사상 최초로 헌법에 기초한 민주공화제의 정부를 수립함으로써 한국 민족사에서 신기원을 열었다.

셋째, 대한민국 임시정부는 여러 계보와 각 파의 독립운동단체들(사회주의 계열인 한인사회당 포함)이 거의 모두 참가한 포괄성을 가진 연합적 임시정부로 수립됐다. 대한민국 임시정부 수립 당시에는 이에 참가하지 못한 독립운동단체까지도 이를 한국 민족의 임시정부로 봉대(奉戴)했다.

넷째, 대한민국 임시정부는 한국 민족의 독립운동에 대한 상징성만 가진 것이 아니라 중요한 독립운동을 실질적으로 지휘했으며, 그 자신이 매우 중요한 독자적 독립운동을 전개했다.

다섯째, 대한민국 임시정부는 국외의 독립운동뿐만 아니라 초기에는 연통제와 교통국을 통해 국내 통치의 일부를 실행했다.

여섯째, 대한민국 임시정부는 일제가 패망한 최후까지 독립운동을 전개하면서 대일본 선전포고와 대독일 선전포고를 행하고 광복군을 창설해 국내 진입을 준비한 정부였다.

일곱째, 대한민국 임시정부는 그것이 임시'정부'였기 때문에 국권을 잃고 신음하던 모든 한국 민족의 정신적 대표기관이었으며, 정신적 지주였다. 한국 민족은 국내에 있든지 국외에 있든지 간에 일제침략기에 국권을 빼앗기고서도 우리 임시정부가 국외에 존재한다는 사실만으로도 매우 큰 정신적 고취와 고무를 받았다.

여덟째, 대한민국 임시정부는 1919년 수립 후 일제가 패망한 1945년까지 독립운동을 전개하면서 무려 27년간이라는 최장 기간 존속한 망명 임시정부였다. 이것은 국제적으로 제1차 세계대전 후 여러 약소민족들이 수립한 임시정부 및 망명정부들과 비교해 봐도 최장 기간 존속한 임시정부였으며, 한국 민족의 국내외 독립운동기관들과 비교해 봐도 최장 기간 존속했던 독립을 위한 임시정부였다.

안창호 리더십의 특징

끝으로 도산 안창호의 리더십에서는 다음과 같은 특징을 살펴볼 수 있다.
1. 백성들의 실생활에 밀착하는 친화력
2. 실생활에 도움을 주는 실용적 리더십
3. 백성들의 관심 주제에 대한 더 높은 지식 준비
4. 동조자들의 끊임없는 조직화
5. 국가와 민족의 대의(大義)의 목적 현창
6. 대의(大義)에 대한 성실한 노력과 헌신
7. 때로는 비밀결사에 의한 지도력의 은익
8. 문제에 대한 끊임없는 공부와 치밀한 준비
9. 결정적 중요 대업(大業)에는 자기 희생

Public Leadership

우리나라의
리더십
-한류의 초석이 되다

가인 김병로와 사법 리더십

한인섭

들어가며

　　가인(街人) 김병로(金炳魯) 선생은 1887년에 출생해, 1964년 1월, 77세의 일기로 별세했다. 반세기의 세월의 경과는 개인에 대한 기억을 망각의 늪에 빠뜨리기에 충분한 기간이다. 기록도 흩어지고, 기억은 희미해지며, 그를 아는 지인들도 거의 사라져 고인의 삶에 대한 새로운 정보를 추가하기도 어렵다. 그러나 예외도 있다. 시간이 경과할수록, 그 존재감이 더욱 부각돼 오는 인물이 있다. 이를 우리는 위인으로 일컫는다.

　　김병로 선생은 바로 그런 위인전의 인물로 돌아온다. 특히 한국의 법률 세계 속에서 그의 존재감은 단연 으뜸이다. 한국의 법률가사(史), 법원사, 입법사에서 그와 비견할 만한 인물은 달리 없다. 그에 대한 부분적 지식만으로도 그에 대한 위인적 경외감을 갖기에 충분하지만, 한편으로 잘 모른 채 이뤄진 신화화의 허상도 일부 벗겨내면서, 학문적 검증을 통과한 현실적·역사적 인물로서의 재정립도 필요하다고 생각한다. 이러한 문제의식을 갖고 필자는 『가인 김병로』라는 책을 썼다. 거의 10년간 가인 김병로 선생의 행적을 따라가고, 마음의 대화를 나누되, 철저히 자료에 입각해 쓰고자 했다. 부정확한 사실을 바로잡기도 하고, 밝혀지지 않은 사실을 발굴하면서 그의 진면목을 이해하는 한편 그의 고뇌와 한계에 대해서도 살펴보고자 했다.

여기서는 가인의 활동을 시기별로 나눠 간단히 요약하면서, 각 시기별 특징을 압축하는 핵심 인용을 소개하는 방식으로 접근하겠다.[1] 이러한 방식은 그 인물과 육성을 대할 때와 같이 생생함을 부각시킴으로써, 독자 나름대로의 상상력을 자극하기 위함이기도 하다. 그와의 대화 및 상상력의 투입을 통해 무엇을 얻어갈 것인가는 필자가 아닌 독자의 몫이라고 믿기에.

청(소)년기의 김병로

가인 선생의 어린 시절은 매우 불우했다. 열 살이 되기 전에 부친상을 당한 뒤, 혼자 학문을 익히고 주역(周易) 등을 익힌다고 세월을 보내기도 하고, 간재(艮齋) 전우(田愚) 선생의 문하에 들어가 성리학을 익히기도 하고, 방황도 하고, 결혼도 13세에 했다. 나이 스물에 이르러, 그는 항일의병 투쟁을 위해 의병활동에 가담했다. 최익현(崔益鉉) 선생을 찾아 의병에 투신할 각오를 드러내기도 했고, 백낙구(白樂九) 의병장의 활동에 조력하기도 했다. 의병활동이 깨어진 뒤에, 신학문을 통해 애국하겠다는 방향으로 전환해 일본 유학을 결행했다. 초년기의 가정적 어려움과 구국의 어려움을 절감하면서, 그는 심지가 곧고 굳은 선비 지사적 청년으

---

[1] 여기 인용은 모두 『가인 김병로』 책에 나와 있는 것들이며, 필자가 여기저기서 강연한 강연록의 일부가 포함돼 있다.

로서의 기백을 체화했다.

> 이제는 나의 과거를 좀 말하여 보자. 나는 전라북도 순창 사람이다. 열다섯 살에 에라 한번 큰일하고 죽자는 생각으로 책보를 질머지고 출가하여 산골로 드러가 초당(草堂)에서 글과 수삼년을 싸우니 논어맹자 등 칠서(七書)는 넉넉히 닑엇다. 그때 생각에도 이따위 학문을 가지고는 무에 될 것갓치 생각되지 아니하여 다시 산을 나와 목포로 갓다. 거기에서 영어를 지금 평양서 목사를 하고 잇는 남궁혁 씨에게서 또 일어를 모(某) 일인(日人)에게서 배우니 이러케 별난 신학문이 또 잇슬 까닭이 업섯다. 바로 그리할 때에 을사오조약이 톄결되어 XX는 해산을 당하고 X병(兵)은 사적에서 니러낫다. 내가 본 기억만으로도 그때 황성신문에 「시일야방성대곡」이란 글이 실렷고 목포의 상인들이 온통 철시(撤市)를 하며 거리거리에는 수군수군하는 소리가 놉핫다. 그리 되자 영어·일어도 그리 고마운 글 갓지 안어서 집어버리고는 소위 천하의 대세를 살핀다고 철업는 생각에도 광주 기타 중요 도시를 주유(周)하엿다. 그리다가 큰 뜻을 품고 스물한 살 때에 동경으로 뛰어갓다. 조선옷을 입고 보통학교의 학생 모자를 쓰고 필연 가관이엇슬 것이다(김병로, 1929: 33-34).

법학은·법학교수로서 김병로

1910년부터 1915년까지 그는 일본 명치(明治)대학에서 법률 공부에 매진했다. 도중에 한일합병이 돼 절망 속에 일시 귀국했으나, 다음해 다시 도일해 본격적인 법률 공부에 몰입했다. 1915년에 명치대 대학원 고등연구과(대학원)을 수료함으로써, 당시 조선인 중에서 최고 단계의 법률 교육을 마쳤다. 또한 그는 조선유학생학우회를 창립하는 데 앞장서서, 지방별로 난립한 친목단체를 대동단결시켰다. 『학지광(學之光)』이란 잡지를 만들어 그 편집책임자의 역할도 수행했다. 금

연회를 조직하고 고학생을 지원하기도 했다. 경제적으로 곤란 중에서도 타인에게 의존하지 않고 자립적으로 되고자 애썼다. 타인과의 적극적 교제를 추구하지는 않은 편이나, 평생에 걸친 신뢰 관계로 다져진 친목의 토대를 쌓았다. 세평에 연연하지 않고 자신의 전문성을 추구하면서 문필에 소요되는 활동을 했고, 어려운 이웃을 향한 연대를 추구했다.

그러나 당시 일본에서 조선인에게 법조인이 될 기회가 봉쇄돼 있었다. 그는 귀국해 곧바로 경성전수학교(서울법대의 전신) 교유(교수)로 임용됐다. 그는 주간에는 경성전수학교에서 여러 법률 과목을 폭넓게 강의했고, 야간에는 보성법률상업학교(고려대의 전신)의 강사로서 활약했다. 경성전수학교 교수는 1919년 초까지 재임(1915.9.~1919.4.16.)했으나, 한국인으로서는 최장기의 예외적 교수 활동이었다. 보성에서의 강의는 1930년대 후반까지 이어졌다.

교수로서 그의 실력과 열정은 탁월한 바 있었음을 여러 증언에서 확인된다. 또한 그는 1915년부터 『법학계(法學界)』라는 저널을 창간하고, 매호마다 비중 있는 글을 기고했는 바, 그 글들은 당시 가장 높은 법학 수준을 보여 준 것이며, 단순히 베끼기가 아닌 김병로표 법학의 한 전개를 보여 준다는 점에서 독특하다. 그의 30대 전후한 시기는 법학교수로서, 당시 식민지 조선에서 으뜸가는 법학자로서 재목의 면모를 보여 준다 할 것이다.

> 나는 경성에 돌아와 그해 9월 신학기부터 경성전수학교 및 보성법률상업학교에서 교편을 잡게 되었는 바, 전수학교에서는 민법 중 친족상속법, 국제법, 형법 및 형사실무 등 4과목을 담당하였고, 보성학교에서는 민법총칙, 친족상속법, 상법 중 수형법(수표법) 및 형사실무 등 5과목을 담당하였는데, 형사실무를 제외하고는 다 교안을 작성하여 시간마다 30분간 필기에 30분간 설명하는 것이 교수 방법의 통례가 되어 있는 바, 나는 오전 9시부터 오후 4시까지 전수학교에 근무하고, 오후 5시부터 동 10시까지 보성학교에 출강하게 되었으므로, 교안을 작성하기에는 근무 중에 강의

시간 이외의 시간을 이용하는 것과, 오후 10시경 숙소에 돌아온 후의 시간을 이용하였으며, 그 외에는 휴일만이 효능적으로 이용되었으나 어려운 문제가 있을 때마다 교안의 준비가 지연되어 2~3일간을 계속하여 밤을 새우는 사례도 왕왕히 있었던 것이다(김진배, 1983: 264).

판사를 거쳐 변호사 입문

김병로는 1919년 4월부터 만 1년 동안 판사로 임관해, 경남 밀양에서 판사 생활(1919.4.16.~1920.4.17.)을 한다. 그가 판사직을 택한 동기는 판사직 자체를 위해서가 아니라, 변호사가 될 수 있는 한 기회를 거기서 포착했기 때문이다. 만 1년간 판사직을 역임한 후 잠시 쉬었다가, 변호사가 된 것은 1920년 말(1920.12.24.~)이었다. 1921년 대동단사건을 필두로 해서, 20년간 항일 변호사로서 살아가게 된다. 1921년(34세)부터 1941년(54세)까지, 장년 시절의 전 기간을 항일 변호사로서 분투했던 것이다.

원래, 내가 변호사 자격을 얻기에 유의하였다는 것은 생활 직업에 치중한 것도 아니요, 재산을 축적한다는 생각은 추호도 없었으며, 다만 일정의 박해를 받아 비참한 질곡에 신음하는 동포를 위하여 도움이 될 수 있는 행동을 하려 함에 있었다. 변호사라는 직무가 그다지 큰 것도 아니지만, 그 당시의 현실에 있어서 첫째, 가장 우리에게 잔혹하던 경찰도 변호사라면 용이하게 폭행이나 구금을 하기 어려웠다는 것, 둘째로 그 수입으로써 사회운동의 자금에 충당할 수 있는 것, 셋째로 공개 법정을 통하여 정치 투쟁을 전개할 수 있는 것 등이 약자인 우리에게는 한 무기가 될 수 있다는 것이었다. 그뿐만 아니라, 나는 생각하기를 변호사라는 직무가 자기의 생활 직업으로만 하지 아니한다면 인권 옹호와 사회 정의에 실로 위대한 사업이 될 수 있다고 믿었던 것이다. 그리하여, 나는 곧 동지를 규합하여 집단활동을 추진한 바도 있고, 비밀계획을 시도한 바도 있어 미력이나마 해방 직전까지 30년이란 기간을 끊임없이 시련한 바 있었다(김진배, 1983: 265).

항일 민족 변호사로서 김병로

항일 변호사로서 김병로는 항일 운동가들에 대해 열렬한 무죄 변론을 한 변호사로 유명했다(한인섭, 2012 참조). 그는 개인적으로, 또는 일군의 변호사들과 합세해 항일 변론을 도맡았다. 그와 함께한 이들로는 선배격인 허헌, 후배격인 이인 변호사와 함께 "3인의 변호사"로 꼽히기도 했다. 1920년대 항일운동이 활발해지자 이들은 매우 분주했다. 전국 각처의 사건들이 이들에게 밀려들었거나, 자원해서 달려갔다. 김병로만 하더라도 평양, 신의주, 암태도, 옥구, 갑산 등 각처에 변호사로 달려가 열렬한 변호와 지원활동을 수행했다. 이들은 법정 변론뿐 아니라, 감옥 접견, 사식 차입도 하고, 출옥 후에는 뒷바라지를 하기도 했다.

변론활동의 조직화를 위해 형사공동연구회라는 조직까지 만들어 운영했다. 형사공동연구회는 악법에 대한 공동 연구를 하고, 비용을 염출해 사식 차입과 여비 조달 등 변호사 비용을 공동으로 마련했으며, 주요한 사건에 임해서는 역할 분담과 연대 투쟁을 자임했는데, 그 중심에는 김병로 변호사가 있었다.

김병로가 맡은 사건 중 7~8할은 '사상사건'이라고 하는데, 사상사건의 다수가 좌익적 경향을 띤 당시의 여건하에서 그는 '조선 좌경 변호사로 첫 사람'으로 꼽히기도 했다. 그 자신은 민족주의적 민주주의자라고 할 수 있으나, 그의 변론의 폭은 좌-우 사이에 어떠한 장벽을 두지 않았다.

"김상옥 사건 공판의 변론. 유조리 최열렬한 김병로 씨의 주장, 독립을 희망함은 조선인 전체가 다 같은 것"

김병로 변호사는 "목청을 돋우어 가지고 법정이 떠나갈만치 소리를 지르며" 변론했다. 조선독립을 희망하는 사상은 조선인 전체가 가진 것이다. 피고 등의 한 일을 보면 김상옥으로 말하면 삼판동에서 전촌 순사를 죽였고 계속하여 몇 사람의 경관을 상하게 하였음으로 사실이 표현된 죄상이라 할지나 그 외에 현재 법정에 나타난 피고 등은 자기의 사상으로는 그 주의에 공명되고 계획상 어떠한 일을 혹 가담하였다고 할지나 사실은 이천만의 조선 민족이 독립사상을 가진 것과 같은 사상에 지나지 못하는 바임은 경찰서와 검사국의 기록을 보아도 명백한 사실이다. 그런데 이것을 정치의 변혁을 도모함이라 하여 제령 7호 위반이라고 법에 처한다 하면 이것은 제령 제7호라는 법을 구성하여 양민을 억지로 법의 그물에다가 잡아넣는 것이나 조금도 다름이 없을 뿐이다. 이것을 감독관이 색안경으로 인민을 대하여 억지로 처벌하는 데 지나지 못하는 바이니 일본 국가에 대하여도 치욕이 아닌가 의심하는 바이다 (조선일보, 1923.5.14.).²

조선일보 1923.5.14.

---

2 "김상옥 사건 공판의 변론. 유조리 최열렬한 김병로 씨의 주장, 독립을 희망함은 조선인 전제가 다같은 것이오 피고들 생각으로 찬동할 뿐이오 실행은 절무/김한의 직접 변론은 불허."

4. 가인 **김병로**와 사법 리더십

내가 변호사 사무실을 개시한 직후부터 대동단사건을 비롯하여 3·1운동의 여파로 계속 발생한 사건, 기타 사상에 관련된 사건에 대하여 모든 원호에 응분의 노력을 하여 왔으나, 이에 요하는 비용은 물론 자담하는 바이므로, 요급한 사건을 돌연히 원거리 지방에 가게 될 때에는 비용 관계로 곤란을 느낀 바 있음에 감하여 나의 동료 변호사 중에 보조를 같이하여 오던 이인, 권승렬, 김태영, 김용무, 허헌 등 제씨와 협의하여 이 연구회를 창설한 것인데, 표면으로는 평범한 명칭이었으나, 이면으로는 사상범 원호를 목적으로 하는 결사이며, 원호의 대상으로는 그 당시의 악법인 보안법, 제령 제7호, 치안유지법, 신문지법, 집회취체령에 위반한 사건이었으며, 그 내규로서 본 회원이 변호의 의뢰를 받은 원호의 대상이 아닌 형사사건의 착수금 및 보수금은 개인의 수입으로 하지 아니하고, 그 전액을 공동연구회의 수입으로 하여 원호사건의 제반 비용에 사용하기로 하여 기록 등사, 지방 여비 등은 물론 필요에 따라서는 사식 차입까지도 이 금액으로 충당하게 되었던 것이다(김진배, 1983: 42).

동아일보 1927.10.18. "문제의 중심인물"

신간회와 사회운동가로서 김병로

김병로 등 사상 변호사들의 활약에 비례해, 그는 일개 변호사가 아니라 조선변호사협회의 중심적 위치를 차지하고, 나아가 점차 민족지도자로서의 위치에 서게 됐다. 1920년대 후반에 이르면 신간회의 주요 간부를 역임하게 된다. 신간회는 조선 내에서 좌·우 통합적 민족운동단체였는데, 허헌과 김병로는 핵심 간부로서 활약했다.

그뿐 아니라, 변호사로서의 강점을 활용해 단순 변론에 머무르지 않고 '실지조사'를 감행했다. 그러한 실지조사를 바탕으로 강력한 항의 성명을 하면서 여론을 이끌었다. 갑산화전민사건에 이어 광주학생시위사건을 조사하고, 그 바탕 위에서 신간회 민중대회를 준비하다가, 간부들의 대검거로 인해 이 사건은 재판 투쟁으로 넘어갔다.

1930년에 이르면 김병로는 사회적 여론의 중심에 서게 된다. 위기에 처한 신간회의 간부를 맡아, 일제와 공산주의자 양측으로부터 불어닥친 신간회 해체를 막기 위해 고군분투했으나 역부족이었다.

<항의문>

본회는 함남 갑산군 보혜면 대평리 화전민사건에 대하야 7월 18일 본회 중앙집행위원회 김병로 씨를 사건 발생지에 특파하야 별지 조사서와 같은 사건 진상을 알게 된 바

당국자의 이러한 잔인한 행동은 인도상 도저히 묵과할 수 없는 일이며

이 사건에 대한 대책강구회를 압박하고 진상의 발표를 방해함에 지(至)하야는 조선인의 생존을 부인하는 것으로 볼 수밖에 없음.

기아에 우는 피해 화전민의 학대받는 생명을 위하야 만곡(萬斛)의 동정을 불감(不堪)함과 동시에 백여만 화전민의 장래를 상급(想及)할 때 한심과 의분을 금키 난(難)함으

로 이에 별지 진상조사서를 첨부하야 당국의 언어도단한 그 처치에 엄중 항의하는 동시에 다음 사항의 실행을 요구함(한국역사연구회 편, 1992: 765-770).

신간회 본부의 경비가 만흔 것은 사실입니다. 그리고 그것이 회원의 회비를 거두어 드리어 지탱하여 갓든 것이 아닌 것도 사실입니다. 그러면 그 돈이 대체 어데에서 나왓느냐 할 것이외다. 여기 대하야 교착점 기수가 조사한 바에 의하면 대개는 간부 그 중에도 주석들이 만히 자담하엿다 하는데 들니는 말에 전 집행위원장 허헌이 광주사건으로 드러가기까지에 약 4천 원을 썻고 그 뒤를 이는 제2차 집행위원장 김병로 씨가 이럭저럭 6천 원 갓가운 돈을 썻다고 합니다("교차점," 『삼천리』 제17호, 1931/7).

(김병로) 군은 변호사로 법정에 나서는 외에 신간회 집행위원장으로 단상에 서서 젊은 사회주의자들과 이론 투쟁을 한 일도 적지 아니하다. 작년 추(秋)에 신간회 해소 문제를 토의하는 신간회대회가 개최되엇을 때는 김병로군은 좌경 청년들이 토하는 불같은 이론에 고군분투한 것은 실로 이채를 도두웟다(동허자, 1932).

1930년대의 김병로 변호사

김병로는 1931년에 이르러 변호사 자격을 6개월간 정지당한다 (1931.1.~1931.7.23.). 민사사건에서 사소한 불법으로 시빗거리가 됐으나, 항일 변론 및 민족운동에 적극 관여함에 따른 정치 사찰과 재갈 물리기가 그 본질이었다. 이 시기를 전후해 일련의 항일 변호사들이 정직과 파면을 당하는데, 그러한 수난과 궤를 같이하는 것으로 볼 수 있다.

1932년대 초반부터 그는 이인 변호사와 합동해 청진동 사무실 시대를 열어

간다. 청진동 사무실은 항일 변론의 산실임과 동시에, 민족운동가들의 사랑방 역할을 했다. 그의 변호사 활동은 1940년대 초까지 계속된다.

그의 변론을 받은 인사로는 여운형, 안창호, 조용하 등의 해외 지사들도 포함된다. 또한 박헌영, 이재유 등 지도적 공산주의자들의 변론에도 열성적으로 뛰어든다. 항일사건에서 그의 변호사 활동의 대미를 장식하는 것은 수양동우회사건이다. 이 사건은 제1심에서 무죄, 항소심에서 유죄 판결을 받은 것인데, 최종심에서 무죄 판결을 확정짓는 데 성공했다. 그러나 1941년부터 '사상사건 지정 변호사제'가 강행되면서, 그를 비롯한 항일 변호사들에게는 어떤 시국사건에서의 변론도 지정되지 않았다. 일제 말기에는, 후배 변호사들을 지도하면서, 변호사로서의 활동을 완전히 차단하지는 않는 듯이 보인다.

	주요 활동	징계 사유	징계 내용
허헌	신간회 중앙집행위원장	민중대회 관련으로 징역 1년 6월 (보안법 위반)	1931.4.25. 변호사 등록 취소
김태영	원산총파업 위원장대리	토지사기관련 공범으로 피소돼 징역1년 (수회, 독직죄)	1931.5.9. 변호사 등록 취소
이인	경성조선인변호사회 간부	수원고농사건에서 법정 변론이 불온하다는 이유	1930.5.5. 정직 6월에 처함
김병로	신간회 간부(회계, 중앙집행위원장)	민사소송사건에서 피고 측(82인) 중의 일부가 타인의 위임장을 위조, 행사한 점을 방조했다는 혐의	1931.1.23. 정직 6월에 처함

(동우회 재판에서) 5년이란 긴 세월에 걸친 이 사건을 법이론적으로 변호한 변호사들의 덕택이라 아니할 수 없다. 그러나 이 사건의 피고들은 5년이란 긴 세월 동안 실직하게 됐으니 자기 생활고에 허덕이게 되는 형편에 변호비를 낼 힘은 없었다. 이런 큰 사건에 본인이 변호인을 세우지 못할 때에는 관선 변호사를 세워 주거나 변호사가 무료로 자진해서 변호해 주게 되는 것이다. 그러한데 일본

4. 가인 **김병로**와 사법 리더십

사람들은 변호 보수를 받고 나오는 것이지마는 김병로, 이인 이하 우리나라 사람 변호사는 대개 무료로 변호한 것이다. 애국운동을 돕기 위함이다(김윤경, 1964: 52-53).

일제 말 은거와 지조 지켜내기

1930년대 중반 일제는 중국 대륙으로의 침략을 본격화하면서 한반도를 대륙의 병참기지화했다. 조선인들에 대해서는 국민총동원 체제하에 편입시켜 식민지·파시즘 통치를 더욱 강화하고, 민족 인사에 대한 회유와 협박을 본격화한다. 암울해 가는 미래를 예견한 가인은 우선 경성의 집을 정리하고, 경기도 창동(오늘날 도봉구 창동역 부근)으로 가사 전체를 옮긴다. 거기서 농사도 짓고 닭도 치면서, 자립형 살림을 해간다. 일제에 어떤 배급에 의존하는 살림이 되지 않도록 하기 위해, 아예 술과 담배도 끊어 버린다.

자신의 가정뿐 아니라, 다른 지사들도 이 일대에 은거하도록 끌어들여 은연중에 또 하나의 항일 구심점을 만들었다. 창동 지역에는 정인보, 홍명희, 송진우, 박명환 등의 지사들이 자리 잡도록 도왔다. 일제 말 소위 민족 인사들의 변절과 친일 행적에도 불구하고, 창동의 지사·지식인들은 일제와 타협을 않고 수난을 견뎌 낼 수 있었던 것은, 가인이 여러모로 버팀목이 됐기 때문이다. 그 와중에도 해외통신을 들으면서 전황에 대한 정확한 이해를 하려고 애썼고, 일제의 패전 전망을 읽어 냄으로써, 어려운 시절을 인내할 수 있었다. 일제 말 혹독한 시절에, 동료 변호사들의 수난이 이어졌다. 이인 변호사는 조선어학회사건으로 옥살이를 했고, 허헌은 해외방송을 청취·전파한 소위 단파방송사건으로 옥살이를 해야 했다. 이렇게 혹독한 시절에, 가인은 변절하지 않고 지조를 지켜낸 희소한 저명인사 중의 하나였던 것이다.

가인 김병로 선생이 창동에서 살고 있다는 사실을 알았을 때 나(박명환)는 좀 과장된 표현이지만 천우(天祐)를 만난 듯했다. 가인 선생을 찾아가 청을 드렸다. … 내 사정을 잘 아는 가인 선생은 여러 말을 하지 않고, 승낙을 해 주셨다. … 가인 선생은 거의 외출을 하는 일도 없었고, 일인들과 대화를 가지는 일도 없었지만, 그가 이 마을에 살고 있다는 사실만으로 일인들은 두려움을 느끼는 듯했다. 그러니까, 내가 대문도 없는 별당에서 무사할 수 있었던 것이나, 벽초(홍명희)가 종전이 될 때까지 한복으로 버틸 수 있었던 것은 모두 가인 선생의 덕분이었는지도 모른다(장덕조, 1981).

해방 직후 정치 현실 속에서

1945년 8·15 해방 다음날 가인은 입경(入京)해 백관수의 집에 머물면서, 여운형의 성급한 인민공화국행에 제동을 걸고, 한국민주당 결성에 관여하고, 해외 망명 인사들의 환국을 준비하는 등으로 분주했다. 그러나 그의 주된 몫은 정치적 역할이 아니었던 듯하다. 특히 해방 정국에서 최대 쟁점이었던 토지 개혁에 대한 한민당의 수구적 태도에 실망해, 그는 한민당과 거리를 두게 됐다. 해방 3년간 그의 정치적 궤적을 종합적으로 보면, 한민당에서 출발했으나, 오히려 좌·우 합작의 현실적 방향성에 대해 공감하는 편이었다. 오랫동안 그와 교분이 가장 깊었던 이는 송진우 등이었으나, 이 시기를 보면 원세훈, 김약수, 김규식 등과 민족주의적 개혁·중도파와 정치적 노선과 같은 궤적을 갖고 있었다. 친일파와 거리를 뒀고, 이승만과는 약간의 거리감을 두고 있음이 여기저기에서 보인다.

(해방 전에) 나는 결국 '정치는 죄악이다.'라는 단안을 내리게 되었으므로 우리나라가 독립될 경우를 상상하면서도 나로서는 무엇이든지 권력이나 지위나 공리로 투쟁하는 정치적 각축장에는 관여하지 않겠다는 마음을 상당히 굳게 가졌던 것입니다. 해

방 후에도 … 부득이한 정세에 대응하기 위하여 정당을 결성하였으나 결국엔 뒤로 물러났었고 또 군정에 사법부장으로 책임을 맡게 된 것도 부득이한 경로가 있었던 것이요(조선일보, 1958.1.8).

미군정기 사법부장 김병로

미군정기 김병로의 주된 공적 활동은 사법부장으로서였다. 1946년 중반부터 1948년 정부 수립 직전까지, 그는 사법부장이었다. 사법부장은 미군정하 사법-법무 분야의 최상위 직책이었고, 대법원장과 검사총장이 그 아래에 있었다. 이는 가인의 중망(衆望)이 한국 법률가 중 최상위에 있었음에 이의가 없었음을 시사한다. 복잡다단한 해방 정국에서 그는 정판사 위폐사건 등 정치적 파문이 큰 사건을 처리하는 한편, 사법·검찰 제도의 기초를 정립하는 데 역점을 쏟았다. 법원조직법의 틀을 만들어, 사법권 독립의 토대를 닦은 공적도 있다.

특히 법제편찬위원회의 부위원장을 겸임하면서, 그는 헌법의 초안 작성, 인권 보장을 위한 획기적인 '형사소송법의 개정'에 중추적 역할을 담당했다. 이때의 작업은 정부 수립 이후 법전 편찬을 위한 기초를 닦는 것이었다. 미군정기에 한국 사법 및 검찰 제도의 기본이 형성됐다면, 김병로는 그 작업의 중심에 서 있었던 것이다.

그 후 우돌 씨[3]는 또다시 나를 청하여 자기는 고문으로 있고 한국인을 사법부장으로 하여 사법 운영을 위양하게 되었는데 여론조사에 의하거나 법관들의 총의에 의하여도 당신이 사법부장이 되어 사법기관의 기초를 확립하겠다는 것이 일치되었으니 승낙하여 달라고 강청하였으나 나는 이를 거부하고 당에 돌아왔던 바 다수 친지

---

3 우돌(J. Woodall)은 미군정하에서 사법 부문의 중책을 맡은 미군 장교다.

의 의견도 사법에 관한 한 그 기초를 굳게 하여야 영구히 독립 후 사법권의 기반이 될 것이니 군정이라고 하여 등한시하여서는 아니될 것이라고 역설하므로 나도 역시 일리가 있다고 생각하여 그 책무에 당하게 된 것입니다(조선일보, 1958.1.8).

남조선 과도정부 사법부(司法部) 내에서 수개월에 긍하여 각 심리원 심판관 및 검찰관의 기초법전의 기초사업을 통괄, 조정, 촉진하며 조선재래(在來)의 사법행정을 현대화하며 민주주의화하기 위하여 법전기초위원회를 자에 설치함.

1. 법전기초위원회는 민권, 재산권, 친족관계, 상업관계, 범죄의 처벌, 법률의 시행 및 사법행정의 제수속에 관한 현행법에 대체하여 채용될 기초 법전의 완전한 초안을 작성할 사명이 유함. 기초에는 조선의 관습법과 전통에 특히 유의하여 민주주의적, 원리와 건전하고 현대적인 경향이 있도록 작성할 것임.
2. 법전기초위원회는 그 사업 진행에 관하여 군정장관에게 정기보고를 제출하며 개개의 법전이 완성되는 시는 남조선과도입법의원에 회부하며 군정장관의 동의를 얻기 위하여 군정장관에게 제출하여야 할 것임.
5. 아래 제씨를 법전기초위원회의 위원에 임명함. 그에 대하여는 봉급 이외에 부가 보수는 지불치 아니함.

위원 및 위원장 (대법원장) 김용무

위원 (사법부장) 김병로

위원 (대검찰총장) 이인

1947년 6월 30일[4]

중경임시정부가 환국한 뒤에 12월 2일이던가. … 11월 초에 인촌 김성수, 김규식, 최

---

[4] 미군정관보 1947.6.30. 남조선과도정부 행정명령 제3호 법선기초위원회; 법원행정처, 주요 구법령집하, 1988, p.347.

4. 가인 **김병로**와 사법 리더십

동오 등 제씨가 한·미호텔에서 회동하여 헌법 초안을 만들어 보자고 한 일이 있습니다. 임시의장에 김규식 씨를 내가지고 기초위원회를 만들었는데 한민당 사람들로 주동이 되었지요. 그래 기초위원장에 김병로, 부위원장에 내(이인)가 되고 기초 후에 축조 심의를 하는데 조소앙 씨가 그때 정부 편에 가서 국무위원은 독립혁명운동을 20년 이상 한 사람이라야 한다고 이야기한 일이 있어서 김준연 씨한테 호되게 핀잔을 먹은 일이 있었지요. 그후에 기초위원회 자체가 유야무야가 되고 말았지만. … 그 후에 앞으로 독립은 될 터인데 헌법 준비라도 없어서야 되느냐고 김병로 씨보고 이야기를 해가지고, 그때 군정사법부장인 미국인을 통해서 8개월이나 걸려 77개국 헌법을 구하였지요. 이래 가지고 김병로, 한근조(당시 사법차장), 권승렬, 유진오 … 그때 나는 검찰총장이었는데 나하고 여럿이 초안을 만들어 원안과 참고안 두 개(당시 문헌을 제시)를 가지고 심의를 했습니다. 결국 바빠서 이호 씨에게 수정을 맡겼지요. … 하여간 미리부터 준비를 하기는 했습니다(이인, 1961: 94-95).

초대 대법원장 김병로

정부 수립과 함께 김병로는 대법원장을 역임(1948.8.~1957.12.)하면서, 사법부 독립의 초석을 다졌다. 김병로는 무엇보다 "초대 대법원장"으로 세인의 뇌리에 박혀 있다. 그저 "초대"였다는 점에서가 아니다. "민국"으로 출범한 신생 국가에서, 권력 과잉의 파토스가 압도적인 건국 국면에서, 김병로는 사법부의 독립과 위상 정립에 절대적 공헌을 했다. 그가 아니었다면 취약한 사법권을 지켜 내어 3권의 일각으로 정립하고, 국민의 신뢰를 제대로 끌어낼 수 없었을 것이다. 이후의 대법원장의 행적과 비교해 봐도 이는 대번에 알 수 있는 것이다.

김병로는 이승만 대통령이 최우선으로 선호했던 인사가 아니었다. 이승만은 김병로를 "김규식의 사람"으로 지칭하기도 했다. 김병로는 이승만과 인간적 거리감을 갖고 있었으며, 미군정하의 좌·우 합작 노선을 지지했다. 이승만 대통령에게 묵종하기에는 그의 무게와 자부심이 너무나 컸다. 법조계와 일반의 중망도 뒷받침됐다. 강골형 독립지사이자 사법·법제 분야의 최고 전문가였다. 이러한 가인의 정평과 중망은, 이승만의 탐탁찮음에도 불구하고, 그를 대법원장으로 거의 이의 없이 추천되게끔 했다.

대법원장으로서 그는 사법권의 독립과 법관의 독립을 각별히 강조했다. 그의 재임 기간 동안 정권과의 유착에 대한 비판은 별반 제기되지 않았으며, 오히려 정권과의 마찰이 때로 가시화됐다.

김병로가 1950년 초에 골수염으로 다리를 절단하고 장기 입원했을 때, 대통령의 측근들은 김병로의 사임 여부를 타진하기도 했다고 하지만, 사임시킬 의도는 전쟁 발발로 인해 유야무야됐다고 보여진다.

대통령은 때로 사법부를 비난했지만, 대법원장에 대한 일체의 사적 비난을 하지 않았다. 양인은 때로 긴장된 가운데서도 깍듯한 예의를 지켰으며, 헌법기관의 수장으로서 격조를 유지했다. 1957년 12월 김병로가 정년에 걸려 사임한 이후에, 이승만 대통령은 법률적 절차를 무시하면서까지 후임 대법원장을 자신이 원하는 인사로 채우려 기를 썼는데, 이는 김병로와 같은 자립형의 강골 대법원장을 두 번 다시 맞고 싶지 않아서였다.

대법원장으로서 김병로는 법관의 몸가짐을 각별히 강조하면서, "청렴한 법관"의 상(像)을 정립했다. 가족의 끼니를 걱정해야 하는 수준의 박봉으로 힘들어하는 법관들에게 "굶어죽는 것이 영광"이란 자세로, 명예롭게 살 것을 주문했다. 그는 법원에 책정된 예산을 아껴 반납했다. 전반적으로 볼 때, 김병로는 "청렴강직한 법관", "권력에 굴종하지 않는 지사형 법관상"을 정착시키려 각별한 노력을 기울였다고 할 수 있는데, 그것이 어느 정도 실현될 수 있었던 것은 가인 자신이 그러한 모델에 가장 부합했기 때문이었을 것이다.

4. 가인 **김병로**와 사법 리더십

조각이 마지막 단계에 들어섰던 8월 3일(1948년)이다. 저녁이 돼서 내가 집에 있노라니까 동산(윤치영)이 찾아와서 노진설의 집을 묻는다. 나는 왜 그를 찾는지 쉽게 짐작이 갔다.

"대법원장 시키려고…. 내가 그의 집을 모르거니와 이 박사에게 직접 여쭐 터이니 그리 아시오."

그 이튿날 일찍 이화장에 가서 조각 문제를 말하는 중 나는 대법원장 문제를 이 박사에게 물었다.

"노진설을 시킨다지요?"

"그걸 어디서 들었소. 또 (윤)치영이가 말했구먼."

"그래서는 안 됩니다. 인사가 곧 최고 정치인데…."

나는 노진설의 대법원장 지명을 긍정하기가 어려웠다.

노진설은 해방 직후 월남했고 군정 때는 내가 고법판사로 천거했던 이인데 5·10선거 때는 중앙선거관리위원장을 지냈다. 그러나 법원 안에서는 연공(年功)이 있는 터라 아무리 새 정부를 이룩하는 마당이라 해도 정평(定評)의 순서를 건너뛰지는 못하는 것이다.

이 박사는 그러면 누구를 했으면 좋겠느냐고 한다. 나는 이 물음이 있을 줄 짐작했던 터이므로 즉시 대답을 했다.

"물론 김병로지요."

"김병로는 김규식 사람인데…."

이 박사는 선뜻 마음이 내키지 않는 눈치다. 나는 계속해서 말했다.

"설사 그렇다면 어떻습니까. 김병로만한 대법원장 감은 없는 줄로 압니다. 김병로를 안 쓰시겠다면 저도 법무 장관 그만두겠습니다"(이인, 1974: 188-189).

원래 사법사무라는 것은 어떠한 관공직에 있었는 이가 모두가 자기의 인격 수양과 또는 기술적 훈련에 힘을 안 써서는 안 될 것은 물론이지만 이 사법기관이라는 것은 직접적으로 온 국민의 생명과 신체 재산과 명예와 온 국민의 허용한 헌법에 규정된 권리 의무를 최종적으로 결정하는 중대한 일을 가지기 때문에 더욱이 제일로서는 자가(自家)의 수양을 더욱 긴급히 아니하면 안 될 것입니다.

자가의 수양이라는 것은 물론 한도가 있고 말로서는 쉬워도 실천에 옮겨서 일반국민에게 정성스럽게 임하기는 과연 용이한 일이 아닙니다.

그다음에 기술적 단련을 받지 않으면 안 될 것입니다. 기술적 단련을 갖지 않으면 안 될 것은 여러분이 국민의 총의에 의지해서 제정해 주신 법을 적당하게 해석하고 공정하게 제정하고 온 국민으로 하여금 거기에 대한 신뢰심을 떨어뜨리지 말고 온 국민으로 하여금 부족한 감을 주지 않도록 반드시 거기에 심심(深甚)한 연구와 단련이 있지 않으면 안 될 것입니다. …

사법기관은, 법관의 운영에 관한 사업에 대해서는 반드시 엄정한 독립성을 가져야 되겠습니다. 만일에 다른 방면에 간접이나 직접으로 강제를 받는다든지 어떠한 정신이 거기에 첨부된다고 할 것 같으면 아무리 수신을 갖고 나간다 하더라도 거기에 지장이 없지 않을 것입니다. 현명하신 국회의원 제의원께서는 헌법에다가 기본 원칙을, 3권분립 원칙을 뚜렷이 내세웠습니다. 그 원칙에 따라서 만반의 법령을 제정하실 때에 거기에 기준해서 제정하셔서 사법기관으로 하여금 유감없는 소신과 그 능력을 발휘하게 하여 주시기를 간절히 바라는 바입니다.[5]

사법부에 종사하시는 여러분에 대해서 내가 오늘날 이 자리를 떠남에 있어서 느끼는 바는 그동안에 여러분께 무리한, 되지 않을 일을 요구한 일이 하나 둘이 아니었다는 것입니다. 우리는 인적 자원을 얻지 못해서 사무 비례에 대해서 법관의 비례 수가 훨씬 부족한 상태에 있었음에도 불구하고 항상 여러분에게 사건을 신속히 처리하지 않으면 안 된다고 해서 심지어는 형사사건에 대해서는 전례에 없는 구속 기간을 정해가지고 복잡하고 중대한 사건에 있어서는 거의 불능에 가까운 이런 무리

---

5 대법원장 취임사. 1948년 8월 16일. 국회사무처, 제1회 국회의사속기록, 제41호, pp.736-738.

4. 가인 **김병로**와 사법 리더십

를 요구하고, 또 인권 옹호상 이를 위반해서는 안 된다는 그와 같은 신념하에서 여러분이 항상 신속히 사건을 처리해 주신 것을 고맙게 여기고 이런 무리한 요구를 한 것이 한두 가지가 아니었다는 것을 생각하게 되었습니다. 그다음으로 … 항상 대통령께도 말씀을 누차 드린 것인데 공무원에 대한 생활 보장입니다. … 우리 사법부로 말하면 … 항상 근면하고 규율을 엄격히 지켜야 된다고 심지어 굶어죽는 것은 사람으로 중대한 일이 아니라고 하는 말까지 내가 했는데, 부정한 일을 하는 것보다 굶어 죽는 것이 도리혀 영광이다, 이것이 사람의 근본이라고 하는 것을 여러분께 말하는 한편 …[6]

법전편찬위원회 위원장 김병로

김병로의 또 하나의 지대한 역할은 '법전편찬위원회 위원장'으로서, 기본법률(형법, 형사소송법, 민법, 민사소송법, 상법)의 편찬에 절대적인 공헌을 했다는 점이다. 그는 위원장의 강력한 리더십으로 법률의 방향 정립 및 편찬 과정에서 압도적인 영향력을 발휘했다. 다른 위원들은 관여할 만한 구체적 지식이 부족하거나 구색을 맞추는 정도였고, 조문화 작업에 실제 관여했던 법조인들은 대개 가인의 보조자적 역할을 하는 경우가 많았다.

특히 실제 조문화 작업은 전쟁 중인 1951~52년 사이에 이뤄졌는데, 이때는 김병로가 거의 단독으로 초안 작업을 하고, 후배 법조인의 조력을 받는 방식으로 이뤄졌다. 그 때문에 우리의 기본 법률의 실질적 제정에는 김병로의 기여가 단연 으뜸이라 해도 과언이 아니며, 그를 거치지 않고 조문화된 것은 거의 없을 지경이다.

법률별로 보면, 형법의 경우 총칙 편의 초안을 "자담"했고, 형사소송법의 경

---

[6] 김대법원장 퇴임사. 『법조협회잡지』, 6권, 11/12호, 1957.12., 4-9.

우 전 조문을 전시하 부산에서 초안화했다. 형법에서 일본법에 없는 독자적 조항들이 여럿 있으며, 이러한 한국적 특색을 보여 주는 것은 김병로표 형법이라 부를 만하다. 형사소송법은 미군정하에서 제정된 '형사소송법의 개정'을 편입하면서, 미국법의 영향을 수용하되, 한국적 상황에 적합한 정도로 조화시키려고 힘썼다. 민법의 경우, 기본 방향의 설정에다가, 약자 보호 및 신의성실을 강조하는 여러 조항을 포함시켰다.

가족법 분야에서, 그는 부계혈통주의를 강조하는 가부장적·전통 존중적 입장을 일관했다는 이유로 후일 여러 비판을 받게 되지만, 더 상세히 검토해 보면 그는 간통죄폐지론, 동성동본불혼제 폐지와 같은 당시대의 통념이나 법조인의 평균적 인식 수준보다 더 진전된 평등주의적 입장을 갖고 있음도 동시에 고려해야 할 것이다.

이러한 기본 법률의 정비 및 법원조직법 제정에서의 관여 등 그의 손길이 닿지 않는 조문이 없을 정도로, 법전 편찬에서 그의 기여는 타의 추종을 불허하는 것이다. 그 영향은 오늘날까지 우리 법률의 조문 및 정신에 살아 있다고 평가할 수 있을 것이다.

> "나(고재호)는 대법관이 된 뒤에 (법전편찬위원회) 위원이 되어 그전부터 준비해 온 민법, 형법, 상법, 민사소송법, 형사소송법의 초안을 완성하는 작업에 가담하게 되었는데, 그때 비로소 위 5법의 초안이 거의 (법전편찬위원회) 위원장인 (김병로) 대법원장의 손에서 정리되었음을 알고 감탄했던 것이다. 조문마다 위원장의 손끝이 안 닿은 데가 없다 해도 과언이 아니다. 참으로 그 분의 큰 공적이었다."(고재호, 1985: 24).

[형법 제정 관련] 원래는 법전편찬위원회에서 법전 편찬에 대한 최초의 취지는 우리가 지금 편찬사업은 긴급을 요하고 사업 자체는 중요성을 가질 뿐만 아니라 다대한 시일을 요하지 않고는 성취하기 어려운 그러한 사실입니다. 급속주의를 취해야 한

다, 좀 내용이 빈약하나 좀 속(速)하게 하는 급속주의를 취해야겠다. …

이렇게 급속주의로 법전을 편찬하는 경우에는 어느 나라 법을 하나 기초로 하자, 이런 말이 법전편찬위원회에서도 대략으로 말이 되었습니다. 그러면 우리가 아시다시피 정치적으로는 아무리 적이지만 사실 우리에게 오래동안 효과를 내고 있던 일본 법전 그것을 기초로 해가지고 속(速)하게 편찬하는 사업을 진행하는 것이 좋지 않을까 이러한 말도 있었습니다마는, 그것을 기초(起草)하는 데 당해서 보니 결단코 어느 나라 한 나라 법을 기초로 해가지고 그것을 표본으로 해서 편성하기가 퍽 어렵다. …

과거에 여러 나라 학설 가운데에 논쟁되어 오던, 특히 대한민국의 과거나 현재나 장래에 있어서 부득이 없어서는 안 될 그러한 특수한 사정을 특수하게 취급해서 종목을 설치하고, 그 외에 알 만한 살인이라든지 절도라든지 이러한 완전한 기초가 되어 있는 것은 어느 나라 법이나 다 기본이 다 일치되고 말았습니다. …

총칙 편에 있어서는 … 종전에 학자들이 학설로만 가지고 이러니저러니 다투고 따라서 사실적 판단을 인정(人情)에 따라서 혹 좌우되는 그러한 이론이 오늘날까지 남아 있는 그러한 단계에서 될 수 있는 데까지 우리 대한민국 형법은 그러한 것을 법조로 정하는 이론을 세웠습니다.[7]

[형사소송법 제정 관련] 적어도 한 법전을 편찬하려면 적어도 몇 사람이 하나만 가지고 1년 이상 내지는 수년을 걸쳐야만 좀 그것이 완전하다고 할 수 있지 않을까 그러한 생각을 해내려 오던 것입니다. 여러분이 아시는 바와 같이 피난 중에, 혹은 밤에 불이 없으면 머리로 숙려 고찰을 하고, 불이 있고 날이 되면 외국 서적과 나의 생각과 비교를 해서 이렇서 총망 중에 편찬된 것이니까 …[8]

---

[7] 제15회 국회정기회의속기록 제55호, 1953.4.16., 제개정자료집, pp.115-116.
[8] "형사소송법 초안에 대한 공청회 속기록(1954년)," 형사소송법 제정자료집, 한국형사정책연구원, 1990, 106쪽.

[민법 제정 관련] 사실은 본인으로서는 거기에 법전편찬위원회의 책임자의 한 사람입니다 또는 혹은 다행일른지도 몰라요. 이 다리가 불구가 되어서 어디 출입이라는 것은 전연히 없습니다. 그저 법원에 나갔다 오는 그 외의 시간 일요일이나 밤이나 아침이나 무슨 다른 데는 한 시간도 빌릴 새 없이 그 시간을 이용해서 불식한 … 불식한 … 불식지공(不息之工)으로 참 기안을 시작했습니다. … 그래서 새로 각국 법률과 또는 우리나라의 역사적 전통 우리나라의 실상 참 간취하기 어려운 일반적 관습법이라고 인정할 만한 유래의 관례 이런 것을 뭐 참고서류라는 것이 그렇게 많지 못합니다. 약간 서류를 참고하면서 내가 또 조년(早年)부터 오늘날까지 한 40년 동안 머릿속에 항상 떠나지 않고 있던 그 관념을 냉철하게 생각해서 이 법안을 기안에 착수하게 되었습니다. 그렇기 때문에 그러한 사정을 알으셔서 그 방대한 이유서 기초 이유서 같은 것 한 저술과 같은 그런 것을 이 제출 못했다는 것을 양해해 주시기를 바랍니다.⁹

[민법 중 친족상속법 관련] 헌법상 남녀 동등이라는 것 지금 모두들 오해를 하고 있는 것 같아요. 정치나 문화나 사회적 지위나 무엇을 무슨 남녀 조곰도 차별 없이 동등한 기회를 준다는 것이 남녀 동등이에요. 우리 역사상 가정의 윤리, 저 무슨 제 존속 간의 윤리 또는 사회도덕의 문화이고 이런 것까지 모두 남녀 동등에다 혼동해 가지고 말하는 그러한 의론은 소용 벗습니다. … 법 앞에 만민이 평등하니까 자식도 애비한테에 뭣 효도할 것도 또 부양할 것도 없이 저 원시적으로 돌아가란 말입니까. … 정치·사회·문화 이 방면에서 균등한 기회를 준다는 것이 남녀 동등입니다. 그러면 집안에서 부모나 자식 사이에도 마누라나 남편 사이에도 이것 동등 찾다간 아무 일도 못합니다. 그것이 지금 폐해가 … 벌써 그와 같은 것이 암연중 … 폐해가 얼마가 있는 줄 알아요? 지금 도의가 떨어지고 윤리가 지금 무너져가지고 패덕 패륜지사는

---

9 제3대 국회 제26회 제30차 국회본회의(1957년 11월 06일).

지금 날마다 신문을 더럽히고 매일같이 법정에 나타난 것은 무엇입니까.[10]

민주주의의 파수꾼 김병로

1957년 말 정년(만 70세)을 맞아 대법원장의 임기를 마친 김병로는, 갈수록 독재로 치닫는 이승만 정권의 권력 남용에 대해 쓴소리를 내는 국가원로이자 민주주의자 법률가로서의 면모를 두드러지게 보였다. 국가보안법을 정권보안법으로 변질시키는 소위 보안법 파동을 맞아, 국민은 악법에 대한 저항권을 표출할 수 있다고 강조했다. 또한 경향신문의 강제 폐간을 맞아, 그것의 불법성을 법 취지 및 조문 해석을 통해 통박했다. 1960년 초에는, 부정선거의 획책은 "천추의 한"이 될 것이라며, 강력한 경고를 발했다. 4·19학생의거와 유혈 희생을 맞아, 마침내 이승만 대통령의 "하야"를 촉구하는 움직임을 선도했다.

이승만의 하야 이후, 제2공화국으로의 이행을 맞아 '자유법조단'을 결성해 고향에 출마하기도 했으나 상대의 노골적인 부정 획책으로 말미암아 패배했다. 이후 그는 정치 현실에 잠시 거리를 뒀지만, 5·16군사정권에 대항해 민주 회복의 길을 모색하는 적극성을 보였다. 1963년 민정 이양기에, 그는 범야권의 최고 원로로서 군사정권에 맞서 민정당을 결성하고, 이어 범야권 단일화 운동에 진력하다가 실패하고 결국 쓰러지게 됐다. 1964년 1월 14일 그는 영면했다.

> 폭군적인 집권자가, 마치 정당한 법에 의거한 행동인 것처럼 형식을 취해 입법기관을 강요하거나 국민의 의사에 따르는 것처럼 조작하는 수법은 민주 법치국가에서는 있을 수 없는 일이며, 이를 억제할 수 있는 길은 오직 사법부의 독립뿐이다.[11]

---

10 제3대 국회 제26회 제30차 국회본회의(1957년 11월 06일).
11 1952년 부산정치파동 직후 김병로 대법원장이 대법관들에게 강조했던 말.

나온 표수가 135표냐 136표냐 하는 표수의 차이 문제가 아니고, 엄연히 나타난 표수가 있는만큼 그것을 수학적으로 계산해 보면 자명한 것이고 또 그 해석은 언제까지나 두고두고 변동이 없을 것이다. 수학에는 아무런 외누리(에누리)도 없는 것이고, 숫자의 계산에는 조그만치도 거짓이 없는 것이다. 그렇다면 203표의 3분지 2 이상이란 몇 표가 되는 것인가 하는 것은 수학 원리상 스스로 밝혀질 문제이다." 이어 김대법원장은 203표의 3분지 2인 "135.333…이라는 숫자를 사사오입을 하여 135로 간주한다"는 일부 견해에 언급하며 자기로서는 "도저히 이해할 수 없는 논법"이라고 말하면서 다음과 같이 부연하였다. "나는 수학자는 아니지만 원래 사사오입이라는 것은 넷(四)까지는 남지만 이를 버리고 다섯(五) 이상은 모자라도 하나 더 넣는다는 것으로서 '사사(四捨)'란 결국 다소간 남는 경우에도 이를 버린다는 것인데, 모자라는 경우의 사사(四捨)란 이해할 수 없는 말이다.[12]

(2·4파동, 보안법 파동에 대해) 원래 '악법도 법'이라는 말은 적법한 국회의 절차에 따라 제정 공포된 법률을 말하는 것이요, 이상과 같은 적법성이 없는 다수결로써 통과된 법안이야 아무리 공포 실시하였다 하여도, 실질적으로는 법률적 효력을 발생할 수 없는 것이므로, 악법도 법이라는 말은 여기에 해당할 것이 아니다. 가사, 국회의 절차를 밟아 적법하게 개정된 법률이라 할지라도 그 내용이 헌법정신에 위배되거나 국민생활에 적합하지 아니한 것이라면, 국민은 그 법률의 폐지 또는 개정을 위한 국민운동을 일으켜 입법부의 반성을 촉구할 권리를 경찰이 억압한다는 것은 민주국가에서는 있을 수 없는 일이다.[13]

선거라는 것은 국민의 가장 귀중한 권리로서 민주정치의 기반이 되는 것이다. 이 선

---

[12] 「數學엔 외누리 없다 四捨五入이란 理解할 수 없는 것」. 大法院長 金炳魯氏 私的 見解, 동아일보, 1954.11.30.
[13] "전 대법원장 김병로, 국민은 악법 폐지를 요구할 권리 있다," 동아일보, 1959.1.10.

4. 가인 **김병로**와 사법 리더십

거가 권력 또는 권력에 견제되거나 부정 법칙에 의하여 유린된다면, 국민의 투표권은 근본적으로 부정되고 마는 것이다. … 이러한 악질선거는 부인할 수 없는 확정 사실로서 국가의 장래에는 천추의 한이 될 것이며, 민주주의 기반이 파멸의 운명에 이르렀음을 생각할 때, 참으로 통탄함을 금할 수 없다. 그러나, 왕사(往事)를 논한들 무슨 소용이 있으랴. 다만, 간절히 당국자에게 바라는 바는 앞으로 있을 정·부통령 선거를 비롯하여 모든 선거에 있어서 과거와 같은 선거 제앙을 재연함이 없게 하여 민주주의 기반을 부활의 길로 지향하라는 것이다(동아일보, 1960.1.1).

1960년 4월 23일, 김병로, 서상일, 전진한 씨 등 68인의 재야 인사(이인, 1974: 217)들은 23일 하오 인현동 김병로 씨 댁에서 회합하고 '시국수습임시협의회'를 구성하는 동시에 이를 상설기관으로 발족시키기 위한 5인준비위원을 선정했다. 이날 회합에서는 현사태에 대한 당국의 위압정책과 회유책은 용납할 수 없다는 성명서를 발표하고 다음과 같은 6개 사항의 관철을 결의했다.

1. 현 정·부통령은 하야하라.
2. 3·15선거를 무효화하고 재선거를 실시하라.
3. 국회의원은 자진 사퇴하라.
4. 학생 학살의 최고책임자 및 직접 하수자를 살인범으로 즉시 체포 엄단하라.
5. 구금된 학생을 즉시 석방하라.
6. 계엄령을 즉시 해제하라.

이날 회합에서 선정된 5인준비위위원은 서상일, 김병로, 이인, 이원혁, 주석균 씨이며, 이날 회합에는 전기 제씨 외에 이관구, 윤재근, 정준 씨 등이 참석했다(동아일보, 1960.4.24). 이 성명서는 서상일, 이인 양인이 대표로 내각에 전달했다

(이인, 1974: 218).

김병로의 리더십

가인 김병로는 오늘날에도 여러 글과 말에서 거듭 되새겨지고 있다. 어떤 경우에 가인의 이름이 자주 거명되는가. 사법권 독립이 위태롭다고 느껴질수록, 법관의 청렴도에서 사회적 비판이 거셀 때 김병로의 자세와 삶이 대조 사례로 거론된다. 일제하에서 식민지 조선인들은 일종의 포로 신세니까 어쩔 수 없지 않느냐면서 친일의 변명에 나선 군상들에 대해, 가인의 삶은 대조 사례로서도 유익하다. 한국법의 독자성을 추구하는 만남에서는, 김병로는 좋은 모델로서 거명될 것이다. 그런 여러 가지 측면에서 김병로는 의연히 현재적 잣대로서 후학들을 긴장시키고 자세를 바르게 한다.

가인과의 대화를 통해, 우리 시대의 가인을 존경하는 사람들은 과연 어떻게 살아야 할 것인가를 자문자답하고, 결단하고, 행동할 수 있을 것이다. 김병로의 공직자 리더십을 요약해 본다.

① 청렴강직, 지공무사의 공직자

그의 공직자 생활은 미군정하 사법부장으로 2년, 대법원장으로서 9년여의 기간이다. 그는 공직자로서 직분을 하면서 어떤 개인적, 가족적, 사적 이익을 추구하지 않았다. 6·25때 피난하면서도 공직자로서의 자신과 가족을 구분했고, 부인의 변사 뒤에도 공적 시간을 사적으로 쓰지 않았다. 대법원장 집무 시엔 국산품 상용, 몽당연필, 근검절약이 몸에 밴 처신을 했다. "공사 생활을 대쪽같이 쪼개어 구분(서울신문, 1964.1.14)한 공직생활이었다. 법관들에게는 청렴의 자세를 늘 강조했고, 스스로 완벽히 실천했다.

② 사법부 독립의 화신, 법관 윤리의 체현자

정치적, 군사적 요인이 압도하는 국가 형성기에 사법부의 존재는 미미할 수밖에 없지만, 강력한 정치 권력, 대통령 권력으로부터 사법부 독립을 지켜 내는 데는 김병로 대법원장의 존재감이 압도적이었다. 법관들은 대법원장을 신뢰하고, 소신 있는 판결을 내릴 수 있었고, 대법원장은 의지처이자 피난처였다. 법관은 오직 정의의 변호사여야 하며, 궁핍 속에서도 소신이 꺾이지 않도록 다그친 법관 윤리의 체현자였다.

③ 최고의 법 전문가, 불식지공의 입법자

국가 형성기에 법제의 틀을 짜고, 기본 법률의 제정이 최급선무였다. 김병로는 행정부로부터 독립된 사법부의 틀을 짜내고, 법원과 검찰을 분리시켰고, 인권 옹호의 여러 장치를 실현시켰다. 형법, 형소법, 민법, 민소법 등을 주도적으로, 많은 경우에는 거의 단신으로, 불식지공(不息之工)의 일념을 갖고 입법화했다. 이러한 도전은 역사상 거의 누구에게도 허용되지 않았던 법적 작업일 텐데, 그는 10년 이내에 이를 성공적으로 해냈다. 몇십 년 동안 그는 연공과 정평에서 최고의 법 전문가로 공인됐고, 그에 합당한 과업을 성취해 낼 수 있었다.

④ 강직불굴의 항일 민족지사

그는 의병활동에서 시작해, 20여년에 걸쳐 항일 민족 변호사로서 열정적으로 변론했고, 변호사들을 조직했으며, 변론활동을 통한 민족운동의 길을 개척했다. 신간회를 비롯한 민족운동을 뒷받침하고 때로는 선두에 섰다. 특히 일제 말에 변절하지 않고 지조를 지켜 낸 것은 그 자체가 하나의 모범이었다. 시대를 내다보는 선견력, 장기적 저항을 위한 가정경제적 토대를 굳건히 하고, 동지들과 연대를 추구했으며, 국제 정세에 대한 최신의 정보를 얻고자 노력한 데다, 강직불굴의 떳떳한 자세로 일관해 온 점이 그것을 가능케 했을 것이다. 그로 인해 우리는 친일 청산을 위한 반민특위의 재판부장을 가질 수 있게 됐고, 수십 년간 항일민족운동을 이끌어온 구심점을 얻게 됐다.

⑤ 원칙 있는 개혁적 통합주의자

분열 많은 우리의 근현대사에서 그는 늘 통합을 추구했다. 학창 시절엔 학우회를 통해 지역 분열을 극복하고자 했고, 좌·우 통합의 신간회 활동에서 중심적 역할을 했다. 일제하 그의 변론 작업은 민족운동(우파), 사상운동(좌파)을 가리지 않았기에, '조선 제일의 좌경 변호사'의 별칭까지 갖게 됐다. 해방 후 국민 통합을 위해 토지 개혁을 적극 찬성했으며, 좌·우 합작 노선에 무게를 실었다. 입법기에 국가보안법의 폐지와 독소적 개정의 반대도 그러한 취지에서 나왔다. 생애 마지막엔 군정 종식을 내걸고 반군정 야권 단일화에 모든 지혜와 노고를 바쳤다. 적어도 민족지도자는 분열이 아니라 통합을 온몸으로 추구하고 실천해야 함을 예증한다. 그를 보수주의자로 칭하기도 하지만, 그 시대환경 속에서 그는 기득권층에 안주하지 않고 훨씬 개혁적인 입장을 견지한 진보적 원칙주의자로 보는 것이 오히려 합당할 것이다.

⑥ 헌법 가치를 수호한 민주주의자

가인을 무슨 주의자라고 함을 스스로 달가워하지 않았으나, 굳이 명칭을 하나 붙인다면 민주주의자라고 할 수 있겠다. 반제국, 반독재로 일관하면서 민주적 가치, 그중에서도 헌법적 핵심이 훼손될 때는 방관하지 않고 적극적인 쓴소리를 펼쳤다. 그의 별칭 중의 하나는 '헌법'이었다. 대법원장을 마치고 야인으로 돌아가서도, 그는 이승만 정권의 권력 남용(가령 경향신문 폐간, 국가보안법 개악, 선거부정 기도)에 대해 '천추의 한'이 될 것이라고 경고했으며, 4·19 직후 이승만의 '하야'를 제일 먼저 성명서화했고, 5·16 후 군정 세력에 맞서 민주적 가치를 옹호하고 민주주의의 제도화를 위해 야권 단일화에 매진했다. 또한 위헌 심사의 선례를 만들었다. "정치는 내가 관여할 세계가 아니다"라는 게 그의 기본이었다. 하지만 다사다난한 현실 정치는 그를 정치 세계로 불러내기도 했지만, 그건 그의 본령이 아니었다. 현실적 이익이나 정치 세력의 일원으로 흡수되는 것을 거부했고, 호연독존(浩然獨存), 계구신독(戒懼慎獨)의 삶을 추구했다.

⑦ 그리고 가인(街人)

김병로는 참으로 떳떳하고 담담한 삶을 살았다. 나라를 되찾기 전에는 거처할 곳도 없이 방황하는 거리의 사람(街人)으로 자처했다. 탁류와 더불어 싸우면서도 혼탁해지지 않았고, 지조를 굽히지 않았다. 어쩔 수 없는 시대적 압박을 맞으면 동지들과 은거해 미래를 기다렸다. 진퇴가 분명했고, 명분이 확실했다. 사회와 국가의 중책을 거듭 맡았지만, 애써 자리를 추구한 적이 없었다. 그저 시대적 부름에 성실히 응했을 뿐.

> "정의와 대도로 나가면서 국민에게 씨를 먼저 뿌리자. 씨만 뿌려 놓으면 앞으로 이 씨를 수호할 사람도 나올 것이고 또 거둘 사람도 따라 나올 것이다. 씨를 뿌렸다고 해서 반드시 자기가 키워 열매를 거두어야만 된다는 것은 그릇된 생각이다. 씨라도 뿌려 놓아야 된다."[14]

> 무릇, 시대의 탁류 앞에서는 세 종류의 사람이 나타나는 것이니, 하나는 거기에 굴종하는 사람이요, 또 하나는 피하며 숨어 사는 사람이요, 다른 하나는 그 탁류와 더불어 마주 싸우며 끝까지 지조를 굽히지 않는 사람으로서 이는 만인 가운데서 하나를 만나기도 어려운 것인데, 그같이 쉽게 만나기 어려운 사람으로 모든 겨레의 흠앙 속에서 살다가 애도 속에 가신 이 한 분 계셨으니 가인 김병로 선생이 그이시다.[15]

[14] 김병로, 양호민 좌담, "민정은 민간인에게 맡기라," 『사상계』, 제117호, 1963.2, pp.34-35.
[15] 묘비명(이은상 짓고 김충현 쓰다). 1968.

Public Leadership 5

우리나라의
리더십
-한류의 초석이 되다

성군(聖君)의 조건

이정우

당 태종과 위징

侯瀛重一言	후영[1]의 한 마디 말은 무거웠고
季布無二諾	계포[2]는 두 번 약속하지 않았네
人生感意氣	인생은 의기를 느끼는 것일 뿐
功名誰復論	공명을 누가 다시 논하는가?

-위징(魏徵, 당 태종 때 名臣)의 시 '술회(述懷)'의 한 구절

위징(魏徵, 580-643)은 원래 하북성(河北省) 거록(鉅鹿) 출신으로, 부모 없이 가난

---

[1] 후영(侯瀛)은 전국시대 대표적 협객(俠客).
[2] 계포(季布)는 항우 밑의 장수. 약속을 잘 지키기로 유명하다. 초나라에서는 계포의 약속 한 마디가 금 한 덩어리보다 낫다는 말이 있었다.

하게 자랐다. 책 읽기를 좋아했고 공부를 많이 해서 도사(道士)가 됐다. 처음에는 기의군(起義軍) 이연(李淵, 나중에 당 고조)의 라이벌이었던 이밀(李密)에 몸을 의탁했다. 위징은 미관말직이라 아무런 발언권이 없었다. 그는 이밀에게 전략을 건의했으나 이밀은 듣지 않고 강공책을 쓰다가 실패했다. 이밀의 남은 군대를 이끌고 위징은 이연의 신하가 됐다.

이연은 활을 잘 쐈다. 그가 두의(竇毅)의 딸에게 장가를 간 것도 궁술 덕분이었다. 두의의 딸은 어릴 때부터 매우 총명했다. 두의는 담벼락에 공작새를 두 마리 그려 놓고 활을 쏴 공작새의 두 눈을 맞추는 사람에게 딸을 주겠다고 했다. 수많은 청년이 도전했으나 한 명도 성공하지 못했다. 이연이 등장해 단 두 발의 화살로 명중시켜 두의의 딸을 신부로 맞이했다. 그러나 그녀는 남편과 아들이 새로운 왕조를 일으키는 것을 못 보고 일찍 병사했다. 이세민은 황제에 오른 뒤 자주 이렇게 말하며 눈물을 글썽였다고 한다. "어머니에게 당나라의 천하를 자랑하고 싶었는데 …"[3]

이연의 장남인 태자 이건성(李建成)은 위징이 인품이 훌륭하고 유능하다는 소문을 듣고 세마(洗馬)라는 작은 관직을 줬다. 태자 이건성에게 이세민(李世民, 나중에 태종이 됨)을 치라고 권고한 것도 위징이었다. 그러나 선수를 친 것은 이세민이었다. 소위 '현무문(玄武門)의 변(變)'(626년)으로 이세민은 자기의 형인 태자 이건성과 동생 이원길을 죽이고 그 아들 각각 다섯 명을 사형시켰으나 그 신하들은 용서해 줬다.

이세민(599-649)이 체포돼 온 위징에게 묻기를, "그대는 왜 쓸데없이 계책을 농해 우리 형제 사이를 이간시켰느냐?" 하니 위징이 답하길, "사람은 누구나 주인이 있습니다. 만일 태자가 일찍이 저의 말에 귀를 기울였다면 결코 오늘의 화를 초래하지는 않았을 겁니다. 제가 이건성에게 충성한 것이 무슨 잘못입니까?

---

[3] 브라질의 룰라(Luiz Inácio Lula da Silva) 대통령을 훌륭한 인물로 키운 사람은 자애로운 어머니였다. 룰라는 2002년 대통령에 취임하는 날 눈물을 글썽이면서 이렇게 말했다. "아, 어머니가 살아 계셨으면 좋았을 텐데 …"

관중도 제 환공의 허리띠를 활로 쏴 맞춘 적이 있지 않습니까?"라고 당당하게 대답했다. 기골 있는 대답에 탄복해 이세민은 위징을 신하로 쓰기로 작정했다. 즉석에서 그를 사면하고 주부(主簿)로 봉했다. 이세민은 황제로 즉위하자마자 위징을 간의대부(諫議大夫: 아무 권한이 없으면서 황제의 신임 여하에 따라 막강한 권력을 발휘할 수 있는 자리)에 임명했다. 위징의 명성은 겸손하고 경청하는 당 태종(唐太宗)이 있었기에 가능했고, 당 태종의 치적(貞觀의 治)은 황제의 비위를 거슬리면서 직언을 서슴지 않은 위징이 있었기에 가능했다.

태종은 즉위한 다음 달에 건국 공신 24명의 그림을 그려 능연각(凌煙閣)에 걸었다. 방현령(房玄齡), 두여회(杜如晦), 위징(魏徵), 우세남(虞世南), 당검(唐儉) 등 문관(文官)과 장손무기(長孫無忌), 위지경덕(尉遲敬德), 굴돌통(屈突通), 이청(李靖), 이세적(李世勣) 등 무장(武將)이 그들이었다. 위지경덕, 굴돌통, 이정은 처음에는 적군에 속했으나 이세민이 그 용맹을 인정해 부하로 쓴 장수들이었다. 장손무기와 위지경덕은 '현무문의 변' 때 앞장섰던 돌격대장이었다.

문관 중 특히 방현령과 두여회는 명재상이었다. 방현령은 원래 수나라의 관리였으나 수나라가 머지않아 망할 것을 내다보고 스스로 8백리 길을 걸어가 이세민을 만나 대화 끝에 의기 투합, 참모가 됐다. 그는 30여년 간 이세민을 도와 명군을 만들었고, 스스로 명재상이 됐다. 그는 훌륭한 품성에 매사에 치밀했고, 크고 작은 일이 모두 그의 머릿속에 들어 있었다.

두여회는 원래 이세민 밑에서 병조참군(兵曹參軍)이라 해서 사병들의 훈련을 돕는 말직에 있었다. 그가 외지에 발령이 나서 떠나려 하자 방현령은 급히 이세민에게 달려가 이렇게 말했다. "두여회는 매우 지혜로워 대국을 읽을 줄 아는 사람입니다. 당신이 천하를 얻고자 한다면 반드시 그를 옆에 둬야 합니다." 그러자 이세민은 몹시 감격해서 "만일 당신이 말해 주지 않았다면 나는 큰 인재를 잃을 뻔했소."라고 하며 두여회의 전출 명령을 거둬들이고 중용했다. 그 뒤 방현령과 두여회는 정확한 판단과 결단력으로 나라를 지키는 기둥 역할을 톡톡히 해냈다.

5. 성군(聖君)의 조건

두 사람을 가리켜 방두(房杜) 또는 방모두단(房謀杜斷: 방현령의 深謀遠慮와 두여회의 결단력)이라고 불렀다.

정관 14년, 태종이 말하기를, "천자의 마음은 하나뿐인데, 여러 신하는 혹은 무용(武勇)으로 혹은 웅변술로, 혹은 아첨으로, 혹은 사기술로 공격해 온다. 천자가 조금이라도 마음을 늦춰 그중 하나를 받아들이면 당장 나라는 망국의 길로 들어간다. 천자의 어려움이 바로 여기에 있다." 또 말하기를, "짐은 천하를 평정했지만 이것을 지켜 나가는 것이 얼마나 어려운 일이냐?"

정관 7년 신년 연회에서 칠덕무(七德舞: 원래 秦王破陣樂)를 연주했다. 태종이 말하기를, "나의 공업(功業)은 이 곡을 낳은 그 전투로 성취된 것이다. 나는 그 당시의 일을 결코 잊을 수 없다."고 하자 그 옆에 서 있던 봉덕이(封德彛)가 말하길 "폐하께서는 귀신 같은 무공(武功)으로써 천하를 평정하셨습니다. 그 무공에 비하면 모든 문(文)의 힘은 빛을 잃습니다."라고 하자 태종이 말하기를, "난세를 다스릴 때는 무(武)로써 하지만 실현된 공업을 지키는 데는 문(文)으로써 한다. 문과 무는 각각 그 역할이 다를 뿐이다. 문이 무보다 못하다는 말은 틀린 말이다."

또 태종이 말하기를, "옛날 관용봉(關龍逢)은 주지육림(酒池肉林) 속에서 세월을 보낸 걸왕(桀王)을 간하다가 처형당했다. 짐은 이 일을 생각할 때마다 마음이 아프다. 근래에는 수 양제(隋煬帝)가 역시 음탕 포학으로 나라를 망쳤다. 그대들은 짐이 양제(煬帝)같이 되는 걸 감시해 주기 바란다. 짐도 그대들을 관용봉 신세가 되지 않게 노력할 생각이다."

한 고조 유방(劉邦)에게 육고(陸賈)가 간언한 "마상(馬上)에서 천하를 얻었지만 마상에서 천하를 다스릴 수는 없습니다."라는 유명한 말이 있다. 당 태종은 젊을 때는 무술을 연마하고, 병법을 연구해서 전쟁에 나가서 연전연승하는 무인이었으나 세자가 되고 난 뒤로는 독서를 열심히 하고 학자들을 가까이하면서 많은 대화를 나눴다. 무에서 문으로의 전환이었다. 그 자신의 회상에 따르면, "어려서부터 학문을 좋아하지 않고 단지 활과 말을 좋아했다. … 이(理)와 도(道)를 논하는 학문이나 정치에는 전혀 관심이 없었다. … 그러나 태자가 돼 처음 동궁에 들어와서야 비로소 천하를 편안하게 다스려야 한다는 것을 생각하게 돼 자신을 극복하고 천리(天理)를 구현하고자 마음먹었다. 위징과 왕규가 나를 보필하면서 예(禮)와 의(義)로써 나를 가르치고 정치의 도를 넓혀 줬다. 나는 열심히 공부해 이를 따르면서 마침내 이 가르침이 옳다는 것을 깨닫고 이를 실천하기에 태만하지 않았다. 그리하여 오늘날 천하의 안녕을 달성할 수 있었다."[4]

이세민은 진왕부(秦王府)에 문학관을 설치해 방현령, 저수량 등 뛰어난 학자 18명(18學士)을 두고 매일 밤 6명씩 숙직을 시키면서 학문에 정치의 근본에 대해 밤늦도록 토론을 벌였다. 무력으로 천하를 평정한 그는 이제 문치(文治)로 천하를 다스리고자 한 것이다. 18학사는 최고의 정책 고문이었다. 태종과 신하들 사이의 대화를 오긍(吳兢)이 정리한 책이 『정관정요(貞觀政要)』다.[5]

『정관정요』 첫머리에서 태종이 말하기를, "군왕의 도는 우선 백성을 존중해야 한다. 만일 백성을 해치면서 자신의 몸을 돌본다면 이는 정강이를 잘라서 배를 채우는 것과 같다. 그렇게 하면 배는 부르겠지만 몸은 쓰러지고 만다. 만약 천하를 편안하게 하고자 한다면 우선 그 몸을 바르게 해야 한다."

국가의 주요 통치 전략으로 위징은 조세와 부역을 가볍게 하고 민생을 돌볼 것을 건의했다. 위징은 수나라가 망한 것이 세금 부담이 크고 부역이 너무 많아 민생이 피폐해진 데 원인이 있다고 봤다. 이에 따라 태종대에 와서는 조세와 부역이 월등히 가벼워졌고(輕徭薄賦), 이것이 정관(貞觀)의 치(治)를 이루는 기초가 됐다. 토지 제도로써 균전제(均田制)를 정비하고 재해 때의 구휼 제도를 충실히 했다.

---

4 뛰어난 장군이 뒤늦게 공부에 열중해 학문 수준이 높아진 예로는 삼국시대 오나라의 여몽(呂蒙)이 있다. 여몽은 관우를 죽인 맹장인데, 원래는 무식했으나 어느 날 무식하다고 놀림을 받고는 분발해서 열심히 공부해 딴 사람이 됐다. 여몽에서 비롯된 고사성어가 士別三日 刮目相對다.
5 이 책은 동양 제왕학의 모범 교과서로 수많은 군주와 지도자의 필독서가 됐다. 고려의 왕건이 이 책을 애독했다. 일본에서는 도쿠가와 이에야스(德川家康)가 이 책을 애독했고, 천하를 놓고 다툰 세키가하라 전투 때는 이 책을 직접 출판하기까지 했다.

재정을 긴축하고 낭비를 줄인 결과 피폐했던 농촌 경제도 점차 회복됐다. 따라서 이 시대에는 들판에서 잠을 자도 도적질을 당할 염려가 없었고, 감옥은 텅텅 비어 있었고, 대문을 잠그지 않고 지냈으며, 풍년이 들어 쌀값은 싸지고, 가구 수도 크게 증가했다.

인재의 선발에 대해 위징이 말했다. "천하가 안정되지 않았을 때는 인사의 기준이 능력을 중시하고 덕행과 행실에 대한 고려는 낮춰야 하지만, 천하가 안정된 뒤에는 재덕을 겸비한 인재들을 중용해야 합니다. 이런 원칙에 따라 태종은 안으로 황실 인척의 천거를 마다하지 않았고, 밖으로 원수를 중용하는 일도 꺼리지 않았다. 한번은 태종이 위징에게 말했다. "관리를 임용할 때는 경솔하게 발탁해서는 안 되오. 군자를 중용하면 수많은 군자가 따라올 것이고, 소인을 중용하면 소인들이 마구 몰려올 테니까."

어느 날 태종이 위징에게 물었다. "현명한 군주가 나라를 잘 다스리려면 백년의 세월이 필요하지 않겠소?" 위징은 이렇게 대답했다. "현명한 군주가 나라를 다스리는 것은 소리가 금방 메아리가 돼 돌아오는 것과 같습니다. 1년이면 충분한 효과를 볼 수 있고, 3년이면 너무 늦습니다. 하물며 백 년을 기다릴 이유가 어디 있습니까?" 태종이 위징의 건의를 받아들여 적극적 조치를 취한 결과 3년도 채 안 돼 정관의 치라는 태평성대를 누릴 수 있었다.

범안감간하는 신하들

태종 주위에는 면전에서 감히 황제의 뜻을 거스르는 발언을 하는 소위 범안감간(犯顏敢諫)하는 신하가 많았다. 위징, 왕규(王珪), 방현령, 두여회, 장현소, 유범(柳範) 등등. 태종은 젊을 때는 무공이 혁혁했고, 즉위 후에는 학문을 깊이 연마했으며, 워낙 달변이었다. 신하가 조금이라도 틀린 말을 하면 고금의 예를 들어 여

지없이 반박하므로 웬만한 자는 감히 입을 열기 어려웠다. 이에 유계(劉洎)가 글을 올렸다. "지나치게 머리를 쓰고, 변설을 내두르시면 신하들이 말을 제대로 드릴 수 없을 뿐 아니라 폐하께서도 심신(心身)에 피로가 올 것이므로 아무쪼록 자중자애하시기 바랍니다." 태종이 답서를 쓰기를 "최근 내 태도가 좀 지나친 것 같소. 이래서 모든 제왕이 교만해지고 남을 가볍게 보는 것일까? 모처럼의 충고, 허심탄회하게 받아들여 앞으로는 조심하리다."

정관 4년 태종의 행차에 앞서 낙양궁의 수리를 서둘렀다. 큰 역사(役事)로 번져감을 보고 장현소(張玄素)가 상소(上疏)를 올렸다. "전에 수 양제가 낙양궁을 수축할 때, 부근에 목재가 없어 멀리 변방에서 구해 왔습니다. 기둥 하나를 운반하는데 2천 명이 매달리는 형편이었습니다. 폐하는 낙양을 평정한 뒤 사치스러운 궁궐을 모두 헐어 버렸는데, 이제 10년도 안 가서 그 궁을 수리하려고 하십니다. 더욱이 수나라 때보다 더 많은 재력을 들이고, 게다가 군인들을 노역에 써가며 수 양제의 악정을 답습하려 하심은 어이된 까닭이옵니까?" 하니 태종이 말하기를, "그대는 짐을 수 양제와 비교해서 말했는데, 그렇다면 걸주(桀紂)에 비해서는 어떠한가?" 장현소는 이렇게 대답했다. "만일 이번 노역을 중단하지 않으시면 수나라와 마찬가지로 결국 내란이 일어날 것입니다." 하니 태종은 결국 공사를 중지시키고 장현소에게 상을 내려 줬다. 태종은 "수 양제와 다를 게 뭐 있느냐?"는 말을 가장 무서워했다.

한번은 태종이 장현소를 불러 올바른 정치에 대해 물었다. 장현소가 대답하기를, "양제는 모든 국정을 자기 혼자서 처리하고 신하에게 맡기지 않았습니다. 그래서 신하들은 독재 군왕을 두려워하고 그 명령을 실행할 뿐 조금도 반대할 줄을 몰랐습니다. 그러나 한 사람의 머리만으로 천하를 다스릴 수 있다고 생각하는 것은 잘못입니다. 사람에겐 누구나 잘못이 있는 법인데, 이 경우 신하들은 아첨만 하고 왕의 잘못을 지적하지 않으므로 군왕의 눈에는 자기 잘못이 보이지 않아 결국 망국의 길로 걷게 되는 것입니다."

5. 성군(聖君)의 조건

어느 날 태종은 위징에게 물었다. "어떻게 하면 명군(明君)이 되고 어떻게 하면 암군(暗君)이 되는가?" 위징이 대답하기를 "널리 신하의 의견을 물으면 명군이 되고, 일부 사람들의 말만 믿으면 암군이 된다고 생각합니다. 명군의 예로는 요순을 들 수 있고, 암군의 예는 시황, 양 무제, 수 양제 등입니다." 위징은 또 말하기를, "水能載舟 亦能覆舟"("물은 배를 띄울 수도 있지만 배를 뒤집을 수도 있다." 원래 순자[荀子]가 한 말이다.)[6]

위징은 법을 집행할 때 정확하고 관대한 처리를 주장했다. 그는 진나라 때와 같은 가혹한 형벌을 반대하고 사사로운 감정에 얽매이지 않는 법 적용을 강조했다. 태종이 화가 나서 노조상이라는 신하를 주살했을 때 위징은 태종을 비판했고, 방상수라는 옛 신하가 뇌물을 받은 것이 드러났는데도 옛정을 생각해서 죄를 용서하고 비단을 백 필이나 보내 선처하자 위징은 바로 직언했다. "상을 내릴 때는 관계가 소원한 사람도 잊지 말아야 하고, 징벌을 내릴 때는 측근과 귀족들에 대한 정리를 염두에 두지 말아야 합니다. 모든 상벌은 공정과 인정을 원칙으로 해야 사람들을 설복시킬 수 있는 것입니다." 태종은 자신의 처사를 철회할 수밖에 없었다.

당 왕조의 병역 정책은 애당초 18세 이상의 남자만 징집하도록 돼 있었다. 한번은 태종이 변경을 수비할 병력을 징집하기 위해 16세 이상의 남자를 징집토록 하라는 명령을 내리려 하자 위징이 반대하고 나섰다. 당시 황제의 명령은 신하들이 만장일치 서명이 있어야 효력을 발휘했는데, 위징은 과거의 법령에 어긋나고 백성들을 혹사시키는 조치라고 여러 차례 서명을 거부했다. 태종이 화가 나 왜 서명을 거부하느냐고 다그쳤다. 위징이 대답했다. "연못을 말려 물고기를 잡고, 수풀을 태워 사냥을 하는 것은 닭을 잡아 계란을 꺼내는 것과 같습니다. 병력

---

[6] 베이징(北京)에 있는 이화원(頤和園)은 서태후가 만든 거대한 인공호수인데 여기에는 거대한 돌로 만든 배(石舫)가 있다. 서태후가 돌로 배를 만든 이유는 물이 배를 뒤집을 수 없도록 하기 위해서다. 하하. 그러나 돌로 만든 배가 어찌 물에 뜰 수 있으랴.

은 수를 늘리는 것보다 정예병으로 훈련하는 것이 더 중요한 법인데, 왜 나이도 안 찬 젊은이들을 징병하겠다는 말씀입니까?" 결국 태종은 위징의 의견에 따를 수밖에 없었다. 그리고 태종은 자신이 너무 쉽게 감정에 치우친다는 사실을 깨닫고 앞으로 정사를 논하는 회의에 간관(諫官)과 사관(史官)이 참여해서 황제이건 대신이건 잘못이 있을 때는 즉시 간언하도록 하는 새로운 제도를 도입했다.

위징은 태종의 일거수일투족을 철저히 감독하면서 간언하기를 멈추지 않았다. 한번은 태종이 남산으로 사냥을 나가려고 수레와 말을 준비했다가 취소한 일이 있었다. 위징이 그 이유를 묻자 태종은 이렇게 말했다. "원래 사냥을 나가고 싶었는데, 그대에게 야단맞을 일이 두려워 포기했소." 어느 해 하남과 섬서 일대에 폭우가 내려 큰 수해가 발생했는데도 태종은 낙양에 정신궁을 수축하려 했다. 이 소식을 들은 위징은 한걸음에 달려와 태종에게 간언했다. "수나라가 그렇게 빨리 망한 것은 수 양제가 정자와 누대를 축조하는 등 대규모 공사로 백성들의 부역을 가중시켰기 때문입니다. 현재 남아 있는 궁전과 누대만 해도 다 사용하지 못할 정도로 많습니다. … 천하를 얻을 때의 어려움을 잊고 계속 궁전을 지어 화려함과 향락을 추구한다면 수나라와 똑같은 길을 가게 될 것입니다." 태종은 위징의 간언을 받아들여 궁전 수축을 중지하고 자재를 전부 수해 지역에 보내 백성들의 집 짓는 데 사용토록 했다.

정관 16년, 위징이 병석에서 상소를 올렸다. "폐하는 정사를 보살필 때는 늘 지공(至公)을 내세우시지만 궁중에서의 행동은 아무래도 사심(私心)이 앞서는 듯합니다. 더욱이 신하들에게 들킬까 봐 억지로 감추시지만 모든 일은 감추면 감출수록 더 드러나는 법입니다."

태종이 묻기를 "짐의 태도가 전과 비교해서 어떤가?"

위징이 대답하기를 "그전만 못합니다."

태종이 묻기를 "내 생각으로는 조금도 변한 데가 없는 것 같은데 …"

위징이 대답하기를 "즉위 초에는 신하들이 간언(諫言)을 올리지 않을까 두려

5. 성군(聖君)의 조건

워해서 일부러 발언하게끔 폐하께서 분위기를 만들어 주셨습니다. 그다음 몇 해 동안은 기꺼이 간언을 받아들였습니다. 그러나 최근에 와서는 억지로 받아들이려고 노력하시는 건 좋으나 역시 불쾌한 표정이 겉에 나타나고 있습니다. 이 점이 전과 다릅니다."

외유내강의 장손황후

위징은 바른말 잘하기로 유명하다. 그는 늘상 직언(直言)으로 태종의 심기를 건드렸다. 다음과 같은 일화가 전해 온다. 어느 날 태종이 또 위징의 직언을 듣고 화가 나서 씩씩거리며 들어와 "또 조정에서 나를 모욕했으니 저놈의 영감탱이를 오늘은 죽이고야 말겠다."고 칼을 찾자 문덕황후(文德皇后, 長孫氏)가 갑자기 사라지더니 잠시 뒤 황후의 정장으로 갈아입고 나와서 태종에게 큰절을 하며 말했다. "감축드립니다. 자고로 명군(名君) 밑에는 바른말하는 신하가 있다고 들었습니다. 위징 같은 신하가 있다는 것은 폐하가 명군이라는 뜻이 아니겠습니까?" 태종은 기분이 좋아져서 없던 일로 했다.

태종의 정비(正妃)였던 장손황후(長孫皇后, 601-636)는 수나라 장수 장손성(長孫晟)의 딸로서 원래 지병이 있었는데, 구성궁(九成宮)에 갔을 때 변고가 발생해 태종이 밤중에 갑옷을 입고 나가자 황후도 따라나섰다. 지병이 있어 주위에서 말리자, "폐하께서 주무시지도 않고 밖으로 나가는데, 어찌 나만 편안히 잘 수 있느냐?" 하며 따라 나섰다가 병을 덧치고 말았다. 1년 뒤 임종 석상에서 태종에게 말하기를, "방현령은 오랫동안 폐하를 잘 섬겨 왔습니다. 깊은 사려, 면밀한 판단 등 드물게 보는 재상입니다. 큰 과오가 없다면 관대한 처분을 내려 주시기 바랍니다."(당시 방현령은 문책을 받아 면관(免官) 중이었다).

그리고 "저의 친정은 요행 고관 자리를 얻어 하고 있으나 실력으로 된 게 아니므로 언제 실각할지 모릅니다. 아무쪼록 자손을 위해서라도 요직에는 앉히지 마십시오. 저는 평생 남을 위해 도움 되는 일을 하지 못했습니다. 그러니 적어도 죽을 때만은 남에게 폐를 끼치고 싶지 않습니다. 제발 장례를 위해 재물을 낭비하지 마십시오. 그리고 아무쪼록 훌륭한 인물을 아끼고, 충간(忠諫)을 잘 받아들이고, 토목 사업을 적게 하고, 사냥을 중지해 주기 바랍니다. 이런 점만 약속해 주신다면 저는 안심하고 이 세상을 하직할 수 있습니다."

그리고는 품 안에서 독약을 꺼내 태종의 얼굴을 한참 본 뒤 말을 이었다. "만일 폐하께서 먼저 돌아가시게 되면 이 독약으로 폐하의 뒤를 따를 작정이었습니다. 하지만 이제는 이 독약도 소용없게 됐습니다." 이렇게 말하고는 36세의 생을 마쳤다.

황후는 외유내강(外柔內剛)의 전형이었다. 옛날 부인들의 선행(善行), 비행(非行)을 모아 『여칙(女則)』이란 책을 편집하고 서문을 썼으나 태종에게는 알리지 않았다. 황후가 죽은 뒤 이 책을 태종이 읽어 보고 울었다고 한다. 황후의 유언에 따라 금, 은, 옥 등 부장품 없이 검소하게 장례를 치르고 장안 부근 구종산(九嵕山) 소릉(昭陵)에 안장했다.

소릉은 황제의 능으로는 평지가 아닌 산을 그대로 깎아 만든 최초의 산산능(山上陵)이었다. 위치는 장안에서 10리 정도로 가까운 곳이었다. 태종은 소릉이 잘 보이도록 궁궐에 높은 탑을 쌓고 자주 탑에 올랐다. 하루는 위징과 함께 탑 위에 올라 태종이 "어때 잘 보이지?"라 물으니 위징은 "나이가 들어 잘 보이지 않습니다." "저길 봐. 저기 보이지 않아?" 하니 "아, 저는 폐하께서 헌릉(獻陵: 당 고조의 능)을 보고 계신 줄 알았습니다. 소릉 같으면 저에게도 잘 보입니다." 위징은 일부러 이렇게 대답한 것이었다.

태종도 위징의 뜻을 깨닫고 눈물을 흘리며 마침내 탑을 허물기로 결정했다. 몇 년 뒤 정관 17년에 위징이 세상을 떠나자 소릉에 배장(陪葬)하고, 모든 신하가 조문토록 했고 태종이 손수 비문을 썼다. 태종은 위징이 죽자 이런 말을 했다.

5. 성군(聖君)의 조건

"구리로 거울을 만들면 의관을 단정히 할 수 있고, 역사를 거울로 삼으면 흥망을 알 수 있으며, 사람으로 거울을 삼으면 득실을 밝힐 수 있다. 짐은 일찍이 이런 세 개의 거울을 가져 허물을 막을 수 있었다. 오늘 위징이 세상을 떠나니 거울 하나를 잃어 버렸다." 소릉에는 다른 신하들도 배장해 지금은 넓은 보리밭에 여기저기 신하들의 묘가 있고, 모두 소릉을 바라보는 위치에 있다.

당 태종의 최후

태종이 장손무기(長孫無忌: 36세에 요절한 장손황후[長孫皇后]의 오빠)에게 말하기를, "짐이 즉위한 당초에 올라온 글 중에는 여러 가지 의견이 있었다. 제왕은 권력을 결코 신하들에게 맡겨서는 안 됩니다 하는가 하면 무력을 천하에 떨치고 이적(夷狄)들을 정복하시길 하고 적어 오는 자도 있었다. 그러나 위징만은 싸움을 그치고 문화를 일으켜 덕화(德化)로써 다스려 나간다면 천하가 안정될 뿐 아니라 이적들도 스스로 항복해 올 것입니다라고 했다. 짐은 그의 말을 좇아 오늘의 성공을 얻었다. 이것은 모두 위징의 덕이다."

정관 18년 11월 당 태종은 고구려 정복에 나섰다. 당시 신라는 당에 복속하는 자세였으나 고구려는 그렇지 않았을 뿐 아니라 고구려가 신라를 압박하므로 그냥 둬서는 황제의 체면이 서지 않는다고 봐서 출전한 것이었다. 고구려의 양만춘(梁萬春)이 지키는 안시성(安市城)을 공격하기 위해서 당군(唐軍)은 60일 동안 50만 명이 성과 같은 높이로 거대한 흙더미를 쌓아 공격했으나 오히려 고구려 군에게 패하고 말았다. 차차 날씨는 추워지고 사세가 불리해지자 결국 태종은 공격을 포기하고 철군(撤軍)을 결정했다. 당군이 물러나는 날 안시성 안은 고요했다. 이윽고 성주 양만춘이 성 위에 나타나 작별을 고했다. 태종은 비록 적이지만 그 용맹을 칭찬하며 상으로 비단 100필을 보냈다고 한다. 태종은 돌아오는 길에도 죽을 고

생을 했다. 이때 당 태종이 말하기를 "아, 위징이 살아 있었다면 분명히 출병(出兵)을 반대했을 텐데 …" 당 태종이 장안에 도착한 것은 정관 20년 3월이었다.

정관 21년 태종은 다시 요동 출병을 감행했으나 또 실패했고, 정관 22년 다시 30만 출병 계획을 세웠다. 길이 100척짜리 배를 1천 척이나 건조하라고 사천(四川) 지방에 명령을 내렸기 때문에 백성들의 원성이 자자했다. 그해 7월 병석에 누워 있던 방현령이 "요동 출병의 잘못을 알고도 가만히 있다가는 죽어도 편히 눈을 감지 못하겠다."며 상소를 올렸다. "노자(老子)가 말하기를 넉넉함을 알면 욕을 면하고, 머물 줄 알면 위험이 없다고 했습니다. 폐하의 위업은 이미 충분하고도 남습니다. 사방의 평정도 이것으로 충분합니다. 더욱이 백성의 목숨을 아끼는 폐하가 아무 죄 없는 군사들을 전쟁터로 몰아 그 무참한 시체를 이국 땅에 버리게 함은 어인 까닭입니까? 만약 고구려에 잘못이 있다면 이를 주멸(誅滅)해도 좋고, 우리 백성을 침해했다면 이를 응징해도 좋고, 뒷날 우리나라에 위협이 된다면 이를 제거해도 좋습니다. 그러나 이 세 가지 중 어느 한 가지에도 해당되지 않은 채 오로지 수나라의 치욕을 씻고 신라의 원수를 갚아 준다는 목적으로 전쟁을 일으킴은 너무나 허황되다 아니할 수 없습니다. 바라건대 폐하께서는 고구려를 용서하시고, 군사 모집을 중지하시며, 건조(建造) 중인 배를 불태우시기 바랍니다. 이렇게 하면 멀고 가까운 천하가 모두 평화스러운 마음을 되찾게 돼 우리 조정을 부모처럼 더욱 따르게 될 것입니다. 제 목숨은 이제 얼마 남지 않았습니다. 이 마지막 말씀을 받아 주시기 바랍니다." 며칠 뒤 방현령은 세상을 떠났다. 태종은 그의 손을 잡고 작별했으나 고구려 정벌은 멈추지 않았고 다시 실패하고 말았다.

그해 12월 태종의 생일날, 태종은 장손무기에게 말하기를, "오늘은 짐의 생일이오. 생일을 축하하고 있지만 도리어 슬픈 생각뿐이오. 지금 천하를 차지하고 있지만 부모 슬하에서 놀던 그 어린 시절은 영원히 돌아오지 않소. 자식이 봉양하고자 하나 부모는 기다려 주지 않는다(子欲養而親不待)라 하더니 지금 그 말이 나에게 절실하게 울려오는구려."

5. 성군(聖君)의 조건

정관 23년 5월 태종은 건강이 악화 돼 위독한 상태에 빠졌다. 태종은 장손무기와 저수량(褚遂良)을 불러들였다. "짐은 이제 모든 뒷일을 그대들에게 맡긴다. 태자의 온량한 인품은 그대들도 알고 있는 바다. 아무쪼록 내 뜻에 어긋나는 일이 없도록 하라." 그리고 태자에게 말하기를, "장손무기와 저수량이 있으니 너는 조금도 염려 마라." 그리고 저수량에게 유조(遺詔)를 쓰게 했다. "태자는 즉위하고 모든 정사는 평상시처럼 수행하라. 요동 출병 및 토목 사업은 즉시 중단하라. …" 태자 치(治: 태종의 열네 명 아들 중 아홉째, 장손황후 소생으로는 셋째, 온순하나 무능했다)가 즉위하니 고종(高宗)이었다.[7] 태종은 소릉에 안장됐다. 13년 전에 타계한 장손황후 이외에 위징, 방현령, 우세남, 위지경덕 등 많은 명신이 이미 배장(陪葬)돼 태종을 기다리고 있었다.

성군의 조건

성군(聖君)은 고대 이래 동양인이 꿈에 그리는 이상이지만 실제 역사에서 성군을 만나기는 지극히 어렵다. 성군을 발견하는 것은 바닷가에서 바늘을 발견하는 것만큼 어렵다. 그런데 위에서 본 태종의 일생과 그가 이룩한 정관(貞觀)의 치(治)를 돌이켜보면 우리가 흔히 말하는 성군에 가까운 업적을 쌓았다고 평가할 수 있다. 물론 젊은 시절 그는 정권을 놓고 암투를 벌이던 친형과 동생을 죽이고 그 자손의 씨를 말리는 잔인무도한 짓을 벌여 지탄을 면할 수 없다. 그러나 다른 한편 그 신하나 적장에 대해서는 상당히 관대한 태도를 취해 자기 수하에 두고 평생 중용하는 모범을 보이기도 했다. 전쟁터에서 그는 병사들과 고락을 같이하는 장수였을 뿐 아니라 뛰어난 판단과 전략으로 숱한 고비를 넘긴 끝에 수나라를 멸

---

[7] 태종의 아홉 번째 아들 이치(李治: 고종)의 유약함 때문에 측천무후의 전횡이 가능했고, 결국 당나라는 일시적으로 망하는 지경에 이르렀다. 당 태종은 본인의 치세는 잘했으나 후계자 선정에서 큰 실수를 했다.

망시키고 새 왕조를 여는 데 혁혁한 공을 세웠다.

그리고 세자가 되고부터는 무에서 문으로 전환해 책을 읽고 학자들과 토론하는 것을 열심히 했다. 신하들이 올리는 직언에 대해 때로는 화를 내고 질책하기도 했지만 대체로 인정하고 받아들이는 포용적 자세를 보였다. 태종의 면전에서 감히 황제의 의견을 반박하는 신하들이 여럿 있었다. 결국 나라를 다스리는 방책을 논의할 때도 황제 혼자의 독단적 결정이 아니라 여러 신하의 의견을 경청한 끝에 정책이 결정됐기 때문에 그의 치세는 오랜 기간 지속된 전쟁의 피로와 공포를 끝내고 안정과 번영을 구가할 수 있었다. 게다가 현명한 장손황후가 끊임없이 직언하는 신하들을 옹호해 주면서 태종을 바른 길로 이끌었다. 군주는 밝고 황후는 현명하고 신하들은 곧아서(君明后賢臣直) 당 태종은 성공할 수 있었고, 정관의 치는 역사상 보기 드문 태평성대로 평가받는다.

어떤 요인이 이런 성공을 가져왔을까? 정권의 성패를 가르는 수많은 요인을 생각할 수 있지만 대체로 개혁(改革), 포용(包容), 애민(愛民), 호학(好學)의 네 가지 요인이 성공 요인이 아니었을까. 네 가지를 성취한 지도자는 성공의 길을 가는 것 같고, 그렇지 못할 때는 실패할 수밖에 없는 것 같다. 이런 네 가지 조건을 놓고 다른 어떤 왕들과 비교해도 당 태종은 성적이 좋을 것 같다. 아래 표는 동양의 대표적 성군으로 꼽히는 네 명의 왕을 비교하는데, 여기서도 당 태종은 다른 성군에 비해 조금도 손색이 없다.

	개혁(改革)	포용(包容)	애민(愛民)	호학(好學)
당 태종	○	○	△	○
청 강희제	△	○	○	○
조선 세종	△	○	○	○
조선 정조	○	△	○	○

경세치용의
공공리더십

Public Leadership

제2부

서양의 공공리더십
─500년 세계 패권을 이끌다

Public Leadership

Public Leadership

서양의 리더십

-500년

세계 패권을 이끌다

『군주론』, 공존의 리더십

김경희

들어가며

지금까지 『군주론』의 정치는 군주 중심의 독단과 독존적인 것으로 이해돼 왔다. 자신의 권력을 획득하고 유지하기 위해서는 수단과 방법을 가리지 않는 냉혹한 권력의 화신을 옹호하는 것으로 그려진 것이다. 따라서 『군주론』의 저자 마키아벨리(Niccolò Machiavelli)라는 이름은 주로 권모술수 같은 비도덕적이고 냉혹한 현실주의 정치의 대명사로 비판받아 왔다. 하지만 한편으로 그러한 방법이 현실 정치에서 성공을 가져왔기에 그 능력은 인정을 받았다. 비록 비도덕적이고 이기적인 행위는 비난을 받았지만, 목표를 성취한 능력의 유효함은 부정할 수 없었던 것이다. 마키아벨리는 『군주론』에서 국가의 보존이라는 목표를 위해서 때로는 신의를 저버릴 필요가 있음을 언급한다. 목표를 성취하기 위해서는 수단과 방법을 가리지 말아야 함을 역설하고 있는 것이다. 이런 점에서 마키아벨리스트

(Machiavellist)라는 이름은 실패한 사람에게는 사용되지 않고 있다. 어떻게 해서라도 성공을 거둔 인물을 비도덕적인 인물로 낙인찍을 때 사용되는 말이 바로 마키아벨리스트인 것이다.

그렇다면 성공의 방법이 문제인데, 기존의 마키아벨리 해석은 그 방법을 강권적이며, 독단적인 것으로 파악하고 있다. 불리할 때는 여우의 간계로 정적을 함정에 빠뜨리고, 상황이 바뀌면 무력으로 과감히 적을 제거하는 냉혹한 방법을 사용하는 것이다. 수동적이고 무지한 시민들에게 당근과 채찍을 동원해서 자신의 목적을 이루는 것이다. 오로지 자신만의 이익과 목적이 있는 것이며, 타인에 대한 고려는 없이 자신의 생각대로 밀어붙이는 것이다. 이렇게 독단적이고 독존적인 리더십은 대개 영웅들이 가진 능력이나 카리스마와 동일시된다. 그것은 무(無)에서 유(有)를 창조하는 초인적인 리더십으로 숭앙을 받게 된다. 그들은 일반 시민들과는 다른 유(類)의 존재로 파악되는 것이다. 따라서 시민들은 그 지도자와 소통하려고 하기보다는 숭배하려고 한다. 수평적인 관계가 아니라, 수직적인 관계가 성립된다. 수직적인 권력 관계 속에서 숭배받는 지도자는 독단적이고 독존적인 리더십의 관계를 유지하기 위해 성과물을 보여 줘야 한다. 수평적인 관계가 부재하기 때문에 소통과 설득의 방법은 소용이 없다. 그보다는 과제나 비전(vision)의 제시와 그것의 달성을 통한 초인적인 능력의 입증만이 독존적인 리더십 구조를 재생산할 수 있는 것이다.

관계와 활력의 리더십

하지만 "병졸이 없는 장군은 리더가 아니다." 이것은 리더십의 관계론적 의미를 가리키는 말이다. 리더십은 근본적으로 관계적이어야 한다. 특히 마키아벨리의 『군주론』은 관계론적 리더십을 잘 보여 주고 있다. 우선 당시 이탈리아 세계는 중세 농촌 중심의 사회와는 달리 상업이 발달한 도시국가 체제를 이루고 있었다. 상업 도시에서는 새로운 시민 계층이 성장하고 있었다. 도시에서 상업이나 은행업 등을 통해 부(富)를 쌓은 이들이 옛 귀족을 대체했고, 이들 중 일부가 권력을 장악하면서 군주의 지위에 오르게 됐다. 이것을 잘 보여 주는 것이 『군주론』 9장의 '시민형 군주국'에 대한 마키아벨리의 설명이다. 그는 여기서 군주국은 귀족과 인민들 간의 관계 속에서 나타남을 언급한다. 군주는 그들 중 어느 한쪽의 지지를 통해 권좌에 오르게 된다는 것이다. 마키아벨리는 귀족과 인민에 대해 다음과 같이 설명한다. 귀족은 자신의 배경 등으로 인해 야망이 많고, 지배하고자 하는 성향을 지니게 된다. 반면 인민은 정치·경제·사회적으로 자유롭게 살기를 원한다. 또한 인민들은 수적으로도 우세하다. 따라서 군주는 권력욕과 야망 등으로 인해 분란을 일으킬 수 있는 귀족보다는 자유롭게 살기만을 바라는 인민에 의지하는 것이 더 낫다는 것이 마키아벨리의 생각이다. 귀족의 오만을 제어하고, 인민의 지지를 획득해야 안전한 군주국을 이룩할 수 있다는 것이다. 인민의 지지와 자기 군대의 확립, 이 두 가지 토대 위에서 군주는 안정적인 권력을 행사할 수 있다. 따라서 군주의 리더십이 지향해야 하는 것은 약자, 즉 인민을 보호하고, 강자 즉 귀족의 전횡과 인민에 대한 억압을 제어해야 하는 것이다. 물론 이때 조심해야 할 것은 미움과 경멸을 피하는 것이다. 권력을 가진 군주는 항상 타인, 즉 귀족과 인민들과의 관계에 주의를 기울여야 하는 것이다. 권력을 장악했다고 오만과 자만에 빠져 안하무인이 됐다가는 미움과 경멸을 받아 패망하고 마는 것이다.

독존의 리더십은 지도자 자신만의 독단적인 과제를 부과하고, 그것을 위해 시민들을 동원한다. "하면 된다.", 혹은 "안 되면 되게 하라."라는 박정희 시대의 구호는 과업 중심의 관점을 드러낸다. 이런 구호들은 과제의 완수를 위해 폭력적인 강제의 상황을 만드는 데 사용됐다. 그것은 과제를 완수해야 하는 인적 자원들과 상황들에 대한 고려가 전혀 없었다. 하지만 관계론적 리더십은 인적 자원과 상황에 대한 고려를 우선시한다. 물론 이것은 과업의 정도나 기대 수준을 낮추는 것과는 거리가 멀다. 오히려 관계의 구성에서 나오는 힘의 분출을 보는 것이다.

독단과 독존의 리더십은 정답풀이 식 해결 방법을 지향한다. 앞에서 주어진 과제가 정해지면 그것의 달성을 위해 아래, 즉 시민들을 쥐어짜는 것이다. 이것은 우리가 지금까지도 학교에서 배우는 4지나 5지 선다형의 문제풀이와 같은 것이다. 답이 하나라는 전제를 미리 가지고, 문제가 제시하는 다른 여러 가지 가능성을 배제한 채 정답 하나만을 맞추기 위해 오로지 정답풀이 과정만을 외우는 것과 동일한 것이다. 독존의 리더십은 부과한 과업을 위해 시민을 동원하고, 동원된 시민은 다른 가능성은 생각지 않고 오로지 부여된 과업에만 매진한다.

하지만 마키아벨리는 『군주론』에서 관계 속에서 나오는 발견과 구성 그리고 활성화의 리더십을 강조한다. 그것은 시민들이 가지고 있지만 숨겨져 있는 것을, 잠재해 있지만 비활성화돼 있는 것을 발견해서 활성화하는 것이다. 그는 『군주론』 26장에서 이탈리아인들이 가지고 있는 역량(virtu)에 주목한다. 독단과 독존의 리더십을 가지고 있는 지도자는 이탈리아인들에게 역량이 남아 있었다는 것을 상상조차 못했을 것이다. 하지만 마키아벨리는 이탈리아 국가의 평범한 시민들에 잔존해 있는 역량을 발견한다. 이탈리아 각국에는 능력 있는 지도자가 부재했기 때문에 아직 빛을 보지 못하고 잠재해 있는 역량이 많았다. 그것들을 활성화한다면 이탈리아는 다시 예전의 힘을 되찾을 수 있을 것이라고 말한다. 마키아벨리는 숨겨진 것을 그리고 비활성화돼 있는 것을 찾아낼 수 있는 혜안을 가진 지도자를 바랐던 것이다. 그리고 거기에 덧붙여 그것을 활성화할 수 있는 능력을 가진 지도자를 원했던 것이다. 그런데 그것은 관계론적 리더십을 가진 지도자만이 가능한 것이었다. 독단과 독존의 리더십을 가진 사람은 그것을 볼 수 없다. 왜냐하면 관계에 대한 사고가 부재하기에 시민들은 과업의 부과와 그 수행을 위한 동원의 대상이기 때문이다.

여기서 우리는 마키아벨리의 힘과 권력에 대한 사고의 특징을 살펴볼 수 있다. 독단과 독존의 리더십은 리더에게 힘을 집중시킨다. 권력은 리더에게만 있는 것이고, 그가 가진 것이 힘의 전부가 된다. 그 때문에 그러한 지도자들은 경호실, 비서실 그리고 정보부 같은 그의 친위 부서를 강화한다. 이들은 지도자의 안위를 보호하는 곳이자 정보의 독점을 통해 지도자의 권력을 강화하는 기관인 것이다. 지도자 자신에게 권력을 집중시키고 그 친위 기관에 그것을 나눠 줌으로써 권력의 독점과 독재를 꾀하는 것이다. 이들에게는 한 줌밖에 안 되는 그 기관들의 권력 강화가 지도자의 권력 강화와 동일한 것이며, 나아가 전체 국가의 권력 강화로 사고되는 것이다. 다시 말해 손에 얼마나 쥐고 있을 수 있는가가 바로 그들이 권력을 사고하는 방법이었다. 이러한 '장악(掌握)'의 권력관에 비해 마키아벨리는 다른 권력관을 피력한다. 권력은 장악할 수 없는 것이다. 그것은 관계 속에서 배가(倍加)되기도 하고 반감(半減)되기도 하는, 살아 있는 생명체와도 같은 것으로 파악한다. 장악할 수 있는 강권(强權)을 사용해야 할 때도 있다. 하지만 그렇게 해서는 안 될 때, 장악하려고 하면 그것은 권력의 자원들을 고사시켜 힘을 반감시키게 된다. 독존의 리더십은 반감의 리더십이며, 공존의 리더십은 배가의 리더십인 것이다.

　　이런 점에서 독존의 리더십과 공존의 리더십은 일반 시민을 바라보는 데서 분명한 차이를 드러낸다. 독존의 리더십은 시민들을 계도와 지도의 대상으로 바라본다. 그들은 무능력하고 비이성적이며, 눈앞의 이익에 우왕좌왕하기에 지도자의 인도가 필수적이라는 것이다. 영웅의 지시를 따라야 하는 순한 양과도 같은 존재인 것이다. 초인적인 능력과 혜안을 가지고 있는 지도자와 무능력하고 우둔한 시민들 사이에는 건널 수 없는 깊은 심연이 놓이게 되는 것이다. 소통은 근본적으로 불가능한 것이다. 지배와 복종만이 있는 것이며, 그 구조의 재생산은 제시된 과업의 달성을 통해 이뤄지는 것이다. 반면 공존의 리더십은 일반 시민의 역량을 눈여겨본다. 시민들은 그들 각각의 역량을 가지고 있다. 아울러 그들은 자신의 이익과 소망을 잘 인식하고 있다. 단지 경우에 따라 공동체 전체나 정치에 대한 안목이 부족할 뿐이다. 하지만 그들은 지도자와 근본적으로 동등하며 소통 가능하기 때문에 지도자의 말을 이해할 수 있다. 소통을 통한 공존의 리더십은 시민들이 가진 능력을 활성화하고, 그것들이 잘 구성돼 조화를 이룰 때 배가됨을 이해하는 능력이다. 관계 속에서 폭발하는 활력을 아는 것이다. 신이 나서 일할 때는 한 시간도 짧지만, 강제된 노동을 억지로 하는 경우는 1분도 긴 것이다. 독존의 리더십은 1 더하기 1은 2이거나 오히려 1을 산출하는 반면, 공존의 리더십은 1 더하기 1은 10 혹은 그 이상의 숫자가 나오게 만드는 것이다. 그리고 그것이 바로 활력이라는 것이다.

활력의 관점에서 보면 외형이나 규모보다는 그 내부 구성원의 관계를 중요하게 여긴다. 이것은 흡사 성인과 아이의 활력 차이와도 비슷하다. 90킬로그램의 30대 아버지가 열 살 먹은 35킬로그램의 아이와 놀이터에서 놀아 준다고 생각해 보자. 완력으로는 아버지가 아이를 언제든지 제압할 수 있다. 하지만 놀이터에서 한 시간이나 되는 긴 시간을 쉬지 않고 놀 수 있는 것은 아이들이다. 아버지는 10분을 못 견딜 것이다. 아이의 활력이 아버지보다 월등하기 때문이다. 90킬로그램의 몸으로 10분을 버틸지 아니면 35킬로그램의 활력 있는 신체로 한 시간을 즐길지는 선택의 문제다. 규모와 외형에 초점을 맞출지 아니면 관계의 활성화에 중점을 맞출지의 문제다. 산업화와 성장제일주의 시기에는 규모에 더 초점을 맞췄었다. 규모의 경제가 어느 정도 이뤄진 이후 규모로는 도약에 어려움을 겪을 수밖에 없다. 문제는 양이 아니라 질이기 때문이다. 질의 도약을 위해서 규모와 외형보다는 관계의 활성화로 인한 활력의 논리에 초점을 맞춰야 할 것이다.

독재에 대한 시민들의 저항을 통해 민주화를 이룩한 대한민국은 IMF 구제금융과 더불어 세계화와 신자유주의라는 강한 파도를 만났다. 억눌렸던 의사 표현과 이익 표출의 자유는 민주화를 통해 분출됐다. 하지만 그것들을 조율하는 제도가 정착되기에는 시행착오와 시간이 필요하다. 따라서 대한민국은 현재 빈부 갈등, 지역 갈등, 세대 갈등, 계층 갈등 등 여러 가지 갈등의 표출로 점철돼 있다.

갈등의 합리적 분출과 해결의 과정이 제도로 정착돼 있지 못하다 보니 갈등의 분출은 혼란으로 보이게 된다. 제도가 제 역할을 못하기에 지도자가 나타나기를 바라게 된다. 특히 대한민국처럼 독재적 리더십을 통해 평온과 발전의 과실(果實)을 경험한 곳에서는 강한 카리스마를 가진 리더에 대한 향수가 나타나게 된다. 하지만 예전의 그 리더십은 지금의 시대에는 맞지 않는 리더십이다. 과거 독재의 리더십은 혼란을 해결한 것이 아니라, 갈등의 분출 자체를 관리하고 막았던 리더십이다. 해결의 리더십이 아니라, 강압과 은폐의 리더십이었던 것이다. 분출된 갈등을 조율하는 리더십이 아니라, 갈등의 분출을 억압했던 리더십인 것이다. 여기에 덧붙여 경계해야 할 점은 이러한 강한 카리스마를 바라는 시민들이 예전 독재시대의 시민은 더 이상 아니라는 것이다. 그들은 강권과 동원이 중심이 되는 독존의 리더십을 더 이상 바라지는 않는다. 혼란의 극복과 국론의 통일을 위해, 예컨대 군사 쿠데타를 일으켜야 한다고 생각하는 시민들은 없을 것이다. 민주화 이후의 시민들은 민주화를 이뤘다는 자부심을 가지고 있다. 자신들이 국가와 사회의 주인이라는 '민주'의식이 투철한 사람들인 것이다. 갈등의 폭발은 사실 민주화 과정에서 나올 수밖에 없는 자연적인 것이다. 서로 주인 됨을 주장할 때, 그것을 조율할 수 있는 것은 제도와 시민의식 혹은 시민적 덕성 외에는 없는 것이다. 하지만 시민적 덕성이나 제도는 단기간에 함양되거나 정착될 수 없다. 따라서 시행착오와 시간이 필요한데 그것을 기다리지 못하기에 과거 지향적 리더십을 요구하는 것이다.

지금 대한민국은 새로운 리더십을 필요로 하고 있다. 이 시대에 마키아벨리의 『군주론』이 제시할 수 있는 리더십은 무엇일까? 마키아벨리가 신군주에 요구하는 것을 통해 우리는 그것을 사고해 볼 수 있다. 마키아벨리가 요구하는 지도자의 가장 중요한 자질들 중 하나는 바로 유연성이다. 세계는 급변하고 있으며, 갈수록 예측 불가능해지고 있다. 그 예측 불가능한 세계의 문제를 해결하기 위해서는 변화하는 상황에 맞게 대응할 수 있는 유연성을 키워야 한다. 그러나 개인의 유연성과 역량은 한계가 명확하다. 첫째는 개인이 가진 행동양식의 비유연성 때문이며, 다른 하나는 인간의 실존적인 유약성 때문이다. 『군주론』 25장에서 마키아벨리는 상황 변화에 유연하게 대처하기가 어려운 이유를 다음과 같이 말한다. 첫째, "우리의 타고난 기질이 그러한 변화를 용납하지 않거나", 둘째, "일정한 방법으로 행동함으로써 항상 성공을 거뒀기 때문에 우리의 방법을 변화시키는 것이 좋다고 생각하지 않기 때문"이다. 결국 "운명은 가변적인데 인간은 유연성을 결여하고 자신의 방식을 고집하기 때문에, 인간의 처신 방법이 운명과 조화를 이루면 성공해서 행복하게 되고, 그렇지 못하면 실패해서 불행하게 된다고 결론"짓고 있다. 하지만 상황이 변화하면 성공한 이도 곧 실패하기에 세상의 운명은 변화무쌍한 것이 되는 것이다.

두 번째는 신체의 연약함 때문이다. 아무리 강한 사람도 생로병사의 자연적 과정을 피할 수는 없기 때문이다. 이에 대한 가장 극적인 모습은 『군주론』 7장에서 신군주의 모범으로 칭송받은 체자레 보르지아(Cesare Borgia)의 몰락을 통해 볼 수 있다. 비록 처음에는 교황인 아버지 알렉산더 6세의 도움으로 지도자의 자리에 올랐지만, 그는 자신의 뛰어난 역량을 기반으로 자기 군대를 마련했고, 정적들을 제어했으며, 인민의 지지를 얻을 수 있었다. 그러나 그는 자신의 몸이 크게 아프게 되는 상황마저도 막을 수는 없었다. 정적들과의 싸움에 정력적으로 대처해야 했던 순간 그는 앓아눕게 돼 자신의 역량을 사용할 수 없는 상황에 처했던 것이다.

이렇게 지도자 개인의 역량은 완고한 행동양식과 나약한 신체를 가진 인간이 소유한 근본적인 한계성을 나타내고 있는 것이다. 그런데 유연함이란 복수(複數)의 재주를 가지고 있는 것에 다름 아니다. 여러 가지 상황에 대처 가능한 유연함이란 여러 가지 상황에 맞는 능력과 재주를 가지고 있음을 의미하기 때문이다. 한 사람의 역량이 유연함을 가지기에 한계가 있다면, 능력 있는 여러 사람을 모으면 된다. 따라서 리더는 여러 재주 있는 사람을 알아보고, 그들을 모아서 능력을 계발해 줄 수 있어야 한다. 아울러 적재적소에 필요한 능력을 가진 사람들을 배치할 수 있는 능력 또한 가지고 있어야 한다. 그런데 이것이 말처럼 쉬운 것이 아니다. 능력 있는 자를 골라낼 수 있으며, 아울러 그들을 모아 재주를 계발할 수 있는 환경을 만들어 주는 것은 그 공동체를 어떻게 구성해 낼 것인가와 관련되기 때문이다. 이를 위해 마키아벨리는 새로운 법과 제도의 정비가 필요하다고 말한다. 군주의 리더십은 사리사욕만 추구하고, 인민을 억압하는 귀족들의 구태의연한 제도를 개혁해서, 능력 있는 시민들이 자유롭게 국가를 위해 자신의 역량을 발휘할 수 있는 새로운 제도를 창출해야 하는 것이다.

구성의 리더십은 공존과 공감의 리더십을 강조하고 있다. 인간이 힘의 자원이라는 것이다. 최첨단 무기나 휘황찬란한 건물 혹은 엄청난 부(富) 등이 아니라, 사람이 힘이고 자원이다. 그런데 그들을 움직여 최대한의 효과를 내기 위해서는 그들의 마음을 사야 한다. 마음을 사는 것은 그들을 인정하고, 그들의 재주를 알아보고, 그것을 계발할 수 있는 환경을 만들어 주는 것이다. 이는 권력은 손에 쥘수록 작아지고, 나눌수록 커진다는 것을 이해할 때만이 가능하다. 손에 쥔 권력은 호시탐탐 노리는 자들이 있기 마련이다. 하지만 나눠서 커진 권력은 노릴 수가 없다. 왜냐하면 주변의 모든 사람이 그 권력을 구성하기 때문이다. 권력을 손에 쥐려는 사람은 시민들을 동원하고 억압해서 그 결과물을 자신의 것으로 하려고 한다. 그들에게 권력은 도구적인 것이기에 자신의 손에 자꾸 쌓아 두려고 하는 것이다. 하지만 그것은 지도자 자신을 지킬 수 없을 뿐만 아니라 공동체를 위기에 몰아넣는다. 시민들이 가지고 있는 재주와 능력을 고사시키기 때문이다. 관계적인 권력이 중요하다. 그것은 시민들의 재주와 능력을 최대로 발산시키는 것이다. 따라서 그 한계가 어느 정도인지 알 수가 없다. 생기와 활력의 관점에서 권력을 바라볼 때만이 이해할 수 있는 것이다. 강권으로 육체를 지배한 것이 예전의 리더십이라면 이제는 마음을 움직이는 것이다. 그것을 통해 공동체 구성원의 힘을 활성화하는 것이다.

그런데 앞에서 언급한 공존과 공감, 그리고 소통이 가능하기 위해서는 공정한 절차와 질서가 존재해야 한다. 권력의 독점 속에서 갑질 등의 자의적 지배 현상과 권력과 사회의 사사화(私事化)가 진행된 곳에서는 공정한 법질서가 무너지고, 독단과 독존 그리고 배제와 소외만이 판치기 때문이다. 이러한 사회에서는 당연히 재능과 능력보다는 출신과 연줄 그리고 특권이 우선하게 된다. 한 사회의 활력이 고사되는 것을 막기 위해서는 재능과 재주가 인정받고 쓰임을 받아야 한다. 그래야 개개인의 능력이 계발되고 사회가 활력을 띠게 된다. 이것은 공정한 법질서가 확립되고 차별이 존재하지 않는 곳에서만 가능하다. 따라서 관계의 리더십이 가장 먼저 눈을 돌려야 하는 곳은 관계의 소통을 가로막고 일방적 지배와 복종의 관계를 생산하는 곳이다.

마키아벨리의 『군주론』에는 강권의 리더십과 활력의 리더십이 공존한다. 그 강권은 꼭 필요한 시기에 짧게 사용돼야 한다고 말한다. 불이 난 공간에서 우왕좌왕하고 있는 사람들에게 대피 방법을 차분하고 점잖게 설명하고 있을 수는 없기 때문이다. 하지만 마키아벨리는 활력의 리더십을 더 중요하게 봤다. "최선의 요새는 인민"이라고 표현한 데서도 잘 드러나듯이, 인민의 마음을 얻는 것을 가장 튼튼한 요새로 봤던 것이다. 활력은 공동체 구성원들을 인정하고 그들의 재능을 파악해서 그것을 자유롭게 발휘하도록 하는 데서 나타난다. 이를 위해 마키아벨리는 오만과 야망으로 가득 차 인민에게 갑질을 행사하는 귀족들을 제어해야 함을 설파하고 있는 것이다. 리더는 군림하는 것이 아니라 섬기는 사람이라는 말이 최근 많이 들리고 있다. 섬김의 궁극적 목적은 지배와 복종이 아니다. 섬기는 자와 섬김을 받는 자, 너와 나, 나아가 우리 모두가 같이 더불어 사는 삶인 것이다. 바로 구성원과 공동체 전체의 활기를 북돋는 것이다.

나오며

바야흐로 대한민국은 21세기를 맞이해 소득 2만 달러를 넘어 선진국의 대열에 합류하느냐 못 하느냐의 기로에 서 있다. 최근 애플(Apple)사의 비약적 성장이나 구글(Google)의 모토롤라(Motorola) 인수 등에서 보듯이 미래의 성장 동력은 하드웨어보다는 소프트웨어에 있음이 드러나고 있다. 그러나 이러한 지적은 비단 어제오늘의 일이 아니다. 특히 하드웨어 기반 사업을 통해 단기간에 비약적으로 발전해 온 우리나라가 중국 등 뒤쫓아 오는 신흥공업국을 따돌리고 선진국이 되기 위해서는 소프트웨어 기반 사업에 집중해야 함은 누차 강조돼 왔다. 그런데 소프트웨어 산업은 창조적 정신을 필요로 한다. 근래 통섭(統攝, consilience)과 창조 등의 가치를 강조하는 것도 이런 맥락에서다. 하지만 말로만은 이룰 수 없는 것이 창조다. '건강한 몸'에서 '건강한 정신'이 나온다고 했다. 창조적 정신을 위해서는 우리 몸의 태도가 바뀌어야 한다. 수직적 사회구조와 승자독식(勝者獨食)의 구조에서는 자유로운 창조성이 나타날 수 없다. 문제가 닥쳤을 때 항상 윗사람을 쳐다보는 몸의 태도로는 창조성이 불가능한 것이다. 그런데 우리나라는 지금 빈익빈부익부, 계층의 고착화 등을 통해 복종과 지배 그리고 승자독식, 나아가 능력의 계발보다는 요행(僥倖)을 바라는 현상 등이 나타나고 있다. 지배와 굴종, 허무 그리고 패배감의 태도가 양산되고 있는 것이다. 이러한 상황에서 창조성이라는 능력은 고사될 수밖에 없는 것이다.

창조는 기존의 것을 달리 보고 현존하는 것들의 관계를 재구성하는 데서 나타난다. 현 시기 가장 뛰어난 창조성을 보여 준 애플사의 스티브 잡스(Steve Jobs)의 뛰어난 업적 중의 하나는 앱스토어(App Store)를 만든 것이다. 전 세계에 흩어져 있는 재능 있는 사람들의 작품들이 서로 교환·소통될 수 있는 장을 만들어 준 것이다. 앱스토어가 만들어진 후 나타난 폭발적인 반응과 그 활력은 현재 애플사의 한 해 매출액으로 나타나고 있다. 창조성은 소통과 공감이 가능한 공존의 문

화 그리고 자유롭게 재능을 계발하고 그것이 쓰임을 받는 활력의 문화에서 나타날 수 있다. 그것을 위해서는 앞에서 언급했던 관계와 활력을 이해할 줄 아는 리더가 필요하다. 관계와 활력의 리더십이 필요한 것이다.

관계와 활력의 리더십은 유연성을 특징으로 한다. 동원과 강제를 특징으로 하는 강권의 리더십이 아니기에 관계 속에서 도출되는 다양한 재능들을 충원할 수 있기 때문이다. 따라서 관계와 활력의 리더십은 독존의 리더십과 달리 정치를 사사화하지 않는다. 공공성과 질서를 중요시한다. 그 속에서 시민들은 재능을 계발해 사회에 활력을 불어넣기 때문이다. 이러한 마키아벨리의 관계와 활력의 리더십은 공존과 배려를 강조하지만 그것은 도덕주의적인 것이 아니다. 왜냐하면 공존과 배려를 통해 구성원들 간의 관계를 조절해서 생산 가능한 최대한의 힘을 산출하고자 하기 때문이다. 이것은 '그래야만 한다'라는 도덕적 사고가 아니라 권력의, 역량의, 그리고 활력의 생산을 염두에 두는 현실주의적인 사고다. 도덕주의적 리더십은 관계를 파악하지 못함으로써 활력을 반감시키는 리더십이 되지만, 관계와 활력의 리더십은 그 역량을 배가시키는 것이다.

『군주론』은 지도자의 참된 역량이 무엇이며, 국가의 활력은 어떻게 진작시킬 수 있는지를 알려 주는 저서라고 볼 수 있다. 지도자는 변화하는 상황에 민첩하게 대응할 수 있는 유연성을 함양해야 한다. 다양성을 몸에 체화해야 하는 것이다. 하지만 지도자의 비르투(virtu: 德)는 인간과 개인의 근본적 한계 속에 갇혀 있다. 신체의 유한함과 행동양식의 비유연성으로 인해 예측 불가능하고 변화무쌍한 세계를 돌파하기 어려운 것이다. 이 한계를 인정하고 그것을 극복하기 위해서 해야 하는 것이 국가의 힘이자 활력을 강화하는 것이다.

『군주론』에서 강조한 사태의 흐름을 예견할 수 있는 사려(prudenzia)에 대한 강조는 실은 지도자 자신의 능력을 통해 성공을 거둔 이의 근시안적인 태도를 비판한 것이라고 볼 수 있다. 성공의 달콤함은 지도자의 능력을 과신하게 함으로써 자신의 진정한 권력이 무엇임을 망각하게 한다. 따라서 국가의 힘을 강화하기 이전에 넘어야 될 산은 지도자 자신의 능력에 대한 오만함이다. 그 때문에 『군주론』에서 마키아벨리는 지도자 개인의 역량의 상황구속성과 한계를 논하는 것이다.

하지만 마키아벨리는 동시에 자신의 한계를 넘어선 지도자의 리더십이 행해야 할 것을 논하고 있다. 그것은 국가의 활력을 어떻게 강화할 수 있는가다. 활력은 잠재해 있는 것이기에 그것은 구성돼야만 한다. 주어진 자원을 어떻게 구성해 낼 것인가와 연관돼 있는 것이다. 활력은 배가되기도 하지만 반감되기도 한다. 잘못 구성하는 경우는 당시의 이탈리아처럼 있는 역량도 활용할 수 없다. 반면 잘 구성하는 경우 그것은 엄청난 에너지를 발휘할 수 있다. 자국군을 구성하고 인민의 지지를 얻어 내야 한다는 제언은 바로 이러한 관계 속에서 구성되는 활력과 힘에 대한 마키아벨리의 혜안을 보여 주고 있다. 또한 이러한 활력은 지도자 개인이 담지하기 어려운 유연성을 국가 차원에서 획득 가능하게 해 준다. 유연성은 세태의 변화에 대처할 수 있는 다양한 행동양식들의 집합이라고 할 수 있다. 각각의 일에 뛰어난 능력을 가지고 있는 개인들을 충원해서 그들이 자신의 자질을 발휘할 수 있는 제도와 상황을 만들어 놓는다면 급변하는 다양한 상황에 한 국가는 유연하게 잘 대처할 수 있을 것이다. 예측 불가능한 상황의 변화는 행동양식의 다양성을 필요로 하고, 개인이 못하는 다양성을 국가는 갖출 수 있는 것이다. 그리고 그 속에서 개인의 각 역량이 활발히 분출되는 국가의 활력이 산출되는 것이다.

『군주론』의 교훈은 관계 속에서 권력이 산출됨을 지적하고 있다. 이것은 지도자에게는 자기 권력의 노예가 돼서는 안 됨을 말하고 있는 것이다. 지도자 개인의 권력만을 봤을 때는 관계에서 나오는 힘을 볼 수 없기 때문이다. 자신의 조그만 능력에 심취해 그것을 통해 얻은 권력을 누리려고 하는 지도자는 그 조그만 권력마저도 누리지 못할 것이다. 하지만 국가의 활력을 구성하기 위해 노력하는 지도자는 더 많은 권력을 얻을 것이다. 이러한 관계론적 권력관은 지도자와 국가

6. 『군주론』, 공존의 리더십

의 관계에 대한 새로운 관점을 제공한다. 지도자의 입장에서는 자신의 힘이 세어지는 것이 나라의 힘을 강화하는 것으로 생각할 것이다. 하지만 실상은 그 반대다. 지도자가 너무 셀 경우 그 국가의 힘은 오히려 약해지는 것이다. 그리고 그것이 당시 이탈리아의 상황이었다. 지도자의 힘과 국가의 힘이 비례하는 것은 아닌 것이다. 이것은 지도자의 역량과 국가의 힘은 근본적으로 다르기 때문이다. 지도자의 능력과 그것으로부터 나오는 권력은 근본적으로 소유적이며, 독존적이다. 반면에 국가의 힘은 관계적이다. 그 때문에 전자는 능력은 있지만 덕이 없다는 말이 가능하다. 하지만 후자는 정치적이며, 공존의 가치인 덕 없이 능력이 나올 수 없는 것이다.

지도자의 리더십은 자신을 유지하기 위해서 국가의 힘을 활성화해야 한다. 그것은 선택의 문제라기보다는 생존의 문제다. 자신의 유한성을 극복하기 위해서는 국가를 구성하는 관계적인 힘에 의존해야 하는 것이다. 힘은 독립이 아니라 의존에서 나온다는 것을 힘 있는 자는 파악하기 힘들다. 마키아벨리는 살아남기 위해서는 힘의 의존적인 성격을 파악해야 함을 역설하고 있다. 지도자의 영웅적인 리더십이나 역량도 예외는 아니다. 오히려 더 강한 힘일수록 더 의존적인 것이다. 인간이 자원이고, 그들 간의 상호 관계에서 권력이 생성한다는 것이 마키아벨리가 『군주론』에서 지도자에게 전하고 싶었던 이야기다.

마키아벨리의 『군주론』은 군주에게 헌정됐지만, 정작 동료 시민들에 의해 읽혀졌다. 『군주론』이 제시하는 리더십은 오늘날 올바른 지도자가 되기 위해서는 어떤 역량을 함양해야 하는지뿐만 아니라 어떤 지도자가 올바른 지도자인지를 우리에게 알려 주고 있는 것이다.

Public Leadership

서양의 리더십
-500년
세계 패권을 이끌다

빌리 브란트의
비전 리더십

김택환

대한민국, 왜 독일에 주목하는가?

"일자리와 성장, 사회복지 제도와 경제민주주의, 전국 균형 발전, 평화 통일, 유럽의 중심국가, 4차 산업혁명 선도…"

오늘날 독일을 설명하는 핵심 키워드들이다. 이는 또 대한민국이 향후 해결해야 할 중요한 과제다. 독일이 주목받고 있는 이유는 앞서 우리가 해결해야 할 여러 국가의 주요 과제들을 해결해 간 나라이기 때문이다.

여러 차이점에도 불구하고 대한민국과 독일은 유사한 역사와 환경을 보여주고 있다. 제2차 세계대전으로 분단됐지만 전쟁의 폐허 속에서도 불사조같이 일어섰다. 독일은 라인강의 기적을, 대한민국은 한강의 기적으로 경제 및 수출 강국으로 우뚝 섰다. 대한민국의 첫 차관(借款)이 독일로부터 시작됐다. 경제 도약의 종잣돈인 셈이다. 또한 통일 독일의 인구가 8천만으로, 통일된 대한민국 인구와도 유사하다. 단일 민족이라는 특성에다가 성실성과 근면성으로 높이 평가 받고 있기도 하다. 필자가 2017년 1월 여론조사 전문기관인 '리얼미터'에 '대한민국이 지향해야 할 나라'를 묻는 조사에서 독일이 가장 높게 나타났다. 이어 스웨덴, 미국 등으로 순으로 나타났다. 독일은 거의 완전고용의 사회에다가 수출을 해서 가장 돈을 많이 버는 경상수지 1등 국가다.

오늘날 독일의 성공에는 무엇보다도 정치인들의 탁월한 리더십이 있었다. 독일에서 역사상 가장 존경받는 인물로 건국의 주역인 콘라트 아데나워(Konrad Hermann Joseph Adenauer)와 총리와 비전의 정치인인 빌리 브란트(Willy Brandt) 총리가 항상 최선두에 있다. 브란트 총리는 미소냉전 질서를 깨고 새로운 세상을 만들어 가는 데 앞장섰다. 그는 업적으로써 국민들로부터 존경을 받고 있는 것이다.

나치의 만행에 독일 총리로 처음 무릎 꿇어

"이 양반 도대체 어디 있지요? 쓰러졌나요?"

뒷줄에 있던 사진기자들이 정신없이 앞으로 밀쳐 나왔다. 브란트 총리가 갑자기 카메라 시야에서 사라지자 주변에선 기겁했다. 1970년 12월 7일, 독일 총리가 폴란드 바르샤바의 유대인 게토 희생자 기념비 앞에서 무릎을 꿇은 순간이었다. 사진기자들은 황급히 셔터를 눌러댔다. 브란트는 비에 젖은 아스팔트 위에서 무릎을 꿇고 묵념하고 있었다. 그대로 30초쯤 흘렀고, 그는 주위에서 내민 손을 외면한 채 혼자 일어섰다. 제2차 세계대전 때 그곳은 지옥이었다. 수많은 유대인과 폴란드인이 죽어 나갔다. 훗날 브란트는 "이곳에 와 나도 모르게 그렇게 행동했다."고 말했다. 각본 없는 세기적인 드라마의 한 장면이었다.

"무릎을 꿇어야 할 사람들을 위해 무릎을 꿇지 않아도 될 사람이 독일 국민을 위해 무릎을 꿇었다."

이날 수많은 독일 언론이 헤드라인으로 뽑은 제목이었다. 브란트는 나치가 집권하는 동안 반나치의 레지스탕트 운동에 앞장섰다. 나치의 박해를 피해 노르웨이, 스웨덴에서 정치 망명객으로 살았다. 그러한 그가 나치의 만행에 대해 전 세계에 반성의 모습을 가장 드라마틱하게 보여 준 것이다. 브란트의 진심 어린 과거사 사죄는 '나치 악몽'을 털고 독일의 이미지를 제고하는 데 크게 기여했다. 이 장면을 통해 브란트만큼 독일의 국민 감정을 양극단으로 몰고 간 정치인도 없었다. 일부 보수 정치인들은 그의 사죄를 '쇼'라고까지 폄하했다. 1872년 야당인 기민당은 브란트 총리 '불신임안'을 상정했지만, 오히려 기민당 내부에서 반란표가 나와 불신임안이 부결됐다.

'접근을 통한 변화'를 내건 동방정책으로 통일 초석 놓아

브란트 시대의 클라이맥스는 '동방정책(Ostpolitik)'이다. 그는 1961년 베를린 방벽의 경험을 토대로 새로운 외교사와 세계사를 쓰기 시작했다. 미국과 소련의 냉전으로 만들어진 유럽의 분단 질서를 흔들기 시작했다. 브란트는 유럽 질서 변화의 주도권을 잡았다.

1969년 브란트는 총리 취임 연설에서 "독일은 두 개 국가가 존재한다 해도 서로 외국은 아니다. 두 나라는 특수한 관계다."라고 천명했다. 당시 독일 분위기로는 가히 혁명적인 내용이었다. 그전까지 서독은 동독과 국교를 맺는 국가와는 외교 관계를 단절하는 '할슈타인 원칙(Hallstein Doctrine)'을 내걸고 동독을 국가로 인정하지 않았다. 서독 정치인들은 동독을 그저 '저쪽'이라고만 표현했다.

브란트 주위에 인물들이 많았다. 대표적인 사람이 에곤 바(Egon Karl Heinz Bahr)였다. 그는 동방정책을 기획한 인물이다. 브란트는 에곤 바가 제시한 '접근을 통한 변화'를 내걸고 동방정책을 실행했다. 아데나워가 서방과의 연대로 '강건한 현실주의' 정치를 추구했다면, 브란트는 '화해와 협력'을 통한 세계 질서를 재편하는 개입 전략을 편 것이다.

브란트 정부는 전략적으로 소련, 폴란드, 체코, 동독 등 네 가닥의 외교 목표를 동시에 공략했다. 동시다발 전략이었다. 최대 관건은 사회주의 중주국인 소련과의 관계 개선이었다. 에곤 바를 포함해 특사들이 수많은 상호 방문과 협상 끝에 1970년 8월 12일 브란트와 브레즈네프(Leonid Ilyich Brezhnev)는 독·소 조약에 서명했다.

동방정책의 가시적 성과로 소련에서 서독까지 파이프라인을 통해 천연가스를 수입하는 경제협정도 있었다. 소련은 20년간 520억㎥의 천연가스를 독일에 공급하고, 그 대가로 연간 25억 마르크(약 1조 2500억 원·1970년 기준 금액)를 챙겼다. 상호 안보와 경제의 윈-윈 모델이었다. 독일 일부 보수 세력은 "독일이 소련에 종속될 수 있다."며 반대했다.

브란트는 이웃 국가인 폴란드와의 관계 개선에도 나섰다. 1970년 독·폴란드 조약을 맺고 국경문제를 마무리했다. 제2차 세계대전 이후 오데르-나이제강으로 상징되는 양국 국경을 그대로 인정한다는 것이 핵심 내용이었다. 이는 동유럽권 사회주의 국가들에 독일 대표는 서독이라는 존재감을 부각시켰다. 1989년 베를린 장벽과 동독 정권이 붕괴되는 과정에서 브란트가 쌓아 온 동구 사회주의 국가들과의 좋은 관계가 그대로 위력을 발휘했다. 비록 같은 사회주의 정권이지만 폴란드, 체코, 헝가리 정부는 동독 정권보다 서독을 신뢰했다. 동독 공산정권의 요청을 거부하고 동독 주민을 위해 국경을 개방했다. 브란트의 '좋은 이웃국가' 전략은 이웃의 사회주의 국가들이 국경을 개방하고 통일로 가는 기반이 됐다.

브란트는 동독과의 협약을 서두르지 않았다. 1970년 3월 19일 역사상 처음으로 동·서독 정상회담을 개최했다. 장소는 동독의 에어푸르트 호프 호텔이었다. 동독 시민들이 경찰 저지선을 뚫고 들어와 "빌리, 빌리 창문으로 나와요!"를 외쳤다. 그는 창가에 얼굴을 비추고 동독 시민들에게 손만 흔들고 아무 말도 하지 않았다. 같은 해 5월 21일 서독 카셀에서 열린 제2차 정상회담을 통해 그는 베를린 주민들의 생활환경을 개선하고 인적·물적 교류를 활성화하는 데 주력했다. 양측 정상은 '상호 방문과 서신 교환' 협정에 합의했다. 이는 훗날 동·서독 통일의 초석이 됐다. 그는 1971년 화해와 평화를 내거 동방정책을 통해 독일인으로서 네 번째 노벨평화상을 받았다.

서독은 '독일문제'를 두고 소련이나 동독과의 협상에서 한 번도 주도권을 내준 적이 없었다. 야당인 기민당은 브란트의 동방정책을 비판적으로 쳐다봤다. 1972년 기민당은 동방정책에 비판적인 자민당·사민당 소속 의원들을 빼내오기 시작했다. 소연정을 무너뜨리기 위해 브란트 총리 불신임안을 의회에 상정했다. 독일 건국 이후 처음 있는 일이었다. 하지만 거꾸로 기민당·기사당에서 반란표가 나와 브란트 총리직과 내각은 그대로 유지됐다.

사생아로 태어나 험난한 유년기를 거쳐

빌리 브란트는 1913년 12월 18일 독일 북부지역인 뤼베크에서 사생아로 태어났다. 그의 원래 이름은 헤르베르트 프람(Herbert Ernst Karl Frahm)이었다. 나치의 박해를 피해 노르웨이와 스웨덴으로 망명하면서 19세 때부터 '빌리 브란트'라는 이름을 쓰기 시작했다. 그는 아버지를 만난 적이 없었다. 그의 아버지가 누구인지를 둘러싼 논란은 그의 정치 인생을 괴롭혔다. 브란트는 인생 말년인 1989년에 그의 사촌이 알려 줘서 자신의 아버지가 '욘 묄러로 조용하고 원만하고 사려 깊은 인물'이었다고 공개적으로 밝힌 적이 있다.

브란트 어머니 역시 사생아였다. 그녀의 어머니가 결혼한 사람이 루트비히 프람이었다. 그는 브란트의 어머니 마르타의 계부이자, 그의 아들 브란트의 계부 역할까지 담당했다. 이후 브란트는 야코프 발허(Jakob Walcher) 등 여러 정치적 대부를 만났다. 어려운 가정환경 속에서 브란트는 자신의 살아남는 방식을 터득해 갔다. 여행과 독서, 글쓰기였다. 독일 정치인으로서 브란트만큼 방랑자 생활을 많이 했고, 글쓰기를 즐긴 사람도 없을 것이다. 그는 기자로 활동했고 항상 책을 끼고 살았다.

브란트는 청소년 시절에 '독일사회주의노동당(SAP)'에 가입해 정치에 입문했다. 프리랜서 기자로서 수많은 기사를 기고했다. 하지만 그는 대학 문턱에 가본 적이 없다. 그럼에도 불구하고 그는 영어, 프랑스어, 스페인어, 덴마크어, 네덜란드어, 그리고 노르웨이어와 스웨덴어 등 7개 언어를 구사할 정도로 뛰어난 머리를 가졌다.

젊은 시절 나치와 투쟁

브란트는 나치가 권력을 장악한 1933년 덴마크를 거쳐 노르웨이 오슬로로 망명했다. 그곳에서 젊은 시절에 나치 세력과 투쟁했다. 그해 여자 친구 게르트루트 마이어가 독일에서 노르웨이로 건너왔다. 둘은 함께 살았다. 마이어는 브란트와 함께 산 네 명의 여자 중 첫 번째 여자였다. 둘은 동거했다.

브란트는 노르웨이에서 자신과 정당의 비전을 만들어 갔다. 오슬로에서 SAP 지부를 결성하고 당 청년부 해외 활동을 조정하는 임무를 맡았다. 노르웨이 노동당이 재정적으로 지원해 자유롭게 활동할 수 있는 환경이었다. 그는 오슬로에서 본격적인 전문기자로 활동하기 시작했다. 『사회주의 청년』 등 잡지를 발간했다. 그는 매우 바쁜 가운데서도 저술활동에 열중했다. 브란트가 당시 다룬 넓은 스펙트럼은 그의 저서들인 『강대국의 전쟁 목표와 새로운 유럽』(1949), 『게릴라전』(1942) 등에서 잘 보여 주고 있다.

망명객 브란트는 끊임없이 해외로 여행했다. 네덜란드 암스테르담과 프랑스 파리에서 SAP 해외지도부를 만났다. 가짜 노르웨이 여권을 소지하고 다녔다. 그는 또 체코슬로바키아를 방문해 평생 친구인 오스트리아의 지도자 브루노 크라이스키(Bruno Kreisky)를 만났다. 스페인의 내전에도 참여해 『동물 농장』으로 유명한 미국의 작가 조지 오웰(George Orwell)의 중상을 목격했다. 스페인 내전의 참여는 나중에 정치적으로 큰 시빗거리가 됐다. 그가 베를린 시장과 총리 후보에 출마했을 때 보수 진영에서 '붉은 전선의 전사', 즉 공산주의자라고 비난을 했다. 스페인 내전에 참여한 젊은 브란트는 급진사회주의자였으나 오히려 스탈린식 공산주의를 경험하면서 사회민주주의자가 됐다. 공산주의자들로부터 온갖 모략선전, 거짓말, 테러를 직접 경험했기 때문이다. 그가 공산주의와 결별한 더욱 결정적인 계기는 '악마와의 협약', 즉 소련 스탈린과 독일 히틀러와의 동맹 체결이었다. 브란트는 1939년 오슬로에서 출판된 소책자 『소련의 외교정책: 1919~1939』에서 "사회주의가 그 자신의 이름을 사용하기에 진정으로 정당한 정책을 펼치려면 사회주의는 자유와 민주주의에 기반해야 한다."라고 강조했다. 자유민주주의와 사회주의 결합, 사회민주주의를 주창했다. 그는 뼛속까지 사민주의자였다.

브란트는 망명과 여행을 통해 새로운 세상을 경험했고, 정세를 판단할 수 있었고, 정치 비전과 프로그램을 만들 수 있는 지혜를 얻었다. 이는 그에게 엄청난 정치적 자산이었다.

냉전과 분단의 상징인 베를린을 선택

 제2차 세계대전 이후 브란트는 고향인 뤼베크나 자유롭고 안전한 서독의 수도 본으로 귀향하지 않았다. 1947년 그는 냉전과 분단의 최전선이자 섬인 서베를린에 언론인으로서 둥지를 틀었다. 당시 베를린은 미·소·영·불 등 4대 전승국이 점령하고 있던 세계의 '변방'이었다. 특히 서베를린은 서독이 아니라 외국이었다. 서베를린에 사는 사람들에겐 안전 수당이 나올 정도였다. 따라서 외국인들이 많이 살았다. 안보에 문제가 있었기 때문이다.

 소련의 스탈린과 동독 공산정권은 베를린을 봉쇄하고 장벽을 쌓았다. 브란트가 '비전(vision)의 정치인'으로 행동한 첫 장면은 헝가리 민주화운동 때였다. 1953년 5월 동독의 노동자들은 동베를린에서 공산주의에 반대하는 시위를 벌였으나 소련은 탱크를 앞세워 유혈 진압했다. 이어 1956년에는 헝가리 부다페스트의 시민혁명이 소련군 탱크에 의해 다시 잔인하게 진압됐다. 이때 베를린 시민들은 시청 앞에 모여 시위를 벌였다. 그때 돌발사태가 발생했다. 수천 명의 서베를린 젊은이가 횃불을 들고 분단의 상징인 브란덴부르크문으로 돌진했다. 브란트는 황급하게 그곳으로 달려갔다. 그는 마이크를 잡고 "우리가 서로 대립하고 도발한다면 이는 반대편을 도와주는 것"이라며 자제를 호소했다. 그리고 "독일 국가를 부르자."라고 주문했다. 그 덕에 시위는 평화롭게 마무리됐다. 브란트는 이듬해 1957년 10월 3일 베를린 시장으로 당선된다. 두 번째 도전 만에 성공한 것이다.

 분단되고 미래가 불안한 베를린은 브란트의 비전과 용기가 필요했다. 1961년 8월 13일 동독 정권은 동베를린에 장벽을 쌓기 시작했다. 동독인의 대량 탈출을 막기 위해서였다. 그는 동분서주했다. "여보게들 뭐 하고 있나?"라며 장벽을 쌓는 동독 군인들을 나무라기도 하고, 동독 정권에 항의하기도 했다. 하지만 별 효과가 없었다. 그는 케네디(John F. Kennedy) 미 대통령에게 "이런 미친 짓을 막아

달라."라고 호소했다. 당시 서독 총리였던 아데나워는 베를린 장벽을 외면하고 자신을 위해 총선의 선거 유세를 다녔다. 하지만 사민당 총리 후보였던 브란트는 유세를 중단한 채 자유민주주의를 위해 싸웠다. 그는 나중에 보상을 받았다.

2년 후인 1963년 케네디 대통령은 서베를린을 방문해 쇠네베르크 시청 앞에서 그 유명한 "Ich bin ein Berliner", "나는 베를린의 한 시민이다."라는 유명한 말을 했다. 냉전이 악화돼 전쟁으로 치달을 수 있는 상황에서 독일인들에게 케네디의 방문과 선언은 '구원'처럼 들렸을 것이다. 이후 베를린을 방문해 한마디 하는 것이 미국의 대통령들에게 관행처럼 됐다. 1969년 리처드 닉슨, 1978년 지미 카터, 1982년 로널드 레이건, 1994년 빌 클린턴, 2013년 버락 오바마가 베를린 장벽을 방문해 연설했다. 대한민국의 김대중, 문재인 대통령 역시 베를린에서 연설했다.

브란트는 당시 환영하는 시민들을 위해 무지개 차 위에서 독일의 총리인 아데나워와 미국의 대통령인 케네디를 양옆에 대동하는 형태로 중앙에 섰다. 이 장면이 전 세계 TV와 신문을 통해 중계됐고, 브란트는 일약 세계적인 정치 스타로 떠올랐다. 큰 키와 고수머리의 잘생긴 얼굴, 그리고 지성과 카리스마를 갖춘 브란트는 '독일의 케네디' 이상이었다.

이에 앞서 1959년 브란트는 '비전의 정치인'답게 새로운 사민당의 비전과 프로그램을 그리는 데 앞장섰다. 이것이 그 유명한 서독의 수도 본(Bonn)의 '바트 고데스베르크'에서 채택된 사민당의 고데스베르크 강령이다. 그는 노동자 계급 투쟁만을 최고로 여기는 케케묵은 이념·계급 정당에서 자유와 민주주의, 그리고 사회적 시장경제 시스템을 수용하는 국민정당으로 환골탈태하는 데 앞장 섰다. 사민당 당원들이 노동자를 넘어, 교사, 전문직 종사자, 변호사, 목사 등 다양한 계층들이 참여해 외연을 확대했다. 이를 통해 사민당은 수권정당이자 집권으로 가는 길목을 닦은 것이다. 그 첫 과실을 야망의 정치가 브란트가 따게 된다.

더 큰 정치를 위해 '나치 부역자 세력'과의 연정

"빌리, 우리 목소리를 돌려 주세요."

노벨문학상을 탄 빌리 브란트의 친구 귄터 그라스(Günter Wilhelm Grass)를 포함한 수많은 지식인이 기민당과의 대연정을 반대했다. '거대 코끼리 결혼식'으로 불리는 중도보수 정당인 기민당과의 대연정을 두고 중도좌파에서 비판의 목소리가 높았다. 좌파 언론인『디 차이트(Die Zeit)』를 포함해 여러 언론은 "민주주의 원칙을 저버린 야합"이라며 맹공을 퍼 부었다. 그러나 사민당 총리 후보였던 브란트가 나섰다. 그는 나치 부역자로 비판받았던 기민당 쿠르트 키징거(Kurt Georg Kiesinger) 총리 후보에 대해 "우리가 같은 정부에서 일하면 국가 화합의 좋은 모델이 될 것"이라고 응수했다. 브란트는 부총리이자 외교 장관으로 일하면서 자신의 시대를 준비했다. 정권 교체를 준비한 것이다.

독일은 1966년 이미 대연정의 정치를 실행했다. 대한민국의 경우로 보면, 민주당과 한국당의 대연정이다. 독일은 대연정(소연정)의 정치를 통해 성공한 대표적인 나라다. 독일은 네 번의 대연정을 성사시켰다.

처음으로 1966년 중도우파인 기민당과 중도좌파인 사민당의 대연정, 이어 40년 후인 2005년, 2013년, 2017년에 각각 앙겔라 메르켈(Angela Dorothea Merkel) 총리 중심의 대연정이 꾸려졌다. 독일은 대연정을 통해 국가 위기 극복과 국태민안(國泰民安)을 달성했다.

특히, 1966년 독일 대연정은 우리에게 여러 시사점을 주고 있다. 먼저 국가 위기 상황이다. 60년대 독일은 경제, 외교, 사회, 문화 등 여러 면에서 격동기였다. 경제가 나빠져 실업률이 증가했고, 베트남 반전반핵 평화운동, 권위주의에 반기를 든 새로운 학생운동 등 사회가 요동치기 시작했다. 언론을 탄압한 '슈피겔 사건'으로 보수 아데나워 정권이 무너졌다. 1965년에는 루트비히 에르하르트

(Ludwig Erhard) 총리의 기민당과 자민당과의 소연정이 붕괴됐다. 정치 위기였다. 대안은 다수 국민의 지지를 받는 기민당과 사민당과의 대연정이었다. 브란트는 대연정을 통해 사민당이 수권정당이라는 국민의 믿음을 확보했다. 이어 1969년 자신이 총리로 등극하면서 정치 비전과 목표를 전광석화같이 해치웠다. 동방정책(Ostpolitik)을 내걸고 미국·소련이 만든 냉전 질서를 해체하고 '데탕트(détente)'라는 새로운 시대를 열어갔다.

'더 많은 민주주의를 위해'

거대 정당들의 연정인 '코끼리 결혼식'으로 불리는 기민당(CDU)/기사당(CSU)과 사민당(SPD)과의 대연정을 거친 뒤, 1969년 10월에 제2차 세계대전 이후 처음으로 사민당이 정권을 잡았다. 건국 이후 20년 만이다. 그 중심에 브란트가 있었다.

그는 총리 취임 연설에서 '더 많은 민주주의'를 약속했다. 정치 민주화에 이어 사회·경제 민주화를 제시했다. 중산층과 서민층의 기회 균등과 삶의 질을 높이는 것이 목표였다. 먼저 집권하자마자 1969년 흩어져 있는 여러 법률을 정비해서 사회보장 제도를 묶은 12권으로 구성된 「사회법전」을 제정했다. 재해, 실업, 건강, 일자리, 어린이 지원 등 국민들이 혜택을 받는 사회보장 제도를 일목요연하게 편찬했다. 복지국가 수준을 한 단계 업그레이드했다.

이어 1971년 「연방교육진흥법」을 제정하고, 교육 예산을 크게 늘렸다. 학생이나 국민 누구나 원하면 국가 지원으로 교육과 재교육을 받을 수 있는 권리를 규정한 것이다. 대학등록금이 없는 독일 대학생들은 생활비를 지원받을 수 있었다. 바펙(Bafoeg) 제도는 대학생생활지원금 성격을 띠고 있다. 지금도 중산층·서민 가정의 대학생은 월 700유로(약 100만 원)를 지원받는데, 바펙을 받는 학생이

7. 빌리 브란트의 비전 리더십

졸업 이후 취업을 하게 되면 지원받은 돈 중 50%만 갚으면 되고, 상위 20% 성적으로 졸업할 땐 20%만 갚으면 된다. 학생 천국이라는 평가를 받았다.

또한, 경제민주주의를 정착시켰다. 노사 관계에 큰 변화가 있었다. 1971년 「경영기본법」을 제정해 노조 대표들이 회사 경영에 참여할 수 있는 시스템을 만들었다. 이는 나중에 1976년 「노사공동결정법」으로 결실을 맺었다. 핵심은 회사 경영의 주요 사항을 노사 공동으로 결정하는 제도다. 이는 경제민주주의의 핵심 사항이다. 다만 모든 기업에 적용되는 것이 아니라 종업원 2,000명 이상 기업에만 적용된다.

사회 분야에서 개혁적인 조치는 「연금개혁법」(1972년)이었다. 보수정권인 아데나워 정부 때 연금 제도가 정착됐지만 브란트는 개인 불입 금액과 상관없이 누구나 연금을 받게 했다. 연금의 민주화가 이뤄진 것이다. 그는 또 의료보험 및 재해보험 개선에도 앞장섰다. 브란트는 어린이 양육 지원 등 '인간적인 일터 만들기'를 내걸고 중산층·서민의 삶을 개선했다.

브란트 정부 시절 개인 가처분소득이 높아지고, 유급휴가 일수가 과거의 두 배쯤인 37일로 늘어났다. "인정과 정의가 넘치는 사회"라는 모토를 내걸었다. 경제민주주의와 삶의 질이 높아진 복지국가의 시스템을 구축했다.

총리실 비서관 기욤의 동독 간첩사건으로 총리직에서 물러나

1972년 총선은 독일 역대 선거에서 가장 뜨거운 선거전이었다. 투표율이 90%가 넘을 정도로 국민들 관심이 높았다. 처음으로 득표율에서 브란트가 이끄는 사민당이 기민당을 제치고 제1당으로 올라섰다.

재선에 성공했지만 브란트의 인기도 시들어 갔다. 부총리 및 외무 장관 3년에 이어 총리직 4년 차를 맞아 브란트의 심신도 지쳐 가고 있었다. 당시 그는 우울증을 앓았다. 독일 언론은 "브란트의 총리 사임은 돌발적 성격이 강했다"라고 평가했다.

1973년 5월 독일 연방보위청이 당시 내무 장관 한스 디트리히 겐서(Hans-Dietrich Genscher)에게 "총리실 소속의 비서관 귄터 기욤(Günter Guillaume)은 동독 비밀경찰인 슈타지(Stasi) 요원"이라고 보고했다. 겐셔는 이를 브란트에게 보고했지만 그는 심각하게 받아들이지 않았다. 그는 권력을 이용해 사건을 무마하려들지 않았다. 또한 책임을 전가하지도 않았다. 그저 흘러가는 대로 지켜봤다. 그로부터 기욤이 체포된 것은 1년이 지난 뒤였다. 사태가 일파만파로 번졌다. 게다가 브란트의 여성 스캔들까지 불거지기 시작했다. 심신이 지친 브란트는 총리직에 의욕을 보이지 않았다.

1974년 5월 6일 브란트는 제1공영방송(ARD)에 출연해 사임을 발표했다. 후임 총리로 사민당 출신 헬무트 슈미트(Helmut Schmidt)가 선출됐다. 사실 간첩사건의 실질적인 책임자는 내무 장관이나 법무 장관이었다. 하지만 브란트는 권력에 연연하지 않았다. 책임지는 모습을 보였다.

"동독정권을 가장 많이 도와주려던 브란트에게 오히려 동독 공산정권이 비수를 꽂은 것"이라고 독일 언론들은 기욤 사건을 평가했다. 목적을 위해 수단과 방법을 가리지 않은 동독 공산정권의 교활함과 무자비함을 잘 볼 수 있는 사건이었다. 최대 피해자가 브란트였다.

김대중 구명운동에 앞장서는 등 왕성한 국제 활동

총리직에서 물러난 뒤에도 브란트는 더욱 왕성하게 활동했다. '사회주의 인터내셔널(SI)' 의장을 맡아 전 세계를 누비고 다녔다. 한국도 방문했다. 유엔은 브란트에게 지구촌 빈부 격차 해소와 기아·독재·내전에 허덕이는 '제3세계'의 문

7. 빌리 브란트의 비전 리더십

제를 해결하는 데 앞장서 달라고 요청했다. 이를 받아들여 출간한 것이 유명한 「브란트 보고서」다.

그는 한국의 인권에도 관심이 높아 1970년대 중반 '김대중 구명운동'에 앞장섰다. 나중에 김대중 대통령은 감사의 표시로 브란트에게 붓글씨 액자를 선물했다. "'군자화이부동(君子和而不同),' 군자를 다른 사람들과 조화를 이루지만 달라야 할 때는 다르다"라는 뜻이다. 브란트가 마지막으로 살았던 본 인근의 운켈(Unkel)에 있는 브란트 기념관인 '브란트 포럼'에 걸려 있다.

브란트는 1988년 '세기의 증인'이라는 TV프로그램 인터뷰에서 '최대 업적이 무엇이라고 생각하느냐'는 질문에 이렇게 대답했다.

"우리가 살고 있는 이 세상, 즉 독일의 이름과 평화라는 개념이 다시 조화를 이루는 데 기여했다."

그의 업적은 미·소가 만든 냉전의 질서를 해체하고 동유럽권과의 데탕트와 유럽 평화를 위한 노력에서 두드러졌다. 생이 다할 무렵인 1989~90년 통일 정국에서 그는 마지막 불꽃을 살랐다. 헬무트 콜(Helmut Kohl) 총리는 브란트의 자문과 도움을 요청했고, 그는 콜 총리를 도왔다.

1990년 10월 1일 통일의 날 통일의 문인 브란덴부르크문에서 브란트는 헬무트 콜 총리와 함께 섰다. 콜 총리는 통일에 기여한 위대한 인물로 브란트를 호명했다. 통일 과정에서 브란트는 "함께 속했던 것이 이제 같이 성장하는구나(Jetzt wachst zusammen, was zusammengehört)"라는 명언을 남겼다. 1992년 10월 8일 통일의 결실을 지켜보면서 80세 나이로 평안하게 눈을 감았다.

브란트 총리 리더십이 주는 함의와 시사점

브란트는 비전의 정치인이자 용기 있는 리더였다. 그는 젊은 날 망명객으로 나치와 싸웠다. 제2차 세계대전 이후 그는 평안한 정치인의 길이 아닌 시대정신을 해결하는 험난한 길을 선택했다. 당시 외국이나 마찬가지인 냉전의 최전선 베를린을 선택했다. 그는 어떻게 냉전의 질서를 해체할 것인지 고민하게 된 것이다. 그는 사민주의자로서 공산 권력의 인권 침해와 전체주의에 맞서 싸웠다. 소련과 동구 사회주의 정권이 민주화 운동과 장벽 쌓기에 단호하게 대처했다.

하지만 더 큰 꿈을 위해서 관용과 화해의 정치를 보여 줬다. 냉전의 시기에 대연정을 통해 위대한 동방정책을 꿈꾸게 된 것이다. 국가 통합을 통해 더 큰 위대한 비전과 업적을 만들어 간 것이다. 그는 '보여 주기 정치'를 하지 않았다. 동독 정상과의 파티 대신에 '동서독 인민의 교류'에 올인했다. 그들의 상처와 소원을 풀어 가는 데 앞장 섰다. 내치에도 소홀하지 않았다. 더 많은 민주주의를 통해 오늘날 독일 복지와 경제민주주의의 토대를 쌓았다.

그는 위기가 닥쳤을 때 피하지 않고 책임지는 지도자의 모습을 보였다. 진정한 용기 있는 리더의 모습이다. 브란트는 정파를 초월해서 세계 평화, 동서 유럽의 데탕트, 동·서독 교류와 협력, 그리고 기회 균등과 국민복리라는 업적을 남겼다. 그가 아직 독일 국민들에게 가장 존경받는 정치 리더로서 평가받는 이유이기도 하다. 비전과 실적, 그리고 용기와 책임이라는 단어가 브란트 총리의 리더십을 설명하는 핵심 키워드들이다. 위대한 대한민국 국민 역시 이 같은 위대한 정치 리더를 만날 기회가 있길 기대한다.

Public Leadership

서양의 리더십

-500년

세계 패권을 이끌다

한나 아렌트와 공공성의 리더십

김선욱

한나 아렌트는 누구인가?

한나 아렌트(Hannah Arendt)는 20세기가 낳은 가장 뛰어난 정치사상가 가운데 한 명이다. 아니, 가장 뛰어난 정치사상가들 가운데 오늘날 그 영향력 면에서 가장 독보적인 이가 한나 아렌트다.

한나 아렌트는 1906년 독일 하노버에서 태어난 후 곧바로 부모가 프로이센의 쾨니히스베르크(지금은 러시아의 칼리닌그라드)로 이주해 그곳에서 어린 시절을 보냈으며, 일찍 아버지를 여읜다. 그녀는 유대인이지만 유대인으로서의 교육을 받지는 않았다. 그녀의 부모가 모두 유대인 주류 사회로 동화되고 개종한 이들이어서 유대인 회당에는 할아버지를 따라 몇 번 가본 것이 전부다.

그녀는 마르부르크대학에 들어가 하이데거(Martin Heidegger)에게서 철학을, 불트만(Rudolf Karl Bultmann)에게서 신학을, 그리고 나중에 하이델베르크로 옮겨

야스퍼스(Karl Theodore Jaspers)에게서 철학을 배워 박사학위를 받는다. 1933년에는 유대인 시온주의 활동가들을 돕다가 독일 비밀경찰(stasi)에게 체포돼 심문을 받는다. 다행히 별 탈 없이 석방됐는데 곧바로 어머니와 함께 독일을 탈출해 프랑스로 망명한다. 프랑스에서 시온주의자들을 돕는 활동을 하는 가운데 독일이 프랑스를 침공함에 따라 독일 출신의 유대인들이 수용돼 있던 귀르에 있는 강제수용소에 수감된다. 독일군이 프랑스로 진입해 발생한 틈을 타 신분증을 위조해 수용소를 탈출해서 스페인과 포르투갈을 거쳐 미국으로 망명한다. 이때가 1941년이었다.

이 시기에 아렌트 자신은 시온주의자가 아니었으나, 시온주의자들을 도왔던 이유는 유대인의 조직으로서 정치활동을 한 유일한 집단이었기 때문이다. 그녀는 "당신이 유대인으로서 공격받을 때 당신은 자신을 유대인으로서 방어해야 한다. 독일인이나 세계시민이나 '인간의 권리선언' 옹호자로서 자신을 옹호하려 해서는 안 된다."는 주장을 했다. 미국에서는 유대인 군대를 창설해 연합군과 함께 참전해야 한다고 주장하기도 했다.

1951년에 아렌트는 미국에서 『전체주의의 기원』을 출간함으로써 정치사상가의 반열에 오른다. 이 책에서 아렌트는 나치와 스탈린의 소련을 전체주의로 규정하는데, 특히 나치 독일이 전체주의에 이르는 과정을 면밀히 분석하고 있다. 1958년에 『인간의 조건』이라는 가장 유명한 저술을 내놓는데, 여기서 명료하게 제시한 정치에 대한 해명은 지금까지도 많은 영향을 주고 있다. 1960년에 출간한 『혁명론』은 프랑스 혁명이 왜 실패인지, 그리고 미국 혁명은 왜 성공적인지를 분석함으로써 오늘날 서구에서 공화주의가 강력하게 재등장하는 데 큰 영향을 줬다.

1960년 유대인 학살의 주범인 아돌프 아이히만(Adolf Eichmann)이 체포돼 예루살렘에서 재판을 받게 되자, 그녀는 잡지 『뉴요커』의 지원을 받아 재판을 참관하고 『예루살렘의 아이히만』이라는 저술을 남긴다. 이 책에서 그녀가 말한 "악의 평범성"이라는 개념은 수많은 논란을 낳았고, 또 관료주의가 낳은 폐해를 지적하는 중요한 개념으로 인정을 받는다. 2016~17년 우리나라에서 국정 농단 사태가 발생했을 때 이 개념이 우리 사회에 널리 회자되기도 했다.

그 이후 여러 저술을 남기고 1975년에 심장마비로 급서했는데, 그녀의 사망 후에도 남겨 놓은 글들을 모아 지금까지도 유고집이 지속적으로 출간되고 있다. 뉴욕시에 있는 뉴스쿨의 리처드 번스타인(Richard Bernstein) 교수는, 아렌트가 사망할 당시에 그의 명성은 뉴욕의 지성인 집단에 한정돼 있었으나, 지금은 그 명성이 전 세계적이라고 말하고 있다(Berstein, 2018: 17).

한나 아렌트는 리더십 이론을 남기지는 않았다. 하지만 그녀의 정치사상은 곧 어떠한 리더십을 갖고 공공 영역에서 활동할 것인지를 낱낱이 설명하고 있다고 해도 과언이 아니다. 그녀의 사상은 공공의 영역에서 무엇을 중심으로 살아야 하는지 우리에게 명확한 지침을 제공하고 있기 때문이다. 이제 그녀의 사상을 공공성의 리더십의 여섯 가지 원리로 설명해 보자.

사안의 정치적 차원을 읽어 내는 리더십

리더는 당면한 사태의 여러 측면을 분석적으로 잘 식별해 이를 조화롭게 운영하는 능력을 가져야 한다. 보기에는 단일한 사안이라고 하더라도 본질적으로 다른 성격의 일들이 복합돼 있을 경우 이를 면밀히 구별해 다룰 줄 알아야 한다. 한나 아렌트가 『인간의 조건』에서 수행한 "사회적인 것(the social)"과 "정치적인 것(the political)"의 구별은 이런 식별력을 갖는 데 중요한 통찰을 제공한다.

이 개념을 이해하려면 사적인 것과 공적인 것의 구분에 대한 이해가 필요하다. 공적인 것(the public)과 사적인 것(the private)이라는 개념은 일상적으로 널리 사용되기는 하지만, 그 개념이 아주 불분명한 상태로 남아 있다. 그 이유는 이 두 개념을 구분하는 현상적 근거가 명확하게 이해되지 않은 채, 정치철학적 관점에 따라 혹은 맥락에 따라 그 개념들이 다양한 방식으로 사용돼 왔기 때문이다. 이런 경우 하나의 개념을 정확히 이해하려면, 그 개념의 근거가 될 현상에 대한 정확한 이해를 가져야 한다.

사적인 것과 공적인 것의 개념의 근원은 아리스토텔레스(Aristoteles)의 『정치학』으로 거슬러 올라간다. 거기서 인간은 일차적으로 동물과 같이 의식주를 해결해야 하는 존재로 설명이 되는데, 그런 먹고 사는 문제를 해결하는 공간이 가정(oikos)이고, 이렇게 해결되는 사안이 사적인 것에 해당한다. 즉, 가정경제는 근본적으로 사적인 성격을 갖는 사안이다. 그런데 인간은 그와 동시에 로고스(logos)를 가진 동물이고, 이는 언어를 가지고 서로의 행위를 조정할 줄 아는 능력을 가진 동물임을 말한다. 서로가 관련된 문제를 힘과 폭력으로 해결하는 것이 아니라 말로 해결할 필요가 있는 것은, 인간이 동일한 물질적 욕구를 가지고 있을 뿐만 아니라 서로 개성이 다르고 생각하는 방식이 다 다르기 때문이다. 인간의 복수성(human plurality)이라는 사실로 인해 발생하는 문제는 가치와 삶의 방식의 다양성을 반영하는 것이어서, 이는 명백한 척도가 존재하므로 참/거짓을 나누는 문제라기보다는 다양한 의견의 차이가 중심이 되는 문제다. 따라서 사적인 것과 공적인 것을 나누는 가장 분명한 중심선은, 삶의 일차적 문제들과 연관돼 긴급성을 가지며 또한 분명한 기준과 척도가 있어서 답이 존재하는 사안인지의 여부를 가릴 수 있는 것인지의 여부다. 공적인 것은 다양한 의견의 차이가 작용하는 영역이므로 다수가 함께하고 모두가 관심을 기울이는 영역이라는 점에서, 그렇지 않은 사적인 것과 구별된다.

사회적인 것은 사적인 성격의 사안이 공적인 관심의 영역으로 들어온 것을 말한다. 그 대표적인 것이 경제문제다. 경제는 본래 가정의 문제였던 것이 근대로의 이행기에 국가적 문제가 된다. 그래서 경제의 문제는 생명 유지와 근원적으로 연결돼 있으므로 항상 긴급성을 지니며, '경제성', '효율성', '부(富)의 확대' 등의 관점에서 문제를 해결해 나가려 한다. 이에 반해 정치적인 것이란 공적인 사안으로서 공적 영역에 남아 있는 것이다. 따라서 공적인 영역 안에서는 사회적인 것과 정치적인 것이 혼재된 상태로 존재하며, '사회' 내에서 작용하는 많은 문제는 사회적 측면과 정치적 측면 양자를 혼합적으로 갖고 존재하게 된 것이 오늘의 문제적 상황이다.

리더가 어떤 사안을 다룰 때 사회적인 면과 정치적인 면을 구별해서 본다는 것은, 해당 사안에서 기준점을 갖고 옳고 그름을 따져야 하는 측면과 궁극적으로 의견의 차이에 기초한 것이어서 토론과 합의를 통해 더 좋은 길을 찾아가야 하는 측면을 구분해서 봐야 한다는 것을 의미한다. 예를 들면, 어느 마을에 다리를 놓으려 할 때, 공법의 차이와 그에 의한 비용이 다리를 놓는 지역에 따라 어떻게 다른지를 명확히 계산해 보는 것은 사회적인 측면을 짚어 보는 것이고, 어디에 놓는 것이 가치 있는 일이고 마을 공동체 전체에게 바람직한 것인지를 고려하는 것은 그 공동체 구성원들의 다양한 가치관에 따른 의견을 모아 합의를 이뤄내야 하는 정치적인 측면에 해당한다.

이런 관점에서 볼 때, 리더는 정확한 계산과 기술적 판단을 내리는 자원에 대해서는 전문가적으로 혹은 전문가의 도움을 통해 해결하되, 해당 사안이 가치 및 차이의 인정에 관한 부분, 즉 정치적 차원은 그 사안을 다룰 올바른 정치적 방법을 통해 접근해서 해결할 수 있어야 한다.

공공성을 실현하는 리더십

우리가 다루려는 공공리더십의 경우 리더는 공공성을 추구하고 실현해야 한다는 당위를 갖는다. 우리가 다루는 리더십은 공공 영역의 리더십이기 때문이다. 사적 영역에서의 리더십은 이윤의 창출, 효율성의 극대화 등에 오히려 초점이 주어질 수 있다. 하지만 사적 영역의 리더십의 경우에도 거기서 다뤄지는 사안에는 늘 정치적 차원이 개입돼 있기 마련이고 공공성에 유의하지 않는 리더십은 어려운 상황을 초래할 수 있다.

　공공성의 구현이라는 당위는 사회적인 차원과 정치적 차원 모두에 해당한다. 사회적 차원에서의 공공성은 올바른 계산과 공정한 기회, 정의로운 분배 등이 원칙으로 작용한다. 정치적 차원에서 공공성은 그와는 성격적으로 다르게 작용한다. 공공성은 인간다움, 가치, 그리고 때로는 정의라는 이름으로 표현된다.

　공공선(公共善, public good)은 공동선(共同善)과 다르다. 물론 일부에서는 공동선을 공공선과 동일한 의미로 사용하기도 한다. 하지만 이 두 개념을 구별해 사용할 때 그 준거점이 어떻게 작용하는지를 유의해야 한다. 공동선은 공동체 구성원의 이익을 중심으로 생각되는 것이라면, 공공선은 모두가 동의할 수 있는 가치에 기반을 둬 추구되는 것이다. 공동체의 이익을 중심으로 하는 사고의 확장이 가치의 문제로 확대될 수 있다고 믿는 경우에는 공동선과 공공선을 동의어로 사용할 수 있지만, 이익 중심의 사고가 가치문제로 확장되기 위해서 사고의 질적 비약이 필요하다고 볼 경우에는 양자를 구분하게 된다.

　하나의 예를 들어보자. 마이클 샌델(Michael J. Sandel)은 『정의란 무엇인가』에서 어슐러 르 귄(Ursula le Guin)의 단편소설 『오멜라스를 떠나는 사람들』의 이야기를 인용한다. 오멜라스는 왕이나 노예, 광고나 주식 거래, 원자폭탄이 없는, 행복하고 축복받은 도시다. 그러나 그곳의 한 공공건물의 지하에는 굳게 잠긴, 창문도 없는 방이 하나 있다. 그 방에는 정신박약에다 영양실조 상태에 놓인 아이 하나가 비참한 상태에서 하루하루 목숨을 이어가고 있다. 오멜라스 사람들은 아이가 그곳에, 왜 있는지를 잘 알고 있다. 자신의 행복과 도시의 아름다움은 그 아이의 비참함에 달려 있는 것이다. 그 아이를 밖으로 데려 나와 깨끗이 씻고 잘 먹게 한다면 바로 그 시간부터 지금껏 오멜라스가 누렸던 모든 행복과 아름다움은 사라진다(Sandel, 2014: 71). 이 이야기는 도시의 공동선을 위해 가치가 희생된 경우를 말한다. 모두의 이익을 위해 무고한 한 아이의 권리가 철저히 희생돼도 좋은 것인가? 이것이 단지 선택의 문제일 뿐이라면, 좋은 게 좋은 것이라는 선택을 추구할 수 있을 것이다. 하지만 공공성이 침해당했을 때에는 그 대가가 발생한다. 이런 공동체에서 리더는 다수의 물질적 이익에 반하는 결정을 이끌어 낼 수 있을까. 혹은 그런 결정을 이끌어 내야 하는가.

또 다른 예를 들어보자. 인구 2,100여 명이 살아가는 스위스 시골마을 볼펜쉬센에서 방사선폐기장을 짓기로 생각한 정부는 마을의 동의를 구했다. 마을 사람들 51%는 만일 스위스 어디엔가 방폐장이 건설돼야 하고, 그것이 우리 마을이어야 한다면 그 결정을 따를 수 있다고 반응했다. 그런데 정부가 그들에게 통상 한 달 월급에 해당하는 금액을 마을 사람들에게 매년 보상금으로 지불하겠다고 하자 지지율은 25%로 오히려 줄어들었다(Sandel, 2012: 161). 마이클 샌델은 이런 변화의 원인은 보상문제가 개입함에 따라 사람들의 인식이 공공성 중심에서 금전문제 중심으로 변화됐다는 데 있다고 지적한다. "시장 규범이 침입하면서 시민의 의무 의식을 밀어냈다"(Sandel, 2012: 163)는 것이다.

샌델에게 많은 영감을 준 아렌트는 우리로 하여금 공공성에 주목하고, 그것의 기능을 망각하지 말 것을 주문한다. 리더는 공공성을 인식하고 실현할 수 있어야 한다.

관료주의를 극복하는 리더십

관료제는 근대와 더불어 행정조직에서 합리화를 구현한 효율적 제도다. 하지만 막스 베버(Max Weber)가 지적했던 것처럼 관료제는 비인간화라는 폐단을 낳을 수 있다. 한나 아렌트는 전체주의 사회뿐만 아니라 오늘날의 정치문화가 빠져 있는 관료주의를 한마디로 'rule by nobody'라고 표현한다. 즉, 거기에는 사람이 빠져 있고 책임이 소멸해 있다는 것이다. 관료주의에 빠진 관료의 특성은 자신이 하고 있는 일의 의미를 묻지 않으며, 자신이 행정적으로 구현하고 있는 일이 옳은지의 여부를 판단할 시도조차 하지 않는다. 그런 관료는 자신이 하는 일이 법적으로 정당하다는 점에 만족하고 생각을 거기에서 멈추며, 자신이 따르는 법과 명령 자체의 정당성과 타당성에 대해 의문을 가져보지 않고, 다만 자기에게 주어진 일을 충실히 이행하는 것만이 최선이라고 생각한다. 그러나 생각 없이 성실한 자는 성실한 악행자를 만들 수 있다.

아렌트는 성실한 악행자의 사례를 아돌프 아이히만(Adolf Eichmann)에게서 봤다. 그는 600백만에 달하는 유대인을 학살한 나치의 만행에 대해 실무 영역의 최고 책임자로 '성실한' 기여를 했던 사람이었다. 개인적으로 그는 좋은 아빠이자 남편이었고 생각도 매우 긍정적으로 하는 사람이었지만, 그에게는 생각이 결여돼 있었다. 이때 '생각'이란, 자기가 남의 입장이 돼 보는 것, 무엇이 인간적으로 옳은 것인가를 고민하는 것을 말한다. 그는 다만 기계적으로 효율성만이 극대화된 행정을 수행했고, 그 결과는 홀로코스트(Holocaust)였다. 이처럼 인간은 사유와 판단이 없이도 조직사회에서는 자신의 역할을 잘 감당할 수 있다. 아니, 조직사회에서는 자기 생각과 자기 판단이 없어야 자신의 역할을 잘 해낼 수 있다는 생각이 관료주의의 핵심이다.

이런 관료주의를 극복하는 조직문화를 만드는 것이 리더의 역할이라면 이는 어떻게 가능한 것일까? 관료주의의 폐단을 만들어 내는 결여 요소를 살려 내는 것, 즉 사유와 판단을 조직문화 속에 살려 내는 것이 그 방법이 될 것이다.

독단을 넘어서는 리더십

리더가 독단에 빠져 있을 때 조직은 관료주의에 빠지기 쉽다. 독단에 빠진 사람과는 대화와 소통이 불가능하다. 독단 앞에는 말이 무력해지기 때문이다. 말은 의사를 전달하는 단순한 도구에 머물러 있지 않다. 오히려 말은 우리의 생각을 구성하고 있는 요소다. 말이 없이는 생각이 가능하지 않다. 이미지 연상과 같은 것이 우리 머릿속에서 이뤄질 수 있다고 해도, 논리를 세우고 가치를 따지는 사고는 언어가 없이 불가능하다.

"내가 독단에 빠져 있는가?" 하는 것은 어떻게 확인할 수 있는가? 독단에 사로잡힌 사람은 자기에게 다가오는 말을 거부한다. 타인의 말이 내 사유에 영향을 주지 못하므로 나의 언어는 확장되지 않고, 내 입에서는 하던 말만 반복돼 나오게 된다. 내 언어는 다른 사람의 언어와 섞이지 않고 분리되며, 말을 통해 내 생각과 다른 생각이 내 머릿속에서 이해되지 않는다. 내 말은 오직 나의 생각을 관철하는 데만 사용될 뿐인데, 항상 내 생각만을 관철하려고 하는 태도가 바로 독단이다. 그래서 독단의 언어는 항상 지시적이거나 독백적이고 때로는 투쟁적이 된다.

대화는 두 개의 언어가 섞이는 과정이다. 우리가 세상의 일들을 파악할 때 언어를 활용한다. 모든 일은 항상 언어를 통해 내 생각으로 들어온다. 다른 사람이 파악한 세상은 그의 언어를 통해 형성된다. 대화는 내가 파악한 세상과 다른 사람이 파악한 세상이 만나는 것이다. 따라서 대화의 과정은 다른 어휘, 표현, 논법 등이 어우러진다. 대화의 상황에서는 상대가 쓴 단어를 상대가 의도한 그 의미대로 내가 사용하면서 서로 말이 섞이는 과정이 연출돼야 한다. 리더가 이끄는 대화는 바로 이런 성격의 대화여야 한다.

우리는 말을 통해 현실의 변화를 인지하고 받아들이게 된다. 이런 말의 힘이 우리의 의식에 영향을 주지 못하게 되면, 우리는 현실에 대한 정확한 인지가 불가능하게 되고 사실과 허구(fake-news)를 구별하지 못하게 된다. 말의 힘을 회복하는 좋은 방법 가운데 하나가 인문학적 독서다. 또한 사유와 판단을 반복함으로써 타인과 논쟁적 대화를 스스로 하는 것이 말의 힘을 내 속에 가져올 수 있는 길이 된다. 스스로 자신의 독단에서 벗어나는 리더십, 그리고 조직의 독단을 넘어설 수 있는 리더십은 자신이 사용하는 말에 대한 점검에서 시작될 수 있다.

예측 불가능성을 예측하는 리더십

한나 아렌트의 정치관의 특성은 정치가 인간의 어떤 모습에서 발생하는가에 대한 독특한 인식에서 기인한다. 정치는 인간(man)의 내면에서 나오는 것이 아니라, 복수의 사람들(men) 사이에서 발생하는 것이다. 보편적 인간의 내면적 본성에 관해서는 신학이나 철학이 주목한 바이며, 인간이 본질적으로 어떤 존재인지가 거기서 논의된다. 하지만 정치는 사람이 모두 다르다는 인간의 복수성의 사실에서, 즉 서로 다른 인간들이 모여 이루는 관계에서 시작한다. 즉, 사람의 밖에서, 사람들 사이에서 나오는 것이 정치인 것이다.

한편 사람은 자신이 태어나기 전에는 존재하지 않았으며, 탄생과 더불어 존재하게 된다. 이처럼 인간은 탄생을 통해 이 세계에 '신참자(beginner)'로 등장한다. 인간의 이런 모습은 인간에게는 무엇인가를 새롭게 시작할 능력이 있음을 보여 준다. 아렌트는 이를 탄생성(natality)이라고 부른다.

인간사(人間事, human affairs)는 서로 다른 모습으로 존재하는 사람들이 함께 어울려 살아가면서 발생하는 일인데, 이 사람들이 새로운 어떤 일을 시작하면 그 영향력과 여파가 인간의 관계만을 통해 일파만파 퍼져 가면서 서로 얽히는 가운데 세상사가 형성된다. 따라서 어떤 사람이 의도를 가져 어떤 말을 하거나 일을 했다고 해서 그것이 끝까지 그 사람의 의도대로 진행될 수가 없다. 일단 내게서 벗어나는 순간, 말과 일은 다른 사람들의 손과 입에서 다르게 해석되고 다른 말로 표현되는 가운데 다른 모습을 입게 된다. 그래서 아렌트는, 인간사는 예측 불가능한 일로 충만하며, 예측 가능한 유일한 한 가지는 인간사가 예측 불가능하다는 것이라고 말했다. 인간사가 이런 성격을 갖고 있다면, 모든 일을 주도면밀하게 준비하고 예측 가능한 상태로 만들어 놓았다고 믿고 있더라도, 리더만큼은 그 일이 예측과는 완전히 다르게 진행될 수 있을 가능성을 짚어볼 필요가 있다.

민주주의의 역동성을 이용하는 리더십

정치의 영역은 진리를 발견함으로써 문제가 해결되는 영역이 아니라 다양한 의견이 서로 경합을 벌이고 설득을 통해 합의를 만들어 가는 영역이다. 공적 영역에서 여러 사안을 다뤄가는 리더는 정치적 측면 또한 '정치적' 방식으로 해결해야 하는데, 우리는 이런 상황을 민주주의라는 말로 표현한다.

민주주의의 최종적 수단은 다수결이다. 그런데 다수가 항상 올바르고 좋은 길로 우리를 인도하지는 않는다. 그래서 민주주의가 정의를 이뤄주는 것이 아니라 때때로 어리석은 결정을 내리기도 하고 또 다수의 이기심에 입각한 결정을 내리기도 한다. 토크빌(Alexis de Tocqueville)은 다수결의 원칙이 가진 이 문제점을 일컬어 "다수의 참주"라고 불렀다. 이처럼 우리가 다수결에 대해 염려해도 민주주의적 원칙을 고수한다면 다수결은 불가피한 최종적 방법임을 피할 수 없다. 그런데 이런 다수결은 민주주의의 독으로 존재하는 것인가? 민주주의의 폐단을 해결하기 위해 우리는 지혜로운 엘리트를 찾아야 하는가? 정치에 전문가를 찾아야 하는 것은 아닌가?

앞서 우리는 모든 사안에는 사회적 차원과 정치적 차원이 함께 존재한다는 아렌트의 통찰을 살펴봤다. 이를 적용해 보면, 사회적 차원을 다룰 때 우리는 전문가나 엘리트가 필요하다. 하지만 정치적 차원을 다룰 때에는 전문가나 엘리트에게 의존할 수 없다. 정치적 사안을 민주적으로 다룰 때 우리는 사태를 정태적으로 봐서는 안 된다. 정태적으로 보게 되면 거기에는 무지한 다수, 자신의 이익에만 매몰돼 있는 대중만 보이게 된다. 민주주의는 역동적 과정이라는 생각에서 이를 동적(dynamic) 과정으로 보면 대중을 설득하려는 많은 노력을 만나게 된다. 실제로 우리는 대중이 어떤 연설을 통해 입장을 바꾸게 되고, 어떤 선동을 통해 동원되기도 하는 여러 경험을 해 왔다. 대중은 항상 변화하고 바뀌며, 따라서 다수결이라는 제도 앞에 선 대중의 방향성은 언제나 변화될 준비가 돼 있다고 봐야 한다. 이때 리더는 어떤 말로 대중에게 설득할 것인가를 고민해야 한다. 나쁜 리더는 거짓과 선동을 통해 자신의 목적을 성취하겠지만, 훌륭한 공공 리더는 지치지 않고 끝까지 대중들을 설득해 공공성을 이루려는 노력을 기울일 것이다.

정치는 과정이고 역동성을 갖는다. 항상 변화하는 상황을 목전에 두고 리더는 민주주의가 가진 역동성을 이해하고 활용하는 자여야 한다. 변화는 항상 가능하기 때문이다.

어떻게 이런 리더십이 가능한가?

정치는 사람의 일이다. 좋은 변화를 리더는 일으킬 수 있다. 필요한 것은 생각(thinking)이다. 생각을 꾸준히 하고 대화를 지속적으로 이뤄가면서 리더는 공공성의 역량을 갖출 수 있다.

생각이 남에게 의존적이어서는 안 된다. 독립적으로 사고할 수 있어야 한다. 아렌트는 이를 "난간 없는 사고"라고 부른다. 천국으로 가는 계단에는 난간이 없다. 자신의 길을 올바로 잘 걸어간 사람은 난간이 없는 계단을 올라 천국으로 간다. 이처럼 힘든 결단을 내리고 자신의 길을 걸어갈 때 결국 의존할 난간이 없이 생각해야만 하는 경우가 많다. 전례가 없는 일이 많고, 답을 알지 못해 답답한 채 한 걸음씩 나아가야 할 때가 있다. 이때, 우리는 스스로 생각하고 판단을 내려야 한다. 독립적 사고, 난간 없는 생각의 토대 위에 공공성의 리더십이 서 있는 것이다.

Public Leadership

서양의 리더십
-500년
세계 패권을 이끌다

에이브러햄 링컨의 공공리더십*

김형곤

들어가며

샌디에이고에 있는 스카이라인 웨슬리언 교회의 목사로서 리더십에 대한 수많은 연구와 강연 및 방송 출연을 통해 세계적으로 영향력을 행사하고 있는 존 맥스웰(John Maxwell)은 "리더십의 본질은 리더가 현직에 있거나 살아 있을 때 이뤄 낸 것이나 영향을 준 것에 있지 않고 그가 사라진 후에도 계속적으로 잘 이뤄지고 영향을 주고 있는가에 달려 있다."라고 말했다(Maxwell, 1998: 224). 이 말은

---

* 이 글은 2019년 6월 24일 한국정치학회에서 주관하는 "The World for Congress Korean Politics and Society 2019"의 한 세션인 "한국학의 랜드마크: 세종학의 위상과 비전"에서 발표한 자료의 일부를 수정·보완·정리한 것임을 밝힌다. 아울러 이 글의 소제목 중 대부분은 세종 연구로 탁월함을 보이고 있는 박현모 교수의 『세종의 적솔력(迪率力): 위기를 기회로 바꾼 리더십』이라는 책의 내용을 활용했다. 세종과 링컨은 분명 죽고 없지만 21세기를 살고 있는 우리에게 지금 이 순간에도 그들의 닮은꼴의 목소리와 가르침으로 우리에게 영감을 주고 있기 때문이다.

대부분의 성공한 리더들은 물론, 에이브러햄 링컨(Abraham Lincoln, 1809-1865)과 같은 위대한 리더들의 경우에 적합하게 적용할 수 있을 것이다. 암살당한 지 150여 년이 넘었음에도 아직까지 링컨의 영향력(리더십)은 식지 않고 있다. 식기는커녕 오히려 새롭고 정적 의미로 단순히 미국을 넘어 인류 사회 전체에 큰 위대함으로 다가오고 있다.

링컨의 유산 중 빼놓을 수 없는 것은 후세대를 살고 있는 사람들이 그로부터 얻는 '영감(inspiration)'이다. 위기의 나라를 구하고 인간의 속박을 끝낸 이 사람은 그가 죽은 이후 지금까지 자유를 사랑하고 자유를 위해 투쟁하는 사람들에게 길을 비춰 주는 큰 등불(beacon)이다. 마틴 루터 킹(Martin Luther King, Jr.) 목사는 100년 전 노예를 해방시킨 그의 동상 앞에서 "나에게는 꿈이 있습니다."라고 외쳤다. 인도의 독립을 위해 투쟁하고 인도 초대 총리가 된 자와할랄 네루(Jawahalal Nehru)는 그의 책상 위에 청동으로 주조한 링컨의 손을 놓아뒀다. 그는 "이 손은 아름답고 강하고 확고하고 아직도 온화합니다. 나는 매일 이 손을 보고, 그럴 때마다 이 손은 나에게 힘을 줍니다."라고 말했다. 인도의 독립의 아버지인 마하트마 간디(Mahatma Gandi) 역시 링컨으로부터 수많은 영감을 얻었다고 고백했다. 위대한 미국의 대통령 반열에 있는 프랭클린 루스벨트(Franklin D. Roosevelt), 존 케네디(John F. Kennedy), 로널드 레이건(Ronald Reagon)은 물론, 조지 부시(George W. Bush)와 영국의 위대한 수상 윈스턴 처칠(Winston Churchill)과 마가렛 대처(Margaret H. Thatcher)도 링컨을 존경하고 링컨에게서 배움과 영감을 얻었다고 말하고 있다. 한국 대통령 노무현은 링컨으로부터 수많은 영감을 얻어 그에 관한 책을 출간했다(노무현, 2001).

자유민주주의 국가에서는 물론 그동안 공산주의였던 국가에서도 링컨으로부터 영감을 얻고 있다. 쿠바에서는 여러 학교와 병원이 링컨이라는 이름을 쓰고 있다. 알바니아의 수도 티라나에서는 그동안 공산주의의 어두운 그림자를 지우기 위해 링컨센터를 세워 링컨의 원리와 링컨의 정신으로부터 새로운 기회를 얻고 있다. 일본 도쿄에 있는 유명한 사립대학인 메이세이대학(明星大學)의 링컨센터는 미국 16대 대통령에 관한 방대한 자료를 모아 그의 정신과 리더십을 연구하고 있다.

오늘날은 리더들과 학자들 이외에도 그야말로 평범한 시민들이 링컨으로부터 영감과 희망 - 링컨의 불굴의 의지, 링컨의 자기결정력, 링컨의 용기, 링컨의 약점과 실패의 경험, 무엇보다 따뜻한 인간적인 그의 휴머니즘 등 - 을 얻고 있다. 많은 사람이 그가 뛰어나고, 위대한 인간이라고 인정하지만 동시에 그들은 링컨 역시 사랑하고, 기뻐하고, 분노하고. 슬퍼하고, 즐거워하는 인간 그 자체임을 알고 있다. 그럼에도 러시아의 대문호 레오 톨스토이(Leo Tolstoy)는 링컨에 대해 다음과 같이 말하고 있다.

그의 비범함은 우리 평범한 사람들이 이해하기에 너무 강력합니다. 그것은 사실입니다. 조지 워싱턴은 전형적인(typical) 미국인입니다. 나폴레옹은 전형적인 프랑스인입니다. 그러나 링컨은 전 세계적인 인도주의자(humanitarian)입니다(Kostyal, 2009: 211 재인용).

이 글은 링컨의 유산 중 오늘날 우리가 본받아 우리의 정치는 물론 우리 생활 전반에 실용적으로 활용할 수 있는 그가 가르쳐 주는 리더십의 지혜(공공리더십) 몇 가지를 찾아보는 데 목적이 있다.

과미심괴(誇美甚傀): 아름다움을 과장하는 것을 멀리하시오

우수한 성적과 화려한 스펙을 기본으로 비교 우위를 통한 성공을 이야기하고 그것을 리더십이라고 말하는 오늘날의 많은 사람은 링컨의 출신 배경을 이해할 때 마치 신화와 같은 이야기로 들릴 수 있다. 하지만 링컨은 신화 속의 인물이 아니라 너무나 순수한 인간이었다. 영국과의 100년 전쟁에서 프랑스를 구한 17세의 소녀 잔다르크는 수백 년 동안 마녀로 취급받아 왔다. 하지만 그녀는 마녀가 아니라 순수한 인간이었음을 지금 우리가 알고 있듯이 링컨 역시 알에서 깨어났거나 신비로운 존재의 아들이 아니었다.

일본 '내셔널'을 위대한 기업으로 만든 마쓰시다 고노스케(松下幸之助)는 어느 날 신입사원과의 대화에서 자신의 성공 비결을 다음과 같이 이야기했다.

> 나는 하나님으로부터 특별한 축복을 받았네.
> 그것이 무엇입니까?
> 내가 받은 축복은 첫째, 나는 가난하게 태어났다는 것, 둘째, 나 자신이 약골이었다는 것, 셋째, 많이 배우지 못한 것이라네.
> 아니 회장님! 그것은 축복이 아니라 저주가 아닌가요?
> 아닐세, 이 세 가지는 나에게 분명 축복이었지. 나는 가난해서 돈의 소중함을 일찍 깨달아 돈을 벌었고 이를 효과적으로 사용하는 방법을 알았다네. 또한 나는 몸이 약해서 건강의 소중함을 깨닫고 소중히 몸을 관리해 90이 넘어서도 왕성하게 일하고 있네. 그리고 많이 배우지 못했기 때문에 교만하지 않고 다른 사람들의 말을 잘 듣고 수많은 지혜를 터득할 수 있었지.

고노스케 회장은 자신의 결핍(缺乏)을 저주가 아닌 축복으로 만들어 수많은 사람에게 희망을 줬다. 링컨은 바로 고노스케 회장과 같은 축복을 타고난 사람이었다. 그는 당시의 기준으로 볼 때 시골 촌구석에 불과한 켄터키 어느 산 속의 가난한 집안에서 태어났다. 그래서 학교를 다닐 수가 없었고 초등학교 11개월 정도가 그가 받은 공식적인 교육의 전부였다. 링컨은 1860년 대통령 선거 유세를 하면서 다음과 같이 말했다.

9. 에이브러햄 링컨의 공공리더십

당시 그곳에는 교육에 대한 열정을 자극하는 것은 아무것도 없었습니다. 그저 읽기, 쓰기, 셈하기 정도가 고작이었고, 나는 이 정도는 할 수 있었고 그것이 전부였습니다. 나는 그 이후로 단 한 번도 학교를 다니지 않았습니다(김형곤, 2007: 18).

말하자면 링컨은 '결핍의 사람'으로 태어났다. 결핍의 영어 단어 중 하나는 'want'다. 아마도 결핍하기 때문에 간절히 바라고 원한다는 의미가 아닌가 싶다. 링컨은 자신의 결핍을 단순한 결핍으로 보지 않고 어떻게 하면 그 결핍을 보상하고 채우고 그 무엇이 되기를 간절히 원했던 것이다. 링컨은 공식적인 학력이 없었기에 많은 대화와 연설에서 이렇게 말했다. "나는 단 한 번도 정규 학교를 다닌 적이 없습니다.", "나는 단 5분의 여유가 있어도 책을 읽습니다.", "나는 만나는 사람마다 배움의 기회를 삼습니다.", "독서는 보물이 가득한 방으로 들어가는 것과 같습니다(김형곤, 2007: 여러 곳)." 그에게는 학력이 아니라 배움이 중요했다.

또한 링컨에게는 정치 1번지 버지니아나 매사추세츠 등의 지역적 연고가 없었다. 그래서 그는 동창이나 동문에 얽매이지 않았고 또 출신지역이나 연고에 얽매이지 않을 수 있었다. 오로지 능력과 자질을 고려해 누가 과연 그 자리에 적합한가(適材適所)를 가장 중시했다. 링컨이 최고의 인물들로 탕평(蕩平) 내각을 꾸릴 수 있었던 비결은 바로 스펙의 결핍에 있었다.

링컨은 가난한 집안에서 태어났습니다. 링컨은 정치를 시작하면서 다음과 같은 말을 자주 했다. "우리 집안은 대단치 않습니다. 아마도 2류 집안이 맞을 것입니다.", "살아가면서 정직만큼 중요한 것이 없다고 생각합니다. 나는 워싱턴의 자서전에서 배운 것이 하나 있습니다. 그것은 '정직이 최선의 정책'이라는 것입니다."(Basler, 1953: 6, 230)[1] 링컨의 별명은 '어네스트(honest)'다. 이는 링컨의 생활

---

[1] 링컨은 1832년 23세에 뉴 세일럼에서 순전히 돈이 필요해서 친구 윌리엄 베리와 함께 잡화점을 시작했는데 1년도 되지 않아 동업자는 죽고 가게는 파산했다. 자신은 물론 친구 베리가 빌린 돈을 합쳐 링컨은 많은 빚을 졌는데 링컨은 이 빚을 그 후 10년에 걸쳐 모두 상환했다.

이 얼마나 정직한 생활로 가득했던가를 다른 사람들이 인정한 반증이기도 하다.

링컨은 외모적으로 카리스마를 가졌거나 미남이 아니었다. 당시 언론들은 키가 192센티미터에 달하는 링컨을 마치 동화『잭과 콩나무』에 나오는 하늘 높이 커가는 콩나무같이 풍자했다. 링컨은 자신의 못생긴 외모를 조금도 부끄럽게 여기지 않았고 그것을 오히려 유머 가득한 방법으로 자신에게 장점이 되도록 했다. 정적 스티픈 더글러스(Stephen Douglas)가 논쟁을 하면서 노예문제를 두고 망설이는 태도를 가진 링컨을 두고 "링컨 씨는 두 얼굴을 가진 이중인격자입니다."라고 공격했다. 이에 링컨은 "더글러스 씨의 말은 사실입니다. 그런데 여러분 만약 내가 두 얼굴을 가졌다면 이 중요한 자리에 이 못생긴 얼굴을 가지고 나왔겠습니까?"라고 말을 해 청중들로부터 많은 호응을 얻어냈다(Dole, 2007: 30).

링컨은 학연, 지연, 혈연, 외모 등에서 소위 비주류였다. 하지만 그의 리더십은 주류를 압도했다. 그것은 자신의 '결핍(want)'으로 '간절히 원한' 인생을 살았기 때문이다. 링컨이 간절히 원했던 것은 막강한 힘을 가진 사람도 아니었고 지식으로 넘쳐나는 학자도 아니었다. 그는 누구나 되고 싶어하지만 잘 되지 않는 '인간 본성을 이해하고 그것을 실천한 인간'이 되기를 원했다. 그것은 인간이면 누구도 좋아하는 원칙 – 배경보다 능력을, 비난보다 칭찬을, 비밀보다 소통을, 명령보다 설득을, 처벌과 심판보다 관용과 화해를, 그리고 화(火)가 아니라 유머를 – 을 중시하는 인간이 되기를 간절히 원한 삶 그 자체였다. 링컨과 세종(世宗)은 시공간을 초월해서 닮은 점이 참 많다. 능력 위주의 칭찬과 소통과 설득으로 여민(與民)의 리더십을 발휘한 세종은 링컨의 리더십과 여러 면에서 랑데부가 되는 것 같다.

문어농부(問於農夫): 현장에 답이 있다

세종이 수시로 구중궁궐을 나와 백성들이 사는 곳을 살펴보고 나서 문제를 해결했던 것처럼 링컨은 대통령으로 있었던 4년 내내 백악관을 나와 현장을 돌아다녔다. 링컨의 현장 중심의 리더십 발휘는 그가 스프링필드에서 변호사 생활을 할 때부터 익숙해진 스타일이었다. 링컨은 변호사 시절 자신의 변호사 사무실로 의뢰인이 찾아오기만을 기다리지 않았다. 그는 순회법정을 따라다니면서 언제 어디서 수임하게 될지 몰랐기 때문에 사건과 관련된 정보를 찾아 많은 시간을 돌아다녔다. 링컨은 사건과 직접 관련된 사실을 정확히 아는 것이 변호를 잘 할 수 있는 최고의 방법이라는 것을 알고 있었다. 다년간 비즈니스 세계의 리더십을 연구한 도널드 필립스(Donald Philips)는 뛰어난 CEO들의 이른바 '배회경영(Managing by Wandering Around, MBWA: 사무실을 나와 직원들과 직접 만나면서 인간적인 교감을 나누는 경영 방식)'을 톰 피터스(Tom Peters)와 낸시 오스틴(Nancy Austin)의 책을 인용하면서 링컨의 현장 중심의 리더십을 다음과 같이 설명했다.

> 이는 고객을 직접 만나고 공급업자를 직접 만나고 부하 직원들과 직접 만나는 것을 말합니다. 이로써 혁신을 조장하고 조직의 모든 구성원들에게 가치를 제시하는 것입니다. 다시 말해, 가치를 경청하고, 조장하며, 가르치고, 강화하는 것입니다. 이것이 리더십이 아니고 무엇이겠습니까? 이러한 까닭에 MBWA는 리더십 기술입니다
> (Philips, 2006: 33 재인용).

링컨은 현장을 방문해서 사람들을 만나는 것 이상으로 백악관을 개방해 일반 사람들과 만났다. 백악관에는 아침부터 저녁까지 방문객으로 들끓었다. 대통령에 취임한 날 다음부터 방문객들이 어찌나 많았는지 백악관 정문 층계까지 사람들이 줄을 지어 앉아 있었다. 「세크라멘토 유니언(Scramento Union)」은 당시 백

악관 풍경에 대해 "사람들의 출입을 막을 사람은 아무도 없습니다. 씻은 사람이나 씻지 않은 사람이나 할 것 없이 누구나 항상 자유롭게 왕래한다."라고 썼다.[2] 링컨은 능력이 허락하는 한 많은 사람과 만났다. 백악관 1층 전체는 일반 대중에게 완전히 공개됐고 2층도 반 정도는 일반 사람에게 공개돼 링컨의 가족들이 쓰기에도 협소할 정도였다. 비서인 존 니콜라이(John Nicolay)와 존 헤이(John Hay)는 "링컨이 자기 시간의 75%의 시간을 사람들을 만나는 데 썼다."라고 회고했다(Oates, 1977: 266). 니콜라이와 헤이가 방문객들에게 대통령께서 바쁘시니 다음에 와달라고 하면 링컨이 직접 문을 열고 그들을 반겼다. 경호 문제로 대통령과 갈등을 빚었지만 링컨은 "내가 아무런 두려움이 없이 국민들에게 다가간다는 것을 그들이 아는 것은 너무나 중요한 일입니다."라고 말하면서 근접 경호를 마다했다(Oates, 1977: 453). 링컨은 시간이 허락하는 한 많은 사람을 만났고 그들로부터 이야기를 들었다. 링컨은 두 명의 비서에게 다음과 같이 말했다.

> 나는 이렇게 많은 사람들을 만나는 것을 '여론 목욕(public opinion baths)'이라고 부릅니다. 사실 나는 신문을 읽을 시간도 없기 때문에 이런 방법으로 국민들의 의견을 듣고 있습니다. 물론 의견이 별로 좋지 않은 경우도 있지만 전반적으로 그 효과는 혁신적이고 힘을 내게 합니다. 위기의 시대에 국민의 목소리는 하나님의 목소리와 버금갑니다(Phillips, 2006: 37 재인용).

그동안 대부분의 미국 대통령이 의회를 방문하지 않았지만 링컨은 대통령이 되자마자 의회를 방문했다. 링컨은 전쟁에서 승리를 하려면 의회와 의원들의 도움이 절대적으로 필요하다는 것을 알고 있었다. 군 통수권을 이용해 의회의 사전 동의 없이 군대 동원령을 내리고 인신보호영장 청구권을 금지시킨 일에 대해 일부 언론과 몇몇의 의원들이 링컨을 비난했지만 그럼에도 미국을 지키려는 대통

---

2 *Scramento Union*(March 9, 1861).

령의 진정성을 이해하지 못한 것은 아니었다. 링컨이 의회와 백악관을 오가면서 의원들의 협조와 동의를 이끌어 낸 대표적인 사례는 그가 죽기 3개월 전인 1865년 1월 31일 헌법 수정조항 13조가 많은 반대에도 불구하고 드디어 연방 하원을 통과한 일이다. 거장 스티븐 스필버그(Steven Allan Spielberg)가 감독한 2013년 작품 영화 〈링컨〉은 대통령 링컨이 전쟁이 완전히 끝나기 전에 노예 제도를 미국 헌법에서 공식적으로 폐지하기 위해 고군분투하는 모습을 리얼하게 그렸다. 영화에서 링컨 역을 맡은 대니얼 데이 루이스(Daniel Day Lewis)는 "링컨이 살아 나왔다."라는 찬사를 받으면서 반대가 심했던 헌법 수정조항 13조의 통과를 위해 링컨을 완벽하게 연기해 그해 아카데미 남우주연상을 받았다. 노예 제도를 없애는 수정조항 13조는 1864년 4월 8일에 상원을 통과했지만 하원은 호락호락하지 않았다. 수정조항이 통과되기에 상당수 의원의 마음을 바꿔야만 하는 상황이 계속됐다. 링컨은 중도는 물론 반대하는 의원들을 설득하기 위해 백악관에서 표를 계산하면서 때로는 해당 의원의 집으로, 때로는 의회로 뛰어다녔다. 영화는 링컨 대통령이 어떨 때는 맨발로, 어떨 때는 슬리퍼를 신고 설득해야 할 의원들을 만나기 위해 뛰어다니는 모습을 너무나 잘 그렸다.

다음 그림은 대통령직에 있는 동안 링컨이 전쟁터를 방문한 횟수를 나타낸 것이다. 1861년 전쟁 초기 링컨은 전쟁 상황의 전반을 이해하기 위해 한 달에 거의 20일에 육박할 정도로 전쟁터를 찾았다. 링컨이 1862년 2월 아들 윌리엄(William, 윌리)이 죽었을 때와 자신이 몹시도 아팠던 1863년 12월과 새해 1월, 그리고 11월과 12월을 제외하고 대부분의 날을 전쟁터에서 보냈음을 알 수 있다. 링컨은 어떻게 하면 전쟁을 종식시키고 미국을 다시 하나로 통합시킬 것인가에 골몰하면서 그 길은 백악관 책상 위에 있지 않음을 알고 있었다. 링컨은 그 길을 찾아 세종이 궁궐을 나와 농부에게 직접 농사의 자초지종을 물었듯이(問於農夫) 백악관을 나와 전보실, 조선소, 무기제조창, 병원, 장례식, 그리고 전쟁터를 찾아갔고 그곳 현장에서 바로 현안 문제를 해결했다. 오늘날 리더의 입장에 있는 많은 사람이 시간이 없어서 현장을 방문하고 사람들과 자주 만날 수 없다고 말하곤 한다. 하지만 리더가, 그것도 대통령이 국민들과 직접 만나 이야기하면 대부분의 국민은 자신의 존재의 이유는 물론 행복감도 느낄 것이다.

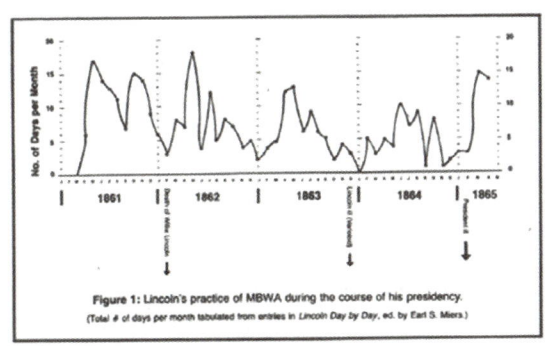

자료: 이강봉·임정재 옮김, 『신념의 CEO 링컨』, 23 재인용.

링컨의 전쟁터 방문 횟수

여지소의(予之所倚): 너를 믿는다는 말 한 마디가 사람을 바꿔 놓는다

사람이면 누구든지 칭찬을 좋아한다는 흥미 있는 이야기가 하나 있다. 나폴레옹(Napoléon Bonaparte)은 연전연승으로 프랑스 국민들로부터 두터운 신망을 받고 있었다. 그래서 주변 사람들이 앞을 다퉈 나폴레옹에게 칭찬과 아부를 아끼지 않았다. 나폴레옹은 어느 날 참모회의에서 "앞으로 나에게 절대로 칭찬을 하지 마십시오. 만약 칭찬하는 사람이 있다면 불이익이 돌아가도록 하겠습니다."라고 단호하게 말했다. 그 후 조심스러워 아무도 칭찬이나 아부를 하지 않았다. 그런데 며칠이 지난 후 참모 중 한 명이 나폴레옹에게 다가가 다음과 같은 말을 했다. "장군님! 지난번 장군님께서 칭찬을 하지 말라고 하신 그 명령은 정말이지 너무나 좋았습니다." 이에 나폴레옹은 흐뭇한 미소를 지으며 "정말 그랬어!"라고 좋아했다고 한다(김형곤, 2011: 229-230).

『뉴욕 해럴드(New York Herald)』는 1864년에 링컨의 본성에 대해서 "누구나 알고 있는 아주 평범한 상식, 친절한 마음, 칭찬, 그리고 가난한 사람과 사회적 약자를 배려하는 예민한 감각을 가진 링컨의 본성이 다른 사람들이라면 수렁에 빠져 버리게 만들 수 있는 어려움을 극복할 수 있게 해줬다."라고 논평했다(Basler, 1953, 6: 500). 이 논평의 핵심은 링컨의 본성이 화려하거나, 뛰어나거나, 획기적인 그 어떤 것이 아니라 너무나 평범한 상식적인 것 - 친절, 칭찬, 배려 등 - 이며 그것이 링컨을 위대한 리더로 만들어 줬다는 것을 말하고 있는 것이다. 진정성이 있는 리더십의 정의에는 강압적인 힘은 포함되지 않는다. 만약 강압적인 수단으로 다른 사람들을 따르도록 한다면 그는 리더도 아니며 리더십을 포기하는 것이나 다름없다. 링컨은 대통령이 되기 전부터 강압적인 명령이 아니라 칭찬과 설득의 유용성을 알고 있었다. 1842년 스프링필드 워싱턴 금주회(Springfield Washington Temperance Society)에서 링컨은 다음과 같이 연설했다.

> 사람의 행동은 어떻게든 (다른 사람에게) 영향을 미칩니다. 그러므로 설득, 친절, 칭찬, 그리고 상대방을 배려하는 겸손한 태도가 필요합니다. "한 방울의 꿀은 한 통의 쓸개즙보다 더 많은 파리를 잡는다."는 말은 진리 중의 진리라 생각합니다. 사람의 경우도 마찬가지입니다. 만약 당신이 당신의 대의에 다른 사람들을 따르게 하려면 먼저 당신이 그의 진정한 친구라는 것을 확신시켜야 합니다. 다른 사람의 마음을 사로잡는 한 방울의 꿀은 그의 마음을 자극하는 수단입니다. 일단 다른 사람의 마음만 얻게 된다면 당신의 대의가 정당하다고 그를 확신시키는 데 아무런 문제가 없습니다. 반대로 다른 사람을 명령하고 지배하고 나아가 강요를 해보십시오. 그러면 그는 자신의 진실한 생각과 의견을 감출 것이고 마음을 닫아 버릴 것입니다(Basler, 1953, 1: 273).

링컨은 사람들이 자기 자신에 대해 긍정적인 말을 하거나 칭찬을 하는 것에 대해 좋아한다는 것을 알고 있었다. 대통령이 돼서도 링컨은 칭찬의 유용성을 알고 실천했다. 한 청년이 링컨의 사진에 사인을 해달라고 부탁하면서 이런 부탁에 짜증이 나지 않느냐고 물었다. 이에 링컨은 "그래요. 당신도 아시겠지만 사람들은 아부를 받을 때 기분이 좋아지는 것은 사실이며 그 사람과 잘 지내게 된다는 것은 일반적인 것입니다."라고 말했다(Hertz, 1987: 597).

단기전으로 끝나기를 기대했던 전쟁은 장기전으로 돌입했고 연방군은 뚜렷한 승리를 담보하지 못한 채 전쟁은 계속되고 있었다. 링컨은 장군들에게 전쟁에 적극적으로 나서 주기를 간절히 원했지만 율리시스 그랜트(Ulysses Simpson Grant) 장군이 등장하기 전까지 대부분의 장군들은 하나같이 링컨의 요구에 부응하지 못했다.[3] 그런 중에 1863년 7월에 미시시피 강변의 멤피스와 뉴올리언스 중간 지점에 있는 미시시피주 빅스버그에서 남북전쟁의 전환점이 되는 전투가 치러졌다. 이 전투에서 연방군은 남부동맹을 둘로 갈라놓는 승리를 거뒀다. 애당초 링컨은 전투에 임하는 그랜트가 적극적으로 공략해 승리하기를 간절히 원했지만 사실 그랜트에게 큰 기대를 하지 않았다. 하지만 승리를 이끌어 낸 그랜트 장군에게 링컨은 승리에 대한 진솔한 칭찬과 자신의 의심에 대한 솔직한 사과의 편지를 보냈다.

> 당신과 내가 이전에 개인적으로 만난 적이 있는지 잘 기억나지 않습니다. 나는 지금 이 나라를 위한 당신의 이루 헤아릴 수 없는 헌신에 깊이 감사하지 않을 수가 없습니다. 몇 마디 더 할까 합니다. 빅스버그 근처에 당신이 도착했을 때 사실 나는 당신이 전투에서 나보다 유능하다는 것 외에 당신에게 그 어떤 희망도 하지 않았습

---

3 링컨이 임명한 장군들은 다음과 같다. 윈필드 스콧(Winfield Scott), 어빈 맥도웰(Irvin C. McDowell), 존 프리몬트(John C. Fremont), 조지 매클렐란(George B. McClelan), 헨리 할렉(Henry W. Halleck), 존 매클러낸드(John A. McClernand), 윌리엄 로즈크랜스(William S. Rosecrans), 앰브로즈 번사이드(Ambrose E. Burnside), 나다니엘 뱅크스(Nathaniel P. Banks), 율리시즈 그랜트, 조셉 후커(Joseph Hooker), 조지 미드(George G. Meade) 등이다.

니다. 그래서 나는 혹시 전투를 실패하지 않을까하는 두려움이 있었습니다. 그러나 이제 나는 당신이 옳았고 내가 잘못됐다는 것을 솔직히 인정합니다(Basler, 1953, 6: 326).

링컨은 이 전투 이후 그랜트를 그토록 찾고자 노력했던 인재로 보기 시작했다. 이 편지를 받은 그랜트 장군의 심정은 어떠했을까? 대통령의 솔직하고 자신을 인정해 주는 칭찬하는 태도에 그랜트가 존재의 가치를 느끼지 않았을까? 그래서 그랜트가 전쟁 승리라는 대통령의 목표에 부응하고자 최선을 다해 노력하지 않았을까? 테네시 전투를 비롯해 빅스버그, 미시시피강과 서부지역 등에서 혁혁한 전공을 올린 그랜트의 승리에 대해 링컨은 진심으로 기뻐했다. 링컨은 1864년 3월 10일에 드디어 그랜트 장군을 총사령관으로 임명하면서 아낌없는 칭찬을 했다.

> 그랜트 장군은 내가 만난 최고의 장군입니다. 당신들은 그가 모든 다른 장군들에게 귀감이 될 것이라는 것을 알 것입니다. 나는 나 없이도 전쟁을 이끌어 갈 수 있는 사람을 찾은 것이 너무나 기쁩니다(Oates, 1977: 418).

대통령의 이러한 칭찬에 힘입은 그랜트는 비록 어려움이 없지 않았지만 끝까지 포기하지 않고 박차를 가해 남부동맹의 로버트 리(Robert Edward Lee)로부터 '무조건 항복(Unconditional Surrender)'을 이끌어 내 남북전쟁을 종결시켰다.

유심간택(留心揀擇): 온 마음을 기울여 인재를 찾으시오

링컨이 위대한 리더로 추앙받는 데는 그가 남북전쟁에서 승리해 연방을 보존하고 흑인 노예를 해방시켰기 때문만은 아니다. 거기에는 링컨이 연방을 보존하고 노예를 해방시키는 일을 가장 잘 할 수 있는 사람들을 골라 쓴 이유가 크게 작용하고 있다. 이 인사의 문제는 오늘날의 리더십의 경향을 관통하고 있을 뿐만 아니라 세종의 인재 경영의 본질인 유심간택(留心揀擇)과도 일맥상통한다.

비록 짐 콜린스(Jim Collins)의 『좋은 기업을 넘어 … 위대한 기업으로(Good to Great)』는 비즈니스에 관한 내용이지만 이는 링컨의 리더십을 이해하는 데 큰 도움을 준다. 콜린스는 1965년부터 1995년까지 『포춘500(Fortune500)』에 등장한 수많은 기업을 분석해 이 세상에는 좋은 기업들은 많이 있지만 위대한 기업은 그리 많지 않다고 밝히고 있다. 콜린스는 위대한 기업으로 선정된 11개 기업의 리더들은 다른 기업들에 비해 다른 그 무엇이 있음을 설명하고 있다. 그것은 바로 "사람이 먼저 … 다음에 할 일"이라는 점이다. 좋은 회사에서 위대한 회사로의 전환에 불을 붙인 경영자들은 버스를 어디로 몰고 갈지 먼저 생각하고 난 다음에 버스에 사람들을 태우지 않았다. 그 반대로 버스에다 적합한 사람들을 먼저 태우고(부적합한 사람들은 버스에서 내리게 하고) 난 다음에 버스를 어디로 몰고 갈지 생각했다(Collins, 2005: 79-80).

강철왕으로 불리는 앤드류 카네기(Andrew Carnegie)가 어렸을 때 토끼를 키웠는데 친구들에게 토끼풀을 모아 오면 예쁜 토끼 새끼에게 자신이 지은 이름을 붙일 수 있게 해 준 일을 두고 그는 후에 자서전에서 "사실 내가 성공할 수 있었던 것은 내가 무엇을 알거나 나 스스로 무언가를 해서가 아니라 나보다 잘 아는 사람을 뽑아 쓸 줄 알았기 때문입니다."라고 고백했다. 더욱 놀라운 것은 재산의 98% 이상을 사회에 환원하고 죽음을 준비한 카네기는 자신의 묘비명을 바로 이 말로 정했다는 사실이다. 콜린스의 연구도, 카네기의 경험도 가장 중요하고 먼저 한 일은 인사(人事)다.(Carnegie, 2006: 57)

링컨 역시 성취해야 할 목표를 앞에 두고 적합한 사람을 찾는 데 혼신을 다했다. 1861년 3월 4일 링컨이 대통령에 취임했을 때 집(미국)은 단순히 쪼개진 것이 아니라 전쟁으로 치닫고 있었다. 대통령에 당선되고 취임식이 있었던 넉 달 동안 사우스캐롤라이나주를 비롯한 남부 7개 주가 연방을 탈퇴했다. 그들은 앨라배마주 몽고메리에 모여 그들만의 헌법과 대통령을 선출해 그들만의 정부를 만들었다. 미시시피주 상원의원 제퍼슨 데이비스(Jefferson Davis)를 대통령으로 한 '미국 남부동맹(Confederate States of America)'이 그것이다. 그렇게 되자 어떻게 해서라도 전쟁만큼은 막아야 한다는 중도적 타협 의견은 물론 탈퇴한 남부를 강하게 벌해야 한다는 강경 노선이 엇비슷하게 있었다.

대통령으로 이 가혹한 현실에 대처하기 위해 링컨은 미국 역사상 가장 독특한 내각을 구성했다. 링컨이 조각을 맞추듯 구성한 내각에는 이전의 휘그당원, 자유토지당원, 노예 제도를 반대하는 민주당원, 보수파, 중도파, 급진파, 강경파, 타협파 등 모든 파벌을 포용했다. 링컨은 당시의 마음을 해군 장관으로 임명한 지데온 웰스(Gideon Welles)에게 다음과 같이 말했다.

> 나는 대통령에 당선되자마자 이 무거운 짐을 나누기 위해서는 나와 다른 생각을 가진 사람들의 지원이 절대적으로 필요하다는 것을 느꼈습니다(Beale, 1960: 159).

2017년 노벨경제학상을 수상작인 『넛지(Nudge)』의 저자인 리처드 탈러(Richard H. Thaler)와 캐스 선스타인(Cass R. Sunstein)은 리더가 종종 이른바 "근친상간적 증폭(incestuous amplification)" - 같은 편 사람끼리 동일한 의견만 서로 강화시켜 결국 판단 착오에 이르게 된다는 의미 - 에 의해 상황을 오판한다고 지적했다(Thaler & Sunstein, 2009). 정치발전연구소 상임이사 김성희는 다음 사례를 들어 근친상간적 증폭을 설명하고 있다.

1961년 4월 4일 존 F. 케네디 대통령을 비롯해 딘 러스크(Dean Rusk) 국무 장관, 로버트 맥나마라(Robert McNamara) 국방 장관, 앨런 델레스(Allen Dulles) CIA 국장 등 전략 참모들이 훗날 '피그만 사건(Bay of Pigs Invasion)'으로 알려진 쿠바침공

계획을 논의하기 위해 모였습니다. CIA는 쿠바 망명자들을 동원해 쿠바를 침공하고 봉기를 통해 정권을 장악한다는 기대 가득한 계획을 발표했습니다. 참모들은 아무도 이 계획에 반대하지 않았습니다. … 참모들의 침묵 속에서 이 계획은 실행됐고, 결과는 이미 알고 있듯 비참한 실패였습니다. 치욕적 대가를 치른 후 애초 그 계획이 꺼림칙했던 케네디는 "내가 어쩌다 그런 어리석은 계획을 추진했을까"라고 한탄했지만 돌이킬 수 없었습니다. 훗날 쿠바 침공을 결정한 비밀회의의 분위기를 역사가이자 보좌관인 아서 슐레진저 2세(Arthur Schlesinger, Jr.)는 "참모들은 그 계획에 의심을 품었지만 자칫 '온건파'라는 딱지가 붙는 것을 두려워했고 또 감히 동료들의 시선을 거스를 수 없었기 때문에 그런 의심을 적극적으로 개진하지 않았습니다. … 만약 단 한 명의 참모라도 반대했다면 케네디가 그 계획을 취소했을 것이라 확신합니다."라고 분석했습니다(프레시안, 2018.03.23).

링컨은 측근과 친구들의 충성을 인사 기준으로 삼지 않았다. 링컨은 남부를 편애하는 정책에 반대한 여러 내각인사들을 해임하고 무조건 충성하는 사람으로 다시 채운 전임자 제임스 뷰캐넌(James Buchanan)과는 달랐다. 국무 장관 루이스 캐스(Lewis Cass)는 남부 주들의 연방 탈퇴 위협에 대처하기 위해 연방의 여러 요새를 강화하고자 했지만 뷰캐넌이 반대하자 이에 항의하고 사퇴해 버렸다. 뷰캐넌은 캐스를 이어 펜실베이니아주 고향 친구이자 충성파인 제레미아 블랙(Jeremiah S. Black)을 임명했다. 뷰캐넌은 남부의 온건파로 링컨의 타협과 연방 보존 주장을 지지했다는 이유로 재무 장관 호웰 콥(Howell Cobb)을 전격적으로 해임했을 뿐만 아니라 남부의 연방 탈퇴를 반대했다는 이유로 전쟁 장관 존 플로이드(John B. Floyd)를 해임하고 자신의 측근인 필립 토머스(Philip F. Thomas)와 조셉 홀트(Joseph Holt)로 내각을 채웠다(Degregorio, 2001: 218).

또한 링컨은 다른 사람들을 믿지 못해 정말 믿을 만한 사람들만으로 이너서클을 만들어 이들로 하여금 국정을 운영하게 했던 리처드 닉슨(Richard Nixon)과

9. 에이브러햄 링컨의 공공리더십

도 달랐다. 닉슨은 이너서클 내의 충성파들이 충성 경쟁을 벌이다 발생한 워터게이트 사건으로 불명예 퇴진을 하지 않을 수 없었다. 링컨의 인사에는 닉슨과 같은 절대적으로 충성하는 측근도, 뷰캐넌과 같은 권력에 눈치를 보는 친구도 없었다. 링컨은 인사권을 가진 사람들이 자주 오류를 범하는 기준인 소위 학연, 지연, 혈연과도 거리가 멀었다. 링컨의 인사에는 위에서 말한 '근친상간'과도 거리가 멀었다. 아시다시피 공식교육을 받지 못한 링컨에게는 학연으로 통할 수 있는 그 어떤 근거도 없었다. 그래서 링컨은 우리 사회에서 강력한 힘으로 작용하고 있는 학연의 끈이 없었다. 링컨은 이용할 수 있는 지연도 없었고 그는 스스로 말했듯이 '2류 가정' 출신이었다. 또한 링컨은 카터 대통령의 '조지아 마피아'와 부시 대통령의 '텍사스 마피아'와 같은 인사를 하지 않았다. 링컨은 학연으로나 지연으로 스스로를 작은 틀 속에 가두지 않았다. 링컨의 틀은 어느 학교나 어느 지역이 아니라 당면한 미국의 문제를 해결하고 미국과 나아가 인류를 대상으로 하는 보편적인 가치인 자유와 평등이라는 틀이었다.

  그래서 링컨은 내각 인사를 구성하는 데 독립적이고 의지가 강하고 자신보다 공직에서 더 많은 경험을 가지고 있고 더 많이 교육받고 더 많이 알려진 사람들로 팀을 구성했다. 그야말로 링컨의 인사는 초당적이었다. 정당정치가 뿌리를 내린 정치구조에서 다른 당의 사람을 내각의 장관으로 임명한다는 것은 그리 쉬운 일이 아닌데도 불구하고 공화당의 창당 멤버인 링컨은 총 7개의 각료 자리 중 세 자리(4명)에 과거 민주당 출신을 임명했다. 전쟁 장관에 시몬 카메론(Simon Cameron)을, 해군 장관에 지데온 웰리스(Gideon Welles)를, 우정 장관에 몽고메리 블레어(Montgomery Blair)를 각각 임명했다. 이들은 모두 이전에 골수 민주당원이었고 1860년 선거를 통해 링컨의 공화당을 지지한 인물들이었다. 1862년 1월 군 계약 관계에서 부정 비리로 물러난 카메론을 대신해 전쟁 장관 자리에 링컨은 역시 골수 민주당원인 에드윈 스탠턴(Edwin Stanton)을 임명했다. 링컨은 두 번의 대통령에 출마하면서 부통령 러닝메이트로 하니발 햄린(Hannibal Hamlin)과 앤드류 존슨(Andrew Johnson)을 선택했는데 햄린은 과거 민주당 출신이었고, 존슨은 과거는 물론 당시에도 골수 민주당원이었다.

링컨이 구성한 내각에서 빼놓을 수 없는 중요한 사실이 있다. 그것은 너무나 많이 알려진 사실이기는 하지만 링컨 이전이나 이후의 많은 정치가나 다양한 분야의 리더들에게서 참으로 보기 힘든 것이었다. 링컨은 과거의 원한이나 굴욕, 그리고 라이벌을 문제 삼지 않았다는 사실이다. 링컨은 1860년 공화당 대통령 후보 공천 과정에서 최대의 라이벌이었던 네 명의 후보를 모두 자신의 내각에 등용했다. 5월 시카고 전당대회에서 공화당 대통령 후보에 뉴욕의 윌리엄 시워드(William H. Seward), 오하이오의 샐먼 체이스(Salmon P. Chase), 펜실베이니아의 시몬 카메론, 미주리의 에드워드 베이츠(Edward Bates), 그리고 링컨이 출사표를 던졌다. 이들 모두는 링컨보다 훨씬 화려한 학력과 경력과 배경을 가지고 있었다.[4] 이들 중 시워드는 공화당에서 가장 유력한 인물로 자타가 공인하는 대통령 후보였다. 시워드 정도는 아니었지만 체이스 역시 대단한 인물이었다. 이들은 물론 카메론, 베이츠 역시 무학에, 하류층에 이렇다 할 경력이 없는 링컨을 자신들의 상대로 생각하지 않았다. 이들은 링컨을 두고 "스프링필드의 무명 변호사에 지나지 않는다."라고 무시했으며, '착하기는 하지만 무능한 사람'이라고 생각했다(Goodwin, 2005: xvi).

시워드와 체이스는 후보가 된 링컨을 두고 공화당이 대통령 후보를 형편없는 사람으로 뽑았다고 공공연하게 떠들었다. 그럼에도 대통령이 되고 난 후 링컨은 시워드를 가장 중요한 내각자리인 국무 장관에, 체이스를 재무 장관에, 베이츠를 법무 장관에, 그리고 카메론을 전쟁 장관에 각각 임명했다. 그러나 시워드와 체이스는 링컨이 대통령직을 수행하기가 어렵기 때문에 자신을 국무 장관과 재무 장관으로 임명했다고 생각하고 거만하게 행동하면서 내각의 하부 인사를

---

[4] 링컨과 대통령 후보 경선에서 경쟁한 네 명 중 카메론을 제외하고 모두 상류층 출신으로 대학교육을 받은 인물이었고 링컨보다 훨씬 오랫동안 의회와 정부의 경력을 가지고 있었다.

비롯한 중요 의사결정을 마음대로 하고자 했다. 하지만 링컨은 그들을 다시 설득했고 대통령인 자신이 아니라 "위기에 처한 국가가 그들의 능력을 필요로 한다."라는 말로 그들을 설득했다.[5]

과거의 원한을 문제 삼지 않은 링컨의 내각 인사 중 가장 돋보이는 사례는 비리로 물러난 카메론에 이어 에드윈 스탠턴을 전쟁 장관으로 임명한 것이다. 1855년 여름에 링컨이 스프링필드에서 수입이 변변찮은 변호사 일을 하고 있을 때 우연히 같은 소송을 변호하게 된 베테랑 변호사 스탠턴은 링컨을 한없이 무시했다. 스탠턴은 인사를 하는 링컨에게 노골적으로 대놓고 '긴팔원숭이', '아무것도 모르는 쓸모없는 사람'으로 말하면서 "이런 촌놈 변호사하고는 같이 일을 할 수 없다."라고 말했다.[6] 아마도 당시 링컨이 느낀 비애와 굴욕은 이루 말할 수 없었을 것으로 생각된다. 하지만 링컨은 6년 후 스탠턴을 주저없이 자신의 내각에서 전쟁 장관으로 임명했다. 비록 자신을 무시했지만 링컨은 1855년의 소송 당시에 스탠턴의 뛰어난 변호 솜씨에 감명받았고 그 후의 여러 사건에서도 스탠턴의 능력을 확인했다. 심지어 링컨이 대통령이 되고 난 후에도 스탠턴은 링컨을 '지적 능력이 떨어지는 사람'으로 무시했다(Neely, 1982: 287). 또한 스탠턴(아직 전쟁장관으로 임명되기 전)은 남북전쟁 초기 전투인 불런전투에서 패한 뒤 전임 대통령

---

[5] 국무 장관으로 임명되고 난 후 시워드는 자신 마음대로의 행동에 대해 링컨이 간섭을 하자 취임도 하기 전에 사표를 던졌다. 하지만 자신의 집을 직접 찾아 온 링컨과 대화를 하고 난 후 시워드는 새 대통령이 우리들 중 최고임을 스스로 인정했다. 재무 장관 체이스는 공화당 급진파에 속해 있는 인물로 반드시 자신이 대통령이 돼야 한다고 생각한 사람이었다. 그는 어쩔 수 없이 재무 장관을 수락하고 그 직책을 수행하고 있었지만 대통령에게 툭하면 사표를 던져 자신의 존재를 부각시키고자 했다. 또한 체이스는 링컨이 재선을 위해 노력하는 것을 알면서도 공공연하게 다음 대통령은 자신이 돼야 한다고 주장했다. 체이스는 링컨의 재임 기간 4년이 채 되기 전에 무려 네 번이나 사표를 던졌는데 링컨은 세 번째까지는 그를 설득해 다시 재무일을 하도록 했다. 링컨에게 체이스는 마치 '성가신 파리' 같기는 했지만 링컨은 체이스가 누구보다도 정직하다는 것을 알고 있었고 전쟁이라는 위기 상황에서 정부를 운영하고 전비(戰費)를 조성하는 데 체이스만큼 적임자가 없다고 생각했다. 링컨은 체이스가 제출한 네 번째 사표를 전격적으로 수리했고 대신 체이스의 친구이자 공화당 급진파를 주도하고 있었던 윌리엄 페센덴(William P. Fessenden)을 신임 재무 장관에 임명하고 약간의 시간차를 두고 그를 연방 대법원장에 임명했다.
[6] William H. Herndon to Jesse W. Weik, January 6, 1887, in Goodwin, *Team of Rivals*, 174.

뷰캐넌에게 "아무도 지난 일요일의 끔찍한 재앙을 이야기하는 사람이 없었습니다. 이 재앙의 원인은 무엇보다 이번 내각의 무능함에 있다고 봅니다."라는 편지를 보냈다.[7] 링컨은 스탠턴의 이런 사실을 알고 있었다.

많은 사람이 골수 민주당원이자 과거의 굴욕을 준 사람을 장관으로 임명하는 것을 반대했다. 하지만 링컨은 부정 비리가 있는 전쟁부를 개혁하고 전쟁을 승리로 이끄는 견인차 역할을 하는 데 스탠턴이 최고의 적임자라고 확신했다. 이는 링컨이 가지고 있는 비범한 능력, 바로 대의(大義)를 위해서라면 굴욕과 비애를 초월하는 능력이었다. 링컨은 스탠턴을 장관으로 임명했을 뿐만 아니라 그에게 전쟁부에 관한 전권을 위임했다. 링컨은 거의 매일 엄청나게 쌓여 있는 군 관련 서류를 대충 무시하지 않고 하나하나 살펴봤다. 링컨이 가장 유심하게 본 것은 다름 아닌 스탠턴의 서명이었다. 링컨은 스탠턴의 서명이 있다면 그 서류는 문제가 없을 것이라 믿었다. 스탠턴은 링컨의 자신에 대한 믿음에 감동했고 이내 가장 충성스러운 장관이 돼 대통령을 도와 남북전쟁을 승리로 이끌었다. 암살당한 링컨을 찾아 온 스탠턴은 "이제 링컨 대통령은 역사의 한 페이지가 됐습니다."라고 고백했다(Oates, 1977: 458-459). 링컨이 첫 번째 내각을 발표했을 때 『시카고 트리뷴(Chicago Tribune)』 기자 조셉 메딜(Joseph Medill)은 링컨에게 왜 정적(政敵)과 적수(敵手)로 구성된 내각을 했느냐는 질문을 했다. 이에 링컨은 다음과 같이 대답했다.

> 이 나라는 위기에 처해 있습니다. 우리 내각에는 이 나라에서 가장 강하고 유능한 사람을 필요로 합니다. 나는 상황을 잘 살펴봤고 이들이 가장 유능하다는 것을 알았습니다. 그래서 나는 이 나라에서 그들의 봉사를 빼앗을 수 있는 권한이 없다고 생각합니다(Goodwin, 2018: 212; Goodwin, 2005: 319).

---

7 Edwin M. Stanton to James Buchanan(July 26, 1861).

9. 에이브러햄 링컨의 공공리더십

링컨은 적을 이기는 최고의 방법으로 적을 친구로 만드는 전략을 구사했다. 이러한 초당적이고 굴욕과 라이벌을 문제 삼지 않는 인사 기준과 실천은 링컨의 큰 자신감의 표현이며 관용의 증거가 아닐 수 없다. 링컨은 명분과 정실에 입각한 인사가 아니라 누가 가장 그 일을 하는 데 적합한가 하는 실용에 입각한 인사를 했다. 이 실용의 인사는 그가 그토록 원하던 분열을 끝내고 대통합(연방 유지, 노예 해방)을 이루려는 노력의 일환이고 이 노력 때문에 목적을 달성할 수 있었다고 생각한다. 링컨은 측근, 친구, 정당, 과거 경력, 굴욕, 라이벌 등에 관계없이 그 무엇보다 먼저 능력 있는 적합한 사람을 찾아(集賢) 그 일을 하도록 했다. 말하자면 링컨은 '동종 교배'의 유혹으로부터 벗어났던 것이다. 나는 여러 정치가가 툭하면 말하는 진짜 '국민대통합'을 이루는 첫걸음은 무엇일까 다시 한번 생각해 본다.

사위미성(事爲未成): 업(業)을 행하는 자, 맡은 사명을 명심하십시오

위대한 리더는 달성하고자 하는 명확한 목표를 가지고 있다. 아무리 능력 있는 리더라 하더라도 그를 따르는 팔로워가 없다면 그는 이미 리더가 아닌 것이다. 또한 훌륭한 리더가 있고 그를 따르는 팔로워가 있다고 하더라도 그들이 추구하는 목표가 없고 불분명하다면 거기에는 리더십이 작용하지 않는다. 목표는 명료해야 한다. 추구하는 목표가 무엇인지 팔로워들이 쉽게 이해하고 그것에 대해 리더와 동일한 마음으로 추구할 때 리더십이 작용하는 것이다. 목표는 명백한 것이어야 함은 물론이고 다른 사람에게 나아가 조직에게도 공유될 수 있는 공동의 것이어야 한다. 이런 의미에서 리더십은 리더와 팔로워가 공동의 목표를 달성하기 위해 상호 관계를 유지하며 이뤄 가는 기술이다.

링컨 대통령은 달성하고자 하는 목표를 가지고 있었다. 링컨의 목표는 그의 취임사와 다른 중요한 연설에서 구체화돼 있다. 그것은 명료했으며 팔로워들과 같이 추구해야 할 공동의 목표였다. 그것은 그가 밝혔듯이 "헌법보다 훨씬 오래된 것"이었다.[8] 바로 '연방 보존'이었다. 링컨은 오랫동안 미국인들을 결집시켜 왔던 두 가지의 근본적인 가치인 자유와 평등의 추구를 지속적으로 공유하고 강조하고 또 강조해 왔다. 그는 "독립선언서에서 구체화된 내용으로부터 생겨나지 않은 생각은 정치적으로 단 한 번도 한 적이 없습니다."라고 말했다(Basler, 1953, 4: 290). 그래서 링컨에게 연방 분리는 독립선언서와 연방헌법을 부정하는 것과 같았다. 연방의 연속성은 법적으로, 역사적으로 보장된 것이었다. 대통령에 취임할 때 이미 남부의 7개 주가 연방을 탈퇴했고 다른 4개 주도 연방정부에 위협을 가하고 있었다. 이러한 위협은 링컨에게는 물론 미국이라는 국가 그 자체에도 위협이었다. 이에 링컨의 태도는 분명했다.

> 어느 주(州)도 그 자체의 단순한 행동만으로 연방으로부터 합법적으로 탈퇴할 수 없습니다. 그런 일(연방에서 탈퇴하는 일)을 행하겠다는 결의와 포고는 법적으로 무효입니다. 그리고 미합중국의 권위에 반대해 어느 주나 주들 사이에서 일어나는 폭력행위는 경우에 따라서는 폭동이며 반란입니다. … 물리적으로 말해서도 우리는 분리될 수 없습니다. 우리는 서로에게서 각각의 지역을 없앨 수도 없으며 그들 사이에 통과할 수 없는 벽을 쌓을 수도 없습니다.[9]

아직 전쟁이 시작되지 않았던 때에 링컨은 최선을 다해 전쟁을 피하고자 노력했다. 전쟁이 임박한 상황에서 어떻게 하면 전쟁을 피하고 연방을 보존할 수

---

[8] Abraham Lincoln, *First Inaugural Address*, March 4, 1861. 링컨은 1차 취임사에서 연방은 법적으로는 물론 역사적으로 영원한 것으로 생각했다. 연방은 헌법이 만들어지기 전 1774년의 Articles of Association에서 형성되고, 1776년 독립선언과 1778년의 Articles of Confederation로 강화됐으며, 1788년 헌법의 목적을 "좀 더 완전한 연방을 형성하기 위한 것"으로 규정했다.

[9] Abraham Lincoln, *First Inaugural Address*, March 4, 1861.

있는가 하는 문제가 대통령이 된 링컨의 최대 목표이자 역사적 사명이었다. 그래서 그는 서로를 폐쇄가 아니라 개방을, 적(敵)이 아니라 친구이기를 원했다. 링컨은 취임사 마지막에서 "우리는 적이 아닙니다. 우리는 적이 돼서도 안 됩니다. 격정이 긴장돼 있지만 이것이 우리의 애정의 유대관계를 깨어서는 안 됩니다."라고 호소했다.[10]

그러나 전쟁은 일어났고, 링컨은 평상시 생각에 따라 이 전쟁의 최대 목표로 건국 아버지들의 유산인 연방을 보존하는 것으로 삼았다. 연방 보존을 위해서는 전쟁에서 승리를 해야 했다. 링컨의 목표는 전쟁 승리를 통한 연방 보존이었다. 몇몇 사람은 노예 제도에 대한 링컨의 태도를 문제 삼지만 링컨에게 노예 제도 자체는 분명히 악이었고 폐지돼야 할 것이었다. 링컨의 친구이자 장군이었던 워드 라몬(Ward H. Lamon)이 노예 제도 찬성론자들이 링컨의 노예 제도 반대의 입장을 문제 삼을 것이라고 말하자 링컨은 "나는 흥분한 대중들은 겁나지 않습니다. 나는 인간을 사고파는 노예 제도가 비열하고 저속한 것이라고 솔직하게 말하는데 조금도 방해받지 않을 것입니다."라고 말했다(Lamon, 1895: 23). 링컨이 초기에 노예제도 폐지를 전쟁의 목표로 삼지 않은 것은 아직 노예 제도를 유지하고 있는 경계 주(메릴랜드, 델라웨어, 켄터키, 미주리)를 고려하고 헌법에서 보장하고 있는 것이었기 때문이다. 또한 링컨은 인간으로서는 동등하다는 생각은 분명히 가지고 있었지만 당시 미국 사회의 현실에서 흑인과 백인은 결코 동등하지 않았다고 생각했다. 그래서 링컨은 노예 해방을 서두르지 않았고 그 점진적인 폐지에 역점을 뒀다. 그리고 링컨은 언젠가 기회가 오면 노예 제도는 반드시 사라져야만 할 것이라 여겼다.[11]

남북전쟁은 링컨의 대중적 입지를 강화하고 대통령의 권한을 확대하는 결

---

10 Abraham Lincoln, *First Inaugural Address*, March 4, 1861.
11 1862년 9월 22일 노예해방령을 발표한 데 이어 그해 12월 1일에는 노예 해방에 따르는 보상을 요구하는 교서를 의회에 보냈다. 링컨은 연방군이 승리가 확실해진 1865년 2월 1일에 전국적으로 노예제도를 폐지하는 수정헌법 13조에 서명했다.

과를 낳았다. 그뿐만 아니라 전쟁은 링컨이 연방과 노예제도는 양립할 수 없으며 본래부터 이 나라는 모든 인간은 법 앞에 평등하다는 원리로 세워졌다는 사실을 국민들에게 설득하는 기회를 제공해 줬다. 1863년 11월 19일 게티즈버그 연설에서 링컨은 일부러 헌법을 인용하지 않고 독립선언서를 언급했다.

> 지금부터 87년 전 우리의 조상들은 이 대륙에 자유를 신봉하고 모든 사람은 평등하게 창조됐다는 명제에 헌신하는 새로운 국민을 창조했습니다. 지금 우리는 그렇게 신봉하고 헌신하는 국민이 오랫동안 지속할 수 있는가를 실험하는 전쟁 속에 있습니다. … 하나님의 사랑 아래 우리 국민은 자유를 새롭게 탄생시켜야 합니다. 그리고 국민의, 국민에 의한, 국민을 위한 정치가 지구상에서 사라지지 않도록 해야 합니다.[12]

링컨은 국민들을 설득하기 위해 엄격히 말해 헌법을 위반하고서라도 노예해방의 정당성을 부여하고자 했다. 신중하게 선택해 272자로 구성된 이 연설을 통해 링컨은 종래 목표였던 연방 보존에 새로운 자유와 평등의 원리를 확대했다. 여기에서 언급한 '국민'은 흑인과 백인이 포함된 개념이었다. 이것은 인간 평등 실현이라는 숭고한 목표의 당위성을 제공하는 순간이었다. 이것은 국민들에게 미래 비전을 제시하는 것이었다.

링컨은 전쟁에서 승리하고 연방을 보존하는 목표와 비전을 현장에서 알렸다. 링컨은 자주 전쟁터를 찾아가 이 나라와 대통령들은 병사들의 노고를 결코 잊지 않고 있다고 격려하고 싸우고 있는 대의의 중요성을 상기시켰다. 오하이오 166연대를 찾아간 링컨은 다음과 같이 말했다.

---

12 Abraham Lincoln, *The Gettysburg Address*, November 19, 1863. 사실 링컨은 연방헌법에 따른 Dred Scott 판결에 대해 비록 이 판결이 잘못되지 않았음은 인정했지만, 궁극적으로 이는 링컨의 생각과는 위배되는 것이었습니다. 대통령이 되고 난 후 링컨은 인신보호영장 청구권을 금지하는 것을 비롯해 여러 번에 걸쳐 헌법에 위배되는 정책을 내놨다.

우리는 현재뿐만 아니라 앞으로도 장구하게 우리의 모든 삶을 누리게 될 지금처럼 위대하고 자유로운 정부를 후손에게 영원히 물려줘야 합니다. 나를 위해서뿐만 아니라 여러분을 위해서 이 사실을 기억하기 바랍니다. 나는 잠시 백악관을 차지하고 있습니다. 나는 선조들의 후손이 그랬던 것처럼 여러분의 후손들이 이곳을 보러 올 수 있는가를 살피는 살아 있는 목격자에 불과합니다. 여러분은 자유로운 정부를 통해 저마다 자신의 사업과 기업, 그리고 총명함에 활짝 열려 있는 무대와 공정한 기회를 마음껏 누려 왔습니다. 여러분은 바람직한 인간의 욕망을 가졌고 삶이라는 경주에서 동등한 기회를 제공받았을 것입니다. 이를 지키기 위해 투쟁은 계속돼야 합니다. 국가는 이를 위해 싸워야 합니다(Phillips, 2006: 228-229 재인용).

목표 달성을 위한 링컨의 열정은 누구보다도 강했다. 링컨과 변호사 사무실을 운영했던 윌리엄 헌든(William Herndon)은 "그는 항상 앞서서 예상을 했고 미리 계획을 세웠습니다. 그의 야망은 마치 휴식을 모르는 작은 엔진과도 같습니다." 라고 썼다(Herndon & Weik, 1983: 304). 상점 운영, 우체국장, 측량기사, 변호사, 정치가, 그리고 대통령이 되면서 링컨은 한결같이 헌든이 말한 작은 엔진을 달고 다녔다. 대통령이라는 목표 달성을 위해 링컨은 수차례에 걸친 실패와 좌절을 맛봤지만 이에 결코 굴복하지 않았다. 1858년 상원의원 선거에서 스티븐 더글러스(Stephen A. Douglas)에게 패한 뒤 친구인 알렉산더 심슨(Alexander Sympson)에게 "나는 궁극적으로 우리가 이길 수 있다는 확실한 믿음이 있습니다. 리더의 목표는 단계적으로 이뤄집니다. 사람들은 그것이 너무나 평범해서 목표가 이뤄지는 것을 기다리지 못합니다. … 나는 죽지도 않았고 죽어 가지도 않습니다."라고 말했다(Basler, 1953, 3: 346). 우리는 링컨이 사람들에게 자주 이야기했던 내용에서 그가 목표를 달성하고자 하는 열정이 얼마나 강했는지를 이해할 수 있다.

자기보다 덩치가 큰 개를 제압하는 작은 개가 있었는데 이 개가 다른 개를 이기는 이유는 단순하답니다. 다른 개들은 싸우기를 망설이는데 그 작은 개는 곧바로 미친 듯이 싸우기 시작하기 때문입니다(Zall, 1982: 76).

링컨은 전쟁을 수행하면서 자주 장군들과 내각 인사들에게 이 이야기를 해 줬다. 성공하는 리더십에는 목표에 집중하는 능력 또한 필요하다. 링컨은 전쟁 승리를 통해 연방을 보존하는 궁극적인 목표 달성을 위해 매 단계별로 집중했다. 전쟁 초기에는 군대를 재건하고, 남부의 항구와 미시시피강을 장악하는 데 집중했다. 전쟁이 계속되자 그는 남부동맹의 수도인 리치먼드를 공략하는 데 목표로 삼지 않고 남군 사령관 리 장군에게 집중했다. 링컨은 1863년 6월 조셉 후커(Joseph Hooker) 장군이 리치먼드로 진격하겠다는 주장에 "장군의 진정한 목표는 리치먼드가 아니라 리(Robert Edward Lee) 장군입니다."라고 말했다(Basler, 1953, 3: 346). 링컨은 목표 달성을 위한 핵심이 무엇인지를 알았다. 전쟁이 끝날 무렵 링컨은 전후 평화로운 미국의 재건에 집중했다.

링컨에게는 명확한 목표와 비전이 있었다. 미국을 수호하는 목표는 독립선언서와 헌법의 정신을 부활시키는 것으로 국민들에게 자긍심과 애국심을 다시 심어 주는 계기가 됐다. 노예 제도에 대한 투쟁은 이미 오래된 문제였고 전쟁이라는 것을 통해 이 문제점에 종지부를 찍는 계기가 됐다. 그리고 서로를 용서하는 새로운 미국 건설에 대한 비전 제시는 국민들로 하여금 또다시 발전적인 성장을 할 수 있다는 용기를 줬다.

독단위지(獨斷爲之): 반대를 무릅쓰고 추진해야 할 일이 있다

링컨은 연방을 보존하고 전쟁을 성공적으로 수행하는 목표를 달성하기 위해 대통령으로서의 모든 방법을 강구했다. 링컨은 섬터요새 전투 이후 군대 동원령을 내렸으며, 버지니아와 텍사스까지 봉쇄하는 선전포고문을 발표했고, 나아가 인신보호영장 청구권을 중지시키는 일까지 선포했다. 이에 대법원장 로즈 태니(Roger B. Taney)는 오직 의회만이 인신보호영장을 일시 중지할 수 있다고 주장하면서 링컨을 비난했다. 심지어 링컨을 독재자나 전제군주로 표현하기도 했다. 하지만 목표 달성을 위한 링컨의 노력은 단호했다. 자신에 대한 이러한 비난에 대해 링컨은 다음과 같은 말로 일축했다.

> 나의 선서는 나에게 모든 수단을 동원해서 헌법을 기본법으로 하는 정부와 국가를 보존하라는 의무를 부과했습니다. 국가를 잃으면서 헌법을 지키는 것이 무슨 소용이 있습니까? 일반적으로 볼 때 생명과 팔다리는 보호돼야 합니다. 그런데 종종 생명을 구하기 위해 팔다리를 절단해야 될 때가 있습니다. 이와 달리 팔다리를 구하기 위해 생명을 버리는 행위가 과연 현명한 선택이라고 할 수 있겠습니까? 나는 생명을 구하기 위해 팔다리를 절단하는 행위가 국가를 보존해 헌법을 지키는 데 절대적으로 필요한 것으로 되게 함으로써 이는 헌법에 위배되는 것이 아니라 합법화될 수 있다고 생각합니다(Basler, 1953, 7: 281-282).

마크 폴릴(Mark R. Polelle)은 제2차 세계대전을 승리로 이끈 윈스턴 처칠(Winston Leonard Spencer Churchill)의 승리 요인에 대해 처칠의 군사고문인 앨런 브룩(Alan Brooke)의 말을 인용해 다음과 같이 말하고 있다.

> "처칠은 매일 열 가지 이상을 생각했는데 그중 하나만이 좋은 생각이고 나머지 아홉은 형편없습니다." 처칠은 자신에게 독창적인 조언을 제시할 만한 훌륭하고 독립심 강한 인물을 늘 가까이 두었습니다. … 히틀러와는 달리 처칠은 다양한 경험에서 나오는 현명한 견해를 수용해 자신의 의사결정을 철회하는 등 리더로서의 지혜로운 면모를 보여 줬다(Polelle, 2008: 20-21).

위대한 리더라면 때로는 자신이 내린 의사결정을 철회하는 용기가 있어야만 한다. 이미 결정한 사안이 잘못된 방향으로 진행되거나 본래 의도했던 방향으로 진행되지 않을 때 리더는 과감하게 방향을 전환할 필요가 있다. 당연히 연방군의 승리로 전쟁이 조기에 끝날 것이라 생각했지만 이렇다 할 승리도 담보하지 못한 채 전쟁은 계속되는 상태에서 링컨은 작전 변경 내지 방향 전환을 할 때라 직감했다.

1862년 6월 마지막 주에 그토록 승리의 소식을 전해 주기를 간절히 바랐던 조지 매클렐란(George McClellan) 장군이 첫 번째 주요 공격에서 궤멸적인 패배를 당했다. 남부동맹의 수도인 리치먼드를 공격하기 위해 반도까지 쉽게 진격했던 연방군은 유능한 남부 사령관 로버트 리(Robert Edward Lee)의 유인작전에 말려 거의 1만 6천 명의 사상자를 냈다. 이 패배로 북부 연방군의 사기는 바닥으로 떨어졌다. 이 반도전투의 패배에 대해 뉴욕에서 사업을 하고 있었던 조지 스트롱(George T. Strong)은 다음과 같이 말했다.

> 우리의 사기는 바닥이다. 이제 넌더리가 난다. 온통 우울한 생각뿐이다(Nevins & Thomas, 1952, 3: 241).

이미 언급했듯이 처음에 링컨은 전쟁을 하는 목적에 노예 해방을 중점으로 삼지 않았다. 심지어 링컨은 이미 7월에 노예해방선언의 초안을 공개했음에도 불구하고 8월에도 호레이스 그릴리(Horace Greeley)에게 "이 전쟁의 최대 목표는 연방을 구원하는 것입니다. 이것은 노예 제도를 유지하거나 파괴하는 것이 아닙니다."라는 편지를 썼다.[13] 그럼에도 링컨은 생각과 달리 전쟁의 목적을 변화시켜야 할 때가 왔다고 생각했다. 반도전투 패배 이후 링컨은 자신의 생각과 자신의

---

13 Lincoln to Greeley, August 22, 1862. 링컨은 남부의 연방 탈퇴를 인정하지 않았다. 그는 전쟁을 전쟁이라 하지 않고 반란으로 규정했다.

방향과 자신의 작전을 바꿀 때가 왔다고 직감했다.

> 상황이 계속 나빠지고 있습니다. 그동안 우리가 추진해 온 작전(방향)이라는 로프의 마지막 지점에 도착했음을 직감합니다. 이제 우리는 마지막 카드를 사용해야 하며 우리의 작전을 바꿔야만 합니다(Carpenter, 1995: 201).

링컨 대통령은 전쟁의 작전 변경에 대한 마음을 굳힌 상태에서 7월 22일 내각 인사들을 백악관으로 불렀다. 자신이 준비한 노예해방선언의 초안을 읽어 주기 위함이었다. 화가 프랜시스 카펜터(Francis Bieknell. Carpenter)가 이 장면을 그렸다. 링컨이 선언문 초안을 들고 중앙에 앉아 있다. 급진파들 - 에드윈 스탠턴, 샐먼 체이스 - 은 링컨의 오른편에 있다. 보수파들 - 칼렙 스미스, 몽고메리 블레어, 에드워드 베이츠 - 은 링컨의 왼편에 위치해 있다. 중도파들 - 제데온 웰스, 윌리엄 시워드 - 은 링컨과 같은 테이블에 앉아 있다. 여기저기에 전쟁 지도와 책들이 놓여 있다. 카펜터는 자신이 이 장면을 그리면서 그림의 목적은 "이 사람들에게 지금까지 이 세상에 없었던 영속적인 명성을 주기 위함"이라고 말했다 (Carpenter, 1995: 11).

프랜시스 빅넬 카펜터의 '노예 해방령을 읽는 링컨'(1864)

링컨은 노예해방령에 대한 초안을 장관들에게 읽어 보였는데 내각 모두가 심각한 표정으로 굳어 있었다. 급진파는 급진파대로, 보수파는 보수파대로 링컨의 작전 변경(방향 전환)에 대한 우려의 표시였다. 내각인사들의 반대가 심했지만 링컨은 "나는 유용한 카드를 쓰지 않고 내버려 둬 이 게임(전쟁)에서 지고 싶지 않습니다."라고 말했다(Basler, 1953, 5-343). 링컨은 시워드의 건의에 따라 앤티텀 전투 승리 후 1862년 9월 22일에 내각회의에서 공식 발표했다. 이것은 1863년 1월 1일부로 세계에 선언될 것이었다.

> … 이 반란을 진압하기 위해 적합하고 필요한 전쟁 조치로, … 현재 미합중국에 대해 반란 상태에 있는 주의 지역 내에서 노예로 있는 모든 사람은 이제부터 자유의 몸이 될 것이라고 명령하고 선언합니다. … 적합한 조건을 가진 사람은 미국 군대에 편입돼, … 나는 이 행동(노예해방)이 헌법이 보장하며 군사상 필요한 것으로 정당하다고 믿습니다.[14]

연방 보존과 전쟁 승리라는 당초 목표에 이제 노예 해방이 첨가됐다. 링컨에게 노예 해방은 본래의 목적 달성에 충실함을 더해 주는 결과를 낳았다. 전면적인 노예 해방을 하지 않고 군사상의 필요성에서 노예 해방을 한정한 것은 해방된 흑인의 연방군대에 참전을 노린 링컨의 목표 달성을 위한 훌륭한 전략이었다. 노예 해방이 남부의 노동력을 분열시키고 그 노동력의 일부를 북부의 군사력으로 전환시키는 결과를 초래함으로써 남부동맹은 전쟁 수행에 큰 타격을 입었다. 링컨을 연구한 제임스 맥퍼슨(James McPherson)은 "해방된 노예로 구성된 북부군은 궁극적으로 남부의 악몽이었습니다. 이전의 주인과 싸워 그들을 죽인 흑인 군인들은 링컨의 노예 해방 정책의 가장 혁명적인 차원의 결과를 가져다줬습니다."라

---

[14] Abraham Lincoln, The Emancipation Proclamation, January 1, 1863.

고 말했다(McPherson, 1990: 35).[15] 1863년 말경에 연방군대에는 해방된 흑인이 약 10만 명 이상 복무하고 있었다. 링컨은 1863년 8월에 일리노이주 스프링필드의 시장인 제임스 콩클링(James Conkling)에게 보낸 편지에서 "나는 지금까지 우리가 승리한 중요한 전투 중에서 노예 해방 정책으로 흑인들이 참전한 전투가 반란 세력을 다루는 가장 성공적인 결과를 낳았다고 생각합니다"라는 의견을 피력했다.[16] 무엇인가 잘못돼 간다고 느껴질 때 과감한 작전 변경은 위대한 리더들이 명심해야 할 또 하나의 리더십 전략이다. 노예해방선언은 링컨이라는 리더는 물론 미국이라는 나라에 절묘하고 절묘한 한 수였다.

선장악단(善長惡短): 장점은 오래, 단점은 짧게 기억하시오

사불주피(射不主皮), 즉 활쏘기의 목적은 과녁의 가죽을 뚫는 것이 아니다. 링컨은 인간 본성에서 '악의', '복수', '처벌'보다 '선의', '용서', '관용'을 더 좋아한다는 것을 알고 있었다. 링컨은 인간 관계를 유지하는 데 그 누구보다도 관용적이었고 관대했다. 전쟁이 한창 진행되고 있었지만 링컨은 전쟁 후의 미국을 어떻게 재건할 것인가를 생각했다. 링컨은 연방을 탈퇴하고 수많은 사람의 목숨을 앗아간 전쟁의 책임자인 남부동맹에 대해서도 일찍부터 관용으로 포용하고자 했다. 링컨은 1863년 12월 8일 의회에 보낸 연두교서에서 이른바 '10%안'을 밝혔다. 이는 연방을 탈퇴한 남부 주들 가운데 유권자의 10% 이상이 연방헌법에 충성을 서약하는 주에 대해서는 다시 연방 소속의 주로 인정한다는 것이 핵심이었다.[17] 링컨은 전쟁이 끝나기 전에 가능한 즉시 통합 전 주민의 10%가 헌법에 대

---

15 이 밖에도 노예 해방은 영국을 비롯한 대유럽 외교에서 '북부의 정의'를 호소할 수 있었고 그동안 문제가 됐던 도망 노예들의 문제를 해결해 줬다.
16 Lincoln to James C. Conkling, August 26. 1863.
17 The ten percent plan, formally the Proclamation of Amnesty and Reconstruction (December 8,

한 충성을 맹세하면 연방에 복귀할 수 있도록 해야 한다고 생각했다. 또한 링컨은 단순 노예 해방이 아니라 노예 제도가 영원히 복구될 수 없도록 헌법을 수정해서 보장해야 한다고 주장했다.

그러나 그동안 공화당 급진파들은 지난해 12월에 링컨 대통령이 선포한 남부 재통합 방안에 적지 않은 불만을 가지고 있었다. 그들은 1864년 대통령 선거에서 링컨이 재선 후보가 되지 못할 수도 있다고 경고했다. 특히 오하이오주 상원의원으로 공화당의 급진파를 이끌고 있었던 벤저민 웨이드(Benjamin Wade)는 링컨이 이 악마적 전쟁을 하기에는 너무 '천사 같은 사람'이라고 주장하면서 이 전쟁에서 단순한 승리를 넘어 남부를 초토화시켜 전쟁을 야기한 남부인들에게 전쟁의 책임을 묻고자 했다. 그래서 웨이드는 또 다른 급진파로 메릴랜드주 하원의원인 헨리 윈터 데이비스(Henry Winter Davis)와 함께 대통령과 다른 새로운 남부 재통합 법안을 제출했다. 이 법안은 링컨의 재건안과 달리 남부에 가혹한 내용을 담았다. 가능한 빨리가 아니라 전쟁이 완전히 끝날 때까지 남부 재통합에 대한 그 어떤 시도를 미루고 통합 전 주민의 과반수(50%)가 연방헌법에 대한 충성을 맹세하고 나아가 남부동맹에서 공직이나 군직에 있었던 사람은 물론 타의에 의해 강제로 연합군에 가담했음을 증명하지 못하는 사람에게는 투표권을 주지 않는다는 내용을 담았다. 또한 국회의 명령으로 남부의 노예 해방이 이뤄져야 한다고 명시했다.[18]

이에 링컨은 이른바 '웨이드-데이비스 법안'의 내용이 연방헌법의 권한을 넘어서는 것으로 전반적으로 남부에 너무나 가혹하다고 생각했다. 특히 링컨은 이 법안을 남부 각 주에 일괄적으로 적용하는 것은 현명하지 못하다고 생각했다.[19] 그래서 링컨은 이 법안에 대해 공식적으로 거부하지 않으면서 이른바 '포

1863).
18 The Wade-Davis Bill(July 2, 1864).
19 링컨은 이 법안을 고대 그리스의 강도인 프로크루스테스(Procrustes: 프로크루스테스는 여행자들을 잡아다가 침대에 누이고 침대보다 크면 몸을 잘라 맞추고 침대보다 작으면 몸을 늘려 맞췄다.)의 악명 높은 침대에 비유했다.

켓 거부권(pocket veto)'을 이용해 법안에 서명하지 않은 채로 대통령 책상 위에 둠으로써 효력을 갖지 못하도록 했다. 이에 웨이드와 데이비스를 비롯한 공화당 급진파들은 대통령과의 관계가 급속도로 냉랭해졌다. 의사당을 나서면서 데이비스는 "이 지각 없고 독재적인 대통령이 그의 재선 가능성을 높이기 위해서 탈퇴한 주들을 성급하게 연방으로 복귀시키려 하고 있다."와 같은 혹독한 비난을 했다(Beschloss, 2016: 169 재인용). 또한 리치먼드의 어느 신문은 공화당의 분열을 환호하면서 다음과 같이 논평했다.

> 저 저속한 일리노이 원숭이는 곧 폐위될 것입니다. 백악관에 더 이상 그의 시시껄렁한 유머가 들리지 않은 것입니다(Beschloss, 2016: 169 재인용).

이에 링컨은 "가장 쓰라린 상처는 친구의 집에서 당한 것"이라고 비통해 했다. 우여곡절 끝에 당의 대통령 후보가 엄연히 정해졌음에도 불구하고 웨이드와 데이비스를 비롯한 공화당 급진파는 링컨을 버리고 그랜트 장군처럼 국민의 신망을 얻을 수 있는 후보자를 고르자고 주장했다. 이에 링컨은 전쟁을 종결시킬 의무를 가지고 있는 그랜트 장군의 정치적 야심이 있는지를 알아보고자 했다. 이에 그랜트는 "그들은 나를 강요할 수 없습니다. 링컨의 재선은 대의를 위해 중요합니다."(Beschloss, 2016: 169 재인용)라고 말하면서 선거에 관심이 없음을 확실히 밝힌다. 링컨은 그랜트의 반응에 안도했지만 선거를 앞둔 시기에 급진파의 요구와 자신의 계획이 달라 당이 분열되는 모습이 보여 너무나 가슴 아파했다. 결국 남부 재통합 방안을 놓고 링컨과 급진파들 사이에 갈등의 골이 좁혀지지 않은 채 수면으로 가라앉았다. 더 큰 문제가 일어나 세간의 관심을 그쪽으로 끌고 갔기 때문이다(Beschloss, 2016: 184 재인용).[20]

---

[20] 링컨은 그랜트로 하여금 북부의 전군을 동원해 버지니아 리치먼드로 공격해 남군의 마지막을 밀어붙이고자 했다. 그랜트는 전쟁을 끝내기 위한 전투를 위해 남쪽으로 이동해 피터즈버그를 먼저 공격하고 리치먼

링컨은 역대 대통령 중 가장 많은 사면을 단행한 미국 대통령이었다. 휘하 장군들로부터 올라온 탈영병에 대한 사형 집행 서류를 놓고 링컨은 종이에 '적군 앞에서 비겁한 행위를 한 군인'이라고 적고 책상 위에 던져 둔 채 최종 서명하기를 미뤘다. 그리고 여기저기에 '적 앞에서 두려움', '두려움에 떨고 있는 다리', '도망가려는 욕망', '취약한 발' 등을 적었다. 장군에게 "전지전능하신 하나님께서 그 사람에게 겁많은 다리를 주셨다면 그 다리가 두려워 도망가는 걸 그라고 어떻게 하겠습니까?"라는 의견을 내놓았다(Boller, 1981: 139; Philips 2006: 88-90). 사면을 너무 많이 해 주는 일에 대해 보좌관들이 염려를 하자 링컨은 "우리는 가능한 모든 수단을 동원해 정부를 전복하려는 행위는 막아야 하지만 동시에 우리는 사회라는 가슴에 너무나 많은 가시를 심고 그것이 자라나게 하는 일은 반드시 피해야만 합니다."라고 말했다(Basler, 1953, 7: 255 재인용). 사면을 받은 군인들은 연방군의 대의에 최선을 다했음은 물론 링컨을 자신들의 진정한 리더로 받아들였음은 두말할 나위도 없었다.

1862년 7월 28일 남부동맹에 가담했던 루이지애나주를 연방에 다시 가입시키는 문제와 관련해 링컨은 "나는 악의를 가지고는 어떤 일도 하지 않을 것입니다. 내가 하고 있는 일은 악의를 가지고 처리하기에는 너무나 중요하고 방대합니다."라고 말했다(Basler, 1953, 5: 346 재인용). 전쟁이 막바지로 이르는 1865년 2월 3일 링컨은 평화회담을 위해 남과 북의 만남을 주선했다. 연방을 대표해 대통령 링컨과 국무 장관 시워드가, 남부동맹을 대표해 부통령 알렉산더 스티븐스

드로 입성하고자 했다. 그랜트의 이런 전략을 눈치, 로버트 리는 북부의 수도 워싱턴을 불시에 점령하는 전략을 세웠다. 그래서 리는 주벌 얼리(Jubal Early) 장군으로 하여금 리치먼드에 남아 있는 전체 동맹군 15만 명을 북쪽으로 보냈다. 얼리는 몇 주 동안 연방군에게 들키지 않고 7월 5일에 포토맥강을 건너 메릴랜드주로 진격해 들어갔다. 수도를 방어하고 있던 소수의 연방군은 적은 병력으로 워싱턴으로 진격해 들어오는 동맹군을 잠시라도 막기 위해 노력했다. 이때 국무 장관의 아들 윌리엄 시워드 2세가 모노커시강에서 동맹군의 진격을 막기 위해 최선을 다해 싸우다 부상을 당해 가까스로 도망쳤다. 훗날 그는 당시를 "전투는 거의 온종일 지속됐고 결국 우리 부대가 월등한 숫자에 제압될 때까지 쉴 새 없이 맹렬히 싸웠습니다."라고 회상했다. 이때 얼리의 군사들을 막는 데 노력한 사람 중에는 훗날 『벤허』의 작가로 유명해진 류 월리스(Lou Wallis) 장군도 있었다.

9. 에이브러햄 링컨의 공공리더십

(Alexander Stephens), 상원의원 로버트 헌터(Robert Hunter), 전쟁 장관 존 캠벨(John Campbell)이 버지니아주 햄프턴로즈 해상에 정박해 있는 스팀보트 '리버 퀸'에서 만났다. 햄턴 회담에서 이러저러한 내용의 주제 - 프랑스와의 동맹 문제, 남부동맹의 연방에 대한 항복의 조건, 전쟁 후에 노예제가 지속될 수 있는지 여부, 그리고 노예 해방을 통해 잃어버린 재산에 대한 보상을 받을지 여부에 대한 문제 - 가 논의됐지만 양측 간에 합의된 것은 단지 양측의 포로 교환 문제에 대한 것뿐이었다.[21] 사실상 남부동맹의 대표들이 관심을 가지고 있었던 것은 링컨이 연방을 배신하고 반역한 자신들을 용서할 것인가 여부였다. 링컨은 합의를 하지 않았지만 남부동맹의 지도자들을 처벌하지 않았다. 링컨의 행동이 너무 지나치다고 생각한 공화당 급진파들이 이를 문제 삼자 링컨은 다음과 같이 말했다.

저들을 쫓아 버리시오. 문을 열고 빗장을 내리고 그들을 위협해서 쫓아내시오!(Philips, 2006: 91 재인용)

공자(孔子)가 말하는 '사불주피(射不主皮)'의 본질을 꿰뚫는 말이라 하겠다. 애틀랜타를 점령하고 동부 해안지대를 따라 버지니아로 진격해 오던 윌리엄 셔먼(William Sherman) 장군이 분명 자신의 군대에 의해 체포될 것이라 생각한 남부동맹의 대통령 제퍼슨 데이비스(Jefferson Finis Davis)를 체포하는 것이 좋은지, 도망치게 하는 것이 좋은지에 대해 링컨에게 물었다. 이에 링컨은 다음과 같은 말로 셔먼이 어떻게 해야 하는지를 말했다.

제퍼슨 데이비스 체포건과 관련한 내 생각을 말씀드리겠습니다. 일리노이주에 극기에 대해 강연을 하는 연로한 강사가 계십니다. 그분은 극기와 관련된 원칙에 매우 엄격했고 스스로도 철저하게 금욕을 실천했습니다. 어느 날이었죠. 뜨거운 햇살

---

21 The Hampton Roads Conference(February 3, 1865).

아래 오랜 시간을 거닌 다음 그분은 친구의 집을 들렀고 친구는 그에게 레모네이드를 권했습니다. 친구가 레모네이드에 기운을 돋우는 약을 넣어도 되는지 묻자 그는 "원칙적으로 나는 그것을 원하지 않네."라고 말했습니다. 그리고 잠시 후 손에 쥐고 있는 음료수병을 갈망하듯이 쳐다보면서 말을 이었습니다. "하지만 내가 알지 못하게 요령껏 넣는다면 그것이 내게 그렇게 해로울 것 같지는 않군." 장군, 나는 데이비스가 도망치는 것을 원치 않습니다. 하지만 내가 알지 못하게 그를 도망치게 할 수 있다면 내게 그렇게 나쁠 것 같지는 않군요(Hertz, 1987: 369-370 재인용; Philips, 2006: 91-92 재인용).

드디어 전쟁이 끝나자 많은 사람이 백악관으로 몰려왔다. 링컨은 그들 앞에 다가가서 연주자들에게 남부동맹이 자신들의 애국가처럼 여긴 노래 '딕시(Dixie)'를 연주해 줄 것을 부탁했다. 링컨은 사람들에게 연방이 적 남부를 상대로 승리한 이 중차대한 시간에 왜 남부의 애국가를 연주해 달라고 하는지를 다음과 같이 설명했다.

딕시야말로 내가 들은 노래 중에 최고라고 생각합니다. 우리의 적들이 이 곡을 차지하려 했지만 나는 이미 예전에 우리가 이 곡을 붙잡아야 한다고 주장했습니다. 나는 법무 장관에게도 자문을 했는데 그는 '딕시'가 우리의 합법적인 전리품이라고 대답했습니다. 이에 밴드에게 나를 위해 딕시 연주를 해 주기를 부탁합니다(Philips, 2006: 92 재인용).

링컨은 일반 국민들에게 '딕시'가 더 이상 남부동맹의 것이 아니라 미합중국의 것임을 말했다. 링컨은 적이 소중하게 여기던 것을 포용함으로써 전쟁을 일으킨 남부의 단점을 가능한 빨리 잊어버리고자 했다. 세종이 말하는 선장악단(善長惡短)의 가르침이 아닐 수 없다.

링컨은 스스로 말했듯이 복수와는 거리가 먼 사람이었다. 그는 복수심과 원한을 가지고는 아무 일도 못할 사람이었다. 총 703단어로 아주 짧지만 예수의 '산상수훈'에 비교되는 불후의 연설이 링컨의 두 번째 취임식에서 나왔다. 일반적으로 생각할 때 무시무시한 전쟁에서 승리를 눈앞에 둔 마당에 전쟁의 책임과 보상을 운운하는 것이 당연할 것이다. 하지만 링컨은 이 전쟁의 책임이 누구에게 있는가에 대해 묻지 않았다. 대신 그는 국민들에게 악의를 멀리하고 용서와 관용으로 새로운 시대를 맞이하자고 호소했다. 그의 두 번째 취임식 연설의 마지막 부분에서 우리는 링컨의 관용의 리더십의 진수를 볼 수 있다.

> 그 누구에게도 악의를 가지고 대하지 맙시다. 모든 사람을 사랑합시다. 하나님이 우리에게 정의를 보여 준 것과 같은 정의에 대해 확신을 가집시다. 이제 우리 이 일(전쟁)을 끝내는 데 최선을 다합시다. 이 나라가 입은 상처를 동여맵시다. 전쟁으로 사망한 사람, 그의 아내, 그의 고아들을 돌봅시다. 그래서 우리들 사이에서, 나아가 모든 나라에서 정의롭고 영원한 평화가 달성되고 지속될 수 있도록 모든 일을 합시다.[22]

공자(孔子)로부터 배우지는 않았지만 링컨은 '사불주피'의 진리를 알고 실천했다. 링컨은 가죽을 뚫어 상대의 몸과 마음을 망가지게 하는 것은 화살의 본래 목적이 아니라고 봤다.

---

22 Second Inaugural Address of Abraham Lincoln(March 4, 1865).

나오며

과미심괴(誇美甚愧): 아름다움을 과장하는 것을 멀리하시오.

링컨은 결코 자신을 자랑하지 않았다. 링컨은 자신의 '결핍(want)'을 너무나 잘 알고 있었고 스스로 이를 극복하기 위해 노력했다.

문어농부(問於農夫): 현장에 답이 있다.

링컨은 백악관이 아닌 전쟁터에서, 일반 국민들의 일터에서 대통령 생활 4년의 대부분을 보냈다. 링컨은 여론 목욕을 너무나 좋아했고, 위기의 시대에 하나님의 목소리와 같은 국민의 목소리를 경청했다.

여지소의(予之所倚): 너를 믿는다는 말 한 마디가 사람을 바꿔 놓는다.

링컨은 사람들은 설득, 친절, 칭찬, 그리고 상대방을 배려하는 겸손한 태도를 좋아한다는 것을 알고 이를 실천했다. 링컨은 "한 방울의 꿀은 한 통의 쓸개즙보다 더 많은 파리를 잡는다."는 진리를 알고 있었다.

유심간택(留心揀擇): 온 마음을 기울여 인재를 찾으시오.

링컨은 미국이 위기에 처해 있다는 것을 알고 있었다. 그래서 그는 이 나라에서 가장 강하고 유능한 사람을 선발(集賢)하는 데 온 힘을 기울였다. 링컨은 학연, 지연, 혈연, 당파 등에 좌우되는 이른바 '동종 교배 증식'의 유혹에서 벗어나 진정한 국민 대통합을 이뤘다.

사위미성(事爲未成): 업(業)을 행하는 자, 맡은 사명을 명심하시오.

링컨은 대통령으로 자신이 무엇을 해야 하는가를 알고 있었고, 국민들과 함께 그 일을 위해 최선을 다했다.

9. 에이브러햄 링컨의 공공리더십

독단위지(獨斷爲之): 반대를 무릅쓰고 추진해야 할 일이 있다.

링컨은 자신이 선택한 의사결정이 잘못된 방향으로 간다고 판단했을 때 기꺼이 자신의 의사결정을 포기하는 용기를 가지고 남아 있는 카드를 썼다.

선장악단(善長惡短): 장점은 오래, 단점은 짧게 기억하시오.

사불주피(射不主皮): 활쏘기의 목적은 과녁의 가죽을 뚫는 것이 아니다.

링컨은 단순한 정적이 아니라 국가에 반란을 일으킨 세력을 관용으로 용서했다. 링컨은 "활은 상대방의 가죽을 뚫는 것이 목적이 아니다."라는 공자의 말을 실천했다.

Public Leadership

서양의 리더십
-500년
세계 패권을 이끌다

올로프 팔메의 정치철학과 상생의 리더십

박상철 교수

들어가며

"올로프 팔메는 세상을 변화시켰으며 이러한 그의 업적은 현재에도 지속되고 있다. 민주주의, 인권, 평화를 지향한 그의 언어와 행동은 현재까지도 많은 사람에게 영감을 주고 있다."(Olof Palme International Center, 2019)

올로프 팔메(Olof Palme)는 제1차 세계대전이 끝난 후 유럽이 불완전한 평화 시기를 구축한 1927년 1월 30일 스웨덴의 상류층 집안에서 아버지(Gunnar von Knieriem Palme)와 어머니(Elizabeth von Knieriem Palme) 사이에서 삼남매 중 막내로 태어났다. 아버지는 올로프 팔메가 일곱 살 때 사망했으며 유아기에는 신체가 매우 허약해 동년배처럼 집 밖에서 뛰어놀기보다는 집 안에서 독서에 집중했고, 어린 시기에 상류층 집안의 영향으로 다양한 언어(영어, 프랑스어, 독일어, 스페인어, 러시아어)를 습득하는 훌륭한 학생이었다.

17세 때 스웨덴 최고 명문 사립학교인 시그투나 후만이스카 레로베르크(Sigtuna Humaniska Läroverk)를 졸업하고 제2차 세계대전이 한창인 1944년 징병으로 군대에 입대해 기갑부대 중위로 제대한 후 미국 오하이오 케년대학(Kenyon College)에서 장학생으로 유학했다. 이 대학에서 1948년까지 정치학 및 경제학을 공부했다. 대학 졸업 후 팔메는 4개월간 자동차 편승(hitch hiking), 버스 등을 이용해 34개 주를 여행했다. 이러한 미국 장학생 유학 배경과 미국 내 광범위한 지역 여행으로 팔메는 스웨덴에서 미국을 가장 폭넓고 깊게 이해하는 정치인으로 인정받게 됐다.

팔메의 미국 여행은 개인적으로 많은 충격을 줬다. 미국의 34개 주를 여행하며 다양한 미국인을 만나고 경험하면서 20대 초반의 청년에게 세계 최고의 부국(富國)인 미국의 인종 간, 개별 주별 경제적 격차와 빈곤을 목격했다. 이는 아이러니하게도 팔메가 상류층 집안의 경제적 배경에도 불구하고 사회주의자(socialist)로 전환하는 데 중요한 역할을 했다. 팔메는 미국 여행을 통해서 스스로 말하기를 "세계 최고의 부자 나라에서 빈곤에 처한 사람들의 삶은 정말로 힘들어 보였다." 이는 팔메가 미국식 자유민주주의 및 자유시장주의 경제 체제의 문제점을 인식하게 했으며, 자신의 정치 인생에서 사회민주주의(social democracy) 및 사회적 시장경제 체제를 신봉하는 계기로 작용했다(McFadden, 1986).

지속적인 여행은 팔메의 정치 인식에 커다란 변화를 이끌었다. 미국에서 귀국한 후 1949년 공산국가인 체코슬로바키아 수도인 프라하(Prague)에서 현지 여대생과 결혼을 하게 된다. 그러나 이는 자유를 갈망하는 여대생을 개인의 자유가 보장되는 서유럽 국가로 이주시키기 위한 선택이었으며 스웨덴에 도착 이후 이들은 계획한 것처럼 이혼을 하게 된다. 이는 팔메가 개인의 자유를 보장하는 민주주의에 대한 굳건한 신념을 보여 주는 일화다. 이로써 개인의 자유는 팔메의 정치철학 중 중요한 요소 중 하나가 됐다.

귀국 후 팔메는 스톡홀름대학에서 법학을 전공해 1951년 석사학위를 취득하고 학생 시절 사회민주당(Social Democratic Party: SDP)의 당원으로 가입해 활동했다. 당시 사회당 당원으로 활동하던 팔메는 사회당 정부의 수상실 비서에게 자신은 평생 사회당 당원으로 헌신할 것을 맹세했다. 이후 팔메가 정치적 리더십을 발휘할 수 있게 된 계기는 1952년 전국학생노조 대표(President of the National Swedish Union of Students)로 선출됐고, 이를 계기로 1954년 당시 수상인 타게 에어란더(Tage Erlander)의 개인비서가 된 것이다. 그의 업무는 연설문 작성, 일정 조정 등에 집중됐으나 팔메는 자신의 폭넓은 지식을 최대한 활용해 수상에게 개인적으로 매우 가까운 조언자의 역할을 성실하게 수행했다.

이후 팔메는 사회당 내 정치적 입지를 강화함으로써 국회의원, 장관, 수상으로 선임되고 사회당 당수로 선출되는 순탄한 정치적 가도를 달리게 된다. 사회당 당원으로 그리고 당내 정치적 입지를 강화하는 과정에서 팔메의 상류층 출신이라는 사회적 편견으로 인해서 그를 오만한 인물로 평가하는 사람들도 있었으나 팔메가 사회당 당원이 되면서 스스로 고백한 말은 그의 정치철학의 일면을 정확하게 보여 준다. 그는 말하기를 "나는 분명 상류층에서 출생했으나 노동운동(Labor Movement) 세대에 속한다. 따라서 노동운동을 수행하면서 노동자계급을 위해서 일했으며 민중들 속에서 자유(freedom), 평등(equality), 형제애(fraternity)를 위한 운동에 참여하게 됐다."

정치철학

팔메는 1956년 약관인 29세에 처음으로 의회에 진출했으며 자신의 정치적 관심사인 학생복지, 성인교육, 국제협력 부문의 입법 활동에 전념했다. 당시 정치 상황하에서는 의회에서 많은 관심을 갖고 있지 않았던 의제임에도 불구하고 장기 국가 발전을 위한 측면에서 팔메는 의회에서 자신의 강점인 웅변과 토론을 통해 다양한 법률을 제정하는 데 크게 기여했다.

의회 내에서의 눈부신 활약을 바탕으로 1963년 에어란더 수상은 팔메를 무임소 장관으로 임명하고, 2년 후에는 통신부 장관(Minister of Communication)으로 임명했다. 1963년 36세에 정부 내 최연소 장관이 되고 통신부 장관을 거쳐서 1967년에는 교육 및 종교부 장관(Ministry of Education and Religious Affairs)에 임명되면서 교육 및 종교정책에 개혁가의 자질을 유감없이 발휘했다. 통신부 장관 시절에는 유럽 내에서 영국과 동일하게 좌측 차선 주행 체제에서 미국과 동일한 유럽대륙 교통 체제인 우측 차선 주행 체제로 전환시켰다. 또한 영화 및 텔레비전에서 상영된 동영상에서 폭력적 장면은 금지한 반면에 이성 간 애정행위는 허락하는 조치를 단행했다. 교육 및 종교부 장관이 돼서는 교육과정에 카를 마르크스(Karl Max) 사상을 교육하는 것을 허용했으며, 이는 스웨덴 내 보수진영의 강력한 반대를 초래했다.

1968년에는 러시아 주재 북베트남 대사와 함께 스톡홀름에서 베트남전쟁에서의 미국의 역할에 대한 반대 데모에 직접 참여했다. 이를 계기로 팔메는 국제무대에서 베트남전쟁에서 미국의 참여를 비판하는 주요 정치인으로 자리 잡게 됐으며, 북베트남 수도인 하노이 폭격을 명령한 리처드 닉슨(Richard M. Nixon) 미국 대통령의 행위는 독일의 아돌프 히틀러(Adolf Hitler)의 행위와 동일하다고 비난했다. 이후 팔메는 미국의 반전주의자들에게 정치적 난민을 허용하는 조치를 단행하는 책임 있는 행동을 취했다(McFadden, 1986).

1년 후인 1969년 9월 에어란더 수상은 명예로운 은퇴를 결정했으며 후계자로 팔메를 지지했다. 따라서 팔메는 사회민주당 전당대회에서 전원 합의하에 수상으로 선출됐으며, 동년 10월 14일 국왕인 구스타프 6세(Gustav VI) 앞에서 정식으로 수상 직무를 수행할 것을 선서했다. 당시 팔메의 나이 42세였으며 유럽 내 최연소 수상이었다.

팔메가 수상으로 임명된 1969년 말은 정치, 경제, 사회적으로 다양한 문제와 새로운 도전이 기다리고 있던 시기였다. 경제적으로는 실업률의 증가, 국제수지 적자 등이 시작됐다. 사회적으로는 무모한 파업행위, 약물 및 알코올 중독 문제 심화, 정치적으로는 뉴스미디어를 지배하고 있는 진보적 정치 세력과 산업과 금융계를 지배해 경제계를 장악하고 있는 보수적 정치세력 간 갈등이 증폭되고 있던 시기였다.

이러한 상황하에서 팔메 수상은 야당들과 지속적인 대화와 타협을 통해 의회 내에서 다수의 정책 조정에 대한 합의를 이끌어 냈다. 그 결과 팔메 정부는 산업경쟁력을 강화했으며 무역 증진을 성취했다. 동시에 의회 내에서 야당과 협력해 사회 및 노동 부문의 수정을 달성할 수 있었다. 그 결과 스웨덴은 지구상에서 국내총생산(GDP) 대비 가장 높은 세금 지출을 통해 가장 발전된 사회복지 체제를 구축했다. 이를 기반으로 스웨덴 모델(Swedish Model)을 구축하는 데 성공했다. 동시에 미국, 스위스와 더불어 세계에서 가장 높은 국민소득을 달성해 경제적으로 가장 부유한 국가로 자리매김했다.

팔메는 20세기 스웨덴뿐만이 아니라 유럽에서 가장 극적인 삶을 영위한 정치가였다. 1986년 2월 28일 스웨덴 수도이며 자신이 태어난 고향인 스톡홀름에서 한 국가의 수상 신분으로 경호원도 없이 부인과 영화를 보고 귀가하던 중 젊은 청년의 총격으로 사망해 냉전 시기였던 당시 서방 세계뿐만이 아니라 사회주의 진영인 공산국가를 포함한 세계에 커다란 충격을 안겼다. 20대 말부터 중앙 정치 무대에서 적극적으로 활약해 40대 초반에 일국의 수상으로 선출된 팔메의 정치활동은 단순히 성공만이 존재하지는 않았다.

즉, 수상으로 당선된 이후 다양한 정치, 경제, 사회적 문제를 극복해야 했으며, 1932년 이후 44년 간 사회민주당의 정권이 지속되는 가운데 1976년 총선에서 농민의 지지를 받는 중앙당(Center Party)을 중심으로 하는 중도보수연합에 처음으로 정권을 내주는 참담한 경험도 겪게 된다. 이후 1982년 총선에서 승리해

10. 올로프 팔메의 정치철학과 상생의 리더십

사망할 때까지인 1986년 제2기 팔메 정부를 이끌게 된다.

팔메가 성장해 정치가로 전문적인 삶을 영위한 모든 기간인 1927년부터 1986년까지 세계는 제2차 세계대전, 민주주의와 공산주의의 대립 관계인 냉전 체제, 제2차 세계대전 이후 각 식민지 독립, 민주주의 확산 등 격동의 시기였다. 이러한 시대적 상황 속에서 팔메는 다음과 같은 두 가지 역사적 방향성과 시대적 정신을 정확하게 인식했다.

첫째, 인류 역사상 새로운 방향 대두로서, 팔메가 성장하고 정치가로 활동하던 전 기간에 역사의 새로운 방향성이 한번 이상 진행되고 있다는 사실을 팔메는 자신의 노력과 개인적인 자질을 통해 명확하게 인식하게 됐다.

둘째, 시대정신(Zeitgeist)에 대한 통찰력으로서 역사의 격동기에서 팔메는 시대가 요구하는 시대정신을 정확하게 이해할 수 있는 통찰력을 자신의 노력을 통해서 배양했으며, 이를 기초로 사회적 변화를 현실화할 수 있는 탁월한 역량을 발휘했다(Österberg, 2008).

팔메의 이러한 개인적 자질은 사회적으로 상류층 집안 출신이라는 출신 배경과 다양한 언어 습득 및 독서를 통해 배양됐다. 동시에 청년 시절부터 시작한 유학 생활과 미국(1948년), 동유럽(1949년), 아시아(1953년) 등 다양한 지역의 여행을 통해 당시 세계가 당면하고 있던 현실을 인식하는 계기가 됐다. 팔메는 당시 스웨덴 내 가장 영향력 있는 집안 중 하나인 상류층 출신이었으나 1951년 스톡홀름대학 학생 시절 사회민주당(Social Democratic Party)에 입당했으며 국제적 수준의 학생지도자로 성장해 26세에 스웨덴 수상의 개인비서로 발탁됐다.

팔메는 자신의 출신 배경으로 인해 정치적으로 보수적 영향을 깊게 받은 것은 분명한 사실이나 청년 시절 학습과 여행을 통해 스스로 목격하고 경험한 인식을 통해 사회민주적인 정치적 방향을 선택하게 된다. 이는 특히 여행을 통해 세계 각 지역에 가난과 억압, 심한 차별이 존재하는 현실을 직시하게 된다. 팔메가 자신의 출신 배경을 무시하고 사회민주당에 입당해 정치를 시작한 것을 1932년 이후 사회민주당의 장기 집권 때문으로 인식하고 개인적으로 팔메를 이러한 정치적 환경에 적응하기 위한 기회주의자라고 비판하고 있는 집단도 존재하지만 1950년대 초에는 그 어느 누구도 사회민주당이 1976년까지 지속적으로 장기집권을 할 줄은 예상하지 못했다. 따라서 팔메의 사회민주당 입당과 정치활동은 개인의 신념에 의해서 선택한 것으로 판단하는 것이 합리적인 판단이다(Berggren, 2010; Eklund, 2010).

팔메의 보수 부르주아 출신 배경에도 불구하고 자신의 정치적 신념을 기초로 사회민주당을 선택해 당내 사회민주당 당원 및 정치가들에게 커다란 파장과 동시에 높은 희망을 제공한 것은 분명한 사실이다. 이는 1969년 당시 에어란더 수상의 직접적인 지원이 있었지만 사회민주당 전당대회에서 전 당원 만장일치로 팔메를 사회민주당 당수 및 수상으로 선출한 것으로 분명하게 증명된다. 즉, 팔메는 당시 스웨덴 정치환경에서 매우 특이한 선택을 했으며, 이는 자신의 정치철학 및 경험을 기초로 형성된 선택으로 이해될 수 있다.[1]

이처럼 자신의 출신 배경과 정치철학 및 신념을 기초로 선택한 사회민주주의 정치 노선은 팔메의 정치 여정에서 지속적으로 희망과 실망을 동시에 제공하면서 진보 및 보수 세력에게 정치적 비판을 제공하는 계기로 작용하게 된다. 즉, 팔메가 자신의 정치 여정에서 본인의 경험 및 학습을 통한 신념 및 철학을 정치를 통해 구현하겠다는 목표는 국제 정치에서는 극단주의(Radicalism)를 선택해서 국제적인 정치인으로 성장함에 매우 중요한 역할을 하는 데 기여했다.

그러나 국내 정치에서는 노동운동(Swedish Labour Movement)과 자본(capital)과의 관계에서 상호 협력과 이해 충돌의 사이를 지속적으로 반복하는 과정에서 필수적으로 각 이해당사자들에게 희망과 실망을 주게 된다. 이는 본인의 출신 배경 및 성장 과정에서 생성된 무의식적 영향력과 학습 및 경험을 통해 형성된 의식

---

1 이 내용은 2019년 8월 27일 스웨덴 고텐버그대학교 정치학과 욘 피에레(Jon Pierre) 교수와 인터뷰한 내용임.

간 차이에서 발생되는 매우 자연적인 현상으로 팔메의 정치철학 및 리더십을 이해하는 데 중요한 요소로 작용하고 있다(Österberg, 2008).

팔메의 정치철학은 설명한 것처럼 자신의 출신 배경에 의한 영향을 기반으로 형성된 것보다는 학습과 광범위한 지역을 여행한 개인적 경험을 통해 현실 세계를 목격하면서 형성됐다. 이는 반제국주의(anti-colonialism), 개혁주의(reformism), 반공산주의(anti-communism)와 같은 세 가지 요소로 설명할 수 있다. 이를 기초로 팔메는 전 정치 인생에서 국제 및 국내 정치에서 반제국주의자, 개혁가, 반공산주의자로 자신의 철학을 실행하려고 노력했다. 그 과정에서 진보 세력 및 보수 세력에게 다양한 논란을 제공하는 수정주의자로 비난을 받았으나 실질적이며 현실적인 변화를 주도한 실용주의자로 평가받고 있다.

팔메의 정치철학으로 형성된 세 가지 구성 배경은 다음과 같다.

첫째, 반제국주의(anti-colonialism)다.

팔메가 출생하고 성장한 20세기 초는 서구 열강의 제국주의가 팽창하고 정치, 경제, 군사적 이해관계가 충돌해 제1차 세계대전이 발발하고 독일의 패전과 함께 불완전한 상태의 잠정적인 평화 기간을 유지하고 있던 시기였다. 이후 세계 패권이 제국주의를 대표하는 영국에서 공화주의 및 민주주의를 대표하는 미국으로 1935년 이동했으며, 미국은 영국의 제국주의하에서 발생한 피해를 최소화하고 새로운 패권국가로 국제 질서를 정립해 나가는 시기였다. 이러한 상황하에서 과도한 전쟁배상금을 요구한 승전국에 반기를 든 독일이 제2차 세계대전을 일으키면서 유럽은 재차 거대한 전쟁의 소용돌이로 빠지게 됐다.

이 기간은 팔메가 유년기, 청년기 등 감수성이 예민한 시기를 보내면서 제국주의의 피해를 간접적으로 경험하고 있었다. 동시에 스웨덴은 영국 및 프랑스와 달리 19세기 초 핀란드가 제정 러시아와의 전쟁에서 패배하면서 100년 이상 식민지를 보유하고 있지 않은 상태였기 때문에 제국주의에 대한 비도덕성에 대한 비판을 자유롭게 할 수 있는 상황이었다.

이 밖에도 팔메는 미국 유학 및 동유럽(체코슬로바키아 등), 아시아(인도 및 인접 국가) 등 국가를 여행하면서 식민지 국가의 실상과 제국주의의 정치, 경제, 사회, 문화적 폐해와 인종주의(racism)를 기초로 하는 극심한 인종차별주의를 생생하게 목격했다. 이러한 개인적 경험은 팔메의 정치적 판단 및 행동에 직접적인 영향을 미쳤다. 그 결과 팔메는 1960년대 중반부터 남아프리카 흑인과 백인 간 인종분리정책인 아파르트헤이트(Apartheid) 정책에 반대했으며 남아프리카공화국 내 반(反)아파르트헤이트운동을 지원했다. 동시에 남아프리카공화국 독립운동을 주도하는 흑인 지도자에 대한 지속적인 관심을 유지하고 이들과 교류하면서 독립운동을 적극적으로 지원했다(Derfler, 2011).

팔메는 남아프리카공화국뿐만이 아니라 앙골라(Angola), 모잠비크(Mozambique), 로데시아(Rhodesia), 나미비아(Namibia) 등 남부 아프리카 국가들의 흑인 독립운동을 온정주의적으로 지지한 것이 아니라 이들 국가 국민이 자신의 미래를 독자적으로 결정할 수 있는 권리를 획득해야 한다고 강조했다. 그가 항상 주장한 것은 인간의 기본적인 도덕으로 인간의 기본권적인 측면에서 억압받고 각자의 소망을 스스로 달성할 수 없고 자기결정권을 침해받으면서 고통스러워하는 남부 아프리카 국가의 국민을 지원하는 것이었다. 이를 위해 팔메는 다수의 아프리카 국가에 교육을 지원함으로써 아프리카 국가들로부터 절대적인 지지를 받게 됐으며, 수상이 된 후에는 이러한 개발도상국 지원 모델을 다른 서방국가가 따르기를 개인적으로 희망했다.

팔메는 서유럽 제국주의가 아프리카 대륙에서 자행한 비인륜적 만행에 대한 도덕적 책임이 있음을 주장했으며 서유럽 주요 국가들에게 이를 인정하고 실천할 것을 발언의 기회가 있을 때마다 지적했다. 이처럼 반제국주의 및 반인종차별을 공식적으로 주장하고 국제기구인 국제연합(United Nations)에 인종분리정책인 아파르트헤이트 정책을 금지할 것을 제안했다. 또한 1965년에는 국제연합에 남아프리카공화국의 경제 제재를 요구하는 최초의 서방국가가 됐다. 이 밖에도 타 북구연맹 회원국(덴마크, 노르웨이, 핀란드, 아이슬란드)[2]과 긴밀하게 협력해 아파르트헤이트 정책 금지를 실현시키기 위해 스웨덴 정부는 남아프리카공화국 독립운동(Liberalization Movement)에 1969년부터 1986년까지 700만 크로나(당시 환율 약 250만 달러)를 지원했다.

이러한 개발도상국 지원 모델은 팔메가 제3세계(the Third World)가 제국주의 국가로부터 독립해 자주적으로 발전할 수 있도록 정치 및 제도적으로 지원하는 리더십을 발휘하는 계기로 작용하게 된다. 동시에 중립국가의 수상으로 제국주의 국가로부터 독립을 쟁취한 제3세계 국가가 군사적으로 침략받지 않고 세계평화가 유지될수 있도록 하기 위해서 군비 축소를 제안하게 된다(Derfler, 2011).

둘째, 개혁주의(reformism)다.

체제 개혁은 팔메의 정치 수행 과정에서 중요한 정치철학의 하나로 자리 잡게 된다. 그 이유는 세계의 다양한 국가에서 제국주의 체제의 불합리와 비도덕성을 경험했으며 이들 국가에 상존하던 극심한 인종차별주의를 여행을 통해 직접 목격했기 때문이다. 팔메는 스스로 정치행위를 직업으로서 즐기는 선천적인 정치가의 기질을 갖고 있다고 주장했다. 이러한 선천적 기질이 대중 및 정당 간 토론을 통해 이들을 설득하고 자신의 주장을 국가정책에 반영해 국가가 당면하고 있는 문제들을 개혁해 나갈 수 있다고 굳게 믿고 있었다.

이는 1920년대 독일의 사회학자 막스 베버(Max Weber)가 주장한 정치는 독립적 리더십이 행한 행위라고 정의하면서 직업으로서의 정치를 수행하는 정치가의 역할을 강조하게 됐다. 즉, 베버는 정치행위에 전념하는 정치가는 국가구성원인 국민의 목표와 이상을 달성하기 위한 수단으로 정치 권력을 획득하기 위해 최선의 노력을 다하고 있다. 따라서 정치가는 이러한 희망을 국민에게 제공하기 위해 정치 권력이 제공하는 특권을 향유하는 행위자이며 이를 직업으로 수행하는

---

[2] 북구연맹(Nordic Union)은 스칸디나비아 5개 회원국(스웨덴, 덴마크, 노르웨이, 핀란드, 아이슬란드)를 중심으로 1953년에 구성됐다. 이들 국가는 북구계획(Nordplan)을 공동으로 기획하고 실행하고 있다.

행위를 정치가의 역할이라고 정의했다(Weber, 1921).

팔메는 미국 유학에서 돌아온 후 1951년 스톡홀름대학에서 법학을 공부하는 과정에서 학생운동(Student Movement) 및 노동운동을 수행하면서 사회민주당 청년지도자가 되고 이를 통해서 공식적인 정치활동을 시작하게 된다. 당시 팔메는 정치활동을 수행하면서 국내 및 국제 사회가 당면하고 있는 다양한 문제들을 개혁해 제국주의 체제하에서 발생하고 존재했던 문제점을 해소하는 것이 정치행위의 중요한 목표라고 생각했다. 이를 위해 정치가로 시작한 처음부터 수상으로 피살되는 마지막 순간까지 정치행위를 직업으로 인식했으며 이를 즐겁게 수행할 수 있는 정신적 자세를 보유하고 있었다.

학생운동 지도자인 팔메는 당시 국내에서 진행됐던 노동운동에 참여해 자본주의 경제 체제의 정치적 이해관계 차이점으로 발생하는 자본과 노동 간의 문제점을 해결하는 것이 사회 개혁의 핵심 중 하나라고 인식했다. 동시에 국제적 차원에서는 1950년대 초 반제국주의를 실현하기 위해 억압받고 있던 남아프리카공화국 학생들의 교육을 위해 장학금 모금운동을 전개했다. 이를 통해 남아프리카공화국 내 독립을 희망하는 청년들에게 교육의 기회를 제공하고 이들이 자체적으로 독립운동을 수행할 수 있는 기반을 형성하는 데 중요하고 실질적인 지원을 제공했다. 즉, 팔메의 정치를 통한 개혁은 반제국주의에 저항하고 이를 실천하는 방법으로 식민지국가의 독립운동을 가능하게 하는 교육을 지원하는 데서 시작했다(Derfler, 2011).

이처럼 팔메의 개혁주의 정치철학은 놀랍게도 팔메 가문의 경제적 입지를 확고하게 구축한 그의 조부인 스벤 팔메(Sven Palme)의 영향을 깊게 받은 것으로 추정된다. 스벤 팔메는 19세기 말 막대한 경제적 부(富)를 창출해 스웨덴 내 영향력 있는 가문의 하나로 성장시켰음에도 불구하고 당시 사회적 불합리를 해소하는 사회 개혁을 지지하는 계몽사상과 현대적 의식을 갖고 있던 사업가였다. 팔메의 아버지는 팔메가 일곱 살 때 사망해 팔메의 성장기에 정신적으로 가장 크게 직접적인 영향을 미친 인물은 팔메의 할아버지임에는 틀림없다. 따라서 팔메의 정치적 특징은 급진주의(radicalism)와 개혁주의(reformism)로 대변되는데, 이 중 정치적 개혁주의는 상류층 집안 출신임에도 불구하고 사회적 개혁을 강조하고 이를 지지했던 조부의 정신적 영향을 통해 형성됐다. 실제로 팔메는 사회적 문제점을 발견 및 인식하고 이를 개혁을 통해 해결하는 데 매우 탁월한 재능과 능력을 현실 정치에서 보여 주고 있다(Berggren, 2010).

셋째, 반공산주의(anti-communism)다.

스웨덴 사회민주당은 1920년대부터 노동자계급을 위한 노동운동을 지원하고 전개해 왔으나 1920년대 말 발생한 세계적 경제 공황으로 노동계급의 막대한 고통과 피해 속에서도 공산당(Communist Party)이 주장하는 의회 밖에서의 격렬한 투쟁은 의회민주주의를 파괴하는 것으로 인식해 반대했다. 사회민주당은 의회민주주의를 존중해 의회 밖에서의 정치적 투쟁을 전개하는 공산당과의 정치적 협력을 1930년대 이후 지속적으로 거부해 왔으며, 이는 사회민주당의 전통으로 정착됐다. 따라서 팔메가 반공산주의를 정치철학 중 하나로 인식하게 된 것은 매우 자연스러운 것이다.

또한 제2차 세계대전 이후 세계는 민주주의 국가와 공산주의 국가 체제로 양분된 냉전 체제가 시작된 가운데 스웨덴은 민주주의 체제 국가로 서유럽 국가의 중요한 일원이었다. 당시 냉전 체제하에서는 정치적 극단주의가 존재했기 때문에 스웨덴은 국민의 자유와 평화를 유지하기 위해서는 서구 민주주의 체제에서 가능했다. 동시에 중립국가라는 정치 및 외교 원칙에 따라 서유럽 국가와 동유럽 국가를 연결하는 가교의 역할도 동시에 수행했다(Österberg, 2001).

팔메가 공산주의를 반대한 것은 스웨덴 사회민주당 전통에 의해 직접적인 영향을 받은 것도 있지만 냉전 체제가 정착된 이후 1949년 체코슬로바키아 공화국 등 동유럽 국가들을 여행하면서 개인의 자유를 억압하는 공산주의는 진정한 민주주의를 실현할 수 없다고 판단했기 때문이다. 현실적으로 제국주의도 식민지 국가에서 개인의 자유를 억압하고 인종주의를 기초로 하는 심각한 인종 차별이 자행되고 있는 현실을 목격한 팔메에게 개인의 자유를 억압하는 공산주의는 제국주의와 동일한 결과를 나타낼 것으로 간주했다.

이 밖에도 팔메는 개인의 자유를 매우 중요하게 인식했으며, 이는 교육을 통해 민주시민으로 거듭나는 가장 중요한 요소이며, 민주주의를 발전시키고 이를 수호할 수 있는 전제 조건으로 인식했다. 따라서 팔메는 자연스럽게 제국주의 및 공산주의에 반대하게 됐으며, 사회민주주의 가치관을 기초로 초강대국인 미국 및 소련의 정책 중 개발도상국에 대한 억압적 정책과 해당 국가 국민의 자유를 침해하는 정책에 절대적으로 반대했다. 이는 중립국가의 수상으로 서방 세계에 긴밀하게 연결돼 있으며 동유럽 국가들과 상이한 체제 간 연결을 주선하는 가교의 역할을 수행하는 측면에서도 팔메에게는 커다란 정치적 부담이었다. 그럼에도 불구하고 팔메는 자신의 정치철학에 따라 초강대국가의 정책이 극단적 제국주의 및 공산주의 방향으로 진행돼 개발도상국의 인권을 침해한다고 판단하면 자신의 정치적 위험을 기꺼이 감수했다(Derfler, 2011).

제2차 세계대전 이후 형성된 냉전 체제는 중립국을 국가정책으로 실행하고 있는 스웨덴으로서는 매우 커다란 도전이었다. 지정학적으로 스웨덴은 핀란드를 사이에 두고 소련과 직접적인 국경을 맞대고 있지는 않지만 매우 근접거리에 위치하고 있다. 또한 역사적으로 현 상트 페테르부르크(Saint Petersburg)를 중심으로 하는 소련의 서부지역은 스웨덴이 19세기 중엽까지 지배하고 있었으며 제정 러시아와의 전쟁에서 패배하면서 핀란드와 소련의 서부지역을 상실하게 됐다. 이러한 역사적 배경으로 인해 스웨덴과 소련은 적대 관계는 아니지만 긴장 관계를 형성하고 있었다. 따라서 팔메는 냉전 이후 자국의 중립국 가치를 지속적으로 유지하기 위해서는 서방 세계와 정치 및 경제적으로 긴밀하게 연계돼야 했다. 이러한 정치 및 경제 현실은 팔메의 정치철학 중 반공산주의를 강화하는 계기로 작용했다.

팔메의 국내 정치 및 국제 정치 접근 방법

팔메의 정치철학을 기초로 의회에 최초 진출하게 된 1956년부터 저격으로 인해 사망한 1986년까지 그의 정치 인생에서 수행한 방법은 국내 정치와 국제 정치를 분리해 접근한 실용주의(pragmatism) 방식이다. 즉, 국내 정치는 대화와 타협을 기초로 수행하는 개혁과 실용을 중시하고, 국제 정치는 반제국주의 및 반공산주의를 기초로 하는 급진주의(radicalism)를 추구하는 방식을 수행했다.

이를 기초로 국내 정치와 국제 정치를 구분해 접근한 팔메의 정치 접근 방법의 전략에 대한 사용한 내용을 살펴보면 다음과 같다.

첫째, 국내정치 접근 방법이다.

팔메가 정치가로 진입한 1950년대 국내 상황은 제2차 세계대전 이후 경제는 전후 부흥기를 맞이해 장기간 높은 경제 성장을 달성하는 경기확장기를 지속했으며, 이를 기초로 사회복지 체제를 구축할 수 있는 여건을 마련할 수 있었다. 동시에 냉전 체제가 시작된 변화된 국제 정치 및 경제 상황하에서 친(親)서유럽 그룹에 속하고 반공산주의를 주장하기 위해서는 국가 체제 내 공동의 가치관 정립이 중요한 상황이었다. 이는 보수주의의 확산이 최소화되고 문화적으로 급진주의가 확산되는 계기가 됐다.

또한 경제적으로 지속적인 고도 성장기에 도달하면서 정치적으로 의사결정 방식이 소수의 특정 이해관계 기관이 최종 결정을 이루는 협동조합주의 중심의 체제(korporativt orienterad system)가 구축됐다. 이러한 제도 운영으로 인해 의회의 영향력이 상대적으로 취약해졌다(Österberg, 2001).

이러한 상황하에서 팔메의 국내 정치 접근 방법은 대화와 타협을 통한 실용적인 것이 최선이었다. 즉, 대화와 타협은 야당뿐만이 아닌 산업계와도 지속적인 대화와 타협을 통해 실용적인 결과를 도출했다. 팔메의 대화와 타협을 통한 결과 도출 방식은 특히 정책결정이 자신의 판단에 불만족스럽다고 판단할 때 주로 행해졌다. 이로써 팔메는 사회민주주의가 공산주의를 대체할 수 있는 최고의 선택이라는 점을 가능한 확산시키는 데 주력했다.

대화와 타협을 통해 국내 정치를 운영했음에도 불구하고 팔메는 장관 시절부터 사회 및 교육 부문에서 과감한 개혁을 실시한 경험을 보유하고 있다. 통신부 장관 시절에는 좌측 운행 차량 제도를 우측 차량 운행 제도로 개혁했다. 이는 당시 유럽 내 영국과 스웨덴에서 시행하던 제도였으나 절대 다수의 유럽 국가 및 미국이 우측 차량 운행 제도를 운행했기 때문에 차량 운행 제도의 대세를 따르는 것은 바람직한 결정이라고 국민들에게 인식됐다. 또한 산업계도 더욱 커다란 시장에 접근하고 수출을 증대하기 위해서는 거대시장에서 운행하는 차량 운행 제도를 따르는 것이 더 높은 이익을 창출할 수 있었기 때문에 찬성했다.

이 밖에도 교육부 장관 시절 교육 부문의 개혁으로 마르크스의 사상을 보수진영의 강력한 반대에도 불구하고 수업 과정에 채택하고 동시에 당시에는 상대적으로 생소한 개념인 성인교육 제도를 도입했다. 마르크스의 사상을 정규교육과정에서 직접 학습함으로써 자본주의 및 공산주의의 한계를 논리적으로 이해시키고 동시에 사회민주주의의 필요성을 강조하기 위한 목적을 달성했다. 또한 성인교육을 강조해 노동 인력에게 직업교육의 중요성을 인식하게 했으며, 국가산업이 지속적인 경쟁력을 확보하는 데도 크게 기여했다.

이처럼 팔메는 에어란더 정부 장관 시절에는 사회가 당면하고 있던 문제를 해결하는 데 개혁을 통해 더욱 발전된 사회를 구축할 수 있다는 점을 증명했으며, 자신의 정치철학 중 하나인 개혁주의를 실제로 실천했다. 그 과정에서 보수진영의 거센 반대에도 타협하지 않고 자신의 정책을 과감하게 추진했다. 그러나 팔메가 집권 제1기(1969~1976년) 수상이 되면서 국내 정치 수행 방식은 대화와 타협을 통한 정책적 개혁을 추진하는 방향 전환을 채택하게 된다. 그럼에도 불구하고 국내 정치 중 국민이 절대적으로 지지하고 스웨덴 모델을 구축하는 데 필수적이며 이러한 이미지를 강화하는 부문인 양성 평등(gender equality), 복지국가

(welfare state) 건설, 노동시장(labor markets) 등에서는 과감한 개혁을 추진했다.

그러나 이외의 부문에서는 대화와 타협을 기초로 정책결정을 수행함으로써 팔메의 정치철학과는 상충적이라는 평가도 동시에 받고 있다. 대표적인 예가 합리적인 노동운동은 사회민주당 차원에서 지원했으나 과격하고 급진적인 노동운동과는 항상 일정한 거리를 두고 국가적 차원에서 이를 견제했으며 국내 정치 사안 중 야당이 절대적으로 반대하는 사안에는 지속적인 대화와 정치적인 타협을 통해서 문제를 해결해 나가려 노력했다. 즉, 국내 정치에서 국민의 절대적인 지지를 받고 스웨덴 모델을 구축하는 정치 사안에 대해서는 지속적인 개혁을 추진하고, 국민의 절대적인 지지를 받지 못하고 야당의 절대적인 반대에 부딪치는 사안에 대해서는 대화와 타협을 통해 문제를 해결하는 유연한 실용주의(pragmatism)를 채택했다.

이처럼 팔메가 에어란더 정부의 교통부 장관, 교육부 장관 등을 수행하고 수상 집권 1기가 시작된 1960년대 사회적 상황은 문화적 급진주의가 확대됐으며 1950년대 전후 부흥기가 지속됐다. 따라서 경제 성장이 지속되면서 국제적으로 식민지 건설에 대한 착취, 경제적 격차로 인해 발생하는 남북문제 등에 대해 신세대들의 기성 세대의 이율배반적인 도덕적 행위에 대한 비판이 등장했다. 스웨덴에서는 이미 1950년대 초 기성 세대에 저항하는 학생운동도 확산됐다. 즉, 국제 도덕적 규범을 기초로 하는 학생운동이 확산되면서 도덕적 극단주의가 대두됐고 이는 국제적으로 확산됐다.

이러한 저항운동은 1960년대 서유럽 및 동유럽에 동시에 확산되면서 정부 지도자의 신뢰에 심각한 균열을 초래했다. 특히 국제 정치에서 미국의 역할이 자유민주주의를 수호한다는 명분하에서 독재정권을 지원해 개발도상국의 국민을 억압하는 현실을 지적했다. 이러한 상황하에서 스웨덴 국내 정치도 직접적인 영향을 받지 않을 수 없었으며 신세대의 도덕적 요구 및 진보적 정치집단의 지속적인 국민복지 향상, 노동시장 개혁, 환경문제 개선, 과도한 상업주의 억제, 소수집단의 경제력 집중 해소 요구 등과 같은 문제들을 합리적이며 현명하게 대처해야 할 상황이었다(Österberg, 2001).

이러한 상황에서 팔메가 과감한 개혁을 추진하기보다는 대화와 타협을 통해서 문제를 해결한 대표적인 사례가 1975년부터 1983년까지 지속한 고용인기금(Employee Fund: Löntagarfond)이 있다. 이 기금이 기업의 경영권 참여에 활용된다면 이는 노동운동의 일부이며 동시에 경제정책, 사회정책 및 법률 체계와 긴밀한 관계를 갖고 있는 복합적이며 매우 민감한 사안이었다. 그 이유는 1950년대 및 1960년대 확산된 사회적 급진주의를 기초로 자본과 노동의 관계에서 필수적으로 발생하는 자본가와 고용인 사이에 과도한 소득 격차를 해결하는 것이 핵심이기 때문이다.

이를 위해 1950년대 이후 스웨덴 경제정책의 핵심인 자본가와 고용인의 연대를 기초로 시행하는 임금정책에 따라서 고용인의 경영 참여를 고용인기금을 통해 시행하면 과도한 소득 격차를 감소시킬 수 있다는 임금정책을 일반노동조합(General Labour Confederation: LO)의 수석경제 분석가인 루돌프 마이드너(Rudolf Meidner)가 주장한 렌-마이드너 모델(Rehn-Meidner Model)을 기반으로 하고 있다. 이처럼 마이드너가 1975년부터 1976년 2년 간 작성해 고용인기금을 활용하는 방법을 제시한 이유는 스웨덴 정부의 핵심 임금정책인 자본가와 고용인 간 연대를 기초로 시행하는 정책이 자본가와 고용인 간 임금 격차를 해결하는 것이 아니라 지속적으로 임금 격차가 증가하고 있다는 판단에서 시작됐다.

이처럼 자본가와 고용인 간 지속적인 임금 격차가 확대되는 이유는 고용인 간 임금 격차가 확대되는 것을 방지하기 위해 동일노동 동일임금 원칙(the Principle of Equal Pay for Equal Work)을 적용해 실시했으나 이 제도를 적용해 이윤을 창출한 기업은 적정 수준의 이윤을 고용인 간 임금 격차 감소를 위해 재사용하는 것이 아니기 때문에 지속적으로 고용인 간 임금 격차가 발생하고 이는 결과적으로 자본가와 고용인 간 임금 격차가 확대되는 것으로 인식했다.

이러한 상황이 발생하는 것은 궁극적으로 자본가가 기업의 이익을 자율적으로 활용할 수 있는 기업의 소유권 문제와 직접적인 관계가 있기 때문에 고용인기금을 창출해 해당 기업을 직접 일정 부분 소유하고 경영권에 관여할 수 있다면 고용인 임금에 재분배되는 부분이 증가해 임금 격차가 감소할 수 있을 것으로 판단했다. 즉, 고용인의 소유권 및 경영권 직접 참여가 임금 격차 확대라는 문제를 근본적으로 해결할 수 있는 것으로 판단했다(Berggren, 2010; Meidner, 1978; Eklund, 2010).

마이드너의 고용인기금 창출을 통한 기업의 소유권 및 경영권 참여 방식은 당시 사회민주당 내 가장 중요한 논쟁 주제 중 하나였다. 그러나 1976년은 팔메 집권 제1기의 마지막 시기였으며 총선이 예정된 상태였다. 당연히 당시 핵심 야당인 중앙당(Center Party)의 반대뿐만이 아니라 경영자협회(Employers' Association)는 고용인기금을 통한 기업의 소유권 및 경영권 침해는 동유럽 사회주의 도입과 동일한 것으로 자본주의 재산권 침해 및 개인의 자유를 침해하는 민주주의의 커다란 도전으로 인식해 이를 절대적으로 반대하는 상황이었다. 따라서 팔메는 전략적으로 마이드너 계획(Meidner Plan)은 사회경제적으로 논란이 매우 큰 사안이기 때문에 1976년 총선 이후에 결정하는 것이 바람직하다고 판단했다(Quirico, 2011).

고용인기금 창출을 통한 중견기업 및 대기업의 소유권이 점진적으로 자본가에서 노동자에게 이전될 수 있도록 하는 마이드너 계획은 1960년대 및 1970년대 초 스웨덴 사회에 팽배했던 문화 및 도덕적 극단주의에 기초를 두고 있다. 당시 노동운동을 주도하던 노동조합은 모든 은행의 국유화까지 요구하는 극단주의 주장을 공론화했다. 사회민주당 지도부는 이러한 극단주의 주장을 단호히 거절했다. 이러한 정책적 연장선에서 팔메는 마이드너 계획을 지지하는 정치 세력에게는 모호한 대응으로 일관했으며, 이 계획에 반대하는 야당의 정치적 공세에 대해서는 소극적으로 대응했다.

팔메는 정치철학적으로 사회민주주의를 신봉하는 정치지도자였으며 스웨덴 사회가 개인의 자유를 억압하고 사유재산권을 침해하는 사회주의화되는 것을 근본적으로 반대했다. 따라서 팔메는 마이드너 계획에 대해서 정치적 이념을 손상시키지 않는 범위 내에서 정치적 전략을 강화해야 할 입장이었다. 기본적으로 팔메의 정치철학을 기초로 한 신념은 자본과 노동 사이에서 발생하는 모순을 마이드너 계획과 같은 자본주의 및 민주주의의 기본 원칙을 손상시키는 방법보다는 세제, 법률 제정, 복지 체제 구축 등을 통해 해결하는 것이 최선의 방법이라고 인식했다. 즉, 세제정책 및 합리적 법률 제정 등을 통해 생산적이며 경쟁력을 확보하는 복지 체제 건설이 자본의 부정적인 요소에 대응하는 주요한 방법으로 인식했다. 이러한 방식이 스웨덴 모델을 구축하고 국내 경제 체제를 유지하고 강화하는 것으로 굳게 믿었다. 따라서 팔메는 노동조합이 지지하고 적극적으로 추진하던 마이드너 계획이 지속되지 않을 것으로 판단해 사회민주당 지도부와 함께 모호한 대응을 지속하게 된다.

그러나 노동조합의 지속적이며 적극적인 지원으로 고용인기금은 노동조합원에게 확산되기 시작했다. 이러한 현상에 대해 팔메는 고용인기금의 중립화에 대한 당시 노동조합 대표인 군나르 닐손(Gunnar Nilsson)과의 토론에도 참여하는 것을 주저하게 됐다. 노동조합 측에서는 마이드너 계획은 자본가와 노동자 간 연대를 통한 임금정책이 제 기능을 다하지 못하고 있기 때문에 고용인 스스로 기금을 조성해 자신들이 고용된 기업의 소유권을 획득해 자본과 노동 간 발생하는 모순이 악화되는 것을 억제할 수 있고, 이는 경제민주화(Ekonomiska Demokratin)를 달성할 수 있는 지름길이라 주장했다(Österberg, 2001).

이러한 노동조합의 지속적인 주장에도 불구하고 팔메는 정치철학을 기반으로 하는 자신의 신념을 굽히지 않고 마이드너 계획을 집권 1기에 채택하지 않고 집권 2기인 1983년 제한적인 형태로 승인하게 된다. 즉, 마이드너 계획이 주장하는 고용인기금 창설을 인정하되 기업의 소유권 확보 비율을 최고 5%로 제한해 운영하도록 조정했다. 이로써 자본가는 기업경영권에 커다란 지장을 받지 않고 고용인은 제한된 기업 소유권 확보를 통해 정기이사회에서 주주로서, 특히 임금 인상과 관련된 기업 결정에 영향력을 행사할 수 있는 기회를 확보할 수 있게 됐다(Pierre, 1995).

이러한 결정은 자본가와 노동자 모두에게 상생(win-win)할 수 있는 계기로 작용했으며, 팔메 정부는 자본과 노동 사이에 발생할 수 있는 고용인 간 과도한 임금 격차 발생이라는 모순을 억제할 수 있는 경제정책을 추진할 수 있게 됐다. 이는 집권 제2기에 적용되는 팔메 정부 재무 장관인 셸 올로프 펠트(Kjell Olof Feldt)의 핵심 경제정책인 제3의 선택(the third way)의 일환으로 불리고 있다.

마이드너 계획에 대한 전략적 모호한 대응과는 달리 팔메는 집권 제1기 수상으로서 다양한 사회적 개혁을 추진해 스웨덴 모델을 구축하는 데 커다란 기여를 했다. 설명한 것처럼 1960년대 스웨덴 사회는 문화 및 사회적 급진주의를 경험하고 있던 시기였으며 젊은 신세대들의 괴격한 요구도 증가했다. 동시에 급진좌파 정당인 공산당(Kommunist Partiet)은 이러한 사회 현상을 활용해 이상주의에 현혹된 청년층의 호감과 지지를 획득할 수 있는 극단적 사회보장 제도 요구 및 국제연대(Internationalla Solidariteten) 부족 등에 대해 팔메 정부를 지속적으로 비난했다. 이 밖에도 급진좌파 정당은 사회주의 기초를 건설할 수 있는 사회적 틀을 형성하려고 노력했으며 사회민주당 정부가 추진하는 개혁을 억압적인 스탈린주의적 방식이라 비난했다.

이러한 정치적 상황하에서 사회민주당은 1965년에 저소득층 분석에 대한 지원에 관해 논의하기 시작했다. 또한 1960년대부터 1970년대 초까지 전당대회에서 계층 간 형평성 강화, 계획경제 측면을 포함한 적극적인 정부의 경제정책 수행, 직장 내 민주주의 확산, 국제 협력 강화 등을 정부정책으로 추진할 것을 주장했다. 이러한 상황하에서 1969~1970년 사이에 말름펠텐(Malmfälten)에 위치한 광산에서 노동자들의 파업이 발생했으며 이를 계기로 다른 지역에서도 다수의 과격한 파업이 발생했다. 이처럼 급진주의가 확산하는 과정에서 사회민주당은 이러한 사회적 현상을 통제할 수 있는 역량을 확보해야만 하는 상황이었다.

이렇듯 사회 및 경제적으로 엄중한 상황에서 팔메는 1969년 집권 제1기를 맞으면서 전반적인 사회 개혁을 추진했으며 그 결과 공공 부문이 국내총생산에서 차지하는 부분이 획기적으로 증가했다. 사회 개혁 추진에서 대표적인 부문으로서 가족정책과 연관된 사항이 가장 광범위하다. 이외에 직접적으로 연관된 정책은 부모보험 제도(Föraldraförsakring), 주택보조금 제도(Bostadsbidrag), 유치원건설 제도(Daghemsutbyggnat) 등이 있으며, 이 정책들은 실제로 계층 간 소득 격차를 감소하고 형평성을 강화하는 데 매우 중요한 역할을 한다.

또한 1975년 여성의 낙태 자유를 인정하고 여성 인력의 취업을 최대한 보장함으로써 노동계에 여성 인력 활용 비율을 획기적으로 증가시켰다. 이로써 직장 내 양성 평등 활성화 등 여성 인력의 권리가 대폭 신장됐다. 노동계뿐만이 아니라 여성의 전반적인 사회 진출을 촉진해 정치 참여 비율을 향상시키는 역할을 함으로써 정치적 의사결정에 여성의 참여 비율이 증가하기 시작했다. 대표적으로 이 시기에 환경문제 해결 프로젝트에 다수의 여성이 참여했다.

이 밖에 노동시장에도 개혁을 통한 커다란 변화가 생기게 됐다. 즉, 자본가 중심의 노동시장에서 고용인의 노동에 대한 권리가 강화됐으며, 각 부문별 노동조합의 활동도 크게 활성화됐다. 이러한 연장선에서 고용인기금 창출 및 역할에 대한 가치가 사회민주당 내에서 논의되기 시작했으며 장기간 사회민주당, 야당, 산업계 및 노동계의 의견을 수렴해 1983년에 제한적으로 경제민주화의 일환으로 채택하게 된다. 이처럼 1970년대 사회민주당과 노동조합(LO)은 전반적인 노동법 개정 등 노동문제에서 특정 사항에 대해서는 의견 불일치 혹은 정치적 대립 관계를 나타내기도 했으나 양측이 노동문제와 관련된 이슈에 대해서는 스웨덴 모델을 구축해 자본과 노동과의 관계에서 발생하는 모순을 합리적으로 해결하려는 접근 방식에는 공통 인식을 갖고 있었다(Åmark, 1988).

이처럼 다양한 부문의 사회 개혁을 추진하고 계층 간 격차 해소에 전념해 스웨덴 복지 체제의 기초를 확립하고 양성 평등, 복지국가 구현, 노동시장 개혁 등 스웨덴 모델을 창출한 팔메 정부였으나, 1976년 총선에서 중도우파 정당인 중앙당을 중심으로 하는 보수연합인 야당에 패함으로써 사회민주당 44년 집권 이후 최초로 정권을 야당에 넘겨주는 비운을 맞게 된다. 이처럼 예상 이외의 총선 패배에 대한 이유와 원인에 대해서는 다양한 해석과 분석이 존재하지만 핵심은 지속적인 사회 개혁과 복지 체제를 확립해 나가는 과정에서 중앙집권화가 비대해지면서 지방분권이 약화되고 중앙정부의 영향력이 극대화되는 과정에서 지역주민의 자유가 실질적으로 제한되는 상황에 이르렀다는 점이다.

이는 민주주의가 보장하는 개인의 자율권을 침해하는 것으로 팔메의 정치철학과도 배치되는 결과다. 따라서 결과적으로 과도한 사회복지 체제 구현이 지역의 자율권을 침해해 국민의 생활을 제한한 것이 총선 패배의 핵심 요인으로 간주됐다. 이 점을 간파한 중앙당 중심의 보수연합 정치 세력은 과도한 중앙정부 통제를 지양하고 작은 중앙정부 운영으로 지역의 자율권을 최대한 보장한다는 선거공약을 통해 총선을 승리하는 계기로 만들었다.[3]

1976년 총선에 패한 팔메는 제1야당인 사회민주당 당수로 지내면서 활발한 활동을 거쳐 1982년 총선에 승리하면서 집권 제2기를 맞게 된다. 집권 제1기에 추진한 사회 개혁이 결과적으로 중앙정부의 과도한 행정력 집중으로 인해 지역의 자율권이 축소되고 지역주민에 대한 과도한 통제를 발생시켜 선거에 패배한 원인을 철저하게 분석했다. 따라서 지방분권을 확대하면서 자본과 노동의 모순을 최소화하고 경제를 성장시키며 그 결과가 사회에 재환원될 수 있는 정책을 추진하는 데 중점을 뒀다. 그 결과 역설적으로 팔메 집권 제2기의 국내 정치는 사회민주주의 정책보다는 자유주의 정책에 근접하고 있다는 평가를 받게 된다.

둘째, 국제 정치 접근 방법이다.

---

3 이 내용은 욘 피에레 교수와 2019년 8월 27일 인터뷰한 내용임.

팔메의 국제 정치 접근 방법은 국내 정치 접근 방법과는 확연한 차이를 보이고 있다. 자신의 정치철학을 기초로 국제 정치에서는 급진적 방식(radicalism)을 채택하고 있다. 1950년대 초부터 남아프리카공화국의 인종분리정책인 아파르트하이트 정책에 반대했고 스웨덴이 서방국가에서 국제연합의 남아프리카공화국 경제 제재에 최초로 찬성하는 데도 중요한 역할을 수행했다. 이후 1965년 교통부 장관 시절에 이미 미국의 베트남전쟁 참전에 분명한 반대 의사를 표명했고, 1968년 교육부 장관 시절에는 모스크바 주재 북베트남 대사와 근접거리에서 전쟁 반대 데모에 참석했으며, 이러한 모습은 전 세계 매스미디어의 집중적인 조명을 받게 됐다. 또한 1970년에는 미국의 북베트남 마을인 송마이(Song My) 공습을 비도덕적이며 반인륜적인 행위라 직접적으로 비판하면서 국제 사회에서 주의를 환기시켰다(Quirico, 2011; Derfler, 2011).

팔메의 미국에 대한 비난은 스웨덴과 미국의 외교 관계에 심각한 문제를 발생시켰고 이는 스웨덴 정치가 중 미국을 가장 잘 이해하는 정치가로서 미국의 외교정책을 비판하는 역설적인 정치적 결단이었으며, 본인의 정치철학을 기초로 하는 정치적 행위였다. 이를 기초로 팔메는 1972년 스웨덴 라디오 방송에서 행한 크리스마스 연설에서 미국의 베트남 정책은 군사적으로도 정당화될 수 없는 행위라고 비난했으며, 이는 인류의 근대사에서 행해진 게르니카(Guernica), 오라두르(Oradour), 바비야르(Babi Yar), 카튠(Katyn), 리디스(Lidice), 샤르페빌레(Sharpeville), 트레블린카(Treblinka) 참상과 동일하다고 주장했고, 이러한 인류의 참상 리스트에 1972년 하노이(Hanoi)가 포함된다고 했다(Palme, 1972).

팔메는 국제 정치에서 자신의 정치철학을 기초로 급진적 접근 방법을 택해 미국의 베트남 정책을 국제무대에서 공개적으로 비난함으로써 미국과의 외교적 갈등을 발생시켰다. 동시에 현실적이며 전략적으로 미국과 긴밀한 협력 관계도 유지했다. 이는 스웨덴이 서유럽 안보 체제에 긴밀하게 연계돼 있음을 명확하게 인식하고 있었기 때문이다. 미국은 스웨덴에 대한 소련의 군사적 위협에의 적극적인 대응을 약속했으며 그 대가로 스웨덴은 미국의 잠수함에서 발사가 가능한 중거리 탄도미사일인 폴라리스(Polaris)로 무장한 잠수함이 스웨덴 해안으로 접근하는 것을 허용했다.

중립국을 국가정책으로 채택하고 있는 스웨덴이 군사적으로 미국 및 북대서양조약기구(NATO)와 동맹 관계를 갖고 있다는 사실은 공식적으로 유지되고 있는 동맹 관계는 아니었다. 그러나 팔메는 이러한 군사적 관계를 임기 중 지속적으로 국가 비밀로 유지했다. 또한 이러한 사실을 후계자에게도 절대적인 비밀로 유지했으며, 스웨덴과 미국 및 북대서양조약기구와의 비공식적 동맹 관계는 그가 사망한 후인 20세기 말에 공개됐다(Derfler, 2011).

이처럼 팔메가 국제 사회에서 미국의 베트남 정책에 대해 공식적으로 도덕적 비판을 하면서도 미국 및 북대서양조약기구와 비공식적 군사동맹 관계를 유지했던 이유는 소련과 지정학적으로 근접거리에 위치해 있어서 소련의 군사적 위협에 대해 미국 및 북대서양조약기구의 군사적 지원을 받을 필요성이 있었기 때문이다. 동시에 스웨덴은 공식적으로 중립국으로서 냉전 체제하에서 자유세계와 공산세계 간 가교의 역할을 수행하는 것이 주요 외교적 목표였기 때문에 미국과 소련도 스웨덴의 필요성을 암묵적으로 인정했다.

따라서 스웨덴은 미국의 베트남 정책을 도덕 및 인간의 기본권 차원에서 국제 사회에서 공식적으로 비판했기 때문에 도덕적 우월성을 확보할 수 있었다. 동시에 개인의 자유를 억압하는 소련의 스탈린식 사회주의도 비난함으로써 동유럽 국가에서 민주주의가 확산하는 계기도 됐다. 즉, 자신의 정치철학에 따른 반제국주의 및 반공산주의를 외교정책을 통해 실현하려고 했다. 이를 위해서 팔메는 미국 및 소련의 스웨덴 역할에 대한 필요성을 적절하게 활용하는 유연한 외교 능력을 실용적으로 보여 주고 있다. 즉, 국제 정치에서도 자신의 정치철학을 바탕으로 초강대국 사이에서 급진주의적 비판을 하면서도 자신의 역할과 능력을 극대화할 수 있는 실용주의적 면모를 적절하게 활용했다. 그럼에도 불구하고 이러한 팔메의 국제 정치 접근 방법이 이해관계를 달리하는 정치집단 및 학계에서 많은 논란을 야기한 것도 분명한 사실이다.

그러나 분명한 사실은 1960년대 이후 냉전 체제하에서 초강대국의 비도덕적 및 반인륜적 행위에 대해 자신의 정치철학을 기초로 국제 사회에서 공식적으로 비판을 가한 정치가는 서유럽 및 북미 국가 중 팔메가 최초다. 이러한 측면에서 보면 팔메의 국제 정치 접근 방법은 중립국으로서 초강대국 사이에서 정치 및 군사적 필요성을 충분히 이해했고, 이를 자신의 정치철학과 연계해 도덕적 우월성 확보 및 스웨덴 모델을 국제 사회에 확실하게 각인시켜 국가의 이익을 확대할 수 있었다는 점도 간과할 수 없다. 즉, 팔메는 미국 유학, 광범위한 지역의 여행을 통해서 당시 세계가 당면하고 있던 문제점을 명확하게 인식하고 있었으며, 이를 해결하기 위한 방법론으로 급진적인 방향을 선택했으나 국제 사회가 요구하는 목표를 달성하기 위해서는 실용주의적 방법을 택한 전략가이기도 하다.

특히 팔메가 행한 미국의 베트남 정책 비판에 대해서 당시 미국 국무 장관이었던 헨리 키신저(Henry Kissinger)는 "팔메 수상은 국제 정치에서 미국과 정치적 이해관계가 직접적으로 충돌하는 관계가 아니었기 때문에 미국이 수행하는 국제 정치 중 특히 베트남 정책에 대해 비판할 수 있는 자유의 공간을 크게 활용한 정치가가 될 수 있었다."라고 증언했다.

이 밖에도 팔메의 외교정책 방향에서 중요한 요소는 제2차 세계대전 이전부터 중립국을 국가 외교정책으로 채택하고 있었기 때문에 서구 식민주의에 억압 받았던 제3세계(the third world)의 독립을 지원하는 것이다. 이를 위해서 팔메는 개발도상국들에서 경제적 지원을 지속적으로 증가시켜 서유럽 국가 중 국가총생산(GNP)의 1%를 지원하는 최초의 국가가 됐다. 팔메는 개발도상국에 단순히 경제 지원에 그치는 것이 아니라 이들 국가가 궁극적으로 경제적으로 자립할 수 있는 국가로 발전할 수 있는 전반적인 개발 전략을 전수하는 데 노력했다. 개발도상국을 지속적으로 지원하기 위해서는 스웨덴 경제가 지속적으로 성장하고 사회 개혁을 통해 복지 체제를 확립하고 경제적으로 강력한 국가가 돼야 한다는 생각이 자리 잡고 있었다. 즉, 자신의 국제 정치를 지속적으로 실행하기 위해서는 국내 정치 안정, 경제 발전, 복지 체제 구축 등 확고한 스웨덴 모델이 정착돼야 가능하다는 사실을 인식하고 있었다(Österberg, 2001).

팔메의 정치 리더십

팔메의 정치 리더십은 자신의 정치철학을 실현하기 위한 중요한 방법론으로 활용됐다. 우선 팔메는 상류층 출신의 유년 시절부터 다양한 독서와 언어를 습득하면서 세상을 이해하기 시작했고, 대학교육을 미국에서 시작했으며 석사학위는 고향인 스웨덴 스톡홀름대학에서 취득했다. 정규교육뿐만이 아니라 광범위한 지역을 여행하면서 현실 세계에 존재하는 다양한 문제들을 인식했고, 정치활동을 통해 이러한 문제들을 개혁할 수 있다고 굳게 믿었다.

이처럼 다양한 학식과 현실을 폭넓게 이해하고 있던 정치가로서 당시에는 매우 드문 경우였다. 또한 상류층 출신이면서 자신의 정치철학을 기초로 사회를 개혁하기 위해 사회민주당을 선택한 것도 당시 상황으로는 매우 이례적인 경우였다. 이로써 팔메는 신세대를 대표하는 사회민주당의 실존하는 정치적 희망이었으며, 급진적 사회 변혁을 주장하는 급진좌파로부터 민주주의를 수호하는 정치적 대변인의 역할도 수행할 수 있었다.

이러한 이유로 인해 1951년 스톡홀름 법학과에 재직 시 사회민주당 청년위원회 위원장으로 선출됐으며, 이를 기반으로 당시 수상인 에어란더의 개인비서로 기용됐다. 이후 사회민주당 정부에서 국회의원, 무임소 장관, 교통부 장관, 교육부 장관 등을 거쳐 사회민주당 전당대회에서 전원 찬성으로 수상에 선출된다. 팔메는 정치를 직업으로 생각했으며 그는 정치를 최대한 즐겼다. 즉, 팔메는 자유 토론을 통해서 정치집단의 공통분모와 공동의 목표를 도출하는 데 탁월한 능력을 발휘했다.

동시에 국제 정치에서 스웨덴의 기본 외교정책인 중립국과 복지국가 건설로 대변되는 스웨덴 모델을 기반으로 초강대국 사이에서 자신의 역할을 극대화하는 데 커다란 재능을 발휘했다. 국내 정치 및 국제 정치에서 팔메는 자신이 확립한 정치철학을 중심으로 민주주의의 핵심 가치인 개인의 자유를 확산하고 국가 간 전쟁을 반대하고 평화를 수호하는 데 정치적 리더십을 발휘했다. 그의 정치활동 과정과 같이 팔메의 정치 리더십도 국내 정치와 국제 정치를 분리해 설명할 수 있다.

첫째, 국내 정치에서의 리더십이다.

국내 정치에서 팔메가 주도한 최초의 리더십은 학생 시절 이후 반제국주의 운동을 주도해 남아프리카공화국 인종차별정책인 아파트르헤이트 정책을 반대하고 식민지 국가의 독립을 지원하기 위한 교육 지원을 지속했다는 점이다. 구체적으로 사회민주당 청년위원회 위원장 시절에 남아프리카공화국 흑인 학생 교육을 위한 장학금 기금 창설 등을 주도해 정치적 리더십을 훈련했다. 이는 그가 교육부 장관이 된 이후에도 국가적 차원에서 지속됐다.

이후 에어란더 정부 내 장관으로 임명된 이후에는 다양한 사회 개혁을 주도했으며, 계층 간 불평등을 해결하기 위한 복지 제도를 확대하고 이를 정착시켰다. 이를 기초로 스웨덴 모델을 창출했으며 당시 스웨덴 사회가 당면한 최대 문제인 양성 평등, 복지국가 건설, 노동시장 개혁 등을 해결했다. 이처럼 사회가 당면한 주요 현안에 대해 당시 급진좌파 정치 세력이 요구하는 과도한 요구를 정치적으로 거부하면서 사회민주주의의 기본 가치를 유지 및 확대하기 위해서는 복지제도 확대가 필수적이라는 사실을 이해하고 이를 실천했다.

이 밖에도 팔메는 사회민주당 내 민주주의를 강화했으며, 전당대회에서 사회민주당 당원이 다수결로 채택한 사안은 정부가 정책으로 실현할 수 있도록 정당과 정부 간 협력 체제를 당내 민주주의 확립으로 정착시켰다. 이로 인해 사회민주당과 정부는 무리한 정책이 전당대회에서 채택되지 않도록 심도 있는 토론과 합리적이며 공정한 경쟁을 통해 정책 중심의 정당으로 발전할 수 있는 계기를 만들었다.

둘째, 국제 정치에서의 리더십이다.

국내 급진적 정치 세력과 사회민주당 내에서 사회민주주의의 국제 연대를 요구하는 압력이 지속적으로 증가하기 시작했다. 따라서 사회민주주의를 위협하는 공산주의의 확산에 공동으로 대처하고 민주주의를 수호하기 위해 국가 간 상호 협력해야만 하는 상황에 도달했다. 따라서 팔메는 이러한 상황 변화를 감지하고 유럽 국가 내 사회민주당과 국제 협력을 주도했다. 특히 팔메는 독일의 빌리 브란트(Willy Brant) 수상과 긴밀하게 협력해 국제사회주의연맹(Socialist International) 창설을 주도하고 국제무대에서 정치적 리더십을 인정받게 된다.

이 밖에도 자신의 정치철학인 반제국주의를 실현하기 위해 제3세계 국가인 신생독립 국가의 경제 발전을 위해 재정 지원 및 경제 발전을 위한 노하우를 전수했다. 이를 위해서 서방 세계 최초로 국가총생산(GNP)의 1%를 제3세계 경제 발전을 위해 지원했으며, 이는 국제연합(UN)의 선진국이 개발도상국 경제 지원에 투자하는 목표치로 설정되는 기준을 제시했다. 이러한 개발도상국 경제 발전을 지원하는 팔메는 중립국의 지위를 적극적으로 활용해 제3세계 국가들의 절대적인 신뢰를 얻게 된다.

팔메는 자신의 정치철학으로서 반공산주의를 주장했기 때문에 소련의 동유럽 국가에 대한 압력에도 공식적으로 반대의 입장을 표명했다. 팔메가 반공산주의를 주장한 이유는 민주주의의 기본 가치인 개인의 자유를 억압하기 때문이다. 이 밖에도 민주주의의 기본 가치인 국가 간 평화를 유지하기 위해 어떠한 형태의 전쟁에도 반대했다. 특히 미국의 베트남 정책에 반대하고 이를 공식적으로 비판한 서방의 최초의 정치지도자로 세계에 각인됐다. 팔메가 미국의 베트남 정책에 반대한 이유 중 하나는 미국이 민주주의를 주장하고 이를 수호하기 위한 전쟁이라고 주장하지만 미국은 공산주의가 주장하는 관점조차 이해하려고 하지 않는다는 점이었다.

이러한 연장선에서 팔메는 1976년 총선에서 패배한 이후에도 사회민주당의 당수이며 자신이 창설한 국제사회주의연맹 대표로 활동하면서 국가 간 전쟁을 반대한 평화주의자로서 정치적 리더십을 발휘했다. 그 결과 팔메는 1980년 및 1981년 이란과 이라크의 군사적 분쟁을 해결하는 유럽연합 중동 대표로 활동했다.

나오며

팔메의 정치 인생은 미국의 존 케네디(John F. Kennedy) 대통령과 자주 비교된다. 출신 배경과 정신이상자의 저격에 의한 비극적인 사망을 비교하면 유사점이 매우 큰 것이 사실이다. 그러나 두 정치지도자의 정치철학과 리더십을 비교하면 상이점 또한 매우 크다. 즉, 팔메는 철저하게 사회민주주의를 추구했으며, 케네디는 자유민주주의를 추종했다.

팔메는 출신 배경에도 불구하고 사회민주당에 가입하면서 사회민주당원으로 정치 인생을 시작한 것은 개인적인 의지, 경험, 학습 등이 작용한 결과이지만 당시 스웨덴의 사회적 현실과도 무관하지 않다. 또한 팔메의 미국 유학 등 개인 및 학문적 경험만을 기초로 판단한다면 그는 사회민주당을 선택하지는 않았을 것으로 생각된다. 그러나 본인의 대학 내 제도적인 교육만이 아닌 광범위한 지역을 여행하며 당시 세계가 당면하고 있는 현실을 목격하면서 청년 팔메가 자신의 정치철학 및 방향을 설정했을 것이다.

팔메의 청년기는 제2차 세계대전이 진행되는 시기였다. 스웨덴은 중립국으로서 전쟁의 소용돌이에 직접 휩쓸리지는 않았지만, 유럽 대륙 내에서 전쟁의 참화와 아픔을 직접 목격했을 것이다. 이후 미국 유학을 통해서 세계 유일의 초강대국을 접하고 국제 정세를 이해하는 계기가 됐을 것이다. 그럼에도 불구하고 세계 최대 강대국 내 극심한 인종 차별 및 계층 간 경제적 격차를 스스로 목격한 팔메는 현실에 존재하는 문제점을 정치로 해결하려는 결론에 도달한다. 이후 스웨덴으로 귀국해 지속적으로 학문에 전념하면서 학생운동을 주도하게 된다. 이를 계기로 사회민주당 당수의 개인비서로 임용되면서 팔메의 정치 인생은 지속적이며 비약적인 발전의 계기가 된다.

학생지도자 시절부터 자신의 정치철학을 정립하고 이를 현실 세계에 적용하기 위해 정치 리더십을 훈련하던 팔메는 최선을 다해서 노력했다. 그 결과 당시 상황에서는 획기적인 사회 개혁을 실현했으며 스웨덴 모델을 창출했다. 그러나 불행하게도 자신이 창출한 사회 개혁이 강력한 중앙 집중화를 초래해 지역의 자율권을 약화시키고 지역주민의 자유를 제한하는 결과를 미치게 됨으로써 1932년부터 44년 간 유지돼 왔던 사회민주당 정권이 총선에서 패배하는 결과를 맞이하게 됐다.

이후 1982년 총선에서 다시 승리하면서 집권 제2기에는 자본과 노동 간 발생하는 문제점을 자본가와 노동계가 상호 상생할 수 있는 중립적 해결 방안을 제시하게 된다. 이러한 이유로 인해 팔메 집권 제1기에는 사회민주주의적 성격이 강했으나 집권 제2기에는 자유적인 경향이 강했다는 평가를 받고 있다.

팔메는 국내 정치와 국제 정치를 수행하는 과정에서도 접근 방법을 분리해 적용했다. 전자에 대해서는 급진주의 정치집단의 요구를 대화와 타협을 통해서 해결하는 유연하고 실용주의적인 접근 방법을 취했으며, 후자는 극단주의적 접근 방법을 택했으나 냉전 체제하에서 스웨덴의 중립국 역할을 최대한 활용하는 실용주의 방식도 병행했다.

즉, 팔메의 정치는 전 과정에서 사회 개혁을 통한 스웨덴 모델을 창출해 급진주의 확산을 제도적으로 차단함으로써 정치 및 사회적 안정과 경제적 번영을 이뤘다. 동시에 자신의 정치철학을 국제 사회에도 구현하기 위해 정치적 리더십을 발휘했으며, 특히 지속적이며 관대한 제3세계에 대한 정치 및 경제적 지원을 통해서 개발도상국의 절대적인 신뢰를 획득했다. 이는 팔메의 정치가 창출한 귀중한 유산이다. 즉, 팔메는 복지국가 창출이라는 높은 이상적이며 진보적인 정치적 방향과 목표를 설정하고 이를 실현하는 방법으로는 상대적으로 보수적이며 유연한 실용주의 방식을 추진했다. 이는 우리나라의 경우에도 충분히 적용 가능한 귀중한 시사점이라 할 수 있다.

Public Leadership

서양의 리더십
-500년
세계 패권을 이끌다

11

시몬 페레스의
탈피오트 리더십

윤종록

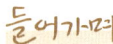
들어가며

자원은 없으나 소프트파워가 강한 나라 이스라엘은 2천 년의 디아스포라를 거쳐 1948년 우리와 같은 해에 팔레스타인 지역에 건국됐다. 2천 년을 돌아서 되돌아온 땅은 젖과 꿀이 흐르는 땅이 아니라 연간 강우량 400mm의 사막, 거기서 자라는 잡초 외엔 아무것도 없었다. 이들이 건국을 앞두고 준비한 것은 무려 건국 36년 전인 1912년, 아직 국가의 울타리도 명확하지 않았음에도 불구하고 지중해 연안의 항구도시 하이파에 '테크니온대학'을 먼저 개교하는 것이었다. 우리로 치면 카이스트(KAIST)에 해당한다. 자원이 없기에 두뇌의 상상력을 통해 국가를 경영하겠다는 의지의 산물이었다. 테크니온 공과대학은 히브리대학과 텔아비브대학의 산학 연계를 통해 세계에서 특허 사용료를 가장 많이 벌어들이고 있으며, 학생의 40%가 창업으로 사회의 첫발을 내딛는 '창업국가'를 만들어 보답했다. 인터넷 보안, 데이터 저장, 인공지능, 제약 물질, 방어무기, 물 관리 면에서 세계의 첨단을 달리고 있다. 특히 52센트의 전력으로 바닷물 1톤을 담수로 바꾸는 기술은 세계 최고의 효율을 자랑하며 연간 소요량 5.5억 톤의 90%에 해당하는 5억 톤을 해수 담수화로 해결한다.

자원이 없는 나라는 그렇지 않은 나라와 극명하게 달라야 함을 알 수 있다. 부족함이 약점이 아니라 오히려 축복으로 바뀔 수 있다는 것을 보여 준 나라들이다. 그것은 상상을 혁신으로 바꾸는 소프트파워에서 가능하다. 소프트웨어를 잘 다루는 국민, 창의적 교육환경, 규제 완화, 혁신 금융, 기업가정신이 충만한 청년 등 소프트파워가 강한 나라가 우리의 전략이 돼야 할 것이다.

이 나라에 스물한 살의 젊은 나이에 갓 태어난 이스라엘 초대 수상 다비드 벤구리온(David Ben-Gurion)의 참모로 출발해 대통령을 마지막으로 70년간 국가를 위해 봉사한 정치인이 있다. 우리나라로 치면 1948년 초대 이승만 대통령의 비서로 출발해 2013년 대통령을 마친 셈이다. 사막 위에 갓 태어난 나라를 21세기 최고의 창업국가로 탈바꿈시킨 주인공이다. 그간 열 번의 장관, 세 번의 수상, 오슬로협정을 맺은 공로로 노벨평화상을 수상했고, 마지막으로 국회의 추대를 받아 8년간 대통령을 한 분이다.

신생국가의 자강을 위해 무기를 밀수해 국방부를 만들고 고물 비행기를 들여와 재조립해 항공 산업을 일궈 냈으며 프랑스와의 비밀 접촉을 통해 원자력 기술을 들여와 핵보유국으로서의 지위를 확고히 했다. 외형적으로는 핵 모호성을 유지하고 있으나 어느 누구도 이스라엘이 핵을 갖고 있지 않다고 생각하지 않는다. 모두 다 시몬 페레스(Shimon Peres, 1923-2016)가 상상력을 도전으로 연결해서 직접 일군 성과다. 지독한 매파였던 페레스가 치명적인 핵무기를 가진 이후 새로이 도전한 것은 중동 평화였다. 아랍권과의 악수를 통해 영구히 적대 관계를 청산하는 것이었다. 어려운 난관이 있었지만 오슬로협정을 이끌어 노벨평화상을 받음으로써 비둘기파로 전향하며 그 후 그의 모든 노력은 세계 평화로 귀결된다.

11. 시몬 페레스의 탈피오트 리더십

비록 이스라엘 내부 극우파의 반대로 인해 다시 적대적 관계로 정세가 바뀌었지만 힘을 가진 후에 평화를 추구했다는 점에서 국제적인 이스라엘의 입지를 확고히 한 계기를 마련했다. 그러나 1973년 제4차 중동전쟁의 실패로 인해 페레스를 중심으로 대대적인 사회적 반성운동이 일어나고 국가 운영의 패러다임이 바뀌게 된다. 하드파워 중심의 이스라엘이 과학기술을 중심으로 한 소프트파워 국가로 거듭나는 것이었다. 이를 위해 가장 창의적인 나이의 젊은이들의 역동성을 회복하는 것이 시급했고, 최고의 엘리트 육성 프로그램으로 탈피오트(talpiot) 과정을 만들게 됐다.

페레스의 지원하에 국방부, 경제부, 과학부, 산업부가 부서 간 벽을 허물고 시행착오를 거치며 30년간에 걸쳐 완성된 이 프로그램이 창업국가를 만드는 결정적 계기를 만들었고 거기에 담긴 정신은 유대인의 후츠파(Chutzpah: 담대함, 저돌성) 정신과 융합해 폭발적 리더십을 발휘하게 된다. 페레스 대통령의 리더십이 도화선이 돼 이스라엘 젊은이들의 리더십으로 연결된 탈피오트 정신을 통해 정치, 경제, 외교, 국방, 문화 모든 영역에서 새로운 패러다임을 열어가는 길을 찾을 수 있으리라 여겨진다.

'이스라엘 탈피오트의 비밀'을 통해 우리의 리더들에게 전하는 유대인들의 혁신적 도전정신의 원천을 우리의 것으로 승화시킬 수 있을 것이다.

혁신을 위한 파괴: 거꾸로 보이는 거울, 플립 미러를 준비하자

세상만사는 오른쪽으로 시간이 흐르면서 위로 올라가는 녹색 그래프와 아래로 내려가는 빨간 그래프가 서로 번갈아 가면서 교차한다. X축으로 시간이 흐르면서 Y축으로 영원히 올라가는 그래프는 아직껏 존재하지 않았다. 그러나 영원히 내려가는 그래프도 없다. 여기서 중요한 지점은 내리막 곡선의 끝 지점에서 다시 올라가기 시작하는 그 지점이다. 이를 턴 어라운드(turn around) 지점이라고 부른다. 이 지점에는 반드시 혁신이라는 공신이 숨어 있기 마련이다. 과거에 우리는 자기테이프에 목소리와 데이터를 저장했으나 이내 CD가 등장했고 마침내 USB에 그 자리를 내주고 만다. 이 세 가지는 정보저장장치라는 공통점이 있으나 사실은 전혀 다른 기술 혁신이다. 세 마디마디마다 혁신이라는 파괴적 도전이 있었기에 가능한 것이었다. 세상은 혁신을 통해 내리막을 오르막으로 바꾸는 자의 것이다. 피터 틸(Peter Thiel)은 그의 저서 『제로 투 원(Zero to One)』에서 혁신이란 0을 1로 만드는 것이라고 주장한다. 반면에 남의 것을 모방하는 경제를 1을 n으로 바꾸는 현상으로 비유한다. 스스로 파괴를 통해 혁신에 이르는 무혈혁명을 만들 수 있다면 가장 좋은 방법이겠지만 이는 흔치 않은 경우다. 반면에 처절한 외부로부터의 파괴를 통해 피동적으로 혁신에 이르는 유혈혁명도 있다. 역사적으로 살펴보면 둘 다 혁신의 좋은 계기임을 알 수 있다. 반면에 처절한 외부로부터의 파괴가 있었음에도 불구하고 일어서지 못하는 상황이 최악의 경우다.

 2000년 만에 국가를 건설한 이스라엘은 건국 초기부터 팔레스타인의 집요한 방해 공작과 테러에도 불구하고 200만에 불과한 인구로 2억 명의 주변 아랍 진영의 도전을 불과 6일 만에 격파시켜 세계를 놀라게 했다. 그들은 무력에 관한 한 이제 더 이상의 스트레스가 아니었다. 그들의 과학적 사고와 시스템적 방위 체계는 적어도 전근대적이고 비합리적인 사고의 주변 국가에 더 이상 비할 바가 아님을 확인할 수 있었다. 그 후 불과 6년, 그들은 유대인의 가장 신성한 날인 욤 키푸르 안식일에 무차별 공습을 받아 더 이상 일어서기 힘든 좌절을 겪게 된다. 그들의 일상은 안전에 대한 스트레스와 주변 국가에 대한 우월감의 상실로 정신적 황폐화라는 후폭풍에 시달리게 된다. 물리적 손실에 비할 바 없는 보이지 않는 정신적 파괴는 두 사람의 젊은이들로 하여금 혁신의 도화선을 준비하게 한다. 답은 소프트파워였다. 하드파워가 강한 이스라엘은 딱 6일전쟁까지였다. 욤키푸르전쟁을 계기로 소프트파워가 강한 국가 건설의 새로운 혁신에 시동을 걸게 한

 11. **시몬 페레스**의 탈피오트 리더십

것이 탈피오트 프로그램이다. 그들은 처절한 전쟁의 참상에서 더 이상 하드파워의 강화만을 고집하지 않았다. 오히려 보이지 않는 것의 힘과 가치에 눈을 돌린 것이다. 물론 기존 국방조직의 엄청난 저항이 있었음에도 불구하고 땜질 처방이 아닌 체질 개선을 택한 것이다. 경영환경이 광속으로 변해 가는 환경은 6일전쟁에 안주하는 모드가 아니다. 욤키푸르전쟁을 예방하는 조치는 자신감에 차 있는 호황기에 이미 스트레스 모드로 작동했어야 한다. 어려운 시기에는 누구나 혁신을 꿈꾼다. 그러나 정작 욤키푸르전쟁은 축제의 나팔을 울리던 6일전쟁 직후부터 이미 준비했어야 한다. 그러나 이런 보이지 않는 투명한 그림자는 일단 현실을 뒤집어 보는 '플립 미러(flip mirror)'를 통해서만 볼 수 있다. 플립 미러는 나의 모습을 정반대로 보이게 하는 '거꾸로 거울'이어야 한다.

탈피오트, 최고 중 최고를 지향하라

6일전쟁의 승리가 가져다준 자만심, 그리고 욤키푸르전쟁으로 인한 물질적·정신적 폐허가 가져다준 처방전은 응급조치 수준이 아니었다. 뇌를 새로이 이식하고 막힌 심장을 뚫어 새로운 인간으로 다시 태어나게 하는 대대적인 수술을 요구했다. 손으로 만져서 병을 알아내는 경험 의존적 처방이 아니라 환부의 확실한 영상을 투영해 정확히 도려낼 부분을 확인하고 처치하는 새로운 차원의 접근 방법이 아니고서는 호시탐탐 노리는 적을 코앞에 두고 편히 잠자리에 들 수 없다는 것을 뒤늦게나마 깨달았다. 자원이 없는 나라는 인적 자원에 의존할 수밖에 없다. 그간의 인적 자원이 인간의 근육이었다면 근육은 게으름이 아니라 부지런함이어야 했다. 이스라엘은 1948년 독립 후 키부츠(kibbutz)를 통해 세상 그 누구보다도 근면, 성실을 기반으로 사막을 옥토로 일궈냈다. 우리의 새마을운동에 영감을 심어 줬던 그들이다. 적어도 6일전쟁까지는 그들의 하드파워가 한 치의 오차도 없이 잘 작동해 왔지만 불과 6년 만에 처참히 무너진 욤키푸르전쟁으로 인해 이제 근육의 힘만으로는 주변 2억의 아랍권을 제압하는 데 한계에 다다른 것이다. 변화의 돌파구는 환골탈태라는 외형의 변화로는 부족했다. 두뇌를 바꾸고 심장을 다시 설계하겠다는 의지가 두 명의 교수에 의해 싹이 틔였고 그들은 '더 나은'이 아닌 '최고 중의 최고'를 의미하는 탈피오트를 목표로 출발했다. 그들의 답은 이미 정해져 있었다. 군사력이 아닌 연구와 교육으로 다시 시작하는 것이었다. 눈에 보이는 하드파워가 아니라 눈에 보이지 않고 손에 잡히지도 않지만 훨씬 더 큰 가치와 힘을 만들어 내는 소프트파워를 강조한 것이다. 당연히 아직도 무기를 신봉하는 군부의 저항이 따랐지만 두 사람의 의지는 패러다임의 전환이라는 대명제가 확고했기에 그 어떤 장애물도 뛰어넘을 만한 힘을 실을 수 있었고, 마침내 최고의 엘리트 국방 프로젝트 탈피오트를 출발시킨다. 이들의 생각은 확고하다. 인간의 생물학적 나이 20대에 창의력이 정점에 이른다는 것이다. 따라서 고등학교 졸업생이라는 어린 나이의 학생들 중에서 혹독한 검증을 거쳐 마음껏 상상하고 도전하며 실패를 반복할 수 있는 특별한 자유를 주는 프로그램이다.

21세기 경영환경은 빛의 속도로 변한다. 그 변화는 거의 모두가 개선(improvement)이 아니라 혁신(innovation)이다. 개선을 요하는 수준이라면 '더(better)'가 합당한 슬로건이겠지만 혁신을 요하는 수준이라면 '최고(best)'여야 할 것이다. 최고는 눈에 보이는 것이 아니라 잘 보이지 않는 곳에 숨어 있게 마련이다. 손에 잡히는 것이 아니라 만질 수 없는 것이게 마련이다. 오감(五感)에 의존하는 것이 아니라 직감, 유머 감각 심지어 뒤집힌 상식에 숨어 있게 마련이다. 이같은 환경은 유대인들의 국민성을 대표하는 후츠파에 담긴 일곱 가지 정신을 깊이 들여다본다면 거기에서 힌트를 얻을 수 있을 것이다. 이 일곱 개의 요소를 조합한다면 그 누구도 마음껏 상상하고 도전하며 실패하고 혁신하는 자유를 갖게 될 것이다. 그것은 다음과 같다. 형식 타파(informality), 질문의 권리(questioning authority), 섞임(mash up), 목표 지향(purpose driven), 끈질김(tenacity), 위험 감수(risk taking), 실패로부터의 교훈(learning from failure).

새로운 술은 새 부대에

이스라엘에서는 고등학교를 졸업하면 곧바로 군대에 입대하게 된다. 남자는 3년, 여자는 2년의 의무 복무를 부여하고 있다. 군 복무가 끝나면 곧바로 대학에 입학하는 것이 아니라 거의 모두가 1년 6개월 정도의 해외여행을 떠난다. 우리의 충청도 면적에 불과한 좁은 땅에서 20여 년을 살다 보니 더 넓은 세상을 살펴볼 기회가 없었던 것도 원인이겠지만 좁은 공간에 생각을 가두지 말고 무한대로 넓히도록 하는 것이다. 그동안 제2외국어를 반드시 익히도록 한다. 따라서 영어와 히브리어는 공용어임을 감안한다면 이들은 최소 3개 국어를 구사한다. 이들은 해외여행 동안에 수많은 경험과 시행착오 그리고 현지인들과의 교류를 통해 향후 무슨 공부를 해서 평생 무슨 일을 하는데 기여할지에 대한 해답을 찾아서 귀국한다. 고교 졸업 후 4~5년이 지난 후에야 그들은 대학에 지원한다.

탈피오트 프로그램은 20대 초반의 명석하고 창의적인 두뇌 활용을 극대화해 혁신의 원동력으로 삼겠다는 계획이다. 따라서 고교 졸업생 중에서 최고 중 최고를 선발해 초엘리트 교육을 시키고 이들을 수퍼솔저(super soldier)로 키우는 것이다. 고교 성적 최우수자들을 선발해 다양한 테스트를 거친 다음 히브리대학에 위탁해 3년 만에 학사과정을 마치도록 한 후, 6년을 더 복무하도록 설계했다. 이들에게는 육해공군 어디든 본인이 원하는 곳, 원하는 프로젝트에 참여할 수 있는 특권을 줬고 장교에 해당하는 수준으로 대우했다. 비록 나이는 20대 초반의 젊은이였으나 계급에 관계없이 누구나 만날 수 있고 소통하는 것을 허락했다. 기존의 장군들은 엘리트주의 조장, 과다한 예산, 평등주의 위반 등을 내걸고 반대했으며, 히브리대학에서도 학위의 남발에 따른 권위의 추락과 캠퍼스에 찍히는 군화 발자국을 원하지 않았다. 군대의 틀에 박힌 생각은 오로지 비행기를 조종할 줄 알고 탱크를 운전할 줄 아는 전사들만 필요했고 과학기술을 앞세운 혁신가들의 괴짜 같은 젊은이들은 눈엣가시였다. 이 모든 우려를 불식시키는 특단의 조치가 필요했다. 그들은 높은 지능지수(IQ)는 물론이고 창의력, 집중력과 소통 능력을 갖춘 인물을 기준으로 내세웠고, 더불어 불타는 애국심을 강조했다. 탈피오트 프로그램 외에도 수학 실력을 바탕으로 모집하는 8200부대는 인터넷상의 보안 문제를 세계에서 가장 앞서 가도록 훈련하고 있으며 이들은 거의 모든 국가의 주요 시설을 은밀히 모이지 않게 감시하는 해킹 역량을 갖추고 있다.

어느 경우이건 혁신적 프로젝트의 수행에는 거센 저항이 있게 마련이다. 또한, 혁신적일수록 저항의 규모도 크게 마련이다. 탈피오트는 연구를 통해 도출된 이론에 입각해 추진되고 있기에 나아갈 수 있었다. 인간은 '모든 것이 가능하다'고 믿는 성향을 바탕으로 창의력이 20대 초반에 정점을 찍는다는 사실에 기초를 두고 있다. 상하 관계가 생명인 군대라는 환경만 고집한다면 결코 불가능했을 것이다. 장군이 회의장에서 커피를 나르고 부하가 장군을 비판하고 심지어 탄핵까지도 가능한 유대인들의 후츠파 문화였기에 가능한 것들이다. 처절한 실패, 욤키푸르전쟁은 자원이라고는 전무한 이스라엘을 그저 실패로 남지 않고 후츠파 정신을 통해 하드파워 중심 사회에서 소프트파워 중심 사회로의 전환을 시도하는 계기가 됐다.

과거의 기억이 아닌 미래로의 여행, 상상

군대에서 실패는 죽음을 의미한다. 따라서 전 세계의 군대에서 실패의 용납이란 없다. 전통적 군대의 의미는 무력을 의미하기 때문에 일사불란한 표준화와 규격에 따르는 교본이 군대가 지향하는 하드파워의 극대화 요소였다. 그러나 인구, 200만 대 2억의 대결이라면 얘기는 달라져야 한다. 비록 6일전쟁이라는 전무후무한 승리를 경험했다 하더라도 곧이어 욤키푸르전쟁을 통해 물리적으로는 물론 정신적으로 더 피폐해진 이스라엘의 군대가 지향했던 것은 유연성과 실패의 용납이라는 두 가지의 새로운 패러다임이었다. 폭발력이 하드파워였다면 정확한 지점에 작지만 정확한 무기를 떨어뜨리는 것이 소프트파워였고, 날아오는 미사일을 정확히 포착해 실시간으로 공중 폭파시키는 것은 강한 소프트파워였으며, 공중 폭파된 파편들을 민간인 피해가 없도록 유도 낙하하는 것은 가장 강력한 소프트파워다. 이 시스템이 잘 갖춰진다면 국경에서 불과 수 마일밖에 떨어지지 않은 도시라 하더라도 마치 도시 전체에 철갑을 씌워놓은 아이언 돔이 돼 안전을 보장할 것이다.

이 같은 맥락에서 욤키푸르전쟁 이전과 이후의 이스라엘의 국가 전략은 '하드파워:소프트파워', '규율:자율성', '표준화:개방화', '복종:질문', '임무:협력', '과거:미래'라는 극명한 대비로 새로운 패러다임을 열어 가게 된다. 기업 경영에서 가장 좋은 선택은 경쟁을 피하는 것이다. 이미 포화된 레드오션에서 서로 다투는 것이 경쟁이라면 아예 새로운 시장을 먼저 만들어 거기서 홀로 독점하는 것이다. 이를 블루오션으로 부르기도 한다. 누군가 이미 만들어 놓은 시장에서는 누군가 이미 만들어 놓은 규칙에 뒤따를 수밖에 없으므로 종속적인 환경에 놓이게 된다. 인코스를 독차지하고 달리는 스케이트 선수처럼 추월선을 양보할 리 없다. 더 이상 힘든 쇼트트랙이 아니라 새로운 아이스댄싱으로 눈을 돌린다면 거기에는 예술과 스포츠가 조화를 이루는 가운데 소프트파워를 요하는 새로운 세상이 열리고 더 많은 관중과 TV 카메라가 대기하고 있을 것이다. 지난 60년에 걸쳐 우리가 세계에서 가장 눈부신 성장을 구가했다면 이는 하드파워 경쟁력이라고 해도 과언이 아니다. 우리는 배로 한 달 이상 걸리는 먼 거리에서 원료를 구해와 하드파워를 동원해 제품을 만들어 내다 팔았다. 여기에는 증기의 힘, 전기의 힘이 필요했다. 그러나 나라 밖의 혁신기업들은 더 이상 원료를 제품으로 만드는 기업들이 아니다. 상상력을 거대한 혁신으로 만드는 그런 기업들이다. 거기에는 증기나 전기의 힘을 요하지 않는다. 상상력이라는 원료를 혁신이라는 보이지 않지만 거대한 가치로 만드는 것은 소프트파워라는 새로운 힘이다.

　기존의 군대 질서를 욤키푸르 이후의 소프트파워가 강한 군대로 바꾸는 데는 두 애국심을 가진 교수의 열정적인 시도가 있었으나 그들이 마주친 수많은 장애물 역시 만만치 않았다. 하나하나의 장애물을 모두 다 건널 수 있었던 힘은 다름 아닌 과거를 지향하는 목표가 아닌 미래를 향한 공감대에 있었다. 기억은 이미 익숙해진 과거로의 여행이지만 상상은 아직 안 가 본 미래로의 여행이다. 전에 한 번도 안 가본 여행은 설렘을 동반한다. 기억은 레드오션에 머물러 있으나 상상은 아직 경쟁이 꿈틀거리지 않는 블루오션이기 때문이다.

무한의 자유, 실패의 용인

　호기심이 왕성한 아이들은 한시도 가만히 있지를 못한다. 눈에 보이는 것, 손에 잡히는 것, 귀에 들리는 것, 혀에 닿는 모든 맛에 끊임없이 반응하기 때문이다. 자극이라는 입력과 반응이라는 출력이 뇌를 통해 처리되는 것이다. 어린아이들이 잠시라도 반응에 둔감해진다면 거의가 몸이 아프거나 피로가 극에 달했음을 암시한다. 이처럼 자극과 반응이 반복되면서 두뇌가 성장해 지능이 형성되기 시작한다. 이제는 더 이상 자극과 반응이 아니라 반응의 일부를 스스로 자극해서 입력하는 피드백 체계를 만드는 것이다. 소금은 짜고 설탕은 달다는 사실을 알고 난 후 어느 순간 '두 개를 합하면 어떤 맛일까?'라는 새로운 궁금증이 생기고 결국은 두 개를 합해 맛을 보게 되면서 스스로 지능을 확장해 가는 것이다. 탈피오트라는 생각하는 부대를 만든 이유도 이 같은 지능을 앞세워 미래를 선점해서 일

찌감치 블루오션으로 나가자는 생각에 뿌리를 두고 있다.

과거의 기억은 미래의 상상력과 대척점에 놓여 있다. 기억은 익숙함에 닿아 있고 상상은 위험을 수반하기 때문이다. 익숙함을 떨쳐 버리고 도발적으로 위험을 감수하는 나이가 20대에 극에 달한다는 근거하에 처절하게 자원이 없고 태생부터 주변 국가로부터 공격의 대상이었던 이스라엘의 선택은 탈피오트 프로그램이었다. 이들의 교육 방법은 근본적으로 달라야만 했다. 모든 교육의 시작은 독립적인 사고, 호기심, 동기부여라는 세 가지 요소에서 출발하도록 하는 것이다. 특정 시점에 이르기 전에는 절대로 학생들에게 정형화된 길을 알려 주지 않는 것이다. 그들이 훗날 다양한 문제에 직면했을 때 대처 가능한 능력과 가치를 심어 주기 위한 것이다. 교사들은 질문만 하고 답은 알려 주지 않는 식이다. 호기심과 열정은 답을 알려 주는 순간 곧바로 사라지기 때문이다. 시몬 페레스 대통령을 비롯해 아이언 돔(Iron Dome)을 개발한 마리나 간들린, 자율주행자동차의 핵심 알고리즘을 개발해 모빌아이(Mobileye: MBLY)를 창업한 로크니 등 수많은 사회 지도자가 바쁜 중에도 본업 외에 매주 정기적으로 고등학교에 나가 재능 기부 자원봉사에 나서는 이유도 끊임없는 호기심의 자극제가 돼야 한다는 사명감 때문이다.

경영환경이 빛의 속도로 변하는 상황에서 가장 우선순위에 둬야 할 것은 대담한 상상력이다. 위험을 감수할 수 있는 자유가 보장됐을 때 창의적인 상상력이 극대화될 수 있다. 여기에는 직급에 무관하게 젊은 도전자들을 앞세우고 그들에게 무한의 자유를 의미하는 '실패의 용인(容認)'이라는 아량을 분명히 해 둘 필요가 있다. 이스라엘에 750만 명 그리고 전 세계에 걸쳐 750만 명으로 총 1,500만 명에 불과한 유대인들이 지금껏 수상한 노벨상의 23%를 차지하고 있는 것은 지적 능력을 대표하는 높은 IQ지수가 아니라 겁 없이 방아쇠를 당기게 하는 힘인 그들의 국민성 후츠파 정신이었다. 사실 2017년 우리나라의 평균 IQ는 106, 이스라엘은 96이었다. 그것은 형식 타파, 질문, 섞임, 목표 지향, 끈질김, 위험 감수, 실패의 용인 등 일곱 가지 속성을 가지고 있는데, 가장 중요한 것이 사고의 자유를 보장해 주는 실패의 용인이다. 이 일곱 가지 요소는 창의력을 북돋아 주는 요소들이다. 우리의 문화나 관습에 비교했을 때 서로 대척점에 서 있는 요소들이다. 우리의 전통적 장유유서(長幼有序) 문화에 비췄을 때 쉽게 다가서기 어렵지만 창의력을 요하는 경영에서 반드시 닮아가야 할 요소들이다.

목표 지향의 인재가 빠르게 성장한다

이스라엘의 젊은이들은 남녀 모두 고교 졸업 후 곧바로 입대하게 되는데 복무가 끝나면 의무는 아니지만 대부분이 개발도상국인 남미, 아프리카, 동남아시아 등으로 해외 체험을 18개월 이상 떠난다. 이들의 체험은 불과 며칠 간의 배낭여행 수준이 아니다. 비용도 만만치 않으나 13세 성년식에서 사실상 부모 친지로부터 미리 받은 유산의 일부를 아낌없이 투자하는 격이다. 따라서 이스라엘의 대학은 우리의 복학생보다 더 많은 나이의 신입생을 맞이하게 된다. 이들은 이미 고교 졸업 후 5년여 기간의 혹독한 경험을 군대와 전 세계에서 쌓아온 베테랑들이다. 이들은 이미 무엇을 공부해서 어디서 활용해야 할 것인지를 염두에 두고 입학한다. 따라서 이들의 목표 지향적 학업은 그들을 대한민국의 25%에 불과한 좁은 국토에 국한하지 않는다. 아직 미지의 땅 가능성이 있는 곳이라면 세계 어디라도 상관없다. 따라서 이들의 목표 지향적 성향은 세계 어느 나라보다도 빠른 성장 곡선을 그리게 마련이다.

탈피오트 프로그램은 이 같은 목표 지향의 젊은이들 중에서 최고를 선발해 불과 3년 만에 히브리대학 전 과정을 마치게 한 후 6년을 더 근무하게 하는 것이다. 당연히 압축 학습이 따를 수밖에 없다. 군대 훈련을 병행하며 3년 만에 대학을 이수하는 데 별다른 마법은 없다. 있다면 그것은 그룹학습이었다. 군대 같은 조직에서 매일 24시간 함께 지내며 동기들과 유대를 쌓게 함으로써 그룹의 한

학생이 빨리 움직이기 시작하면 나머지 학생들도 그 속도를 함께 유지하게 하는 것이었다. 평범한 환경에서 평범한 교육을 마칠 뻔했던 학생들에게도 기회의 지평을 넓혀 진주를 발굴하는 열정이 엘리트 교육 탈피오트 프로그램의 성공 요인이었다. 학업 성적 순으로 학생들의 역량을 단순 평가하는 것이 아니라 심리학자를 동원해서 학생의 역량을 한 껍질 더 벗겨 들여다보며 잠재된 가능성을 확인하고 격려하는 일들을 소홀히 했다면 수많은 혁신의 기회가 날아가 버렸을 것이다. 방화벽을 만들어 세계적인 인터넷 보안기업으로 성장시킨 마리우스 나숫은 빈민촌의 별로 주목받지 못한 변두리 학교에서 자랐다. 입학사정관들의 헌신적 노력에 의해 선발될 수 있었고, 학업 도중에 열등 학교 출신이란 이유로 앞서 가는 동료를 틈에서 좌절할 뻔한 상황에서 열정적인 심리학 교수의 치료와 조언으로 인해 최우수 졸업생으로 거듭나는 보이지 않는 섬세함이 있었기에 이스라엘은 세계 최고의 보안기술을 통해 보이지 않는 세상, 인터넷을 지배하는 나라로 거듭나게 됐다. 그가 만든 체크포인트는 전 세계 방화벽 시장을 압도적으로 석권했다. 앞으로 발생하게 될 수많은 인터넷 이슈는 보안기술에 의존할 수밖에 없다는 점을 감안할 때 이 같은 작지만 섬세한 프로그램의 운영은 21세기 하이테크 경영에서 인적 자원의 중요성을 웅변으로 말해 주고 있다.

어린 나이의 학생들에게 이렇게 중요한 교육 프로그램을 제공하는 이면에는 자유로운 생각을 할 수 있는 중요한 요인들을 갖출 수 있기 때문이다. 내외부 환경에 지배당하지 않고 자유도를 극대화할 수 있는 강점이 있기 때문이다. 그들은 아직 어리기 때문에 가족에 대한 부양의 의무도 아직 없고, 자녀가 없고, 직업도 없었다. 필요하면 새벽까지 공부할 수 있고 군대는 자유롭고 그들은 상상의 제한이 없는 자유인이었던 것이다. 21세기 경영환경은 녹록하지만은 않지만 어느 좁은 한 공간만이라도 자유로운 영혼을 보장받을 수 있는 탈피오트 공간이 필요하다.

틀을 깨는 사고로 1%의 차이를 만들 수 있어야

우물 안의 개구리는 하늘 넓은 줄 모르고 평생을 지낸다. 깊은 우물에 갇힐수록 보이는 하늘은 좁아진다. 상자 안에서 생각하는 것과 상자 밖에서 보는 것의 차이는 시각에 있다. 안에서 보는 물체는 하찮은 것이라 할지라도 마치 거대한 문제처럼 압도해 오지만 밖에서 보는 물체는 거대한 세상의 하나일 뿐 심각한 이슈로 압도하지는 못한다. 탈피오트가 기대하는 것은 어떤 문제든지 똑같은 답을 거부하며 무조건 다른 시각으로 다른 해법을 찾아보게 하는 것이다. 누군가 거의 완벽에 가까운 답을 발견했다면 다음 도전자는 반드시 그 반대적인 해법을 모색하도록 함으로써 둘 사이의 틈새를 파고들게 한다. 혼돈의 모서리(edge of chaos)에서 혁신적 해법을 찾는 것이다. 질서가 있는 공간이 아니라 혼돈의 소용돌이를 일부러 찾거나 아니면 일부러 만들어 집어넣는 것이다. 이를 위해 탈피오트 훈련에는 반드시 서로 이질적인 전문가들을 섞이게 함으로써 그들 상호 간의 상상력을 섞을 수 있는 환경을 제공한다.

이들은 세상에 불가능은 원천적으로 존재하지 않는다는 신념을 갖도록 한다. 내가 혼자서 해결하기는 힘들어도 우리 탈피오트 프로그램 어딘가에는 반드시 해답을 쥐고 있는 그 누군가가 반드시 있다는 신념이다. 따라서 어떤 경우에도 남들이 만들어 놓은 해답의 반대편에 기꺼이 서서 자유로운 상상력을 발휘하는 데 아무도 주저하지 않는다. 이스라엘의 정보부대는 욤키푸르전쟁 직전에 수많은 주변 국가의 군사정보를 입수했으나 거의 대부분이 그전에 수십 차례 있어 왔던 훈련정보의 범주 안에 있었다. 따라서 그들은 유대인의 가장 성스러운 안식일, 욤키푸르를 기해 전면전이 있을 거라고는 상상하지 못했다. 그러나 정작 수많은 정보의 하나에 불과했던 주변 국가의 외교관들이 자신의 가족을 본국으로 송환하고 있다는 사실을 간과해 오판을 하게 됐다는 사실을 통해 훗날 두고두고 교훈으로 삼고 있다. 당시의 판단은 과학적 분석의 결과 훈련경보라는 오판으로

11. 시몬 페레스의 탈피오트 리더십

마무리됐으나 일단 전면전이라는 전제하에 새로운 시각의 분석이 반드시 따랐어야 했고, 그 이후에는 국지전이라는 또 다른 옵션도 당연히 있었어야 했다는 뒤늦은 지적이 탈피오트 교육 방식의 초석이 됐다.

인공지능과 빅데이터가 앞으로 21세기 경영의 새로운 트렌드를 만들어 가고 있다. 물론 가장 합리적인 과학적 도구임에 틀림없다. 그러나 1%의 차이를 만들어 내는 것은 때로는 과학의 함정 밖에 있다. 이스라엘의 군대가 아니더라도 4차 산업혁명의 시대는 과학적 사고에 잘 길들여진 모방형 인재가 아니라 수시로 정답을 부정하고 새로운 시각을 갖게 하는 별동조직, 탈피오트를 필요로 하고 있다. 지금 이후의 경제는 원료를 제품으로 만드는 하드파워를 요구하지 않기 때문이다. 이제는 상상력을 혁신으로 만드는 소프트파워가 강한 개인, 기업, 학교, 국가로 거듭나야 하기 때문이다.

현장에 답이 있다

탈피오트 프로그램은 매년 50명씩 모집해 운영되는데, 이들이 3년 과정의 교육 기간 동안 원하는 부대로 현장 경험을 쌓도록 배려한다. 처음에는 어린 생도들이 고참 장교나 장군들과 어깨를 나란히 하고 근무하는 것을 반대하는 경우도 많았으나 현장 경험을 통해 문제를 발굴하는 것은 교육과정 이수 후 이들이 수행해야 할 미션의 시작이었다. 더구나 전쟁이 벌어지고 있는 전장이라면 어린 생도들에겐 위험하기도 했지만 가장 생생한 혁신의 현장이기도 했다. 지구상 가장 역동적인 혁신의 현장이 전장이다. 죽느냐 사느냐의 절박한 현장이기 때문이다. 실제로 이스라엘 무기의 혁신은 21세기 들어 레바논과의 두 차례 전쟁이 벌어진 2005년 전후였다. 전자공학도 출신의 생도가 주축이 돼 전파를 교란, 회피하는 기술이 전투 현장에서 고안되고 응급처치됐으며 개선됐다. 사이버 공간에서 적국의 기간산업 내부에 깊숙이 들어가 사전에 무력화하는 등 강력한 무력이 아니라 생각하는 힘으로 무력 이상의 보이지 않는 소프트파워가 위력을 발휘하면서 탈피오트 프로그램은 이제 더 이상 국방만을 위한 역할이 아니었다. 군에서 개발된 기술이 산업으로 전파돼 수많은 혁신을 일으키며 GDP의 6%까지 기여하게 됐다. 미사일의 광학유도장치를 소형화해서 필캠이라는 캡슐형 내시경 건강진단 기구가 상용화됐고 인터넷 방화벽도 국방을 위한 방어기술의 산물이다. 저궤도로 날아드는 모든 미사일을 정확하게 실시간으로 추적해서 격추시키는 아이언돔 기술은 물론 자율주행자동차의 알고리즘도 탈피오트 출신들이 현장에서 받은 자극을 협동적 환경에서 구현한 것들이다. 이들의 생각은 무한히 자유롭다. 문제는 반드시 해결할 수 있다는 확신에 찬 자신감이 그들에겐 가장 큰 자산이다. 거대한 도전은 반드시 실패라는 높은 가능성을 전제로 출발해야 한다는 것을 누구나 알고 용인하기 때문에 어떤 도전도 주저할 이유가 없다. 오히려 실패하지 않고 성공했다면 왜 아직껏 시도하지 못했는지 따져 묻기 때문이다. 창업국가라는 별명으로 더 잘 통하는 이스라엘은 한때 미국 다음으로 나스닥 상장사를 거느리고 있었다. 그들 창업자의 80%가 최고의 엘리트 부대인 탈피오트 출신들이다.

　개업과 창업은 비슷한 것 같지만 전혀 다르다. 영어로 표현하면 확연히 구별된다. 개업은 비즈니스 오프닝(business opening)이다. 음식점이 잘 되니 그 옆에 하나 차리는 것이다. 이는 엄밀히 말해서 경제의 파이를 넓히는 데 기여하지 못한다. 창업은 비즈니스 크리에이션(business creation)이다. 비록 작더라도 세상에 그 누구도 아직 시도하지 못했던 것을 만들어 내는 것이다. 이는 경제의 반지름을 넓혀 결국 면적을 키우는 데 기여한다. 창업을 통해 기업의 파이를 넓히는 데는 현장을 새로운 시각으로 볼 수 있는 눈을 가진 자가 필요하고 이들에게는 실패를 용인하는 문화를 통해 매사를 거꾸로 보는 데 익숙해지도록 해야 한다. 탈피오트 프로그램은 물리적 군대를 생각하는 군대로 바꾸자는 취지였으나 결과적으로는 자원이 전무하고 안보의 위협에 직접적으로 노출된 나라 이스라엘의 21세기 생존 방법으로 승화됐다. 결과는 창업국가의 건설로 이어진 것이다.

또 하나의 지구, 사이버 세상을 지배하라

우리는 두 개의 지구에서 살고 있다. 하나는 발로 딛고 있는 지구요, 또 하나는 보이지는 않지만 엄연히 존재하는 디지털 지구다. 물리적 지구에서 대한민국이 차지하고 있는 면적은 축구경기장을 세계 면적으로 본다면 그 안에 놓인 침대 하나의 면적에 불과하다. 이스라엘은 그 침대의 1/5에 불과하다. 이 좁은 면적에서 원료를 구해 와 제품을 만드는 산업경제를 일궈 국가를 지탱해 왔다. 더군다나 원료를 구하기 위해서는 배로 1~2개월 소요되는 먼 거리를 감수해야만 했다. 그럼에도 불구하고 산업경제를 성공적으로 일궜으니 100m 경주를 150m 달리는 불리한 조건을 극복한 셈이다. 그러나 4차 산업혁명은 원료를 구하기 위해 먼 거리를 오가며 비용을 쏟을 필요가 없다. 젊은이들의 머릿속에 담긴 상상력이 곧바로 원료다. 이를 혁신으로 바꾸는 경제다. 상상을 혁신으로 바꾸는 지식창조경제는 보이지 않는 또 하나의 지구, 디지털 세상이 있기에 가능하다.

디지털 세상은 국경이 없다. 초고속 연결성을 기반으로 한 비옥한 디지털 토양이 있으면 충분하다. 대륙간탄도미사일을 의미하는 ICBM이 하드파워를 대변하는 상징이라면 우연하게도 소프트파워도 다른 차원의 ICBM의 원소로 구성돼 있음을 알 수 있다. 그는 IoT(사물인터넷), cloud computing(클라우드 컴퓨팅), big data(빅데이터), mobile network(무선 통신망)의 4개 원소의 조합이다. 이제 우리 사회, 경제, 문화가 필요로 하는 것은 이 네 가지의 원소를 적절히 결합해서 다양한 비타민을 만들어 역동성을 제고하는 것이다. 제조업 경제가 역동성을 잃어 가고 있다. 이제 ICBM을 적절히 섞어서 모든 산업에 맞는 각각의 다양한 비타민 처방을 만든다면 정보통신기술을 발판으로 다시 역동성을 회복할 수 있을 것이다. 이는 디지털 지구가 있기에 가능하다.

이스라엘의 또 다른 엘리트 부대인 8200부대는 100% 사이버 세상에서 활동하는 숨겨진 부대다. 수학에 뛰어난 영재들을 모아서 사이버 세상의 보안을 석권하는 임무를 갖고 만들어진 부대다. 이들은 키보드 하나로 전 세계의 비밀스러운 정보를 손쉽게 가로채기할 수 있으며, 적국 이란에 있는 원자핵 원심분리기를 악성 코드로 감염시켜 기능을 무력화하는 것이 가능함을 입증해 내고 있다. 이 부대의 규모는 상당히 크지만 작은 스타트업처럼 움직이며 인터넷 보안기술을 끊임없이 개선하며 자체 방위는 물론 보안산업을 리드해 가고 있다.

이들이 생각하는 21세기 전장은 피를 흘리는 처참한 공간이 아니라 조용하면서도 은밀하게 지휘하는 효율적인 공간인 컴퓨터 자판기, 키보드다. 국토가 좁은 이스라엘이 전쟁이란 환경에서 차별화하는 가장 효율적인 수단을 보이지 않는 공간으로 옮겨 왔다는 점은 21세기 경영에 많은 시사점을 제공한다. 근육의 힘을 요하는 하드파워의 공간이 아니라 사이버 공간에서의 두뇌의 힘을 발휘할 수 있는 전장을 선점했다는 점이다. 이들의 생각은 다르다. 모든 나라가 인터넷 보안문제로 골치를 앓는 동안 이들은 보안기술이 우리나라를 먹여 살리게 될 것이라고 주장한다. 실제로 8200부대 출신의 병사들이 창업한 '체크포인트'는 세계 최초의 방화벽을 개발 보급해 글로벌 인터넷 보안 시장을 석권해서 젊은이들로 하여금 창업국가 이스라엘을 선도하는 횃불이 됐다.

영향력

6일전쟁의 완벽한 승리와 욤키푸르전쟁의 완벽한 패배 사이에는 불과 6년이라는 짧은 시간의 간극이 있었을 뿐이다. 만약 그 간극이 10년 이상이었다면 이스라엘의 전후 복구는 거의 불가능했을 것이다. 승리의 자신감에 도취된 상황에서 그들은 주변 국가들의 새로운 다짐과 각오를 폄하하기 일쑤였고 무력(武力)의 강화가 곧 국방이라는 단순 논리에 안주했기 때문이다. 그러나 원유 공급을 무기로 서방 세계를 장악한 주변 산유국들은 이스라엘로의 무기 공급을 원천 봉쇄한 다음 구소련으로부터 최첨단 무기 수입은 물론 국방 체계를 6년 전과는 전혀 새로운 시스템으로 개편했다. 특히 주요 무기 공급처였던 프랑스의 배반으로 궁지에 몰린 상황이 겹치면서 간신히 팔레스타인에 입주한 이스라엘의 독립은 불과 10년도 안 돼 물거품이 될 뻔한 상황에서 생존권과 자존심에 회복이 불가능할 정도의 심각한 상처를 남겼다. 돌파구는 사회 전체를 바꾸는 패러다임의 전환이었다. 국부적인 처방은 큰 의미를 갖기 어려웠으며 그 일환으로 젊은이들의 상상력을 앞세워 혁신을 모색하는 것이었다.

일단 출발은 젊은이들의 집단인 군대였으나 이들의 역할은 군대에 머물지 않고 사회, 문화, 교육, 경제로 퍼져 나가면서 상상을 초월하는 혁신으로 자신감을 넓혀 나갔다. 이들은 연간 400mm의 강우량이라는 핸디캡을 세계 최고의 담수화 기술로 바꿨고, 이 기술은 현재 52센트의 비용으로 바닷물 1톤을 먹을 수 있는 물로 정제한다. 이를 통해 이스라엘을 세계적인 기술 강국으로 알리는 데 기여했고, 네타핌이라는 회사는 최소의 물로 최대의 농사 효율을 높이는 회사로 거듭났다. 이제 탈피오트는 더 이상 군대 체계에 얽매이지 않고 국가 전체의 혁신에 기여하는 단계에 진입하면서 젊은이들의 우상이 돼 가고 있다. 고3 교실에서의 관심은 더 이상 하버드, 예일, 프린스턴이 아니라 탈피오트를 비롯해 8200부대 등 엘리트부대 프로그램이다. 이들의 성과는 알려진 것보다 훨씬 많으나 국가 안보상 일일이 공개하지 않고 있다. 특히 공격용 무기만큼은 철저히 보안을 유지하며 수많은 대원이 거쳐 간 프로젝트들이 지금껏 외부에 공개되지 않고 역량을 철저히 비밀에 부침으로써 주변 국가들에게 더 큰 공포심을 자아내게 하는 것이다. 예를 들면 이스라엘은 아직껏 핵무기 보유에 대해서 긍정도 부정도 아닌 입장을 취하고 있다. 이 같은 모호함을 통해 어림잡을 수 없지만 초대형에서부터 초소형 이동식 무기까지를 갖고 있을지 모른다는 공포심이 주변국으로 하여금 함부로 넘보지 못하게 하는 고도의 심리적인 전략으로 작용하고 있다. 그러나 인터넷을 활용한 다양한 창업 기술로 승화된 국방 연구 결과는 적극적으로 널리 알림으로써 젊은이들로 하여금 창업을 부추기고 그 결과로 세계에서 인구 대비 가장 창업이 활발한 창업국가를 건설하게 된다. 좁은 국토에서 한 다리 건너면 모두가 연결되는 작은 나라이기 때문에 창의적 아이디어 하나로 창업에 성공한 스토리는 금세 전국으로 퍼져 나가며 0을 1로 바꿔 버리는 새로운 도전의 자극제가 되고 있다. 탈피오트 프로그램이 갖는 절박함의 특징은 누군가가 실수를 하는 것을 넘어선다. 경우에 따라서는 고의로 실패하게 만드는 것이다. 마치 누군가가 운전대에 있는 당신을 고의로 밀쳐 내는 순간도 살아남는 방법을 상상하게 하는 수준이다.

보이는 것보다 보이지 않는 것의 가치를 추구

1948년, 이스라엘이 건국되며 약관 25세에 초대 벤구리온 수상의 비서로 출발해 65년간 국가를 위해 봉사하며 세 번의 총리, 노벨평화상 수상, 그리고 대통령직을 수행했던 국부(國父) 시몬 페레스 전 대통령은 이스라엘 젊은이들에게 세 가지만큼은 세계에서 가장 앞서 가라고 주문했다. 그것은 깊은 바다, 높은 우주 그리고 심오한 생명이었다. 이 세 가지의 공통점은 끝이 없는 학문이다. 자원이 없는 나라의 국가 경영은 인적 자원에 의존할 수밖에 없다. 인적 자원의 1차적 힘은 부지런한 근육이었지만 이제는 과학과 기술을 의미하는 두뇌의 경쟁력이다. 독립 후 화려하게 장식했던 6일전쟁까지는 키부츠와 모샤브(Moshav)를 통해 제도를 정비하고 땅을 일구며 인구를 늘리는 땀의 결실이었다면 그 이후의 돌파구는 보이지 않는 가치를 추구하며 소프트파워를 확장하는 단계였다.

탈피오트 프로그램의 저변에는 상상력을 혁신으로 바꾸는 무형의 자산을 축적하는 것이었다. 이제 눈에 보이고 손에 잡히는 것의 가치보다 만질 수 없고 보이지는 않으나 더 큰 가치를 만들어 내는 한 명의 젊은 두뇌가 수백 명의 병사를 능가할 수 있다는 것이다. 따라서 생도들에게는 '세상에 불가능은 없다. 단지 필요한 기술을 찾아와서 엮어 내면 된다.'는 긍정적 자신감을 불어넣었다. 사소한 것들일지라도 그냥 넘어가는 법이 없다. 헬기 조종사가 진동으로 인해 척추 환자로 실려 나가는 문제를 해결하기 위해 거창한 시뮬레이션 장비를 활용하는 대신 의자 등받이에 잉크를 뿌리고 흰 셔츠에 번지는 흔적을 찾아 진동계수를 유추하고 역진동파를 구동해 해결하는 친구의 모습을 보면서 아직 대학을 갓 졸업한 수준이지만 나도 할 수 있다는 생각을 누구나 갖게 한다. 사소한 현상도 데이터화함으로써 체계적이고 논리적으로 접근하는 시그널을 포착하는 것에서 누구나 자신감 있게 도전하는 용기를 얻는다. 추격해 오는 미사일을 피하기 위해 전파를 교란해 보고 열 추적 미사일을 따돌리기 위해 전투기에서 조명탄을 던지는 것들이 허용되는 훈련을 했으며, 탈피오트는 젊은이들에게 이 같은 역동적인 활동이 가능한 유일한 실험실이었다. 어린 시절에 할아버지 안경인 돋보기를 통해 들여다본 렌즈 너머의 세상에 관심이 많던 젊은이의 호기심이 우주항공 기술을 만나 지상 400km 상공에서 세계 곳곳을 손바닥 들여다보듯 정교한 정보를 탐색하는 기술의 개발은 면적도 인구도 작지만 적으로 둘러싸인 이스라엘을 효율적으로 지켜 내는 데 천군만마 이상의 힘을 발휘한다. 심오한 과학기술을 수십 년에 걸쳐 연구하는 공간이 아니라 누구에게나 아이디어가 떠오르면 즉시 땜질 기구를 들이대고 회로를 구성해서 실험해 볼 수 있는 그런 자유로운 9년의 군대생활은 젊은이들에게 국방의 의무라는 굴레를 훨씬 초월하게 함으로써 제대 후에 창업의 길을 모색하는 자연스러운 도장이 되게 한다.

드골(Charles de Gaulle)이 원유 확보 문제로 이스라엘을 배반하고 무기 수출을 중단했기 때문에 이스라엘이 항공우주 사업에 한 걸음 더 다가설 수 있었고, 21

세기에 들어 레바논이 두 차례나 전쟁을 걸어왔기 때문에 아이언 돔이 개발될 수 있었다. 외부의 자극은 그들에게 분명한 스트레스였으나 그것은 언제나 발전을 위해 작동했다. 결코 뒷걸음으로 물러서는 것이 아니라 스트레스가 크면 클수록 고등학교를 갓 졸업한 젊은 탈피오트 요원들에게는 땜질 도구를 들고 달려가는 또 하나의 실험실일 뿐이었다.

우주를 다시 보자, 2차원의 면적을 3차원의 공간으로

2차원의 세상을 3차원으로 높일 수 있다면 좁은 국토의 한계를 벗어날 수 있다는 단순한 생각이 깊은 바다와 높은 우주로 눈을 뜨게 한다. 이스라엘의 부산항에 해당하는 하이파는 레바논으로부터 불과 30km, 갈릴리 호수 건너편에는 시리아, 네게브사막의 건너에는 이집트가 둘러싸고 있어서 굳이 중장거리 미사일이 아닌 로켓포만으로도 언제든지 공격에 노출돼 있다. 페레스 대통령이 젊은이들에게 강조했듯이 발사 후 불과 몇 분 안에 지구를 내려다볼 수 있는 눈을 갖는 것이 중요한 과제였으며 이스라엘은 세계 최초로 실패 한 번 없이 단 한번의 발사로 위성을 우주에 올려놓았다. 그것도 국가 프로젝트가 아닌 테크니온 공대에서 젊은이들의 호기심에서 출발한 사례로 기록된다. 여기에는 우주공학뿐만 아니라 호기심을 가진 로봇공학, 핵 에너지, 유도 미사일, 사이버 보안 등 다양한 젊은이들이 섞이고 초정밀 광학렌즈를 탑재해 세계 곳곳을 상세히 들여다보는 눈을 갖게 된다. 이 프로젝트 하나가 안전하고 은밀한 공간에서 수만 명의 스파이를 고용해 정보를 탐색하는 것 이상의 힘을 갖게 한다. 주파수 스펙트럼 기술이 여기에 더해지면서 흐린 날에도, 야간에도 줌인, 줌아웃을 통해 특정 지역을 집중 관찰할 수 있으며, 화면을 데이터화함으로써 시차를 두고 상호 비교하면 육안으로 관찰하기 어려운 미세한 변화를 정확히 알려 주기도 한다.

지평선까지만 허용하는 2차원의 세상의 눈을 불과 수백km까지만 올리면 불과 2만 km²에 불과한 작은 나라도 20만 km²의 큰 나라와 같은 넓은 시야를 확보할 수 있다. 기업 경영을 포함한 모든 조직에서 새로운 도전은 항상 작고 부족하며 불투명함으로부터 시작된다. 빠른 시간에 크고 풍족하며 투명한 세상으로 나오게 하는 것이 경영이다. 지평선 너머의 세상을 넓히는 일은 눈을 키우는 것이 아니라 눈의 높이를 올리는 일이다. 천군만마로 100리를 달리는 것보다 더 가치 있는 일들이 가능한 세상이다. 사이버 공간을 지배하는 보이지 않는 힘이 있기 때문이다. 작지만 강한 나라, 기업, 학교, 가정은 눈에 보이는 것의 가치가 아니라 오히려 만질 수 없고 보이지 않는 상상력의 가치에 주목한다. 상상력은 지나온 길을 되돌아가는 기억이 아니라 아직 그 누구도 안 가본 길을 미리 가보는 것이기 때문이다. 시인 로버트 프로스트(Robert Frost)의 『가지 않은 길』이 안내하는 곳은 당분간 깊은 바다라는 X축과 높은 우주라는 Y축 그리고 심오한 생명이라는 Z축을 향해 무한히 뻗어 있다. 이 세 영역은 끝이 없는 학문이며 아직 출발선상에 놓여 있기 때문이다. '깊고, 높고, 심오한'이라는 세 형용사는 탈피오트가 지향하는 보이지 않는 철학임과 동시에 21세기 도전하는 기업의 종착지가 돼야 할 것이다. 왜냐하면 상상력은 우리 인간에게 주어진 그 크기와 방향과 깊이에 제약이 없는 유일한 특권이기 때문이다.

어느 기업이든지 2차원의 시장에서 3차원의 새로운 길을 모색하는 도전적 공간이 있어야 할 것이다. 매 도전적 목표는 현재의 가치에 국한하지 않고 오히려 현재의 가치를 부정하고 경계를 파괴하는 잠깐의 아픔이 없이는 불가능하다. 이 잠깐의 아픔이 이미 거대한 고통임을 경험으로 잘 알고 있는 기득권자가 아니라 아직 가족도, 부양 의무도 없는 젊은 도전자들이야말로 미련 없이 먼저 도전할 수 있는 자들이다. 따라서 혁신의 도전 공간에는 유대인의 후츠파 정신의 근간인 '형식 타파' 문화가 전제돼야 할 것이다.

미사일 사령부, 단계적 방어망

거대한 국토와 방대한 자원으로 이뤄진 나라의 방어 체계는 작은 나라의 그것과 달라야 한다. 우선 발사 지점으로부터 먼 거리를 날아와야만 하는 특성상 미사일의 규모가 크고 장거리 비행을 수반한다는 점이다. 따라서 방어 체계는 비교적 여유 있는 긴 비행 시간에 정교하게 마련될 수 있을 것이다. 반면에 좁은 국토와 인접한 대도시 간 빈번한 교류가 일어나는 상황이라면 방어 체계는 훨씬 복잡해진다. 발사돼 목표물에 이르는 시간이 순식간에 이뤄질 뿐만 아니라 낮은 궤도로 정밀한 유도장치를 통해 목표물을 정확히 식별할 수 있기 때문이다. 이스라엘의 탈피오트는 빈도가 높은 공격을 중심으로 방어 체계를 준비했고 그것은 저궤도로 날아드는 수많은 로켓포였다. 위력은 그리 크지는 않으나 주변에서 빈번하게 발생하는 공격으로 인해 스트레스를 주는 골칫덩어리였다. 아예 도시를 두꺼운 철갑으로 덮어 버리지 않고서는 해결할 방도가 없을 만큼 이스라엘의 당면 과제가 됐다. 그러나 물리적으로 철갑을 씌울 수는 없었으나 그들은 논리적인 철갑을 상상했고, 곧이어 전기전자공학, 물리학, 전파공학, 재료공학 그리고 수학을 총동원해서 원천적인 미사일 요격 시스템 개발에 착수한다. 이 무모하고 야심찬 계획은 국방부의 최고위 간부회의에서 출발한 것이 아니었다. 불과 20세의 젊은 탈피오트 2년차 생도들의 분임조 연습 과제에서 시작된 것이다. 지도 교관은 비록 연습 과제였으나 주목했고 결국 국가 과제로 제안하기로 결심했지만 터무니없다는 이유로 수차례 거절당했다. 그 사이 하마스(Hamas)는 맹렬하게 로켓포를 쏘아댔고 이스라엘 시민들의 스트레스는 극에 달했다. 정부 지원이 없자 장관의 서명 없이 시민들의 모금으로 자금을 확보해 결국 떠밀리듯이 국가 프로젝트로 지정됐고 아이언 돔은 성공해 이스라엘 모든 마을을 거대한, 그러나 보이지 않는 철갑 지붕으로 덮을 수 있었으며, 시민들은 비로소 편히 두 발을 펴고 잠들 수 있었다. 여기서 성공한 사례를 발판으로 중거리 미사일 요격 시스템인 '데이비드 슬링', 장거리 요격 체계를 담당하는 '에로우'로 발전하게 되면서 미국조차도 연구자금과 과학기술을 더해 이스라엘의 무기 체계에 합류하게 된다.

20세의 젊은이들이 상상한 철갑지붕 프로젝트가 단지 좋은 학점을 위한 탈피오트 과정의 전시용 과제에 머물렀다면 연간 2,000발 이상의 로켓포가 가져다 주는 스트레스를 피할 수 없었으며, 미사일 요격 시스템 수출을 통한 GDP 기여는 상상할 수 없었을 것이다. 미국을 포함한 주요국들은 가장 완벽한 미사일 방어 체계로서 아이언 돔을 무장해 가기 시작하고 있으며 그 시장은 날로 커가고 있다. 탈피오트의 노력은 여기서 그치지 않고 아이언 돔이 상대편 미사일을 요격 후 잔해물이 인구 밀집지역에 피해를 줄 수 있다는 점을 감안해 심지어 잔해를 원하는 곳에 떨어지게 하는 타격 방향 제어 기술도 도전의 대상으로 삼고 있다.

'이 정도면 됐어'가 아니라 끝까지 파고들어 최고의 경지에 오른다는 의미의 히브리어 탈피오트는 탑의 꼭대기를 의미하기도 한다. 21세기 경영에서 탈피오트는 세계 1위만이 살아남는 블루오션 시장에서 어느 기업, 어느 조직에서나 하나쯤 갖춰야 할 프로그램이다. 이들의 목표는 상상을 머릿속에 가둬 두지 않고 꺼내서 기필코 혁신으로 바꿔 버리는 도전에 있다. 아무리 좋은 상상이라도 머릿속에 갇혀 있는 한 아직은 0(zero)이다. 끄집어 내어 혁신으로 만들었을 때 1(one)이 된다. 피터 틸의 『제로 투 원』을 실천하는 조직이 탈피오트 프로그램이다.

티쿤 올람, 세상의 소금이 되자

유대인들은 우리의 '홍익인간(弘益人間)'에 해당하는 '티쿤 올람(Tikkun Olam)' 정신을 귀에 못이 박이도록 듣고 자란다. 히브리어로 세상을 뜻하는 티쿤과 바꾼다는 의미를 담은 올람의 합성어다. 그 의미는 세상을 더 좋은 곳으로 바꾼다는 것이며 널리 인간을 이롭게 한다는 홍익인간의 사상과 맥을 같이한다. 하나님은 우주와 인간을 만들었으니 이 세상에 태어난 우리 인간은 하나님이 선물로 준 이 세상을 조금 더 좋은 곳으로 만드는 소명이 주어져 있다는 것이다. 영어로는 'make the world as a better place'에 해당한다. 전 세계 인구의 0.2%에 불과한 1,500만 명의 유대인이 지금까지 수여된 노벨상 수상자의 23%를 차지하고 있는 것도 태어날 때부터 하나님의 창조력을 본받아 우리 인간도 작지만 세상을 위해 창조적으로 기여해야만 한다는 정신의 큰 역할을 했을 것으로 보인다. 사서삼경을 포함한 중국의 고전들은 수천 년간 단 일점, 일획도 변함없이 고고하게 지켜내려 오고 있으나 유대인들의 탈무드(Talmud)는 당초 7권이었던 것이 1500년을 거치면서 끊임없이 토론과 질문을 통해 내용이 수정되고 보완되면서 70권으로 늘어났으며 지금도 날이 거듭될수록 보완 수정되는 살아 있는 생명체로 존재한다. 전 세계의 유대인들은 매일 똑같은 페이지의 탈무드를 정해놓고 함께 읽는다. 적어도 하루에 한 가지의 주제를 놓고 전 세계의 유대 가족들이 생각을 나누며 공감 소통과 이견 표출을 통해 어제와는 다른 새로운 내일을 위해 발전을 모색하고 있는 것이다.

'티쿤 올람' 사상은 '후츠파 정신'의 하나인 '질문의 권리'와 맥이 닿아 있다. 세상을 지금보다 더 좋게 만들기 위해서는 끊임없이 도전해야 하며, 도전의 출발은 질문에 있기 때문이다. 아이들이 학교에서 돌아오면 엄마의 첫 물음은 오늘 학교에서 무엇을 배웠는지가 아니라 무엇을 질문했느냐다. 탈피오트 프로그램의 출발은 처절하게 패배했던 욤키푸르전쟁이었으나 시간이 흐르면서 자주국방에만 그치지 않고 국방을 위해 개발된 기술이 산업으로 연결돼 세상의 소금이 되기를 기대하고 있다. 실제로 이스라엘은 국방비에 정부 예산의 10%를 쏟아붓고 있으나 국방의 결과로 개발된 기술이 새로운 상품으로 둔갑해 국가 전체 GDP의 7%로 보답하고 있다. 따라서 전 세계가 국방비를 비용으로 간주하고 있으나 오직 이스라엘은 그것을 투자로 여기고 있다. 인터넷 보안 방화벽, 내시경 캡슐 필켐, 자율주행 드론, 해수의 담수화, 원자력 안전 특허 등은 자원이 없는 이스라엘을 살린 결정적인 국방기술의 산물이다. 이 같은 산출물들은 자원이 없는 이스라엘에서 직접 생산해 제품으로 내다 파는 것이 아니라 모든 결과를 그 누구도 훔쳐갈 수 없는 특허로 감싸서 전 세계에 사용권으로 거래한다. 이들은 절대로 특허권을 판매하지 않는다. 보이는 제품이 아니라 보이지 않는 지식재산에 더 가치를 두는 이유다. 제품은 원료를 투입해 만들어 내는 하드파워의 소산물이나 지식재산은 상상력을 투입해 혁신을 만들어 내는 보이지 않지만 더 큰 가치를 만들어 내기 때문이다.

탈피오트 프로그램의 젊은이들은 아무도 자기 자신의 공적을 외부로 드러내지 않는다. 다만 티쿤 올람 정신으로 세상을 더 좋은 곳으로 만든다는 소명의식에 매진할 뿐이다. 처음부터 일확천금이 아니라 이 같은 순수한 동기야말로 창조적 도전에 이르는 지름길이라고 여기기 때문이다.

두뇌, 국제 사회로 가는 여권

실패의 뒤에 남는 것은 오직 극단적인 두 가지다. 파멸과 혁신이 그것이다. 아놀드 토인비(Arnold Joseph Toynbee)는 모든 인류 역사상 도전이 왔을 때 잘 응전한 역사, 문명은 살아남았고 그렇지 못한 경우는 역사의 뒤안길로 사라졌다고 했다. 이때 창의적 한두 명의 역할이 중요하며 그들을 창조적 소수라고 정의했다. 토인비가 활동할 당시에는 인터넷이 없던 세상이었다. 지금은 그 누구도 크든 작든 좋은 상상력이 있다면 구현해 낼 수 있는 사이버 지구가 있다. 이제 창조적인 소수도 중요하지만 집단지성이라는 새로운 동력이 창의력의 원동력으로서 중요한 요소로 작용할 수 있는 환경이다. 세상에는 75억 명이 살고 있으나 신은 단 한 명도 같은 얼굴을 주지 않았다. 하드웨어적인 외형뿐 아니라 인간 내면의 생각인 소프트웨어 측면에서도 똑같은 역량을 주지 않았다면 우리의 교육은 당연히 개인의 내재된 각자의 고유 역량을 찾아내야 함에 있을 것이다. 탈피오트 프로그램은 이 같은 인간의 본질적 차이를 존중하고 그것을 격려하며 끊임없이 탐구하게 하는 것에 방점을 두고 있다.

힘에 집중하던 이스라엘 군대가 패배의 아이콘이 돼 버린 욤키푸르전쟁을 계기로 새로운 정체성을 만들었으며 그것은 바로 생각하는 군대였다. 손발의 부지런함을 두뇌의 창의력으로 바꾼 것이다. 이는 두뇌와 힘, 개인주의와 공익, 군인과 경영인 사이의 치열한 싸움이 시작된 계기가 됐다. 두 거물 정치인 이츠하크 라빈(Yitzhak Rabin)과 시몬 페레스의 경쟁적이고도 치열한 그러나 외부적으로는 조용한 싸움이 촉발됐다. 집권 노동당 내의 손발과 두뇌의 싸움이었고 제복과 맞춤복의 싸움이었다. 결과적으로 탈피오트 프로그램은 제복이 아닌 맞춤복이, 근육이 아닌 두뇌의 힘이 더 강함을 입증해 냈다. 사회주의적 사회에서 자본주의적 사회로 변화하는 계기가 됐다.

두뇌는 이제 국제 사회에서 유일하게 통용되고 확실하게 보장되는 여권(旅券)이 돼 가고 있다. 개방형 혁신을 앞세우는 실리콘밸리의 아이콘 기업들은 수만 명의 자체 연구원을 거느리고 있다 할지라도 좋은 상상력을 가진 젊은이가 있다면 달나라까지라도 달려갈 준비가 돼 있다. 좋은 아이디어를 거대한 혁신으로 만드는 것이 21세기 경영이다. 사실 실리콘밸리에서 성공한 100개 기업 중 48개는 미국이 아닌 외국의 젊은이들이 가지고 온 아이디어다. 이 중 상당 부분이 이스라엘의 엘리트부대 탈피오트와 8200부대 출신이다. 20세기가 원료를 제품으로 만들어 내다 파는 자유무역협정(FTA) 시대였다면 21세기는 상상력을 혁신으로 만들어 내다 파는 자유창업협정(FreeStartup Agreement: FSA) 시대가 돼야 할 것이다. 서로 다른 나라의 기술과 특허, 자본이 국가 간 장벽 없이 자유롭게 교류하고 소통하는 국가 간 약속이 필요한 시기다. 이스라엘의 탈피오트, 8200부대는 이미 미국과는 여권에 찍힌 스탬프가 아니라 엘리트부대라는 두뇌 그 자체가 더 큰 안전을 보장하는 여권에 해당한다.

11. 시몬 페레스의 탈피오트 리더십

경영의 요소가 토지, 자본, 노동이었다면 이들 세 가지 요소를 일거에 압도하는 요소로 창의적 지식이 떠오르고 있다. 세계를 지배하는 아이콘 기업들은 원료를 그냥 제품으로 만드는 6일전쟁의 시대가 아니라 상상력을 혁신으로 만드는 욤키푸르 시대로 진입해야 함을 탈피오트가 웅변하고 있다. 이제 우리만의 탈피오트를 만들어 최고 중의 최고를 상징하는 젊은이들의 두뇌를 깨워야 할 것이다.

탈피오트의 힘은 개인이 아닌 네트워크

세상에 없는 우리나라만의 기업 체계가 재벌이다. 영어사전에 등장할 만큼 독특한 경영 지배 구조다. 산업화를 압축해 단기간에 일궈 나가는 데에 선단형 지배구조를 앞세워 좁은 땅 대한민국의 지평을 세계로 넓히는 훌륭한 협력 체계였다. 계열사 상호 간 출자가 가능했으므로 항공모함과 같은 모회사를 중심으로 다양한 계열의 자회사들이 선단(船團)을 꾸리고 상호 의존적 관계를 통해 수만 명 또는 수십만 명의 고용을 통해 자원이 없는 나라의 지평을 넓힐 수 있었다.

그러나 21세기의 재벌의 모습은 이제 20세기의 모습과 다르다. 이스라엘의 RAD그룹은 이를 잘 보여 주고 있다. 23개의 계열사를 보유하고 있지만 전체 고용은 2,000명 수준에 불과하고, 놀라운 것은 미국 나스닥 상장 회사가 자그마치 8개나 된다는 것이다. 사내에서 수시로 창업이 일어나고 또한 수시로 상장되거나 미국 등 대기업에 인수합병(M&A)되는 일들이 다반사로 일어나고 있으며, 기업 가치는 우리나라의 재벌기업 수준에 이른다는 것이다. 거대한 산업의 한 축을 일궈 경쟁력을 앞세워 세계 시장을 장악하는 중후장대한 기업의 모습이 한국형 재벌이었다면 21세기는 역동성을 앞세워 창업으로 꾸준히 앞길을 열어 나가고 곧바로 또 다른 새로운 블루오션을 찾아 나서는 것이다. 이스라엘은 세계에서 가장 역동적인 창업의 현장임을 '창업국가'라는 책을 통해서 알린 사울 싱어(Saul

Singer)는 그 성공의 출발점으로 요즈마 펀드와 엘리트부대인 탈피오트 프로그램으로 꼽았다. 세상에 한 번도 존재하지 않았던 새로운 도전을 통해 창업을 할 때 실패의 위험을 극복하게 해 준 최초의 벤처 펀드, '요즈마'는 히브리어로 혁신을 뜻하며 사실상 잠자는 이스라엘 젊은이들을 흔들어 깨웠다. 이때 요즈마 펀드에 열광한 그룹이 대부분 탈피오트 출신들이었다. 상상을 원료로 삼아 거대한 혁신을 추구하는 그들이야말로 일상생활 자체가 창업정신의 연속이었다. 이들은 제대 후 남들이 이미 일궈 놓은 사업에 참여하는 것은 거들떠보지도 않았다. 누가 시킨 것도 아닌데 스스로 0을 1로 만드는 창업에 관심을 뒀고 때맞춰 요즈마 펀드가 여기에 기름을 붓게 됨으로써 체크포인트, ICQ, 에코랩 같은 혁신 기업들이 탈피오트에서 습득한 노하우를 토대로 혜성처럼 나타나기 시작했다. 이들은 하루아침에 수조 원의 기업 가치를 인정받아 나스닥에 상장되거나 미국의 대기업에 팔려 나갔다. 이를 계기로 한 다리 건너면 누구나 다 아는 이스라엘 사회에서 창업 붐이 일기 시작했고, 고3의 젊은이들은 보이지 않는 지식의 힘을 인식하기 시작했으며, 창업의 선도에 나선 탈피오트, 8200부대와 같은 엘리트부대의 일원이 되기를 최우선으로 삼게 됐다. 남녀 고교 졸업생들은 곧바로 모두 다 군복무를 위해 입대하는데 이들은 하버드, 예일, 프린스턴이 아니라 엘리트부대 초청장을 손꼽아 기다린다.

이 같은 도전 지향의 탈피오트 그룹은 제대 후 스스로 '탈피넷(talpinet)'이라는 네트워크를 통해 그들의 노하우와 상상력을 역동적으로 섞을 수 있는 플랫폼을 갖추고 평생을 함께한다. 그들은 그들만이 소통하는 특별한 언어를 구사한다. 3년간 함께 지내고 나머지 6년간 서로 다른 공간에 있었지만 아이디어를 꾸준히 섞어 융합하면서 익힌 그들만의 코드인 셈이다. 일 년에 한 번씩 열리는 이들만의 만남인 '탈피밋(talpimeet)'은 사실상 세계적인 창업의 트렌드를 제시하는 최첨단의 하이테크 사교장이 돼 가고 있다. 이 사회에서 군대는 대학 이상의 의미를 갖는다.

 11. 시몬 페레스의 탈피오트 리더십

스칼라가 아니라 벡터를 지향하라

　수학의 큰 갈래가 스칼라(scalar)와 벡터(vector)다. 스칼라는 크기만 정해져 있고 방향은 없다. 벡터는 크기는 물론 방향도 함께 정의된다. 아침에 출근해서 하루 일을 마치고 다시 집에 돌아왔다면 스칼라는 출퇴근 거리의 합이지만 벡터로 환산해 보면 0이다. 다시 제자리로 돌아왔기 때문이다. 생각이 맴돌아 다시 제자리로 돌아왔다면 생각의 합은 0이다. 출발 선상의 생각과 어떤 형태는 많이 달라져 있다면 결론은 일단 0이 아니다. 물론 생각의 종착점이 출발선보다 뒷걸음일 수도 있지만 생각은 반드시 크기와 방향성을 가져야 한다. 자원이 없는 나라, 이스라엘의 국가 경영은 10년 단위로 생각의 방향을 잡는다. 생각의 힘을 극대화하기 위해 상쇄되는 에너지를 최소화해야 하기 때문이다. 1948년 건국 후 키부츠와 모샤브를 통해 척박한 땅에 생명이 닿게 하는 일이 급선무였다. 2000년의 유랑생활을 마치고 돌아와 척박한 땅에 겨우 생명을 붙들어 맨 후 이들의 국가경영은 두뇌의 경제로 선회했다. 1970년대 들어 제시한 생각의 방향이 물이었다. 연간 강수량이 400mm에 불과한 나라의 당연한 선택이었다. 바닷물을 끓여서 수증기를 냉각하는 틀에 박힌 생각으로는 기름 한 방울 나지 않는 나라에서는 그저 상상에 불과했다. 여기에 역삼투압이라는 생화학적인 기술이 섞이면서 획기적인 혁신의 꿀맛을 알게 됐다. 이 기술은 현재 불과 52센트의 전기료로 1톤의 바닷물을 담수화하는 수준에 이르렀다. 이 기술 하나가 이스라엘을 10년간 먹여 살렸다. 1980년대 10년간 혁신의 주제는 원자력 에너지였다. 핵분열 시 튕겨져 나오는 중성자의 수를 조절하면 분열 속도를 조절할 수 있어 발전소로 활용할 수 있다는 생각의 방향에 힘입어 중수(重水)를 활용해서 중성자를 흡수하는 기술을 개발해 국가경제 10년을 먹여 살린다. 1990년대에 제시한 방향은 인터넷 보안 기술이었다. 당시 인터넷은 아직 민간에 보급되기도 전이었다. 이들이 제시한 혜안은 향후 10년 안에 세계인이 인터넷을 활용하게 된다면 가장 중요한 핵심 기술이 보안이란 점에 착안했다. 탈피오트와 8200부대 출신들의 도전은 결국 세계 최초의 인터넷 방화벽 체크포인트를 탄생시켰고, 이를 토대로 세계 최초의 인공지능에 의한 자율주행자동차 기술을 선보이는 등 최고의 창업국가로 혁신경제가 완성 단계에 진입하게 된다.

21세기에 들어서면서 제시하는 이스라엘의 생각의 방향은 페레스 대통령이 제시했던 세 가지 방향의 하나인 '심오한 생명'에 방점을 두고 있다. 깊은 바다와 높은 우주 그리고 심오한 생명을 제시했던 페레스의 생각대로 이스라엘의 역동성은 생명, 보건, 복지에서 가장 역동적인 창업이 일고 있다. 세계가 올림픽 중계에 열광하는 동안 이스라엘은 그다음에 이어지는 장애인 올림픽인 페럴림픽에 더 열광한다. 경기를 중계하는 앵커의 입에서는 주로 이런 얘기가 흘러나온다. "저 선수의 오른쪽 눈에 박힌 망막은 우리 연구소의 어느 박사가 만든 것입니다. 그리고 이 선수의 왼쪽 무릎에 들어 있는 연골은 바이츠만연구소에서 만든 것입니다." 미국의 의과대학은 이스라엘의 30배나 많다. 그러나 세계 8조 달러 시장을 차지하고 있는 의료보건산업에서 특허를 가장 많이 보유하고 있는 대학은 역설적이게도 이스라엘의 카이스트에 해당하는 테크니온 공대다. 이 대학은 의대, 약학대학을 캠퍼스에 두고 있으나 의사, 약사 자격증을 공부하지 않는다. 오로지 의과학, 생명과학을 연구할 뿐이다. 단지 과학을 공학과 섞었을 따름인데 세계 유수의 대학을 앞지르고 있는 것이다.

탱크, 미사일에서 이제는 생명으로

탈피오트는 욤키푸르전쟁이 아니었다면 만들어지지 않았을 것이다. 그리고 만들 필요도 없었을 것이다. 처절한 패배가 남긴 전쟁의 유산은 거창한 무력이 아니라 역설적으로 생각하는 군대에서부터 출발했다. 생각하는 전사(戰士)인 그들에게는 당연히 생각의 자유가 전제됐고 그들은 서로 간에 생각의 나눔을 실천했으며, 나아가 생각의 섞임으로 확장했다. 그야말로 손발의 근육이 아니라 두뇌의 역동성을 극대화하는 데 충실한 반면에 그들 나름대로는 분명한 색깔을 지닌 생각의 소유자였다. 분명한 채도를 가진 물감이 있었기에 더불어 이들을 서로 섞을 수 있었다. 다양한 색의 섞임은 또 다른 색을 만들고 그것들이 또 섞이면서 무한의 섬세한 화려함을 연출한다. 전쟁 직후의 탈피오트는 탱크, 미사일이라는 하드파워가 주제였다면 지금의 주제는 많이 다르다. 의료, 보건에까지 이르는 소프트파워의 확장이다. 시간이 흐를수록 산업의 방향이 민첩하게 변하는 세상이다. 나라를 지킨다는 것은 물리력인 측면에서 본다면 한계선이 분명히 그어질 수 있으나 좀 더 확장해 본다면 직간접적인 요소들이 많이 포함될 수 있을 것이다.

이제 정보통신기술은 모든 산업의 비타민으로 활용될 수 있도록 융합돼 가고 있다. 시들어 가는 제조업도 데이터와의 결합을 시도하면 서비스로 변하면서 수많은 가치를 만들 수 있게 됐다. 단순한 신발이 아니라 움직임과 압력을 감지하는 센서를 통해 주인의 운동량을 감지하고 그것을 데이터로 변환해 주기적으로 분석 관리할 수 있다면 제품으로서의 신발이 아니라 건강보조 도우미로서의 서비스로 진화할 수 있다. 자동차도 이제는 더 이상 기계산업이 아니라 정보산업으로 바뀌고 있다. 나사를 조여서 튼튼하게 만드는 일은 값싼 노동력이 흔한 인도, 중국이 더 경쟁력 있게 앞설 수 있을 것이다. 이제는 어느 자동차의 지능지수가 높은지가 더 관심 있는 주제로 바뀌고 있으며, 여기에는 하드파워가 아닌 소프트파워의 역량이 결정한다.

탈피오트의 관심은 이제 인간 생명의 핵심 데이터인 유전자 데이터로 쏠리고 있다. 스티브 잡스가 자신의 유전자를 분석하는 데에 1억 원의 비용이 필요했다. 그 후 10년이 흐르면서 200달러로 줄었고 현재는 100달러 수준이며 2020년이면 10달러 수준에 이를 것으로 예상된다. 오바마 전 미국 대통령은 아예 2020년 이후 태어난 아이에게는 무료로 유전체 정보를 분석해 주는 정책을 제안하기도 했다. 이 같은 추세에 비춰 2025년에는 75억 인구 중 5억 명이 자신의 유전체 데이터를 갖게 될 것으로 예측되고 있다. 탈피오트 리더들은 이제 미사일 기술을 엮어서 생화학 영역과 결합하는 융합적 결합에 주저하지 않는다. 공군 조종사가 되기 위한 훈련 중 시력에 손상을 입은 생도가 비록 조종사로의 꿈은 버렸지만 경영학을 공부한 후 자신의 재료공학 기술을 살려서 X테크놀로지를 창업한 후 심장병 환자의 막힌 혈관을 넓히기 위한 혈관 형성용 풍선을 개발해 세계적인 인정을 받게 된다. 그 후 새로운 도전으로 뇌졸중 고위험군, 부정맥 환자를 집중적으로 연구해 심장세동 환자를 구하는 일에 매진한다. 전투기 조종사를 목표로 출발한 청년의 의지는 시력장애에도 굴하지 않고 전혀 새로운, 그러나 트렌드에 정확히 일치한 새로운 도전을 마다하지 않았다. 그리고 결국 '세상을 더 좋은 곳으로'를 의미하는 티쿤 올람을 실현한 것이다.

스마트폰의 다양한 앱서비스처럼 이스라엘의 젊은이들은 유전체 앱서비스에 주목하고 있다.

나오며

200년 전에 우리나라의 큰 어른이며 선각자였던 다산 정약용은 실학사상을 만들어 서구 열강의 과학기술을 토대로 조선의 새로운 패러다임을 제시했다. 신유박해로 강진에 유배돼 있던 18년간 『목민심서』, 『흠흠신서』, 『경세유표』를 통해 경제, 정치, 국방, 외교의 새로운 자주 기틀을 제시했던 큰 어른이었다. 200년이 흐른 지금 우리의 상황은 새로운 변화의 물결에 휩싸여 가고 있다. 성장이 멈춘 경제, 다극화를 통해 국가별로 고립돼 가는 외교, 극심한 계층적 갈등, 불안한 남북 관계 등 우리의 한반도 상황은 새로운 패러다임의 제시를 요구하고 있다. 아쉽게도 우리의 어른이 실종된 지금, 21세기의 다산 정약용과 같은 메시지를 함축적으로 기대한다면 하드파워가 아닌 소프트파워가 강한 대한민국이어야 할 것이다. 그런 관점에서 작지만 최강의 소프트파워 국가로 거듭난 이스라엘의 리더십이 단연 돋보이는 사례로 드러나고 있음에 비춰 70년간 국가를 창업해 성공적인 과학기술 혁신창업 국가를 만들어 낸 시몬 페레스의 리더십을 이 시대에 반추해 우리의 것으로 승화해야 할 것이다.

Public Leadership

서양의 리더십
-500년
세계 패권을 이끌다

12

공감한다, 고로 존재한다,
호모 엠파티쿠스:
링컨과 마틴 루터 킹의
공감 리더십

김기찬

들어가며 – 링컨의 공감과 포용 리더십

역사를 움직이는 가장 강력한 에너지는 공감이다. 인류는 공감할 수 있어서 존재할 수 있었다. 제러미 리프킨(Jeremy Rifkin)이 말하는 호모 엠파티쿠스(Homo empathicus)다. 공감은 마음의 문을 여는 열쇠다. 마음을 얻는 것이 링컨 리더십의 시작이다(공감과 포용).

워싱턴 D.C. 10번가에는 링컨(Abraham Lincoln)이 피격된 포드극장 앞에 숨을 거둔 피터슨 하우스가 국가유적지로 지정돼 있다. 피터슨 하우스 바로 옆에 젊은이들에게 꿈과 비전을 주기 위해 설립돼 미국의 16대 대통령 링컨을 기리는 4층 건물의 리더십센터가 위치하고 있다. 링컨은 2015년, 암살 150주기를 맞아 미국 정치학회가 발표한 역대 대통령 평가조사에서 100점 만점에 95점을 받아 1위를 차지했고, 미국인이 가장 존경하는 대통령으로 알려져 있다.

리더십센터에는 6,800여 권의 링컨에 관한 책으로 만들어진 북 타워가 있다. 링컨 연구자들은 링컨 리더십을 5개의 단어로 요약하고 있다. 그중 하나가 '공감과 포용(empathy and tolerance)'이다. 링컨은 포용적이고 공감의 리더십을 보여 줬다. 공감이란 국민들의 생각, 느낌, 그리고 행동에 대해 깊은 관심을 가지고 이해하고자 하는 생각이며, 포용이란 자신과 다르거나 갈등적인 신념과 관행을 가진 국민들을 받아들이는 신념을 말한다. 공감의 어원을 살펴보자. 공감(empathy)이란 'en(안)' + 'pathos(감정)'의 합성어다. 자신의 감정을 대상에 이입시키거나 대상의 감정을 자신에게 이입시켜서 서로 공감하는 "감정이입"이다. 미술 감상에서 많이 사용되는 용어이기도 하다.

링컨의 리더십이 '공감의 리더십'이라면, 링컨 기념관 옆에 누워 있는 마틴 루터 킹(Martin Luther King, Jr.)의 리더십은 '꿈의 리더십(I have a dream)'이다. 링컨 리더십센터의 미니극장에서는 마틴 루터 킹 2세 목사의 '나는 꿈이 있습니다(I have a dream)'의 연설이 상영되고 있다.

꿈은 방향(direction)을 주고, 공감은 이것이 실천되도록 하는 힘(engine)이다. 꿈은 조직에서 사라지기 쉽다. 공감은 꿈이 조직에서 살아 숨쉬고 실현되도록 영양분을 주는 숙주인 셈이다. 공감이 없으면 꿈은 개인의 야망이 된다. 함께 꾼 꿈은 현실이 된다.

라이벌을 포용한 링컨 리더십

최고의 라이벌은 최고의 실력자다. 링컨 리더십이란 라이벌도 조언자로 만드는 설득과 포용이었다. 링컨은 긍정적이고 유머 감각이 있었으며, 어릴 적부터 큰 꿈을 품었다. 1860년 5월 18일 공화당 전당대회 대통령후보 지명에서 시워드, 체이스, 베이츠는 치열한 라이벌이었다.

링컨이 대통령 당선 후 첫 내각에서 그의 가장 치열했던 라이벌 시워드를 국무 장관에 임명했다. 또한, 자신을 '키 큰 원숭이(고릴라)'라고 조롱했던 스탠튼 변호사를 국방 장관에 임명했다. 그는 최고의 라이벌이 최고로 유능하다고 믿고 있었다. 링컨은 그들이 유능하기 때문에 등용했고, 라이벌까지 끌어안은 포용적 리더십의 결과 남북전쟁을 승리로 이끌었으며, 연방제를 지킬 수 있었다.

링컨의 게티즈버그 국민 공감 연설

게티즈버그의 공감 연설을 보자. 남북전쟁 중 1863년 7월 1일에서 3일까지 게티즈버그전투에 약 150,000명의 미합중국 병사가 전투에 참가했다. 이 전투는 남북전쟁의 중요한 전환점이 됐다. 이 전투에서 7,500명 이상의 병사가 사망했고 5,000마리 가량의 말의 시체가 뒹굴고 있었다(자료: 위키백과). 1863년 11월 19일 전투에서 숨진 병사를 위해 국립묘지로 조성하는 헌정식에 링컨 대통령이 참석해서 역사적인 공감의 명연설인 게티즈버그 연설(Gettysburg Address)을 했다. 이 연설의 주목적은 북부 사람들이 남북전쟁을 지속하도록 설득하고자 했으며, 연설 내용도 이것과의 공감에 초점이 맞춰졌다.

"국민의, 국민에 의한, 국민을 위한 정부는 지상에서 멸망하지 않을 것입니다." "이곳에서 싸운 이들이 끝내지 못한 과업을 위해 우리를 봉헌해야 합니다." "국민의, 국민에 의한, 국민을 위한 정부"는 명예롭게 죽은 이들의 뜻이 헛되지 않도록 받들고자 다짐한 것이었다. 이 연설 내용은 국민 주권, 국민 자치, 국민 복지의 민주국가를 가장 잘 요약한 것이 됐다. 즉, "국민의(국민 주권: enablement), 국민에 의한(국민 자치: empowerment), 국민을 위한(국민 복지: empathy) 정부(통치)"는 세상에서 사라지지 않는다.

이 연설에 공감받아 남북전쟁에서 승리하고, 목숨까지 바쳐 가며 이루고자 했던 노예 해방의 꿈을 이루게 하는 힘이 됐다. 링컨의 꿈과 공감 리더십은 남북전쟁을 끝내고 노예제가 폐지된 아메리카 연합국(CSA)의 탄생을 이끌었다.

공감, Why?

인류는 갈등할 때 후퇴했고, 협력할 때 진화했다. 공감이 있을 때 협력이 일어난다. 10만 년 전, 지구에는 호모 사피엔스(Homo sapiens)뿐만 아니라 호모 에렉투스(동아시아), 호모 네안데르탈렌시스(유럽과 서아시아), 호모 솔로엔시스(인도네시아, 호모 루돌펜시스, 호모 에르가스터) 등 최소 6종의 인간 종이 살아 있었다. 지구의 모든 것이 인간에 위협이었다. 결코 자비는 없었다. 사자, 홍수, 먹을 음식 부족, 이런 상황에서 누가 살아남았나? 호모 사피엔스 종만이 유일한 승자로 지구상에 살아남게 됐다(Harari, 2015).

왜일까?

호모 사피엔스는 협력할 수 있었기 때문에 지구상의 위협 환경에서 살아남을 수 있었다. 무엇이 협력을 하게 했을까? 인간이란 어떤 존재인가? 인간이 이와 같이 세계를 지배하는 종이 된 것은 자연계의 구성원들 중에서 인간이 가장 뛰어난 공감 능력을 가졌기 때문이다. 인간은 거울 뉴런(mirror neurons)을 가장 많이 가지고 있다. 공감적 고통(empathic distress)이 본성이다. 아이가 아프면 엄마도 아프다. 상대방을 '이해'하는 것이 아니라 아이와 공감하기 때문이다. 공감 능력을 관장하는 신경세포가 '거울 뉴런'이다. 인간은 상상한 것(꿈)을 공유(공감)하는 유일한 존재이다. 육체적으로 강자가 아닌 호모 사피엔스는 '상상할 수 있고, 상상한 것을 다른 사람과 공유'할 수 있는 존재였다. 공감세포 때문에 사회를 만들고 문화를 만들 수 있다. 공감이 협력을 이끌어 냈다. 인류는 공감이라는 능력 덕분에 세계를 호령하는 종(種)이 됐다.

공감, How? - 공감한다. 고로 존재한다

우주에 '중력'의 질서(중력의 법칙)가 있다면 인간 사회에는 무엇이 있을까? 공감의 법칙이 있다. 공감은 인간 본성(human nature)이다(Smith, 1759)[1]. 공감은 검증이 필요 없는 본성이다. 아담 스미스(Adam Smith)가 본 공감이란 타인의 기쁨과 슬픔을 함께 느끼는 감정이다.

아담 스미스는 그의 『도덕감정론』(1759년)에서 자유사회에서 사회 질서의 원천으로 공감을 제안했다. 공감이란 인간이 만든 법이며, 마음속의 관찰자다. 인간 본성이 만들어 낸 질서의 원천은 '공감'이고, 권력이 만든 질서의 원천은 '법과 제도'다.

아담 스미스가 본 인간의 본성

18세기는 자유시민사회의 시작이자 근대로의 문명 이동 시기였다. 스미스는 자유시민사회에서 '질서와 발전'을 고민했던 계몽주의 윤리철학자, 법학자, 경제학자다. 이성의 해방, 감성/욕망/본능의 해방의 자유시민사회에서 질서를 어떻게 지켜 가고 문명을 만들어 갈까?

새로운 질서를 모색하는 과정에서 가장 큰 핵심은 '인간 본성'이다. 계몽주의는 인간 본성에 주목하는 것이다. 이성과 도덕적 감정(선악을 구분하는 능력), 이 중에 스미스는 공감이라는 도덕적 감정에 주목했다. 모든 사람의 본성(human nature)에는 공감성이 있다. 타인에게 공감을 얻으려는 사람의 노력은 자기통제, 신중, 적절한 박애, 자혜 등 사회의 덕목을 낳는다.

---

1 이때의 공감은 sympathy이며, 동감이라고도 번역된다. 아담 스미스는 동감을 타인의 기쁨과 슬픔을 함께 느끼는 감정이라 정의하고 있고, 이 정의는 여기서의 공감 정의와 동일하다.

스미스는 글래스고대학에서 논리학과 도덕철학을 가르쳤다. 그때의 강의 내용을 정리한 책이 『도덕감정론』이다. 스미스는 이 책에서 사회의 질서를 자연세계의 동력 원리처럼 공감의 원리로 설명하고 있다. 1759년 스미스의 『도덕감정론』에서는 근대 시민사회 질서와 성장을 만드는 3대 원리를 제시했다. 인간의 마음속에는 내면의 '공정한 관찰자(impartial spectator)'가 있고, 이것이 사회 질서를 만든다. 인간은 도덕적 감정이라는 내면의 관찰자를 가지고 있다.

첫째, 인간의 심성에는 공감의 원리(마음속의 관찰자가 만드는 질서)가 있다. 윤리철학자로서의 스미스의 이론이다. 그의 『도덕감정론』에서 인간 본성에는 공감이 있으며, 사람은 공감하는 쪽으로 행동한다. 이 공감이 최고의 질서를 만든다고 주장했다. 공감은 사회적인 본능으로서 '인간의 보편적인 도덕 감정'이다. 공감이 마음속의 자기 통치자이며, 이것이 자유시민사회의 질서를 만든다.

둘째, 정의의 원리다. 법학자로서의 스미스의 이론이다. 인간 본성으로 통제가 안 되는 상황이 발생한다. 공감의 배신 상황이다. 공감은 절대선이 아니다. 공감은 관심과 도움이 필요한 곳을 환하게 비추는 스포트라이트와도 같다. 그러나 스포트라이트는 빛을 비추는 면적이 좁고 자기가 관심 있는 곳에만 빛을 비춘다. 즉, 공감은 도움이 필요한 많은 사람을 제치고, 지금 여기에 있는 한 사람을 돕게 한다(Bloom, 2019). 공감의 배신 상황에 대비해 법과 제도가 필요하다. 공익을 위해서는 법에 의한 통치를 통해 질서를 지켜야 한다. 법과 통치의 원리다.

셋째, 교환(exchange)의 원리다. 인간의 질서를 위해서는 가지고 싶은 것을 갖게 하는 교환의 성향(propensity to exchange)이 있다. 인간은 자기가 가지고 싶은 욕망이 있다. 가령, 맛있는 빵을 먹고 싶다. 이것을 먹을 수 없으면 인간은 어떻게 행동할까? 훔치거나 강탈할 것이다. 배가 고프면 공감도, 법도 잘 통하지 않는다. 시장 기능이 없으면 전쟁이 일어난다. 인간의 질서를 위해서는 교환이 활성화돼야 한다. 그래서 시장이 필요하다. 이 교환이 억제되면 전쟁이 일어나거나 약탈을 하게 된다. 이것이 교환의 위대함이다. 이는 경제학자로서의 스미스의 이론이다. 이를 잘 설명하고 있는 책이 『국부론』이다.

어떻게 하면 교환을 활성화할 수 있을까? 다른 사람의 도움을 받으려면 내가 뭔가를 줄 수 있어야 한다. 자비심만으로는 교환이 지속될 수 없다. 값싸고 품질이 좋아야 한다. 이를 위해 분업과 협력이 일어나고, 이것이 생산성을 높이고, 교환이 활성화돼 국가의 부(富)가 증가하게 된다. 이때 사람들은 자신의 교환을 위해 노동한다(이기심). 분업을 통한 생산성이 증대될수록 재화가 풍부해지고 국부가 증가된다.

아담 스미스의 사람중심경제: 공감과 포용, 그리고 보이지 않는 손

윤리철학자로서, 경제학자로서 스미스는 '개인 발전(이기심)과 사회 발전(이타심, 공감)의 균형'이라는 대명제를 전제하고 있다. 개인은 고립된 존재가 아니라 '공감'이라는 도덕 감정을 지닌 공동체의 구성원이다. 다만 개인의 자유가 만들어 내는 경제적 기회를 만들어 내는 '보이지 않는 손(invisible hand)'이 동행돼야 한다. 스미스도 정부의 무원칙한 개입은 반대했지만 공감할 수 없는 독점에 강하게 반대했다.

경제는 돈에 앞서 사람이 만들어 가는 것이어야 한다. 그러므로 돈의 본성(capital nature)보다 사람의 본성(human nature)에 더 초점을 맞춰야 한다. 경제는 사람이 중심이다. 돈의 속성이 아니라 사람의 본능에 의해 사회의 번영이 이뤄지게 된다. 경제는 사회 속에서 존재하는 것이다. 사람 본능인 공감이 만들어 내는 협력이 이기심보다 우선돼야 한다. 스미스의 무덤에서도 『도덕감정론』을 『국부론』보다 먼저 강조했다. 에든버러에 있는 그의 묘비에는 그의 뜻에 따라 "여기에 『도덕감정론』과 『국부론』의 저자 아담 스미스의 유해가 묻혀 있다." 공감하고 포용하는 경제에 대한 그의 생각이 담겨 있다.

호모 엠파티쿠스

1990년대 이탈리아 신경심리학자 파르마대학의 지아코모 리촐라티(Giacomo Rizzolatti) 교수는 원숭이가 움직이지 않았는데 다른 원숭이를 보면서 자신이 마치 그 행동을 하고 있는 것처럼 동일한 활동을 하는 뉴런이 존재하고 있음을 발견했다. 이것이 공감 능력을 관장하는 신경세포인 거울 뉴런(mirror neurons)이다. 이 발견은 DNA 발견 이후 최고의 대발견이라는 평가를 받고 있다. 인간은 거울 뉴런을 가장 많이 가지고 있다.

거울 뉴런은 인간이 어떻게 지구상에서 생존할 수 있었는가를 설명하는 결정적 실마리가 됐다. 인간이 이와 같이 세계를 지배하는 종이 된 것은 자연계의 구성원들 중에서 인간이 가장 뛰어난 공감 능력을 가졌기 때문이라고 말한다. 거울 뉴런이 약하면 자폐증이 생긴다. 거울 뉴런이 발견된 이후 리프킨은 공감에서 인류의 희망을 찾고자 했다. '공감하는 인간'을 '호모 엠파티쿠스(Homo empartcus)'라고 불렀다(Rifkin, 2009).

공감, What?

공감이란 고통과 감정을 함께하고자 하는 인간의 본성이며, 다른 사람의 마음의 문을 여는 열쇠다. 공감이란 '통(通)'이다. 공감이란 서로 통하는 것이다. 공감이 없는 조직은 아프다. '불통즉통(不通則痛) 통즉불통(通則不通)'이다. 통하면 즉 통증이 없고, 통하지 않으면 즉 통증이 있다.

그러나 공감은 사람들이 처한 상황에 따라 다르게 정의할 수 있다. 인구 78억 명에 공감의 정의가 10억 개쯤 된다고 한다. 리더십에서 공감은 조직원의 가슴에서 꿈의 불이 꺼지지 않도록 영양분을 공급하는 숙주 역할을 한다. 조직에서 꿈은 사라지기 쉽다. 공감은 꿈이 살아 숨 쉬게 한다.

링컨과 루터 킹 목사의 리더십 교훈을 되새겨 보자. 꿈과 공감의 리더십이 만들어 가는 세상이다. 꿈만 크고 공감이 없는 지도자, 그는 통하지 않는 독재자이다. 공감만 하고 꿈이 없는 지도자, 그는 방향과 목표가 없는 가장 무능한 지도자다.

나오며: 리더들을 위한 함의

악이란 공감 능력의 감퇴를 의미한다. 어려울 때일수록 링컨과 루터 킹의 리더십의 교훈을 기억하라.

지금 인류는 전환점에 있다. 무한경쟁이 인류를 진화시키고 혁신할 수 있을까? 인류는 협력할 때만 진화했다. 석유시대의 종말과 기후 변화 위기를 맞이하고 있다. 인간은 무한 경쟁과 무한 성장의 맹신에서 벗어나 조금 더 겸손해지고 생태와 자연을 존중해야 한다. 신인본주의시대가 오고 있다. 꿈과 공감이 있는 포용의 리더십이 필요하다. 갈등하기보다 협력하고, 포용하고, 연대하는 공동체 시대를 만들어야 한다.

코로나 사태는 기업이나 정부의 관료주의 문화 속에서 대응하는 데 한계와 약점을 여실히 드러냈다. 게리 해멀(Gary Hamel)에 따르면, 조직 전체 직원의 17%만이 업무에 열심히 참여하고 있다고 한다. 조직문화와 리더십의 전환기다. 수직적이고 룰에 과다한 지배를 받는 관료주의적 조직은 대응이 느리며, 사람을 소극적으로 만든다. 관료주의 조직들은 상황에 대한 데이터(data) 관리의 미흡, 느린 속도(speed), 환경 변화에 대처하는 순발력(improvisation) 약점, 하향적 관료주의에서 의사소통(communication)의 문제를 안고 있다. 또한, 관료주의는 창의성과 새로운 도전을 억압한다.

코로나 사태를 계기로 조직문화 전환의 새로운 출발점으로 삼아야 한다. 조직원들이 꿈이 있고, 공감이 있는 조직으로 만들어야 한다. 리더, 종업원, 투자자, 시민 모두가 과감하고 기업가형 지향적이어야 하며 환경 변화만큼 빠르게 움직이는 조직을 원하고 있다. 인간주의는 조직원들이 영감을 얻고, 창의성을 발휘하도록 하는 조직이다(Hamel & Zanini, 2020).

성공하는 지도자의 조건은 '리더십=f(꿈, 통(공감))'이다. '꿈이 있고 공감(통하는)' 리더십이다. 링컨은 적을 포용한 대통령이었다. 가장 강력한 라이벌일수록 가장 훌륭한 역량을 가진 사람이다. 이들을 자신의 충실한 조언자로 만든 기적의 리더십이 공감과 포용이다. 공감이 역사를 움직이는 가장 강력한 에너지가 된 이유다.

20세기가 탄소경제와 석유 중심으로 소수에게 부(富)가 집중되는 경제 체제였다면, 새로운 미래 세계는 오픈소스와 협력이 이끄는 4차 산업혁명의 시대로 접어들고 있다. 위기의 시대일수록 적자생존이 아닌 공감하는 인간들의 협력에 의해 역사는 발전했다. 인류는 공감할 때 진화했고, 갈등할 때 퇴화했다. 이제 다윈형 적자생존이 아닌 공감하는 인간이 새로운 패러다임이 돼야 한다(Rifkin, 2009). 최고의 공감은 어려운 사람들이 함께 일어서도록 하는 것이다.

'Woo-'. 내 편이 되는 소리다. 이것이 링컨과 마틴 루터 킹의 리더십 교훈이다.

경세치용의
공공리더십

Public Leadership

제3부

미래를 준비하는 화합의 리더십

Public Leadership

Public Leadership

미래를 준비하는
화합의 리더십

세종대왕과 벤저민 프랭클린: 시대와 대륙을 가로지르는 실용적 리더십

백기복

세 가지 리더십

왕이나 대통령 등 큰 리더들을 분석하는 데 사용되는 모델이 CIP 리더십 모델이다. CIP란 "C=Charismatic(카리스마적), I=Ideological(이념적), P=Pragmatic(실용적) 리더십"을 뜻한다. 카리스마, 이념적, 실용적 리더들은 각기 다른 생각의 틀, 즉 멘탈 모델(mental model)을 갖기 때문에 현상을 이해하고 해석하는 방식이 크게 다르다. 아래 표에 이들의 차이를 정리했다.

카리스마, 이념적, 실용적 리더들의 멘탈 모델 차이

카리스마 리더의 특징	이념적 리더의 특징	실용적 리더의 특징
- 미래에 초점	- 과거에 초점	- 현재에 초점

13. 세종대왕과 벤저민 프랭클린: 시대와 대륙을 가로지르는 실용적 리더십   281

- 추종자들과 사회의 욕구/ 열망 충족에 집중한다. - 추종자들의 감성에 호소해 일체감을 형성 - 일이 잘되고 못되는 것은 사람 때문이라고 믿는다. - 강력한 통제 중시	- 과거 폐해 극복을 위한 정의 구현에 집중한다. - 정의집단 vs 불의집단 구분 → 강한 적대감 - 일이 잘못되면 상황 탓을 한다. - 감성적 이벤트 중시	- 현실 문제 해결에 집중 - 합리적 협상과 설득 - 탁월한 엘리트들 중시 - 일의 경과는 사람 또는 상황 때문이라고 믿는다. - 실리적 정책 중시

요컨대, 카리스마 리더는 미래 비전을 달성하기 위해서 존재하며 추종자들의 감성에 호소해 미래 희망의 나라를 건설하는 데 동참하도록 한다. 강한 통제를 중시하며 '우리의 노력이 성공을 가져올 것'이라는 믿음을 추종자들과 공유한다. 이념적 리더는 과거의 잘못을 바로잡기 위해서 존재한다. 지고지순한 가치(이념)의 잣대로 우리 편, 즉 정의의 편과 남의 편, 즉 불의의 편을 구분해 적대감을 불태우고 불의의 세력들이 저지른 과거의 잘못을 파헤쳐 정의를 구현하는 것을 사명으로 한다. 감성적 이벤트에 능하며 자신들은 무결점 정의의 사도들이므로 일이 잘못돼도 자기보다는 상황 탓을 한다. 실용적 리더들은 현재의 문제를 직시하고 이를 해결하는 것을 사명으로 한다. 문제 해결에 도움이 되는 엘리트집단을 항상 옆에 두며, 합리적 협상과 설득을 통해서 문제를 해결해 나간다.

여기에서는 대표적인 실용적 리더인 세종대왕과 미국의 벤저민 프랭클린(Benjamin Franklin)을 비교하면서 어떻게 두 리더가 유사한 결과를 산출했는지를 살펴본다. 아울러, 세종 리더십의 정책적 함의를 제시한다.

세종대왕과 벤저민 프랭클린의 실용적 리더십

18세기를 살았던 미국 건국의 아버지 벤저민 프랭클린과 15세기 한국의 옛

국가 조선(朝鮮)의 4대 왕이었던 세종대왕은 300년 이상 다른 시대의 리더였고 동양과 서양이라는 다른 문화권에 살았지만 매우 유사한 행동을 보여 줬다. 이러한 유사점은 어디에서 오는 것일까? 그 이유는, 이들이, 자신이 이끌었던 사람들이 갖는 기본 욕구를 충족시키는 것을 목적으로 하는 실용적 리더십을 보여 줬기 때문이다. 어느 시대, 어느 곳에 살든 간에 인간은 먹고, 마시고, 병마로부터 해방되고, 평화를 누리며 행복하게 살고 싶은 공통의 욕구를 갖는다. 프랭클린과 세종대왕은 바로 백성들의 이러한 기본 욕구를 충족시키는 데 헌신했다는 공통점을 갖는다. 실용적 리더는 자기 자신의 욕망보다는 이끌리는 사람들의 욕구와 필요에 집중해 그들을 충족시킬 수 있는 해법을 찾아 구현하는 사람이다. 이들의 유사점들을 일곱 가지로 나눠 살펴보자.

첫째, 두 사람 다 싱크탱크를 활용했다는 점이 비슷하다. 프랭클린은 준토(junto)를 활용했고 세종대왕은 집현전(集賢殿)을 활용했다. 준토란 소수의 엘리트 집단으로서 프랭클린이 문제를 발견하고 해법을 찾는 과정에서 자문하고 토론하는 역할을 수행했다. 집현전도 20~30명의 학사들로 이뤄진 엘리트집단으로서 세종대왕을 도와 문제와 새로운 아이디어를 발견하고 논의하는 데 결정적인 기여를 했다. 리더가 아무리 똑똑하더라도 자기 혼자의 아이디어보다 많은 사람의 아이디어를 모으는 것이 더 효과적이라는 데 생각이 일치했던 것이다.

리더가 혼자서 고민하면 하나의 아이디어를 낼 수 있지만, 100명이 함께 고민하면 100가지의 해법을 만들어 낼 수 있다는 것은 누구나 알 수 있는 진리다. 그런데 왜 높은 직위를 차지한 리더들은 혼자 다 아는 것처럼 의사결정을 독점할까? 그것은 아마도 리더가 높은 자리에 앉아 주변 사람들의 서비스를 받게 되면 자신이 항상 옳다는 착각을 하게 되고, 그로 말미암아 자신이 이끄는 백성들의 욕구나 필요와 멀어지게 되기 때문일 것이다.

둘째, 화폐 유통에 심혈을 기울인 것도 공통점이다. 벤저민 프랭클린은 종잇돈(paper currency)을 발행해 유통시켰고, 세종대왕은 동전과 종잇돈을 유통시켰

다. 화폐를 사용하면 물물 교환이나 포(布; cloth money)를 사용하는 것보다 간편하고 통제가 가능해 계획경제를 구현할 수 있다. 오늘날 우리는 아무 생각 없이 화폐를 습관적으로 사용하지만, 화폐의 개념이 없을 때 그 필요성을 찾아내어 사용하도록 했다는 것은 놀라운 창의성이다. 특히, 이들이 300년의 시간을 뛰어넘어 공통적으로 화폐의 효과를 인식했다는 것이 경이롭다. 한 가지 재미있는 것은, 세종대왕은 처음에 동전을 대량 발행했지만, 동전이 자꾸 사라져 종잇돈을 사용하는 쪽으로 바꿨다는 점이다. 그 많던 동전은 다 어디로 갔을까? 그것은 바로, 백성들이 화폐의 개념을 이해하지 못해 발행된 동전들을 녹여 그릇이나 숟가락/젓가락을 만들어 썼기 때문이다. 세종은 동전을 녹여 그릇과 수저를 만들어 쓰는 사람들을 붙잡아 옥에 가뒀지만, 동전은 계속 사라졌다. 결국 그는 동전 대신 종잇돈을 사용하기로 결정한다.

셋째, 프랭클린과 세종대왕이 병원을 만들어 병든 사람들을 치료하려 했던 것도 같다. 예나 지금이나 사람들이 사는 곳에는 아픈 사람들이 있게 마련이다. 병원이 없었던 시대를 생각해 보자. 당신이 병이 들면, 진단과 치료가 모두 당신의 책임이다. 당신은 아마도 가족이나 친구들에게 자문을 구할 수는 있을 것이다. 하지만, 그들 중 십중팔구는 엉뚱한 진단과 처방을 제시할 것이다. 주술적 해법을 제시하는 사람도 있을 것이다. 당시 왕이나 사회지도층들은 전문의사의 의료 서비스를 받을 수 있었지만, 돈 없고 가난한 일반 백성들은 그러한 서비스를 받는 것이 불가능했다. 그러므로 이들의 욕구와 필요에 관심이 있는 리더라면, 누구나 이용할 수 있는 공공병원을 만들어 일반 백성들이 필요할 때 편리하게 진단과 치료를 받을 수 있도록 해야 하겠다는 생각을 했을 것이다. 병원의 설립은 생활환경이 열악했던 두 리더의 시대에 많은 사람의 생명을 구한 매우 훌륭한 아이디어였다. 특히 세종대왕은 여성의 사회적 지위가 오늘날보다 훨씬 낮았던 15세기에 조선 여성들을 위한 '건순각(健順閣)'이라는 여성전문병원(비록 궁궐에만 있었지만)을 따로 만들어 운영했다.

넷째, 프랭클린과 세종대왕은 소방서를 설치해 운영했다. 어느 시대, 어느 나라든지 재해로부터 사람을 보호하는 것은 매우 중요한 과제다. 재해 중에서도 화재는 재산과 인명을 빼앗아 가는 중대한 재난이다. 당시에는 불을 통제하는 것은 일상생활에서 매우 중요한 일이었다. 불을 지피는 것도 힘들었지만(역사상 최초의 성냥은 1805년 프랑스 파리의 Jean Chancel이 발명), 의도하지 않은 곳으로 번져 가는 불을 끄는 것 또한 쉬운 일이 아니었다. 불을 제대로 통제하지 못해 큰 화재를 당하는 사례가 매우 빈번했다. 이러한 재해에 대처하기 위해서, 1736년 12월 7일, 프랭클린은 30명의 직원을 갖는 Union Fire Company를 필라델피아에 설치해 전문적으로 큰 화재에 대응하는 조치를 취했다. 1426년 2월 26일(음력), 세종대왕은 2월 15일에 있었던 한양 대(大)화재 사건을 계기로 '금화도감(禁火都監)'을 설치해 화재에 대비하라고 명한다.

세종대왕 시대의 한양에는 화재에 비교적 강한 기와집이 소수였고 화재에 취약한 초가집이 대다수였다. 대(大)화재 사건을 수습하면서 세종대왕은 초가집을 불에 강한 기와집으로 바꾸도록 했는데, 이들이 오늘날까지 경복궁 주변 기와집 촌으로 남아 있다. 세종은 또한 금화도감을 통해 소방마차가 쉽게 드나들 수 있도록 마을 뒷길을 두 마차 간격으로 넓히고 다양한 화재 진압 도구를 개발했으며, 업무 매뉴얼을 만들어 소방관들에게 지붕에 올라가는 법, 양동이 물을 신속히 전달하는 법 등을 훈련시켰다.

리더가 백성의 삶과 안전에 관심을 갖는 한, 화마로부터 재산과 인명을 보호하는 것은 시간과 공간을 뛰어넘는 모든 실용적 리더들의 공통된 주제다.

다섯째, 인재 육성에 힘썼던 것도 같은 점이다. 프랭클린은 1740년 펜실베이나대학교를 세워 인재를 키웠고, 세종대왕은 1429년 서울의 성균관(成均館)과 각 지방의 향교(鄕校)들을 혁신해 인재 육성에 매진했다. 젊고 총명한 리더들을 많이 키워 내는 것은 사회를 발전시키는 동력을 확보하는 일이라고 믿었다. 하지만 대학을 통해 소수의 인재를 키워 내는 것만으로는 충분하지 않았다. 더 많은 사

람이 더 많은 학습 기회를 갖도록 하는 것도 못지않게 중요한 일이었다. 이를 위해서 프랭클린은 공공도서관을 설립해 일반 사람들의 학습 기회를 높이는 데 진력했으며, 세종대왕은 주자소(鑄字所)를 설치해 금속활자로 대량의 책을 인쇄해 많은 사람에게 배포해 읽혔다.

프랭클린과 세종대왕은 자신들 스스로도 대단한 독서가였다. 프랭클린은 어렸을 때부터 돈이 생기면 무조건 책을 사서 읽었다고 자서전에 쓰고 있고, 세종대왕은 식사를 하면서도 책을 손에서 놓지 않았으며 한번 읽은 것은 다 기억했다고 『세종실록』에 기록돼 있다. 인재 육성과 독서를 통한 사회 발전에 두 리더의 생각이 일치했다.

여섯째, 둘 다 새로운 글자를 개발했다. 프랭클린은 's', 'k', 'ʃ' 등으로 다양하게 발음되는 알파벳 'C'를 없애고 여덟 개의 새로운 글자체를 추가한 새로운 영어 체계를 개발했고, 세종대왕은 당시 쓰이던 한자를 버리고, 28개의 자음과 모음을 갖는 '훈민정음'을 만들어 반포해 오늘날까지 한국인들이 사용하는 글자가 됐다. 말과 글이 다르다는 것은 사회구성원들이 일상생활을 하는 데 있어 커다란 불편 요인이다. 말과 글이 다르면, 모든 사람이 동시통역사가 돼야 한다. 일상생활에서 들은 것을 기록하거나 학교 수업 중에 선생님의 말씀을 받아 적으려 할 때, 우리는 머릿속에서 번역기를 돌려 적절한 표현을 찾아내어 적어야 한다. 어떤 사람의 말을 들으면서 한자로 번역해 적든가 한자로 쓰여진 것을 한국말로 읽는 것은 번역 능력에 따라 사람마다 큰 차이를 보여 오해와 갈등의 원인이 되곤 했다. 항상 백성들의 욕구와 필요에 집중했던 세종대왕은 이러한 불편과 비효율을 해소하기 위해서 한국말에 맞는 표음문자(phonogram)를 창안하기로 결심한다.

프랭클린의 경우는 기존 영어 알파벳을 수정하든가 새로운 알파벳을 추가하면 됐으나 한국말의 경우는 한자와 언어 습관이 크게 달라 완전히 새로운 글자를 창조해야 했다. 총명하고 청음 능력을 가지고 있던 세종은 집현전 학사 아홉 명을 이끌고 직접 음운론 서적을 탐독하고 언어 현장을 조사, 탐구하면서 수년간의 노력 끝에 새로운 글자를 창안했다. 한글 창제에 참여했던 한 신하는, 세종대왕이 나라의 모든 업무를 다 살피면서도 '여가'에 새로운 글을 만들었다고 적고 있어, 그의 천재성을 엿볼 수 있게 한다.

일곱째, 두 리더가 백성들의 삶을 편하게 하는 과학기기의 발명에 매진했다는 점도 비슷하다. 프랭클린은 피뢰침, 이중초점 안경(bifocals), 철제 스토브(iron furnace stove), 주행기록계(odometer)를 발명해 백성들에게 도움을 줬고, 세종대왕은 해시계/물시계, 측우기 등을 개발해 삶의 질을 높였다. 특히 세종대왕 시대에 발명된 시계 중에는 '휴대용 해시계'까지 있어 그가 백성들의 생활 편의를 향상시키기 위해 얼마나 고민했는지를 알 수 있게 한다.

지금까지 우리는 실용적 리더였던 세종대왕과 프랭클린의 공통점을 살펴봤다. 아래에서는 세종대왕이 32년 재임 기간 동안(1418~1450년) 리더로서 보여 준 여러 행동의 정책적 함의를 살펴보자.

세종 리더십: 정책적 함의 6제(六題)

백성과 국가의 균형을 이룬다

큰 리더들은 백성의 요구와 국가의 의무 사이에서 줄타기를 한다. 백성의 요구만 들어 주다 보면 나라가 망하고, 국가의 의미만 백성들에게 강조하다 보면 백성의 삶이 팍팍해져 반란이 일어난다. 실용적 리더는 이 양자 사이에서 교묘하게 줄타기를 잘 한다. 세종대왕도 그랬다. 때로는 국가를 위해서 변경에 성을 쌓는 데 백성들을 동원했고, 때로는 백성들의 목소리에 가까이 귀를 기울였다. 한 예가 『태산요록(胎産要錄)』을 편찬해 백성들이 태아교양법(상권)과 영아(嬰兒)의 보호

13. 세종대왕과 벤저민 프랭클린: 시대와 대륙을 가로지르는 실용적 리더십

육성법(하권)을 읽고 활용할 수 있도록 했다. 아래의 문구는 세종대왕도 백성과 국가의 균형이 얼마나 중요한지를 잘 알고 있었음을 말해 준다.

> "백성이 오랫동안 노고하고 휴식하지 않으면 그 힘이 피곤하게 되고, 오랫동안 휴식하고 노고하지 않으면 그 뜻이 음탕하게 되니, 백성은 반드시 때로는 노고하다가 때로는 휴식해야 되는 것이다"(『세종실록』 69권, 세종 17년 8월 11일 [1435년]).

오늘날 정부가 정책을 펴는 데도 같은 이치가 적용될 수 있다. 정부가 백성들에게 국가의 의무만 지우려 해서는 안 된다. 백성의 필요와 목소리를 직접 듣고 적극적으로 문제를 해결하려는 자세를 가져야 한다.

근본을 바꾼다

세종대왕이 가장 싫어했던 것이 '오늘의 해법이 내일의 문제가 되는 것'이었다. 문제가 생겼을 때 대충 막고 묻어 두면 몇 년 후 이것 때문에 더 큰 문제가 발생하게 된다. 흔히 '언 발에 오줌 누기' 해법이라고 할 수 있겠다.

세종은 '문제가 있다, 중요하다'는 것을 인식하게 되면 예산이나 인력을 고려하지 않고 일단 해법 찾는 분석을 시작한다. 그래서 해결해 낸 것이 역법(달력)이고 해시계이고 훈민정음이다. 만약 하다가 막히면 그때까지 분석했던 자료를 다 모아 놓고 천재가 나타나 해결해 줄 때까지 기다렸다.

말과 글이 일치하지 않아 불편한 것을 해결하기 위해서 세종은 돌연 글 만드는 작업을 시작한다. 자료를 모아 음운론을 배우고 우리 소리의 특징을 분석해 나가기 시작했다. 신하들의 반대가 만만치 않자 집현전 학사 아홉 명을 조교로 쓰면서 은밀한 가운데 진행했다. 글자가 완성된 뒤에도 3년간 숙고하다가 1448년 드디어 공포하기에 이른다.

이달에 임금이 친히 언문(諺文) 28자(字)를 지었는데, 그 글자가 옛 전자(篆字)를 모방하고, 초성(初聲)·중성(中聲)·종성(終聲)으로 나누어 합한 연후에야 글자를 이루었다. 무릇 문자(文字)에 관한 것과 이어(俚語)에 관한 것을 모두 쓸 수 있고, 글자는 비록 간단하고 요약하지마는 전환(轉換)하는 것이 무궁하니, 이것을 훈민정음(訓民正音)이라고 일렀다(『세종실록』, 102권, 세종 25년 12월 30일[1443년], 훈민정음을 창제하다).

정부의 정책이란 이렇듯 연속성이 있어야 한다. 근본 문제에 집중해서 꾸준히 추진해 빛을 보도록 해야 한다. 조삼모사(朝三暮四) 식으로 추진하는 것은 낭비요, 죄악이다.

맞춤 해법을 찾는다

세종은 문제의 해법을 찾을 때 모든 사람에게 똑같이 적용하는 획일적 해법을 매우 싫어했다. 각각 사정이 다르고 선호가 다른데 어떻게 획일적 해법이 먹힐 수 있느냐는 것이다. 조건에 따라, 형편에 따라 각기 다른 맞춤형 해법을 내놓으라고 신하들에게 요구했다. 세종 8년 한양 대화재사건이 있은 후, 불에 탔던 집을 기와집으로 재건축하라고 지시하고 기와를 정부가 찍어 주기로 했다. 여기서도 각자의 사정에 따라 금액을 달리 매겼다.

재력이 부족한 자 3천 6백 76호에는 반값을 받고 기와 1천 장씩을 각각 주고, 빈궁(貧窮)한 호수(戶數) 1백 16호에는 값을 받지 말고 각각 1천 장씩과 아울러 재목을 주고, 재력이 있는 1천 9백 56호에는 다른 예에 따라 값을 받고 각각 1천 장씩을 주어 기와를 덮도록 독촉하라(『세종실록』 60권, 세종 15년 5월 21일[1433년]).

오늘날 모든 학생에게 똑같이 제공하는 급식, 획일적으로 제공하는 급여,

시간만 차면 승진하는 제도, 학생들의 개성과 포부를 무시하는 똑같은 교육 등을 세종이 봤다면, 아마도 개탄해 마지않았을 것이다. 강희안(姜希顏)이 『양화소록(養花小錄)』 서문에서 말했듯이, 꽃도 습한 것을 좋아하는 꽃이 있고 건조한 곳에서 잘 자라는 꽃이 따로 있다. 하물며 사람을 똑같이 취급한다는 것은 지양해야 한다.

데이터로 결정한다

실용적 리더는 항상 데이터를 중시한다. 세종도 매우 구체적인 데이터를 요구했다. 어떤 때는 미세관리(微細管理)하는 것으로 여겨질 만큼 세세한 자료를 요구해서 신하들을 곤란하게 만들곤 했다. 각 도별로 굶는 사람 숫자를 정확하게 세서 보고하게 했는가 하면, 공법(貢法)을 혁파하면서는 심지어 조선 8도에 사는 "모든 이"에게 찬성과 반대 의견을 물으라고 했다. 그래서 나온 것이 아래의 통계다.

> 관찰사 신개, 도사 김치명, 그리고 수령 12명과 품관·촌민 등 257명은 모두 불가하다고 하옵는데, 무릇 가하다는 자는 98,657명이며, 불가하다는 자는 74,149명입니다(『세종실록』 49권, 세종 12년 8월 10일[1430년]).

굶는 사람들을 구휼하는 것도 막연히 또는 정치적으로 결정하지 않았다. 몇 명이 어떻게 굶고 있으며, 진제장(賑濟場: 굶는 사람들을 진휼하는 곳)에 오다가 죽은 자와 도착해서 죽은 자를 구분해서 다 세어 보고하라고 했으니, 세종은 데이터 마니아였다.

> 도내에 진제장을 설치한 때부터 나와서 먹은 기민의 수와 죽은 자의 수효를 자세히

아뢰고, 또 진제장에 도착하지 못하고 중로(中路)에서 죽은 사람은 몇 사람이며, 이미 도착하여 죽은 자는 몇 사람이며, 병들어 죽은 자는 무슨 증세로 죽었는가. 당시에 병에 걸린 자, 본향으로 돌아간 자, 현재 있는 자, 도로에서 유이하였다가 죽은 자의 수효와, 역질이 있는지 없는지 모두 빨리 아뢰라(『세종실록』 76권, 세종 19년 3월 8일[1437년]).

오늘날은 빅데이터(big data)나 인공지능(AI)의 시대다. 세종이 살아 있다면, 아마도 무척이나 좋아했을 것이다. 정부정책을 펼 때도 깊이 있는 데이터를 충실히 활용하는 것이 진실에 다가가는 방법일 것이다.

토론 없이 결정 없다

세종은 어떤 문제의 해법을 마음속에 결정해 놓고 그것을 합리화하기 위해서 토론하든가 논의하는 것을 극도로 싫어했다. 세종대왕은 아주 사소한 것까지 모든 것을 토론을 통해서 결정했던 토론 대왕이었다. 최만리(崔萬理)와의 한글 창제와 흥덕사 지원 문제를 놓고 벌인 논쟁은 토론의 극치를 보여 준다. 그리고 세종은 아무리 틀린 말을 해도 항상 "너의 말이 참 아름답다"(『세종실록』 99권, 세종 25년 3월 4일, 1443년)는 말로 용기를 북돋워 줬다. 세종은 즉위 후 첫 인사(人事)도 의논해서 했다.

> 내가 인물을 잘 알지 못하니, 좌의정·우의정과 이조·병조의 당상관(堂上官)과 함께 의논해 벼슬을 제수하려고 한다(『세종실록』 1권, 세종 즉위년 8월 12일[1418년]).

정책을 만들 때 자유로운 토론 없이 또는 형식적 토론만 하고 결정하는 것은 매우 위험하다. 특히 다 정해 놓고 하는 토론은 절대로 하지 말아야 한다.

구석구석을 비춘다

세종대왕은 사회적 약자들에게 특히 많은 관심을 기울였다. 옥에 갇힌 죄수들의 인권을 획기적으로 개선했고, 80세 넘은 노인들을 우대했으며, 노비들의 삶에도 세세하게 관심을 가졌다. 여자 관노가 아이를 낳았는데 출산휴가가 7일 밖에 되지 않는다는 사실을 확인하고 해결책을 찾았다. 마침내 출산휴가를 100일로 늘리고 남편에게도 30일 휴가를 주라고 명했다.

> 형조에서 전지하기를, "경외 공처(京外公處)의 비자(婢子)가 아이를 낳으면 휴가를 백일 동안 주게 하고, 이를 일정한 규정으로 삼게 하라"(『세종실록』 32권, 세종 8년 4월 17일 [1426년]).

정부는 사회의 구석구석을 비추는 정책을 펴야 한다. 정치적 목적을 가지고 표만 얻기 위한 정책을 펴는 것은 옳지 않다.

Public Leadership

미래를 준비하는
화합의 리더십

단절사회,
화합적 통합의 길

김문조

들어가며

　　예방에서 관리에 이르는 각종 조처에도 불구하고 한국 사회에는 국가적 위기를 자초하는 심각한 갈등들이 이어져 왔다. 그래서 대한민국은 '갈등공화국'이라고 불리며, 그 폐해를 우려하는 많은 사람이 사회 통합의 필요성을 역설한다. 따라서 여기서는 사회 갈등의 배후 요인에 해당하는 사회 불안, 갈등의 화근인 사회 격차, 그 부정적 결과로서의 사회 갈등 및 갈등 해소를 위한 사회 통합이라는 네 가지 논제를 중심으로 토의해 보고자 한다.

사회 불안

한국 사회에서 불안이 시대적 화두로 대두한 것은 2000년대 이후에 들어서다. 경제 성장에 몰두하던 1960~70년대 산업화 시대에는 생계를 위협하던 경제적 빈곤이 지대한 국민적 관심사였고, 권위주의 체제에 저항하던 1980~90년대 민주화 시기에는 정치적 억압이 척결해야 할 절박한 시대적 과제였다. 그러나 세계화나 제도적 유연화 등으로 사회적 불확실성이 고조된 근자에 이르러 불안이 공적 담론의 핵심 소재로 대두하고 있다.

사회 불안은 우리만의 문제가 아니라 세계 전역에 걸친 지구적 차원의 난제의 하나라고 할 수 있다. 그러나 한국 사회의 불안은 다음과 같은 세 가지 점에서 특기할 만하다. 첫째로, 불안이 생애주기에 따라 양상을 달리하면서 지속되고 있다는 점이다. 10대 청소년기에는 명문대 입학을 위한 학업 불안, 20~30대 청장년기에는 번듯한 일자리 및 보금자리를 확보하기 위한 취업 불안 및 주거 불안, 30~40대 장중년기에는 고용 불안이나 승진 불안, 40대 이후부터 죽는 날까지의 긴 세월에는 건강 문제를 포함한 노후 불안으로 이어진다. 둘째는 전통적 가족주의의 유제(遺制)로 개인의 불안이 가중되고 있다는 점이다. 부모 및 직계 자녀로 이뤄진 가장 보편적인 형태의 가정을 놓고 생각해 볼 때, 중고교 재학생을 자녀로 둔 중년 부부, 거기에 대학생/재수생 자녀까지 딸린 부부의 경우 자신의 직업 불안에 자녀들의 학업 불안과 취업 불안이 중첩된 다중적 불안이 나타나고, 거기에 노부모가 생존한다면 경제적 압박이나 노환으로 인한 또 다른 불안이 추가된다. 따라서 불안은 가족 전체의 중층적 고뇌인 것이다. 셋째는 미래에 대한 불안이 배가되고 있다는 점이다. 탈(脫)성장 시대에 접어들어 어제보다 나은 오늘, 오늘보다 더 나은 내일이 도래할 것이라는 희망이 불확실성으로 매몰되면서 미래의 삶에 대한 예기적 불안이 가중되고 있다. 여기에 세계 1위를 기록하고 있는 낮은 출산력으로 인한 생산적 인구의 감소, 가족 제도나 가족 의식의 변화로 인한 양육 기능의 약화, 급진적 고령화에 대비한 복지의 결여로 인한 요인들까지 가세해, 지난날의 '압축적 성장사회'가 '압축적 불안사회'로 변모하고 있다.

불안은 타인이나 사회 체제에 대한 불신과 증오를 조장해 갈등을 부추긴다. 최근 한국 사회에서 학교 폭력, 가족 해체, 노사 갈등, 그리고 이른바 '갑을(甲乙) 갈등'이 만연하는 것은 신뢰와 연대의 맹아라고 할 수 있는 의식적 안정감이 유실돼 가고 있다는 방증인 것이다. 파시즘 등장이라는 세계사의 퇴행적 사태로부터 추론할 수 있듯, 불안한 개인들은 편협한 극단주의자로 전락해 차이를 용인하려 들지 않고 사회한 분쟁을 격화시키는 배후 요인으로 작동해 사회 갈등을 증폭시킨다.

사회 격차: 양극화

사회적 높낮이를 지칭하는 사회 격차가 화합적 삶을 저해하는 부정적 요건이 된다는 견해는 사회사상가들의 주장은 물론이요, 경험적 분석가들의 연구 결과에서도 널리 찾아볼 수 있다. 차이는 격차의 모태적 개념에 해당하는 것으로, 차이가 수직적·위계적 형태를 취할 때 격차로 지칭된다. 따라서 사회 격차는 곧 사회적 불평등과 동격의 개념으로 간주할 수 있는데, 근자에 첨예한 쟁점의 하나로 꼽히고 있는 것이 사회 격차의 독특한 형태에 속하는 양극화(polarization)다.

양극화는 한국 사회에만 국한된 것이 아니라 세계화·정보화가 가속화되는 금세기에 세계 도처에서 관망할 수 있는 일반적 추세가 아니냐고 반문할 수 있다. 그것은 정보혁명이나 유연적 축적 체제의 진전이 야기하는 신자유주의시대의 특징적 현상의 일환으로 간주할 수 있기 때문이다. 그러나 한국 사회의 양극화는 그러한 보편적 위기론이 예고하는 위험 수위를 넘어선 좀 더 긴박한 상황으로 치닫고 있다. 경제 정의와는 무관한 엄청난 불로소득 격차에서 발원해, 주거 및 교육공간의 격차를 통해 사회적 차원으로 외연되고, 소비생활을 중심으로 한 문화적 차원으로 확산되고 있는 양극화가 성취 동기와 직결된 의식적 차원으로 비화함으로써 사회 갈등을 격화시키고 있다.

이러한 양상은 객관적 측면을 넘어선 주관적 차원에서 더욱 여실히 드러난다. 단군 이래 최대 호황기라고 불리던 1980년대 말에 70%대까지 치솟았던 우리 사회의 중산층 의식이 1997년 환란 이후 급격히 하락, 최근에는 자신을 '저소득층'으로 규정하는 사람이 '중산층'이라고 응답한 사람의 비율을 앞지르고 있는 실정이다. 성장시대에 60%대를 오르내리던 한국 사회의 중산층은 낙관적 미래관과 높은 사회적 성취 동기를 지닌 사람들이었다는 점에서 의식적으로 상류층 성원들과 대동소이한 존재였다. 따라서 IMF 환란 이전의 성장기 한국 사회의 의식적 계층구조는 상층과 중산층을 망라한 다수의 열망계급(aspiration class)과 거듭된 실패로 의기소침한 소수 낙망계급(disappointment class)이 더 나은 미래를 꿈꾸며 위아래층에 동거하는 "한 지붕 두 가족"으로 묘사할 수 있다. 그러나 1997년 IMF 외환 위기 이후부터 한국 사회의 의식적 계층구조는 경제적·사회적·문화적 자본을 독차지한 상류계급에 귀속되고자 하는 극소수 야망계급(ambitious class)과 언제 일자리를 상실할지 몰라 상시적 불안감에 시달리는 종다수 절망계급(despairing class)으로 극명히 나뉘는 단절적 상태로 변모하고 있다(그림 참조).

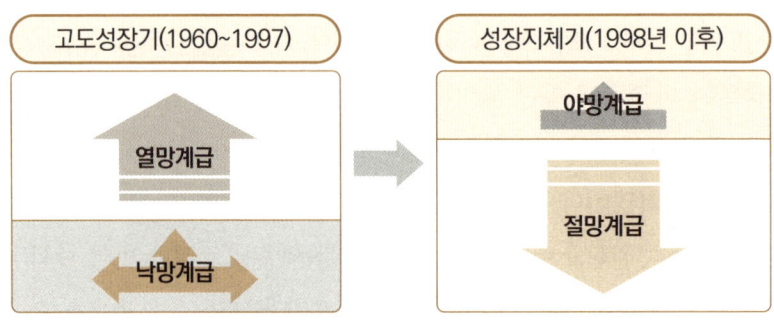

한국 사회의 의식적 계급구조의 변모

그림의 화살표로부터 짐작할 수 있듯, 성장 시대에는 낙망계급이 사회적 성공 가치에 대한 수용적 태도를 견지한다는 점에서 열망계급과 근본적으로 유사한 의식 세계를 공유했다고 여겨진다. 그러나 탈성장 시대에 이르러 사회적 다수 집단에 해당하는 절망계급은 소득 수준이나 자산의 점유도뿐 아니라 주거 상황이나 교육, 취향이나 라이프스타일 등 모든 면에서 독점적 지위를 향유하려는 열망계급과 대립각을 세움으로써 야망계급과 절망계급이 이질적 범주로서 배타적 관계 구도를 형성하고 있다.

사회 갈등

서구 사회에서는 산업혁명 이후 200여 년 동안 경제 성장과 사회 발전이 비교적 자생적이자 완만한 형태로 진행돼 왔다. 따라서 산업화에 수반된 사회 문제나 갈등들에 여유를 갖고 대처하면서 파국적 상황을 회피하거나 응전 역량을 키워 나갈 수 있었으나, 한국 사회는 급속한 경제 성장이나 구조적 변화로 국가의 존립을 위협하는 심각한 갈등 상황에 직면한 경우가 많다. 특히 장기간의 권위주의 통치 체제하에서 내연돼 온 계층 갈등은 1990년대 이후 사회 민주화에 따른 권익의식의 향상과 삶의 질 추구 등에 힘입어 다방면으로 분출됐을 뿐 아니라, 그 규모나 정도도 증폭돼 왔다. 더구나 최근 한국 사회에서는 개인이 자신의 관심사를 적극적으로 표출하거나 관철시키기 위한 참여적 행위가 고취돼, 갈등은 우리 사회를 특징짓는 '정의적 속성(defining characteristics)'의 하나로 부각되고 있다. 급속한 산업화 과정에서 기인한 계층 간 갈등을 비롯해 유교적 가부장주의 전통하에 생성된 세대 갈등이나 성역할 갈등, 왜곡된 정치 동원 체계에서 분출된 첨예한 지역 갈등이 대표적 사례들이다.

사회구조적 양극화나 사회관계의 단절 등으로 날로 첨예화·과격화돼 가는 우리 사회의 갈등은 지난날의 경제적 성취나 사회 발전 성과를 전면적으로 부정하는 악성 기류를 내포하고 있으므로 예의주시할 필요성이 있다. 더구나 우리 사회에서는 사회 전반에 팽배한 불신, 낙후한 사회의식이나 관행, 과도한 경쟁 심리나 성취욕, 사회 민주화에 대한 과잉 기대 등으로 미시적 갈등이 거대 갈등으로 증폭되는 '나비 효과'를 야기할 개연성이 이례적으로 높다. 따라서 국력 소모적인 사회적 마찰과 대립을 극복함으로써 사회 발전적 에너지를 극대화할 수 있는 갈등 관리가 절실한 시대적 과업으로 대두하고 있다. 권력이나 자산의 점유와 직결된 정치경제적 갈등만이라면 분배구조의 혁신에서 해결책을 도모할 수 있다. 그러나 사회문화적 요인들이 가세된 오늘날 한국 사회의 갈등은 '결핍의 문제'를 넘어선 '의미의 문제'까지 내포하고 있느니 만큼, 자산 재분배나 사회 안전망 확충과 같은 공리적 범주를 넘어선 포괄적 대책을 강구해야 한다.

불평등 시대의 사회 통합 원리

갈등의 원천을 이루는 사회 불평등은 사회 체계의 복잡성에 비례해 복잡성을 더해 가고 있는데, 그 근저에는 권력이나 재화와 같은 정치경제적 요소를 넘어선 사회적 존재 가치나 정체성 확보 등과 같은 상징적 쟁투가 내재해 있다. 즉, 소비주의, 지역 감정, 세대관, 성 의식 등 다양한 사고들이 점착된 오늘날 사회 갈등에는 생활 기회(life chance)의 향상에 대한 기대는 물론이요 적정 생활양식(lifestyle)의 향유에 대한 열망이 뒤섞여 있다.

상징적 가치에 대한 욕구는 물적 자산에 대한 소유욕과는 여러 점에서 대비된다. 첫째, 물적 자산은 양적 계측이 가능하나 상징적 자원은 그렇지 못해 기대치를 산정하기가 용이치 않다. 둘째, 상징적 자산이란 주로 타인과의 상호 작용 상황에서 발현하는데, 적정선에 대한 기준이 개인마다 다를 뿐 아니라 그에 대한 자신이 소신마저 불분명해 합리적 조정이나 타협이 불가능한 경우가 많다. 셋째, 기본적으로 배분적 원리를 준행하는 물적 자산과는 달리 상징적 자원은 차별 원리를 통해 가치를 실현한다는 점이다.

구조적 불평등에 기인한 사회 갈등은 기본적으로 생활 기회의 높낮이를 중심으로 한 이해 갈등(interest conflict)의 전형에 속한다. 그러나 양적 격차가 생활양식이나 생활관을 중심으로 한 질적 격차로 외연되면 갈등은 내집단-외집단 의식을 주축으로 한 정체성 갈등(identity conflict)의 속성을 겸하게 된다. 한동안 이해 갈등은 주로 자원 재분배를 주축으로 한 분배 투쟁, 정체성 갈등은 동등성 요구를 내세우는 인정 투쟁에 상응하는 것으로 알려져 왔다. 그런데 법철학자이자 사회사상가인 낸시 프레이저(Nancy Fraser)는 분배의 문제와 인정의 문제는 어느 하나가 다른 하나에 환원될 수 없는 독자적 위상을 지닌 것이어서 분석적으로 구분할 필요가 있다는 견해를 피력한다. 반면, 그러한 문제를 둘러싼 프레이저와의 논쟁 과정에서 비판이론가 악셀 호네트(Axel Honneth)는 분배 갈등에 대한 논의가 독자적 축을 형성하고 있음에 동의하면서도, 인정 갈등은 분배 갈등을 포괄하는 상위 개념임을 역설한다.

그러나 현실 세계에서의 사회 갈등은 양대 차원에서 동시적으로 병행되는 경우가 대부분이다. 차등적 구조에 대한 불만에서 촉발하는 경제적 차원의 사회 갈등은 종종 무시라는 부정적 체험을 통해 강화되며, 자신의 존재 가치를 사회적으로 인정받게 되면 객관적 난관을 감수하거나 극복할 수 있는 의지가 고조되는 것이 통례다. 객관적 불평등이 무시를 낳고, 무시가 다시 외적 불평등을 강화하는 정적 피드백 효과가 역력한 오늘날 한국 사회에서도 차등과 배제는 독립적 형태가 아닌 중첩적 형태를 보이고 있다.

이때, 분배론 및 인정론에 속하지 않는 별도 차원으로의 사회 통합 원리로 부연할 수 있는 것이 응보론(retributive logic)이다. 법치주의를 기반으로 한 응보론의 기원을 따지자면, 전술한 복지적 접근이나 포용적 접근보다 연조가 깊다. 더구나 자유 경쟁에 의한 질서 형성을 추구하는 신자유주의적 시장 원리는 연대, 포용, 관용보다는 적대, 배제, 엄단과 같은 징계적 처벌에 의거한 질서 유지를 선호한 경우가 많다. 신자유주의적 사회 체제하에서 불량품에 해당하는 잉여인간에 대한 처벌의 목적이 그들에 대한 재활용이나 복귀보다 축출에 있다는 배척론도 응보론 범주에 귀속시킬 수 있다.

따라서 사회 갈등의 해소를 위한 사회 통합의 기본 원리 및 실천 방안은 일단 응보적 정의에 의거한 징벌적 접근, 분배적 정의에 의거한 복지적 접근, 그리고 인정적 정의에 의거한 포용적 접근이라는 세 가지 형태로 구분할 수 있다고 본다. 징벌적 접근은 사회 질서를 파괴하는 행위에 대한 법적 처벌이라는 법적 제제 효과(deterrence effect)에 기초한 사회 통합 방안으로 법치주의의 근간을 이루는 것이다. 복지적 접근은 안정적 직업 기회나 연금·복지 제도와 같은 사회 안전망 강화를 통해 어려운 여건에 처하면 안정될 때까지 인간다운 삶을 영위할 수 있는 생활 기회의 개선을 목표로 한 사회 통합 방안이며, 포용적 접근은 개개인이 유의미한 사회적 존재임을 인정함으로써 공존 공영을 향한 생활 여건의 조성을 목표로 하는 사회 통합책이라고 할 수 있다. 그러나 최근 날로 심화되는 갈등 해소를 위해서는 심성적 차원을 포함한 좀 더 원천적인 혁신이 필요하다는 주장이 끊임없이 제기돼 왔다. 즉, 전술한 징벌론, 분배론 및 인정론을 넘어선 새로운 갈등 극복을 위한 제안을 뜻하는 것으로, 그 대표적인 것이 회복적 정의(restorative justice)에 의한 화해적 접근(reconciliation approach)이다.

대안적 사회통합론의 요청

여태까지 우리 사회에서 갈등 해소 방안으로 가장 크게 의존해 온 방안은 통제나 조정 위주의 접근이었다. 하지만 대인 관계를 회복시켜 국민 전체의 번영을 기하기 위해서는 사회 체계가 '패자부활전'이 가능한 회복탄력성(resilience)을 강화해야 한다. 사회적 배제를 초래하는 조절적 방안은 더 이상 잃을 것이 없다고 생각하는 사회적 패자를 양산하게 되므로, 금제(禁制)나 배제의 위협으로는 소기의 통합 효과를 기대할 수 없다. 더구나 특권층의 반사회적 행태에 대한 높은 반감으로 법적 처벌을 넘어선 초법적(超法的, supra-legal) 응징에 대한 욕구가 이례적으로 높은 한국 사회의 특수성을 감안할 때, 법리에 입각한 징벌적 접근이나 경제적 혜택을 앞세운 복지적 접근이 아닌 회복적 정의에 입각한 화해적 접근의 보강은 필수적이라고 본다.

사회 지출의 수준이 높고 사회복지의 탈(脫)상품화 정도가 높은 복지 선진국에서 살아가는 국민들의 사회적 만족도가 여타 사회에 사는 국민들의 그것보다 높다는 점은 우리에게 많은 시사점을 던져 준다. 사회 통합은 본원적으로 특정 부류에 국한된 과제라기보다 전체 사회구성원들의 정신적 건강성과 관계가 깊다. 울분과 원한으로 고착돼 온 마음의 응어리를 풀어 사회 통합에 만전을 기하기 위해서는 인간적 삶을 영위할 수 있는 최소한의 사회적 안전망이 주어져야 함은 물론이나, 좀 더 원천적으로는 보편적 인간애를 바탕으로 한 인간 존엄성 회복 및 심성적 결속을 향한 심성 함양이 동반돼야 할 것이다.

"분노하라!"는 구호는 요즘 지구 어느 곳에서나 쉽게 접할 수 있는 상시적 언표인 만큼, 노기(怒氣)는 이 땅에만 있는 것은 아니고 중동, 중남미, 유럽에도 있고, 심지어 자본주의 중심국인 미국의 금융 중심지 월가에서도 찾아볼 수 있다. 하지만 자신이 아닌 타자, 또 내부가 아닌 외부를 지향하는 전가 양식과 표출 양식을 특징으로 하는 최근 우리 사회의 분노는 피해자적 열패감을 동반한 울분으로 특화되고 있다. 적층식(積層式)으로 흉중에 겹겹이 쌓이는 누적적 형태를 취하는 한국 사회 특유의 울분은 쉽게 제어하기 힘들고, 개개인의 심성에 끼치는 영향력이 크며, 폭발력도 강하다. 실제로 한국 사회에서는 잘못 건드리면 노기를 분출하는 격분형 인간과 마주치는 경우가 많다. 포화 상태로 누적된 울분을 폭발적으로 분출하는 사람들이 늘어가고 있는 것이다. 딱히 남녀 간 구분도 없고, 청장년층은 물론 중노년층에도 있으며, 직종이나 직급과 무관하게 각계각층에 널리 흩어져 있다.

적대적 울분을 동반한 사회 갈등이 초기에 제어되지 못한 채 임계점을 넘어서게 되면, 갈등은 통제 불능의 상태에 치달아 극심한 사회적 손실을 초래하게 된다. 이처럼 울분의 맥락과 원천에 해당하는 사회적 불확실성과 사회불평등, 또 그 촉발 요소에 해당하는 사회적 불공정성을 시정해야 할 시대적 과제로 부각되고 있는 만큼, 사회적으로 팽배한 부정적 에너지를 긍정적 방향으로 역전시켜 발전의 동력으로 삼을 수 있는 사회 통합 방안의 혁신이 절실하다고 본다.

넬슨 만델라의 용서와 화해

"과거사를 다루는 정책이 지난날의 과오를 징벌하려는 목적에 매몰돼서는 안 된다. 피해자들의 권리와 당대의 사회적 요구를 동시적으로 포용하는 담대하고 창의적인 전략이 바람직하다." 이 같은 신념에서 출현한 넬슨 만델라(Nelson Mandela)의 용서와 화해의 정신은 약 340여 년에 걸친 남아공화국의 내국적 갈등을 딛고 새 출발을 하는 데 막중한 역할을 수행했다. 그로부터 인종에 근거한 고착적 불평등 구도를 벗어나 발언되지 못했던 진실을 밝힐 수 있다는 결의가 도출됐는데, 이는 참담한 과거사가 행위자 개개인의 문제가 아닌 잘못된 사회 체제나 지배구조 때문이라는 각성의 소산임에 틀림없다. 이러한 확고한 의지를 통해 만델라는 화합적 미래를 만들어 가자는 국민 대다수의 동의를 이끌어 내어 새로운 공화국 건설과 발전의 동력을 확보할 수 있었던 것이다.

오랜 식민 통치 체제에서 유래한 혹독한 반민주·반인권·반인격·반인륜적 차별과 착취, 그에 대한 거센 반발과 저항, 강력한 국제 사회의 관여와 제재, 공멸

회피를 위한 진지한 타협과 조정, 새로운 통치 질서의 확립을 위한 개각과 법안 개정, 이러한 고난의 역정에서 배태된 화해와 용서의 정신은 한국 현대사를 장식해 온 어떠한 사건이나 결말보다 훨씬 처절하고 혹독하며 극적인 것이었다고 말할 수 있다. 하지만 현저한 맥락적 차이에도 불구하고, 아프리카 대륙 최남단에 위치한 먼 나라 남아공화국의 체험은 오늘날 우리 대한민국에 복기할 가치가 크다고 본다.

얼핏 보면 만델라의 나라 남아공의 사회 통합은 소통, 이해, 관용 및 배려와 같은 상생적 행위를 통해 사회적으로 차별받아 온 개인이나 집단이 자신의 삶을 당당히 살아갈 수 있는 여건을 제공한 것처럼 보인다. 하지만 최근 우리 사회에서도 널리 회자되고 있는 그러한 공동체적 덕목들은 깊은 단절의 골을 경계로 서로 호각세를 견지하는 심각한 대치 국면에서는 통합의 필요 요소일지언정 결코 그 충분 요소가 되지 못한다는 점을 화해와 용서의 정신을 바탕으로 한 만델라의 지도력이 돋보인 남아공화국 사례로부터 절감할 수 있다. 이해, 관용, 배려들은 타자를 위한 이타적 행위임에 분명하나, "나는 나, 너는 너"라는 피아관(彼我觀)을 고수하는 약한 이타주의(weak altruism)의 굴레를 벗어나지 못한 것들이라고 말할 수 있다. 그러나 화해와 용서를 통한 치유를 전제로 하는 만델라의 사회통합론은 피아간 융합(融合)을 지향하는 좀 더 적극적이고 능동적인 이타심이 발동해야 "사회다운 사회"로 도약할 수 있는 통합사회로의 이행이 촉진될 수 있음을 우리에게 일깨워 준다.

용서와 화해를 통한 치유는 통상적 교감을 넘어선 강한 공감대 안에서 지난날의 과오에 대한 참회를 통해 맺힌 마음을 풀어 정신적 상처를 아물게 하는 일종의 고진로(高進路, high-road) 해법이라고 말할 수 있다. 혐오나 증오가 만연한 오늘날 우리 사회에서 응어리진 마음의 매듭을 풀기란 결코 수월한 일은 아니지만, 그것은 시혜적 이타심을 넘어선 호혜적 행위를 통해 비로소 기대할 수 있다고 본다. 쌓여 가는 불신, 불만 및 불안과 함께 타자에 대한 혐오, 적의 및 울분이 누적

돼 단절의 강폭이 날로 확장돼 가는 오늘날 한국 사회에 만델라의 화해적 통합론과 같은 '강한 프로그램(string program)'이 절실한 것은 바로 그 때문이다.

화해적 통합론의 의의

사회 통합은 사회 체계의 위기를 초래하는 갈등을 제어할 수 있는 사회구성원들의 연대나 결속력 강화를 본령으로 한다. 안정적 삶을 보장하는 화합적 사회 통합을 일궈 내려면 갈등을 은폐하거나 통제하려는 권위주의 시절의 갈등관리 양식을 탈피함으로써 갈등의 원천이나 촉진 요소를 적발하고 시정하는 데 진력해야 한다. 따라서 여기에서는 종전에 크게 의존해 온 사회통합론들의 한계를 살펴, 그들을 초극할 수 있는 대안적 사회 통합의 경로를 탐색해 보도록 하자.

징벌적 통합론의 허점: 포퓰리즘의 폐해

지난날 우리 사회에서 갈등 대처에 가장 애호돼 온 방식은 '막자'에 해당하는 강력한 처벌 위주 정책, 말하자면 무관용 정책 쪽이 가까웠다. 그러나 인권이나 공동체적 가치를 높여 나가기 위해서는 응징사회를 재생 가능성이 높은 회복탄력적 상태(resilient state)로 전환시킬 필요가 있다. 사회적 격리나 배제를 근간으로 하는 징벌적 접근은 자포자기적인 패배자를 양산하기 때문이다.

처벌 위협으로는 법적 억제(deterrence) 효과는 물론이요 예방적 효과도 크게 기대할 수 없다. 지금까지 국가가 선호해 온 강력한 대책의 부작용들로부터 직감할 수 있듯, 응징적 방안은 사회구성원들의 관계를 악화시켜 공동체의 와해를 초래할 때가 많다. 여기에 특권층의 전횡이나 불공정 행위에 대한 반감으로 초법적 응징에 대한 선호도가 이례적으로 높은 우리 사회의 특수성까지 감안한다면, 대중적 인기몰이를 동원한 엄벌주의적 조처는 사법 자제(judicial self-restraint) 정신에 의해 가급적 억제할 필요가 있다.

복지적 통합론의 맹점: 제도화의 잠재적 역기능

지도층의 도덕적 의무를 뜻하는 '노블레스 오블리주(noblesse oblige)'라는 용어로부터 유추할 수 있듯, 사회적으로 우대받고 살아가는 사람들은 그러한 혜택을 자신이 몸담고 사는 사회의 음덕으로 받아들여 사회에 대한 보상적 책무의식을 갖게 된다. 노블레스의 어원은 닭의 볏, 오블리주의 그것은 달걀 노른자라고 한다. 따라서 복합어 노블레스 오블리주에는 닭이 자신의 벼슬을 자랑하지 않고 알을 낳아 주변 사람들에 혜택을 베풀자는 시혜적 의미가 내포돼 있다.

그러나 복지국가 이념의 확산과 더불어 시혜적 보상보다 제도화된 형태의 보상이 사회 통합에 긴요하다는 인식이 파급되면서, 복지 혜택을 누리는 수혜층이든 그에 해당하지 않는 사람들이든 모든 사회구성원이 나눔이나 베풂과 같은 이타적 덕목을 의무적으로 행해야 하는 공적 책무로 여기게 된다. 그 결과, 복지 체제의 강화를 통한 사회 통합은 사회적 위화감이라는 뜻하지 않은 복병과 마주치게 된다.

포용적 통합론의 약점: 전가의 부작용

사회 갈등의 상처나 후유증은 시간이 가면서 호전되거나 잊히지 않고 악화되는 경우가 있다. 사회 갈등에 대한 해법을 모색하고자 할 때 갈등의 배경 요소나 원인을 밝히고 갈등의 양상과 과정을 분석해 폐해에 대한 책임을 규명하려는 것은 바로 악성 갈등의 폐해를 대비하기 위함이다. 이러한 책임 규명 과정에서 귀인(歸人, attribution) 논리에 휘둘릴 수 있다는 점이 포용적 통합론의 가장 큰 약점으로 꼽힌다.

결과로부터 원인이나 과정을 해명하려는 전가적 사고는 갈등의 본질에 관한 규명보다 갈등을 누군가가 책임져야 할 사회악으로 치부함으로써 포용적 통합을 저해할 개연성이 높다. 과거사에 대한 과도한 집착, 즉 지난날 벌어진 일에 대한 책임 추궁이나 응징에 천착하는 이러한 처사는 갈등 사회의 구성원들을 선인과 악인으로 구분해 갈등을 조정 불가능한 상태로 몰고 가는 경우가 많다. 사회 통합 과정에서 필연적으로 요구되는 협력이나 화합의 정신에 정면으로 위배되는 이러한 행태는 복잡다단한 현대 사회의 갈등을 선과 악이라는 이분법으로 재단함으로써 갈등 현황이나 동학(動學)을 곡해할 위험성이 크다.

대안으로서의 화해적 통합론

이상과 같은 일련의 한계를 벗어나기 위해서는 징벌적 규제론이나 복지사회론은 물론이요, 여태 한국 사회에 뿌리내리지 못하고 있는 포용적 통합론을 넘어서는 새로운 시각이나 실천적 대안의 모색이 절실하다. 응보적 원리에 의거한 징벌론이나 공리적 원리에 기반한 복지사회론은 인적 유대를 약화시켜 사회 분열을 조장할 수 있다. 또 그로 인한 대립과 갈등이 새로운 분쟁을 야기함으로써 갈등을 재생산하기도 한다. 따라서 모종의 공동체적 결속에 기반한 대안적 사회 통합 방안을 도출하는 일이 적실한 대응책으로 대두하는 바, 그 유력한 대안으로 기대되는 것이 회복적 원리에 준거한 화해적 접근인 것이다.

오늘날 한국인은 통상적 수준의 '각축'과 질적으로 구분되는 일종의 전투적 상황을 살아가고 있다. '생존 경쟁'이 '생존 투쟁,' '생활 현실'이 '생활전선'으로 회자되고, '경쟁자'가 승패를 결하는 '적'이요, '성공'이 '승리,' '실패'가 '패배'라는 용어로 대체돼 가는 언어 인플레 현상이 그러한 정황을 대변한다. 삶의 격전장에서는 상처를 입은 부상자가 속출하기 마련인데, 상처의 대부분은 '외상 후

스트레스(trauma)'라고 불리는 정신적 상처다.

사회 통합을 향한 갈등 해소의 관건은 바로 이러한 마음의 상처를 치유하는 것이라고 할 수 있는데, 그 기본 발상은 지그문트 프로이트(Sigmund Freud)의 정신분석학과 알프레트 아들러(Alfred Adler)의 심리학을 접목해 로고테러피(logotherapy: 의미 치료)라는 치유법을 제안한 빅터 프랭클(Victor Frankel)의 논지에서 찾을 수 있다. 로고테러피는 "인생의 의미를 찾아 미래를 바라보며 삶에 충실하라는 희망을 불어넣고 격려하는 사회심리적 요법"이다. 이것이 바로 회복적 정의(restorative justice)에 기초한 갈등 극복 방안인 화해적 접근(reconciliation approach)에 부합하는 실천 방안으로, 현재 우리 사회에 팽배한 사회적 트라우마의 치유를 위한 최적의 해법이 될 것으로 기대된다. 넬슨 만델라의 화해적 국정 운영은 바로 그 구체적 실현 사례인 것이다.

"눈에 보이고 의사가 고칠 수 있는 상처보다, 보이지 않는 상처가 훨씬 아픕니다. 남에게 모멸감을 주는 것은 쓸데없이 잔인한 운명으로 고통받게 만드는 것이라는 걸 알게 됐습니다."라는 만델라의 고백은 곧 오늘날 한국 사회의 현실과 상통하는 것으로, 이는 곧 삶의 질곡이 희망을 되살릴 수 있는 재활적 힘의 원천인 로고테러피 이념을 통해 극복될 수 있음을 시사한다.

상처가 있는 사회는 병든 사회요, 그것이 마음의 상처라면 사회는 정신적으로 건전치 못한 상태라고 말할 수 있다. 단순한 격려나 위로와 같은 립 서비스가 효험을 발휘하지 못할 만큼 마음의 상처가 깊은 경우에는 심층적 성찰과 각성을 출발점으로 한 심성 재정립(mental reset)이라는 적극적 치유책을 필요로 한다. 범법자가 가해자로서의 책임을 수용하고, 그로부터 쌓여 가는 피해자와의 동반자 의식에 근거해 형성될 것으로 상정하는 치유로서의 화해적 사회 통합은 개인 차원을 넘어선 시민공동체에 부여된 집단적 과업으로 많은 사람의 능동적 참여와 협력을 요한다. 그 이념적 토대에 해당하는 회복적 정의는 처벌 위주의 사회 통제 양식을 지양해 갈등으로 인한 심적 고통이나 상처의 치유를 위해 머리를 맞대고 숙의하는 소통적 전략을 지향한다. 수평적 대화를 통해 갈등 당사자들이 자신의 체험을 반성적으로 회고한 후, 각성을 통해 용서하고 화해함으로써 화합적 통합의 길을 열어 갈 수 있는 것이다.

그뿐만 아니라, 화해적 사회통합론은 갈등 당사자들에게 상호 협력적 문제 해결의 동기를 부여한다. 개인을 자유 의지를 가진 도덕적 행위 주체로 상정할 뿐 아니라, 자신의 행위에 대한 책임을 다하는 개인의 행위가 상호 주관적 상호 작용의 소산임을 자각시키기 때문이다. 징벌적/정죄적 사회 통합은 대상자들에게 법적·도덕적 제재만 부과하고 그들의 인식적·심정적 관계 회복에 주목하지 않는다. 회고적 성찰을 동반하지 않는 복지적 접근도 그와 크게 다를 바 없다. 하지만 화해적 접근은 분쟁 당사자들에게 자성의 기회를 부여함으로써 시민적 책무 의식을 일깨워 퇴화된 인식적·심정적 관계 회복을 독려한다. 화해적 접근의 실효를 체험한 사람들은 그것을 자기 생애의 의미 있는 사건으로 받아들임으로써 긍정적 인간관, 사회관 및 세계관을 정초한다. 그뿐만 아니라 회복적 원리에 기반한 진솔한 대화를 통해 상대방의 의중을 헤아리는 과정에서 집단적 체험이나 감정을 재구성함으로써 화해의 토대가 공고화한다. 회복적 정의의 실천으로부터는 갈등과 같은 사회문제의 해결뿐 아니라 위기 극복을 위한 공동체 역량의 강화라는 부가적 효과도 기할 수 있다. 그것은 사회 갈등을 해결하는 데 억압적 통제나 물질적 보상이 아닌 인간 존엄성의 회복이나 공동체 의식의 복원이라는 사회적 연대감을 고취한다.

화합적 성숙사회를 향해

국가 발전보다 국민 행복이 강조되는 오늘날 "이게 나라냐"라는 거국적 비난의 배후에는 "이게 사람 사는 세상이냐"라는 힐난이 내재해 있고, 그 내면에는

"내 삶이 고작 이뿐이더냐"라는 한탄이 농축돼 있다. 즉, 나라다운 나라에 살고 싶다는 욕구의 저변에는 사람 대접 받으며 살고 싶다는 '품격사회(decent society)'에 대한 소망이 태동하고 있다.

빈곤 극복이 시대적 과제였던 1970년대까지 한국인은 등 따습고 배부른 상태를 동경해 왔고, 먹고 사는 문제가 어느 정도 해소된 연후에도 "부자 되세요"라는 말이 통상적 덕담으로 오갈 만큼 물질적 풍요를 중시해 왔다. 그러나 생활 수준이 최대 관건이던 곤궁의 시기를 넘기면서부터 안전이나 주관적 만족감을 포함한 삶의 질로 관심이 이동했는데, 최근에 이르러는 자신의 존재 가치를 인증할 수 있는 '삶의 의미'가 생활 관심의 중심권에 진입해 실존적 의미를 담보할 수 있는 품격에 대한 기대감을 높이고 있다. 품격사회를 향한 집합적 열망을 충족시킬 수 있는 심층 전략(deep strategy)의 모색에 천착해야 할 이유가 여기에 있다.

나라의 품격은 국민 개개인의 심성을 기초로 한다. 따라서 국격의 바탕을 이루는 심성(mind)의 가치가 날로 상승하고 있다. 이 점은 국가경쟁력의 요건 변화에 관한 최근 동향을 통해서도 감지할 수 있다. 오랫동안 국제 사회에서는 군사력을 중심으로 한 국력(國力)이 국가의 위상을 좌우하는 관건으로 꼽혔다. 그러나 냉전 질서가 해체되면서 경제력을 기반으로 한 국부(國富)가 한동안 국가의 수준을 가늠하는 핵심 요소로 간주돼 왔다. 하지만 부국강병론을 넘어 국가의 품격인 국격(國格)이 바람직한 나라의 요건으로 주목받기 시작하는 최근에는 국격의 기초를 이루는 사람들의 심성이 새로운 국가경쟁력의 예표로 대두돼 심성 자본(mind capital)의 중요성을 주지시키고 있다.

갈등과 통합에 대한 지난날의 연구를 다시금 되짚어 보면, 갈등은 이해 갈등 및 정체성 갈등으로 대별돼 왔고, 갈등 해소를 위한 사회 통합 방안은 징벌적 접근, 복지적 접근 및 포용적 접근이라는 세 가지 차원으로 분류돼 왔다. 응보적 접근, 복지적 접근 및 포용적 접근은 각기 안정적 질서를 이상시하는 균제적 상상력, 경제적 형평성을 중시하는 공리적 상상력 및 상생적 삶을 강조하는 생태적 상상력을 인식적 기반으로 해 왔다. 이처럼 발상적 원천이나 목표가 상이함에도 불구하고 지금까지 학계 내외의 사회 통합 담론에서는 관용, 배려, 양보, 희생, 공유, 나눔, 이해, 소통, 경청, 용서, 상생, 공존 등과 같은 좋은 말들이 무차별적으로 혼용돼 왔다. 그러나 "나는 나, 너는 너"라는 격리적 피아관을 고수하는 복지적 접근이나 포용적 접근에 속하는 사회적 덕목들은 겉보기와는 달리 나와 남의 혼융(混融)을 전제로 하는 합체적 피아관 산하의 성찰, 자숙, 용서, 존중 같은 사회적 덕목들과는 차별성을 지닌 것임을 유념할 필요가 있다.

기본적으로 전자는 동질화를 통한 일치를 지향하는 것인 반면, 후자는 화합을 통한 조화를 목표로 한다. 즉, 전자는 위로나 연민과 같은 시혜적 조치를 통해 동정(sympathy)이라는 동질적 마음의 상태를 조성하는 데 진력한다면, 후자는 나눔이나 협력과 같은 호혜적 상호 작용을 통한 공감(empathy) 창출에 주력한다. 따라서 화해적 통합의 당사자들은 굳이 동일한 사고나 정서를 견지할 필요가 없다. 나와 남의 합체를 전제로 하는 화해적 접근이 의식세계의 심층적 변화를 요하는 수월치 않은 대안임에도 불구하고, 생각이나 느낌을 달리하는 사람들이 섞여 사는 현대 사회에 적실성을 지니는 이유는 무리한 단합이나 통일이 아니라 공감적 결속(empathic solidarity)에 기초한 화합적 사회 통합(harmonious social integration)을 추구한다는 점에 있다.

이러한 견해는 동질성이 인류의 미래를 축소시킬 위험이 크다고 경고한 실용주의 사상가 존 듀이(John Dewey)의 다음과 같은 진술, "우리의 일체성(unité)은 동질적인 것들로 이뤄질 수 없다. […] 개별 인종이나 국민이 제공할 수 있는 가장 최선의 것들, 가장 특징적인 것들이 조화로운 하나의 전체를 형성하고 그 전체의 구성 인자로 참여할 때 일체성이 창조될 수 있다."라는 글귀에서 명시적으로 드러난다. 요컨대 일체(unity)는 일치(unanimity)와 구분돼야 한다는 것으로, 동양 고사성어를 인용하자면, 같은 생각을 해야 한다는 일심동체(一心同體)가 아닌 화이부동(和而不同), 즉 차이를 인정하면서 조화로운 합일의 경지에 도달하려는 화쟁적(和諍的) 노력에 부합하는 것이라 하겠다. 자신을 대상으로 삼아 자신의 존재와 가치를 되돌아보는 성찰이야말로 자숙과 용서를 거쳐 화해적 통합에 이르는 행로의 시발점으로 간주할 수 있다.

더구나 화해적 사회 통합 과정의 가장 결정적 요소로 간주되는 용서를 주시해 볼 때, 그것은 이념이나 가치관 등 여러모로 본인과 생각을 달리하는 남과의 결합을 위한 특단의 결의와 용기를 필요로 한다는 점에서 통상적인 시민적 덕목들과 크게 변별된다. 용서를 통한 화해의 메시지를 만방에 전파해 온 대표적 인물의 한 사람으로는 말씀의 중심에 항시 용서를 앞세워 온 프란치스코 교황을 들 수 있겠는데, 넬슨 만델라의 위업은 신앙인들이 중시해 온 용서의 신비를 세속적 질서에 접목시켜 인종 간 화해를 통한 사회적 대통합을 이뤄낸 데 있다고 평할 수 있다.

최근 우리 한국 사회는 자신을 사회적 약자나 희생자로 일체화하는 사람들이 다수에 이르고 있음이 드러나고 있다. 대한민국이 '을(乙)의 공화국'이라고 지칭되리만큼 많은 국민이 주변화(marginalized)·소수자화(minoritized)돼 가고 있음이 역력하다. 그뿐인가. 심화되는 빈부 격차, 증가하는 빈곤층, 부러진 계층 사다리, 늘어나는 이민 희망자, 하락하는 행복지수, '부모보다 못사는 최초의 자식 세대,' '노력해도 흙수저,' 'N포 사회,' '약육강식의 배틀그라운드,' '갑질 횡포,' '악다구니 사회,' '사기범죄 1위 국가,' '시위 천국,' '희망지수 하락' 등과 같은 제하의 언론 기사가 쏟아져 나오고 '맘충,' '한남충,' '틀딱충,' '급식충,' '설명충,' '난민충,' '개슬람,' '똥남아,' '김치녀,' '개저씨' 등과 같은 혐오성 용어들이 성행하고 있음은 곧 우리 정신세계가 얼마나 황폐화하고 있는가를 절감케 한다. 이러한 심성적 악화 증후는 1997년 환란 이후에 출현한 '양극사회(兩極社會)'가 대결적 각축을 특징으로 하는 '상극사회(相剋社會)'로 전환돼 가고 있음을 함의한다.

그러나 오늘날 한국 사회는 물적 생활 수준의 증진에 주력하던 단계를 지나고, 주관적 차원을 포함한 삶의 질적 향상을 추구하던 단계를 넘어 개개인이 자신의 존재 가치를 향유할 수 있는 삶의 의미로 관심을 확장시켜가는 새로운 단계로 들어서고 있음을 직시할 필요가 있다. 변화의 징후는 크게 다음 두 가지 차원에서 읽혀진다. 첫째는 국가에서 개인으로의 초점 이동이요, 둘째는 삶의 질을 대변해 온 안녕(well-being) 대신 의미 있는 삶의 의식적 토대인 품격이 새로운 생활 관심(life-interest)의 중심권으로 이동하고 있다는 점이다. 품격 개념의 화용론적 가치는 공동체 의식과 같은 정신문화적 요소를 강조하면서 양적 성장에 대신한 내면적 발전을 대안으로 내세운 '성숙사회론(theory of mature society)'에서 명시적으로 표출되고 있다.

사전적 의미의 '성장(成長)'이 사람을 비롯한 생체의 크기나 규모가 커지는 것이라면, '성숙(成熟)'은 생체의 균형적 발육, 특히 신체적 성장을 뒷받침하는 정신적·의식적 발달을 뜻하는 것으로, 성숙 개념은 개인을 넘어선 사회 체계의 진전 과정에도 능히 적용할 수 있다. 한국 사회의 경우도 마찬가지다. 지금까지 대한민국 현대사를 장식해 온 양대 핵심 동학은 산업화와 민주화였다. 그러나 고성장 기조가 꺾이고 87년 체제도 퇴조하면서 우리 사회는 산업화나 민주화를 넘어선 새로운 사회 발전적 의제를 요청하고 있는데, 성숙화가 그 가장 유력한 대안이라고 본다.

최근 신기술에 대한 높은 기대감을 견지하는 가트너(Gartner)사(社)를 비롯한 기술애호론자들은 기술 발전의 궤적을 과대광고주기 모형(hype cycle model)으로 제시한다. 그런데 이를 중간 과정을 사상(捨象)한보다 간결한 형태로 단순화하면 S자형 성장곡선(sigmoidal growth curve)으로 대체할 수 있다. 그럴 경우, 인류 역사는 "확대 성장 및 침하 정체"의 연속적 반복 과정으로 간주할 수 있고, 한국 사회의 동학 역시 성장기와 정체기라는 이원적 관점으로 조망할 수 있다. 이때, 성장세가 꺾이는 정체기는 모든 활동이 정지된 암흑기로 단정하기 쉽다. 하지만 그것을 새로운 성장 동력을 예비하는 관념이나 사상이 생성되는 "의식적 빅뱅" 시기로 받아들일 수 있다. 철학자 카를 야스퍼스(Karl Theodore Jaspers)가 말한 인류 정신사의 획기적 비상 시기인 '차축(車軸)시대(axial age),' 혹은 문예 부흥이나 종교 개혁이 촉발한 계몽주의 시대라는 개념이 바로 그러한 입장을 대변하는 것이라고 말할 수 있다. 따라서 제4차 산업혁명이나 디지털 혁신(digital transformation)으로 외부 세계가 급성장하는 와중에 개인의 실존적 가치를 중시하는 품격사회에 대한 열망의 마그마가 최근 우리 사회 저변에 결집하고 있다는 사실은 한국 사회가 안팎, 고저, 좌우, 남녀, 주류-비주류 등과 같은 갈등의 주체들을 화합적으로 결속시킬 수 있는 화해적 사회 통합을 위한 의식의 숙성을 요하는 내면적 발전 단계로 발길을 옮겨야 함을 강력히 시사한다.

Public Leadership

미래를 준비하는
화합의 리더십

민주주의와 포용국가: 불평등과 포퓰리즘의 예방과 대응

성경륭

들어가며

역사적으로 민주주의와 포용국가는 인류의 보편적 요구와 기대를 반영하는 가장 바람직한 정치 체제와 국가 체제로 발전해 왔다. 그러나 민주주의와 포용국가의 발전 과정은 그렇게 순탄한 과정이 아니었다. 많은 혼란과 장애물이 발생해 쇠퇴와 역진이 일어나기도 했고, 또 강한 복원력을 발휘해 새롭게 활력을 되찾고 국민 주권의 신장과 함께 국가의 포용성이 확장되기도 했다.

그런데 1989년 구동독의 몰락과 함께 공산권 전체가 붕괴돼 공산주의라는 가장 강력한 적이 사라진 1990년대 이후 역설적으로 민주주의와 포용국가는 세계 곳곳에서 불평등과 포퓰리즘(populism)이라는 새로운 적을 맞이해 중대한 위기 징후를 보이고 있다. 무엇보다도 세계화의 진전과 기술 발전에 의해 촉발되고 있는 불평등의 확산은 사회적 분열과 갈등을 심화시켜 왔고, 급기야 국수주의와

반(反)세계화, 그리고 반(反)이민을 요구하는 실업자와 중하층민들의 생존을 향한 저항이 포퓰리즘 세력의 준동을 촉진해 민주주의와 포용국가의 존립을 뿌리째 뒤흔드는 위기를 가져오고 있는 것이다.

이런 점을 감안해서 이 글에서는 세계의 민주주의와 포용국가가 현재 어떤 상태에 놓여 있고 장차 어떤 문제에 직면할 것인지, 또 어떤 노력을 기울여야 미래의 위험을 예방하고 민주주의와 포용국가의 지속적 발전을 도모할 수 있는지를 살펴보고자 한다. 이런 쟁점들에 대한 해답을 찾기 위해 다음 세 가지의 질문을 제기하고자 한다.

첫째, 인류 사회의 바람직한 정치 모델과 국가 모델은 무엇인가?

둘째, 민주주의와 포용국가를 위협하는 적은 무엇인가?

셋째, 민주주의와 포용국가의 지속적 발전을 이루기 위해 필요한 민주주의의 혁신과 정부혁신은 무엇인가?

민주주의와 포용국가의 기원

민주주의와 포용국가의 기원과 관련해 에스모글루와 로빈슨(Acemoglu & Robinson, 2012 and 2019)은 가장 체계적인 이론과 역사적 분석을 제시하고 있다. 그들에 의하면, 국가의 힘과 사회의 힘 사이에 '절묘한 균형(delicate balance)'이 이뤄지는 조건 속에서 자유와 민주주의가 태동한다고 주장한다.

강력한 중앙집권적 왕정이나 절대주의 국가처럼 국가의 힘이 강할 때 국민들은 국가의 감시와 통제에 얽매이고 지시에 순응할 수밖에 없다. 이런 상황에서 국민들은 처벌의 두려움 없이 자유롭게 자신들의 권리를 요구하거나 정치 참여를 통해 지도자를 선출하는 것과 같은 참정권을 향유할 수 없다. 반대로 중앙 권력은 취약한데 지방 권력이나 부족 권력이 강력한 사회의 경우에는 일종의 만인

(萬人) 대 만인의 투쟁 상태가 발생해 구성원들이 자유를 누리거나 민주적 원리에 따라 안정적으로 운영되는 정치공동체를 형성할 수 없게 된다.

이와 달리, 강한 국가와 강한 사회의 중간 영역, 즉 국가와 사회의 힘이 일정 수준의 균형을 이루는 경우에는 비로소 지배 세력과 사회 세력 사이의 타협을 통해 국민들이 자유를 보장받고 상호 합의한 절차에 따라 지배자를 선출하는 민주주의의 조건이 형성된다.

한편 에스모글루와 로빈슨은 국가의 쇠퇴나 번영은 정치 제도와 경제 제도의 약탈성이나 포용성에 의해 결정된다고 봤다. 역사적으로 볼 때, 국가 형성의 초기 단계에 등장한 왕정이나 군주제는 중요한 정치적 결정권을 독점한 채 국가 구성원들의 정치 참여를 거부한 배제적이고 약탈적인 정치 제도를 발전시켰다. 또한 이 시기에 형성된 농노제나 노예제는 이들의 기본권과 노동의 대가를 원천적으로 부인한 극단적으로 약탈적인 경제 제도였다. 배제적·약탈적인 정치 제도와 약탈적 경제 제도가 결합되면 국민들의 기본권과 재산권이 원천적으로 박탈되므로 국민들은 근로 의욕을 상실하고 생존 수준의 매우 소극적인 노력만 하게 되므로 결과적으로 생산은 줄어들고 경제적 쇠퇴가 초래돼 빈곤이 만연하게 된다.

그러나 민주화를 통해 국민들에게 기본권을 보장하는 포용적 정치 제도가 마련되고 시장 경제의 발전에 따라 재산권을 보장하는 포용적 경제 제도가 수립되면 사회구성원들의 근로 의욕이 고조되고 모두가 각자의 이익을 극대화하기 위해 최대의 노력을 기울이게 되므로 생산과 사회 전체의 부(富)가 확대되는 경제적 번영이 가능해진다. 근대 이후 정치적 민주주의와 시장 경제의 확대 과정은 바로 포용적 제도하에서 어떻게 경제적 활성화와 번영이 이뤄졌는지를 잘 보여준다.

세계사의 진행: 민주주의와 포용국가의 병행 발전

국가와 사회의 힘의 균형 속에서 자유와 민주주의가 발전하고 정치 제도와 경제 제도의 포용성 증가를 통해 경제적 번영이 가능해진다는 관점에서 볼 때 세계사의 진행은 민주주의와 포용국가가 등장하고 병행 발전을 이루는 과정으로 이해할 수 있다.

아래의 그림에서 보는 것처럼 세계사의 전개는 강한 국가와 강한 사회가 힘의 균형을 이루는 '좁은 회랑(narrow corridor)'에서 자유와 민주주의가 발전했고, 배제적·약탈적 정치 제도와 경제 제도가 포용적 제도로 발전하면서 경제적 번영이 이뤄졌다는 것이 에스모글루와 로빈슨의 연구가 보여 주는 결론이다.

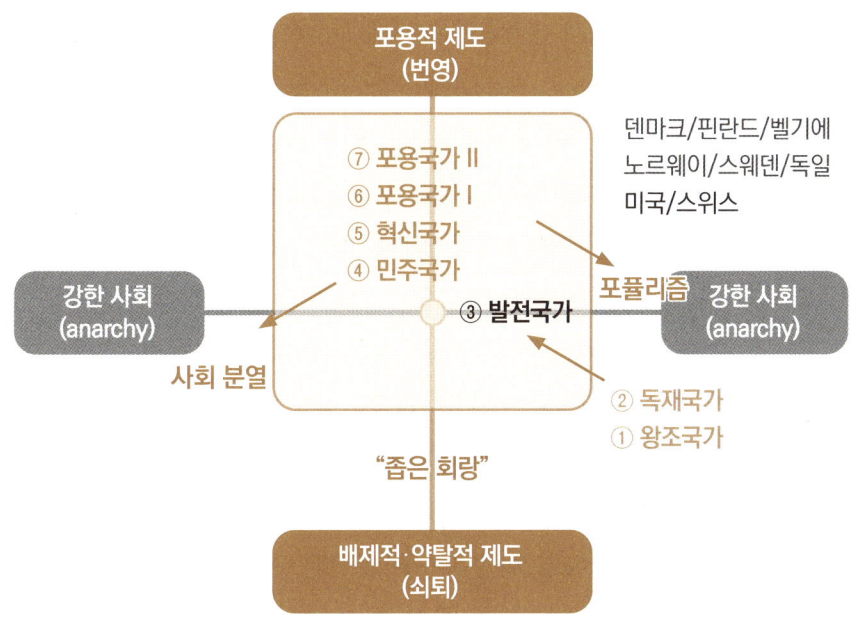

자료: Acemoglu & Robinson(2012); Acemoglu & Robinson(2019).

민주주의와 포용국가의 발전

그런데 역사적 과정을 돌아보면, 민주주의와 시장 경제의 발전 과정에서 광범위한 기술 혁신과 경제적 번영이 일어난 것은 사실이지만 이러한 번영이 대중소기업 간, 노사 간, 계층 간, 지역 간, 인종 간에 독과점과 엄청난 분배의 불평등을 양산하는 결과를 가져오고 말았다. 이로 인해 다수가 분배 과정에서 배제되고 소수가 다수를 사실상 지배함으로써 번영의 지속가능성을 위협하는 문제를 발생시키게 됐다. 말하자면 민주주의와 시장 경제가 발전한다고 하더라도 불평등의 증가에 따라 사회 갈등이 만연하고 총수요가 부족할 경우 경제적 번영의 지속성을 보장하지 못하게 되는 것이다. 이러한 문제는 전 세계의 많은 국가가 경제 성장을 주도하는 중상주의적 발전국가 단계를 거쳐 민주국가, 혁신국가의 단계에 도달한 상태에서 극심한 불평등과 다양한 사회 갈등에 직면해 복지국가, 나아가 포용국가 단계로 진화하도록 한 구조적 조건이 됐다.

어느 나라가 발전국가와 민주국가의 단계에서 혁신국가와 복지국가/포용국가 중 어느 경로로 진화하느냐 하는 문제는 결국 진보정당의 권력자원 동원 능력(power resource mobilization), 즉 진보정당과 노동조합의 연합 능력과 정치적 자원 동원 능력에 따라 결정됐다고 볼 수 있다(Korpi, 1983). 역사적으로 자유주의 전통이 강하고 진보정당의 영향력이 약한 미국과 영국 같은 나라에서는 보수정당과 기업, 중산층, 자영업자 등이 연합해 교육과 과학기술 분야에 재정 지출을 늘리고 복지 분야의 지출을 줄이는 혁신국가를 발전시켜 왔다. 그 반면 스웨덴, 덴마크, 핀란드 등 노르딕 국가들은 강력한 사민당의 리더십 아래 광범위하게 조직화된 노동조합의 지지를 받아 진보정부를 출범시키고 사회복지정책과 재분배 정책에 대해 더 많이 지출하는 복지국가/포용국가를 발전시켜 왔다.

그렇다면 복지국가와 포용국가는 어떻게 구분할 수 있는가? 일반적으로 복지국가는 사회구성원들이 겪는 실업, 질병, 돌봄, 장애, 은퇴 등 다양한 삶의 위험을 광범위한 사회보장 제도를 통해 공적으로 보호하는 국가를 의미한다. 이에 비해 포용국가는 사회보장 제도를 통해 국민들의 삶의 위험을 폭넓게 보호하는 것을 넘어서서 전 국민을 대상으로 하는 적극적인 인재 양성 정책과 과학기술 정책을 통해 국민들의 창의적 역량과 협동 역량을 증진하고 글로벌 경쟁력을 갖춘 혁신경제를 발전시키는 국가를 의미한다. 이렇게 보면, 포용국가는 사회보장에 치중하는 복지국가에서 한 걸음 더 나아가 사람의 능력을 지속적으로 증진하는 인재국가와 그 인재들이 이끌어 가는 역동적 혁신경제를 발전시키는 훨씬 더 전향적이고 능동적인 국가라는 것을 알 수 있다.

국가 간 비교를 위해 포용국가를 포용성과 혁신성의 두 차원에서 분석할 때, 포용성(예: GDP 대비 사회보장지출 비중)보다 상대적으로 혁신성(예: 국가혁신지수)을 더 중시하는 '혁신적 포용국가'(또는 혁신 주도 포용국가)와 포용성과 혁신성을 동시에 고도화하는 '고포용-고혁신 포용국가'로 구분해 볼 수 있다. 경험적 분석에 따르면, 혁신적 포용국가가 1인당 국민소득, 경제성장률, 국가 부채 규모, 인적자원 개발 지수(human development index), 실업률, 불평등, 행복도, 국제 기여 활동 등 거의 모든 측면에서 훨씬 더 큰 성과를 보여 주는 것을 확인할 수 있다. 따라서 경제적 번영과 사회 보장의 지속가능성을 염두에 둘 때 복지국가와 포용국가를 구분하고, 포용국가도 혁신적 포용국가와 고포용-고혁신 포용국가의 두 가지 하위 유형을 구분하는 것이 분석적 유용성이 매우 크다고 볼 수 있다.

앞의 그림에 제시된 세계사의 진행과 관련된 논의에서 유의해야 할 점은 정치경제적 변화가 어떤 특정한 방향으로 불가역적 진화를 하는 것은 아니라는 것이다. 큰 흐름에서 볼 때, 역사는 국가와 사회의 힘이 균형을 이뤄 자유와 민주주의가 신장되고, 또 배제적·약탈적 제도가 포용적 제도로 발전해 경제적 번영이 이뤄졌다고 하더라도, 미국의 트럼프 집권 시기처럼 불평등이 급격히 증가하는 경우 포퓰리즘 정권이 등장해 헌정을 유린하고 유색인종과 이민자에 대해 반포용적 정책이 극성을 부렸던 것처럼 역사의 후퇴와 역진이 얼마든지 일어날 수 있다는 것을 정확히 이해할 필요가 있다.

근현대 민주주의의 작동과 포퓰리즘의 확산

근현대 시기에 정착되기 시작한 민주주의는 대체로 대의민주주의와 선거민주주의를 중심으로 제도화됐다. 그런데 이러한 민주주의는 선거를 통해 선출된 대의(代議) 권력이 주권자들인 국민의 의사와 괴리될 수 있는 많은 구조적 가능성을 가지고 있었다. 무엇보다도 선출된 권력인 정부와 정당의 엘리트들은 지속적으로 선거 경쟁을 통해 승리해야 하는 압박에 시달리게 되므로 대기업을 비롯한 여러 이권 세력의 로비와 금품 제공에 노출될 가능성이 높다. 이런 상황에서 대의 권력과 외부 이권 세력 사이의 협력 관계와 이익 담합 현상이 강화되면 조직 역량이 부족한 사회경제적 약자들의 이익을 대변하는 기능은 소홀해지고 대의 권력과 정부 엘리트들 자신이 기득권화되고 부유화하는 현상도 발생한다.

이렇게 되면 대의민주주의는 다양한 형태의 금권 지배 체제(plutocracy 또는 kleptocracy)에 의해 왜곡되고 형해화될 가능성이 있다. 특히 세계화와 기술 발전에 의해 실업, 자동화, 불평등이 급격히 확대되는 상황에서 대의 권력인 정당, 의회, 정부가 기업과 자산가, 고소득계층의 이익을 더 많이 대변하는 정책을 채택하고 실업, 빈곤, 부채 등으로 인한 대중들의 고통을 외면하게 되면 이들은 대의민주주의를 불신하고 자신들을 위해 즉각적 해결책을 약속하는 포퓰리즘 세력에게 의존할 가능성이 커진다. 바로 이것이 탈냉전 이후 포퓰리즘이 전 세계적으로 확산된 배경이다.

그렇다면 포퓰리즘의 의미는 무엇인가? 포퓰리즘은 소수의 선출된 부패 엘리트들이 특수 이익집단과 연합해서 다수 국민 대중의 이익을 침해하고 고통을 가중시키는 상황에서 포퓰리즘 리더와 정당이 기존 질서에 대항해 국민 대중의 이익을 직접적으로, 그리고 적극적으로 대변하고자 하는 정치운동을 의미한다(Mudde, 2004). 이처럼 순수 일반 대중과 부패한 엘리트 집단 사이의 정치적 갈등을 민주주의의 핵심 문제로 인식하는 관점을 포퓰리즘의 '얕은 이데올로기(thin ideology)'라고 하는데, 이런 인식이 민족주의와 사회주의와 같은 좀 더 정교하고 '두터운 이데올로기(thick ideology)'와 결합해 강력한 호소력을 발휘하게 된다고 한다(Kriesi, 2015).

포퓰리즘의 여러 유형 가운데 보수 극우적 포퓰리즘은 프랑스, 네덜란드, 덴마크, 미국 등 여러 나라에서 자국우선주의와 국수주의, 나아가 반이민 등과 같은 민족주의적 레토릭과 결합해 큰 맹위를 떨쳐왔다. 반면에 진보 좌파적 포퓰리즘은 그리스, 스페인, 베네수엘라, 볼리비아 등 여러 나라에서 경제민주주의와 분배 정의, 강력한 사회 보장 등과 같은 사회주의적 주장과 결합해 강력한 지지를 획득했다(Spagnolo, 2021). 이러한 유형 이외에도 포퓰리즘은 불평등 개선을 목표로 하는 사회경제적 포퓰리즘, 국민 정체성을 강조하는 문화적 포퓰리즘, 엘리트 지배 체제를 무너뜨리고자 하는 반체제적 포퓰리즘의 유형이 제시되기도 했다(Kyle & Gultchin, 2018).

불평등을 확대하는 다양한 메커니즘

민주주의와 포용국가의 존속과 지속적 발전을 위협하는 가장 중요한 요소를 하나만 지적한다면 그것은 단연 불평등이다. 불평등이 확대되면 계층, 인종, 지역 등 다양한 사회집단 사이의 갈등이 격화되고, 그 갈등을 완화할 수 있는 중간층이 축소되면서 정치사회적 갈등은 빠르게 양극화될 가능성이 커진다. 이런 과정을 통해 사회의 정치적 불안정성이 증가하게 되고 종국적으로는 사회적 분열로 인해 포퓰리즘이 민주주의와 포용국가를 뒤흔드는 결과가 나타나게 된다. 그렇다면 불평등을 확대하는 메커니즘은 무엇인가? 대체로 네 가지 요인을 제시할 수 있다.

세계화

자유무역을 핵심 요소로 하는 세계화는 국가 간의 무역장벽을 제거해 교역을 증가시키는 것은 물론 자본과 노동의 자유로운 이동까지 촉진한다. 이렇게 되면 선진국과 개도국 내부에서, 그리고 상호 간에 불평등이 크게 늘어나게 된다. 우선 선진국의 자본과 기업이 해외로 이전할 경우 선진국 내부에서는 고용이 감소해 불평등이 증가하고, 개도국에서는 선진국에서 이전하는 기업들이 고용을 늘림으로써 개도국 내의 불평등도 증가시킨다.

다른 한편, 선진국의 기업들은 개도국에서 저렴한 인건비로 생산된 제품을 세계 시장에 판매함으로써 과거보다 더 큰 엄청난 수익을 올리게 되고, 연구개발 투자를 확대해 기술 혁신과 신제품 개발을 주도함으로써 세계 시장에서의 지배력을 확대한다. 또한 이 과정에서 선진국의 금융자본은 세계화를 통해 개방된 세계 시장에서 금융 투자와 대출의 수익을 극대화한다.

신대륙 발견 시기부터 오랜 기간에 걸쳐 이뤄진 세계화 과정은 1990년대 공산권이 붕괴한 이후 전 세계가 하나의 단일경제권으로 통합되면서 모든 생산 요소가 유동화되는 '초세계화(hyper-globalization)'로 귀결됐다. 이로 말미암아 상품과 자본의 이동성은 크게 증가했으나 노동은 여전히 상대적으로 높은 지역고착성을 가지게 돼 선진국과 개도국 모두에서 노동의 교섭력이 크게 약화됐고, 그 결과 세계 곳곳에서 소득 분배가 급속히 악화되기에 이르렀다.

다음 그림은 세계화의 영향으로 미국에서 노조 조직률의 감소로 인해 노동의 교섭력이 약화되고 그로 인해 지속적으로 소득불평등이 증가한 것을 잘 보여준다. 이 그래프에서 보면, 노조 조직률이 높은 수준으로 유지됐던 1940~70년대 사이의 40년 동안은 소득불평등이 지속적으로 감소했으나 레이건(Ronald W. Reagan)의 등장 이후 신자유주의가 확산되기 시작한 1980년부터 현재까지는 세계화의 확대에 따라 노조조직률이 감소하고 이로 인해 소득불평등이 지속적으로 증가한 것을 잘 보여 준다.

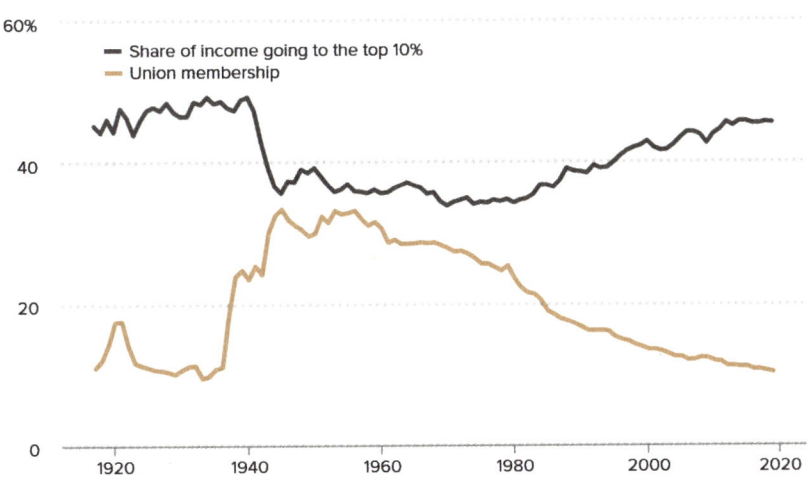

자료: Economic Policy Institute (https://www.epi.org/chart)

노조 조직률의 감소와 소득불평등 증가(미국: 1917~2019)

기술 발전

기술 발전은 과학기술 투자의 확대를 통한 신기술 개발 촉진, 생산과 업무 과정의 디지털화와 자동화, 교육 투자 확대에 따른 인적 자본의 격차 확대(skill-biased technological change: 교육 수준과 기술 역량의 증진에 의해 향상된 기능과 기술의 연계) 등 크게 세 가지 요인에 의해 불평등을 증가시킨다. 이처럼 여러 방향으로 영향을 미치는 기술 발전은 현대 자본주의 경제에서 생산성과 경쟁력을 결정하는 가장 강력한 요인이고, 따라서 기술 발전은 불평등 증가에 장기적으로 가장 큰 영향을 미치는 요인이다.

다음 그림의 왼쪽 그래프를 보면, 기술 발전의 결과 자동화가 진행될 경우

고용이 축소되고 임금이 억제되는 효과가 동시에 나타나며, 이것은 전체 노동인구의 80% 정도에 영향을 미친다는 것을 잘 보여 준다. 한편 오른쪽의 그림은 노동자 1만 명 당 사용되는 산업 로봇의 수, 즉 로봇 밀도(robot density)를 보여 주는데, 주요 산업 국가 중 한국이 세계 최고 수준임을 보여 준다. 이 자료를 통해 우리는 한국 사회에서 낮은 고용률, 높은 비정규직 비율, 청년 고용의 어려움, 소득 불평등 증가의 이면에 광범위한 산업 로봇 사용이 자리잡고 있다는 것을 알 수 있다.

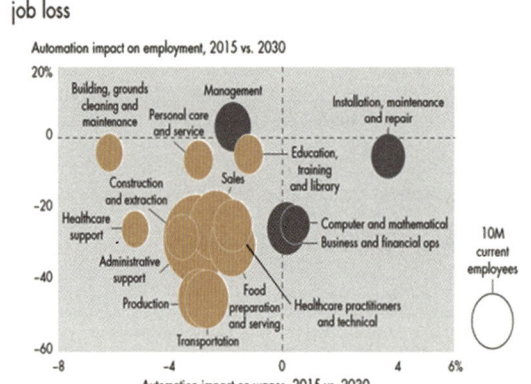 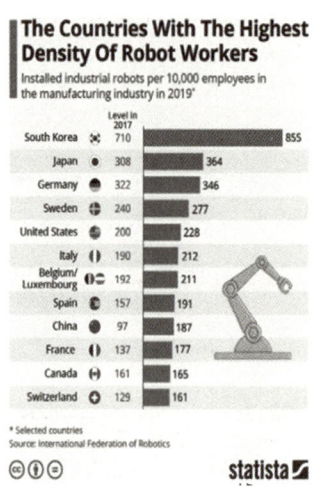

기술 발전에 따른 불평등

공공정책의 차이

소득불평등을 확대시키는 데 가장 강력한 작용을 하는 세계화와 기술 발전은 직접적으로 시장 소득에 큰 영향을 미친다. 따라서 정부가 조세정책과 재정정책 등을 통해 어떤 개입을 하느냐에 따라 시장 소득의 불평등이 증가할 수도 있고, 반대로 감소할 수도 있다. 대체로 진보정부는 세금 인상, 복지 지출 확대, 교육 투자 확대 등을 통해 불평등을 감소시키고, 보수정부는 세금 감축, 복지 축소, 규제 완화 등을 통해 불평등을 증가시키는 경향이 있다.

아래 그림의 왼쪽 그래프에 따르면, 미국의 경우 1948~2005년 시기 동안 민주당 정부는 소득 하위계층의 소득을 상대적으로 더 많이 증가시켰고, 공화당 정부는 소득 상위계층의 소득을 상대적으로 더 많이 증가시킨 것을 보여 준다. 한편 오른쪽 그래프는 OECD 회원국들이 정부의 조세·재정정책을 통해 시장 소득의 불평등을 얼마나 개선시켰는지를 보여 주는데, 주로 복지국가의 발전 정도가 높은 북유럽과 유럽 대륙 국가들에서 개선율이 높고 한국은 OECD 최하위권에 머물러 있는 것을 보여 준다. 이것은 한국에서 시장 소득의 불평등은 빠르게 늘어나지만 정부의 조세와 재정 지출의 수준이 선진 복지국가들과 비교해 현저히 낮고, 그로 인해 조세와 재정의 불평등 축소 효과가 매우 낮다는 것을 잘 확인시켜 준다.

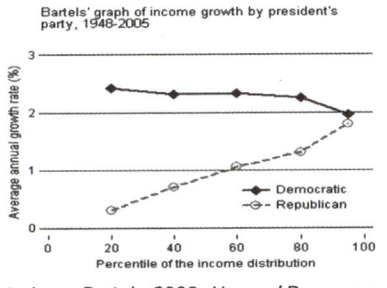
➢ Larry Bartels, 2008. *Unequal Democracy*

공공정책의 차이에 따른 불평등의 차이

코로나19의 확산

코로나19가 확산되기 이전에도 불평등은 전 세계에서 빠르게 증가해 왔다.

그러나 2020년 코로나19의 전 세계 확산과 함께 세계 곳곳에서 경제활동이 크게 둔화되고 고용이 급감하면서 단기간에 소득불평등은 급격히 증가했다.

특히 코로나19는 이동과 접촉에 의해 감염이 이뤄지므로 이동과 접촉에서 비교적 자유로운 비대면 활동 분야와 그렇지 않은 대면 활동 분야 사이에 투자, 고용, 소득의 엄청난 양극화가 발생했다. 코로나19에 대한 방역과 병행해 경제회복이 진행되는 과정은 디지털 기술과 플랫폼 산업을 중심으로 하는 비대면 분야와 그렇지 않은 분야 사이에서 K자형 패턴을 따라 이뤄졌다.

아래의 그림은 코로나19로 인해 소득불평등이 얼마나 증가했는지를 보여 준다. 왼쪽 그래프는 미국에서 2020년 3월부터 2021년 1월까지 600명 정도의 억만장자들의 재산이 2.95조 달러에서 4.09조 달러로 39% 증가한 것을 보여 준다. 한편 오른쪽 그래프는 글로벌 억만장자의 자산이 불과 1년 사이에 3.9조 달러나 순증했고, 세계 노동자집단의 총소득은 3.7조 달러나 감소한 것을 보여 준다. 불과 1년 사이에 이처럼 큰 격차가 발생한 것은 코로나19의 영향력이 상상할 수 없을 만큼 엄청나게 컸기 때문이다. 나아가 백신 접종이 이뤄지고 있는 지금도 코로나19의 세계적 확산이 진행되고 있으므로 앞으로 불평등 문제를 얼마나 더 악화시킬지 큰 우려를 불러일으킨다.

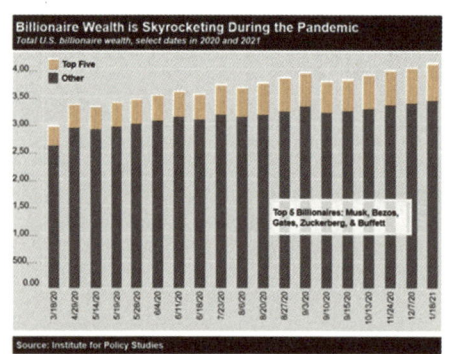 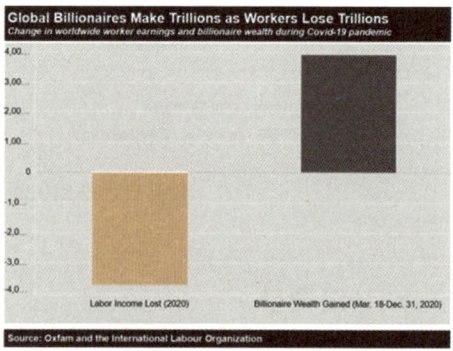

코로나19와 소득불평등 급증: 미국과 전 세계

불평등의 정치적 결과

코로나19가 아니더라도 세계 각국의 불평등은 세계화, 기술 발전, 공공정책 요인 등에 의해 지속적으로 확대돼 왔다. 그런데 2019년 12월에 발생한 코로나19가 장기화되면서 2020년에는 사상 유례없는 불평등의 급격한 확대와 양극화가 진행됐다.

어떤 요인에 의해서든 불평등이 가파르게 증가하면 즉각적으로 다양한 정치적 파장을 초래한다. 무엇보다도 불평등의 증가는 가난한 계층의 숫자를 증가시키고, 그들의 생계를 위협해 이들이 제기하는 다양한 생존 투쟁을 격화시킨다. 또한 불평등이 확대될수록 사회계층의 상층에 있는 승자집단(winner group)과 하층에 있는 패자집단(loser group) 사이의 대립과 갈등은 더욱 고조되기 마련이다. 그리하여 경제적 위기 상황에서 생계 곤란에 시달리는 하위계층에 속하는 사람들은 정부에 대해 즉각적인 생계 대책 마련을 요구하고, 만족할 만한 대책이 제시되지 않으면 집단행동을 통해 문제 해결을 시도하게 된다. 이들의 집단행동이 빈번해지고 폭력성을 띠게 되면 될수록 이들에 대한 통제도 동시에 폭력성을 띠게 된다. 그렇게 되면 민주적 제도와 절차가 훼손되고 민주주의의 질적 쇠퇴가 발생할 가능성이 높아진다.

불평등의 확대에 따른 하위계층의 저항과 상하계층 간 갈등이 증가하면 이는 포퓰리즘 운동을 부추기고 포퓰리즘 정당의 개입을 재촉할 가능성이 커진다. 무엇보다도 포퓰리즘은 대의민주주의가 국민 대중들의 기본 생계 문제를 제대로 해결하지 못할 때, 특히 중하위계층이 장기간 실업, 불안정 고용, 그리고 빈곤에 시달릴 때 대의민주주의의 무력성과 상층 엘리트 집단의 특권화된 부패를 비판하며 등장하는 경향이 있다. 이렇게 볼 때 세계화, 기술 발전, 공공정책의 편향성, 코로나19의 영향 등으로 불평등이 고조되고 있는 현재의 상황은 포퓰리즘의 등장과 확산에 최적의 조건을 제공해 준다고 이해할 수 있다.

아래 그림을 보면 이러한 상황이 고스란히 나타난다. 우선 왼쪽의 그림은 2020년에 41개의 안정된 민주주의 국가 중 25개 국가가 쇠퇴를 경험한 것을 보여 준다. 한편 오른쪽 그래프는 포퓰리즘 정당이나 반체제 정당에 대한 투표율을 보여 주는데 역사적으로 두 번의 상승 국면이 있었음이 발견된다. 첫 번째는 제1차 세계대전과 제2차 세계대전의 전간기에 포퓰리즘 정당에 대한 급격한 지지율 상승이 있었고, 두 번째는 2010년 이후 최근까지 세계적으로 급격한 지지율 상승이 관찰된다. 이것을 보면 불평등의 확대와 그에 따른 하위계층의 생존 위기는 포퓰리즘을 확산시키는 가장 강력한 동력이라는 점을 확인할 수 있다. 이런 점을 감안할 때, 2010년부터 코로나19 위험이 계속되는 현 시기는 단기간에 전대미문의 불평등 확대가 이뤄져 조만간 포퓰리즘이 세계적으로 맹위를 떨칠 수 있는 가장 위험한 시기에 접어들고 있다는 것을 알 수 있다.

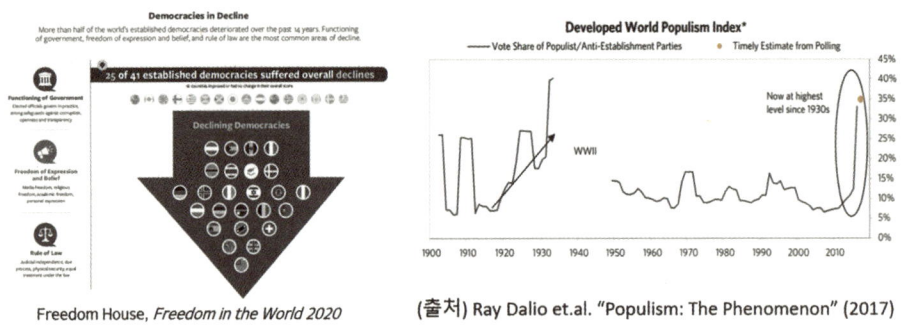

민주주의의 질적 쇠퇴와 포퓰리즘의 발흥

포스트 코로나 시대 대응 방안

서두에 지적한 바와 같이 민주주의와 포용국가는 긴 세계사의 흐름 속에서 인류가 발전시킨 가장 바람직한 정치 제도이고 국가 모델이라고 볼 수 있다. 그런데 안타깝게도 민주주의와 포용국가는 현 시점에서 세계화와 기술 발전, 코로나19의 창궐로 인해 불평등과 포퓰리즘이라는 두 개의 큰 적에 포위돼 존립이 위협받는 매우 위태로운 상황에 놓이게 됐다. 그러면 이 문제에 대응하기 위해 어떤 대안이 가능한가? 세 가지의 방안을 제시해 볼 수 있다.

민주주의의 질적 발전

현재 우리가 채택하고 있는 민주주의는 대의민주주의와 선거민주주의를 핵심 요소로 하고 있다. 그런데 이런 민주주의는 선출된 정치 엘리트에게 권력이 집중되고 주권자인 국민 대중은 권력 행사 과정에서 배제되는 한계를 가지고 있다. 또한 이런 구조 속에서 대의 권력이 대기업 및 이권집단과 긴밀한 유착 관계를 형성해 국민들의 삶의 고통을 더욱 악화시키는 금권 지배 체제의 속성도 가지고 있다.

따라서 이 문제를 해결하는 방안은 현재의 엘리트 민주주의와 배제적 민주주의를 포용적 민주주의로 개혁하는 데 있다. 이를 위해 중앙 권력을 축소하고 지방 권력을 강화하며, 정책결정 과정에 주민 참여를 확대하는 광범위한 자치분권 개혁이 추진돼야 할 것이다. 동시에 중앙 권력을 견제하고 주권자의 의사를 좀 더 적극적으로 반영하기 위해 국민발안, 국민투표, 국민소환 등 직접민주주의를 활성화하는 개혁도 추진해야 할 것이다. 자치분권 개혁과 직접민주주의 개혁을 통해 불평등을 축소하기 위한 정책이 더 많이 채택되고, 포퓰리즘 세력의 준동을 예방하는 다양한 풀뿌리 민주주의 활동이 활발하게 전개돼야 할 것이다.

혁신적 포용국가의 지속적 발전

혁신적 포용국가는 억강부약(抑强扶弱)의 정신에 따라 빈부 격차를 줄여 포용적 균형을 실현하고 혁신을 통해 모든 사회구성원의 역량을 증진함으로써 지속 가능 발전을 이루고자 하는 국가 모델이다. 이런 관점에서 볼 때, 조세정책과 재정정책(의료, 복지, 고용, 주거, 교육, 돌봄 등)의 확대를 통해 불평등을 줄이고 사회 보장을 강화하는 일이 우선돼야 한다. 나아가 전 국민 평생교육 체제를 구축해 모든 국민의 역량을 지속적으로 증진하는 포용적·혁신적 교육을 실시하고 창의적 인재국가의 기반을 확충해 나가야 한다. 이런 노력과 병행해 사회 보장과 인재국가의 토대 위에 우리 경제를 수준 높은 역동적 혁신경제로 발전시켜 포용국가의 지속적 번영을 담보하는 토대를 구축해야 할 것이다. 나아가 한반도 평화를 위해 세계 각국의 지원과 협조가 필요한 현실과 무역의존도가 80% 내외인 한국 경제의 특성을 고려해서 포용국가의 비전을 세계 포용국가(연합), 세계 모범 선도국가로 적극적으로 확대해 나가야 한다.

포용적·능동적 정부 운영

민주주의하에서의 의사결정은 두 가지 결정적인 약점을 가지고 있다. 하나는 사회경제적 하위계층의 의사결정 참여나 그들의 권익 대변이 매우 제한돼 있다는 것이다. 다른 하나는 의사결정의 속도가 매우 느리다는 것이다. 이 두 가지가 결합되면 민주주의는 실업, 불안정 고용, 저임금, 빈곤, 불평등의 늪에서 고통 당하고 있는 중하위계층의 구성원들에게 별로 큰 도움이 되지 않는 매우 무력한 제도로 받아들여질 가능성이 있다.

따라서 대의민주주의를 포용적 민주주의로 혁신해 사회경제적 하위계층의 의사결정 참여를 확대하는 것이 필요하다. 나아가 사회보장 제도와 교육정책을 강화해 그들의 생계 보장과 역량 증진을 동시에 추진해야 한다. 그래야만 현재의 생존 가능성과 미래의 고용 가능성을 모두 높일 수 있게 된다.

이와 함께 정부 운영의 속도를 높여야 한다. 많은 국민 대중이 실업과 불평등 속에서 고통을 겪고 있는 상황에서 느린 정책 추진 속도는 고통을 더욱 가중시킨다. 이 문제를 해결하기 위해 정부는 광범위한 빅데이터를 구축해 실시간 현실 분석과 미래 예측을 통해 최적의 의사결정을 최단시간 내에 내려야 한다. 또한 결정된 정책을 신속히 집행하고 실시간 데이터 분석을 통해 그 정책이 국민들이 겪고 있는 어려움을 효과적으로 해결하는지를 평가해야 한다. 나아가 평가 결과를 토대로 보완할 사항이 있으면 최대한 신속히 보완책을 마련해서 정책 성과를 높여야 할 것이다.

이런 접근은 전체 정책 과정의 속도와 주기를 크게 단축시키고, 국민의 정책 만족도와 정부 신뢰도를 제고하는 결과를 가져오게 된다. 이렇게 해 나가면 정부는 문제가 발생할 때 사후적·수동적으로 반응하는 데서 한 걸음 나아가 빅데이터 분석을 통해 문제를 미리 발견하고 정책 대안의 효과를 수시로 점검하면서 매우 빠른 속도로 정책 성과를 높여 나갈 수 있다.

빅데이터 분석과 예측 능력의 향상에 기초하는 이러한 미래 예견적 국정관리 방식(anticipatory governance)은 현재의 느리고 수동적인 정부 운영 방식을 획기적으로 바꿔 미래의 선제적·능동적 정부혁신 모델이 돼야 한다(Fuerth, 2009; Maffei, Leoni, & Villari, 2020). 이를 위해 정부관료제 조직을 미래 지향적으로 재편하고, 정부조직 전체가 관료집단의 데이터분석 역량과 미래 예측 역량을 지속적으로 향상시키는 학습조직으로 변화돼야 한다. 이를 위해 국책연구기관들도 정부의 신속한 의사결정과 정책 집행을 뒷받침할 수 있도록 유능한 미래 예측 기관으로, 또 과학적 정책설계 및 평가기관으로 거듭나야 할 것이다.

나오며

포용적·능동적 정부로의 도약과 정부 역량 증진을 위한 노력을 지속적으로 기울이는 한편 궁극적으로 조세와 재정 등 정부가 가진 모든 공공정책 수단을 활용해 폭발적으로 증가하고 있는 불평등 문제를 해결하는 데 최선의 노력을 기울여야 할 것이다. 이와 함께 정부는 포용국가의 비전을 실현하기 위해 모든 국민의 삶을 안정시키는 사회보장 체계를 확충하고, 우수한 교육을 통해 국민들의 협동적 창의 역량을 증진하며, 우리 경제를 세계적 수준의 역동적 혁신경제로 탈바꿈시켜야 할 것이다.

이러한 과제들을 제대로 이뤄 내면 불평등과 포퓰리즘의 위협으로부터 민주주의와 포용국가를 지켜내는 일이 비로소 가능해질 것이다. 또한 민주주의의 혁신과 포용국가를 향한 중요한 변화가 진행되면 2020년에 접어들어 GDP 세계 10위(1인당 GNI 세계 7위)의 경제대국에 진입했으면서도 저출산으로 인해 인구의 자연 감소(3.3만 명)가 시작된 위기의 한국이 '피크 코리아(Peak Korea)'의 위험에서 벗어나는 일도 가능해질 것이다.

경세치용의
공공리더십

Public Leadership

참고 문헌

참고 문헌

고재호(1985). 『법조반백년: 고재호회고록』, 서울: 박영사.
김구(2021). 『백범일지』, 서울: 소담출판사.
김병로(1929/9). "방랑 교수 변호사," 『삼천리』, 제2호.
김윤경(1964). "여기 일제의 잔학상이! 김병로 선생의 부음을 듣고 동우회사건을 회상한다," 『사상계』, 131호.
김진배(1983). 김병로 "수상단편," 『가인 김병로』, 삼화인쇄주식회사.
김형곤(2007). 『원칙의 힘』, 살림Biz.
김형곤(2011). 『나는 세렌디퍼다』, 서울: 한언.
노무현(2001). 『노무현이 만난 링컨』, 서울: 학고재.
동허자(1932). "변호사 평판기(1)," 『동광』, 제31호, 1932/3.
박은식(2014). 「한국독립운동지혈사」, 『박은식전서』, 상권, 단국대학교출판부.
박현환(1954). 「안창호예심신문조서」, 『속편 도산 안창호』, 삼협문화사.
애국동지원호회 편(1956). 『한국독립운동사』.
이인(1961). 『애산여적』, 제1집, 세문사.
이인(1974). 『반세기의 증언』, 명지대학출판부.
이인(1974). 『반세기의 증언』, 서울: 명지대학교출판부.
이태복(2006). 『도산 안창호 평전』, 파주: 동녘.
장덕조(1981). "일곱 장의 편지," 우주.
한국역사연구회 편(1992). 『일제하사회운동사자료총서』, 4, 서울: 고려서림.
한인섭(2012). 『식민지 법정에서 독립을 변론하다: 허헌 김병로 이인의 항일재판투쟁』, 서울: 경인문화사.

Acemoglu, D. & J. A. Robinson(2019). *The Narrow Corridor: States, Societies, and the Fate of Liberty: The Politics Economy of the New Gilded Age*. New York: Russell sage.
Acemoglu, D. and J. A. Robinson(2012). *Why Nations Fail: The Origins of Power, Prosperity, and Poverty* (Kindle Edition).
Amark, K. (1988). Sammanhållning och Intressepolitik: Socialdemokratik och Fackföreningsrörelsen i Samarbete och Skilda Vägar, i Misgeld, Molin och Amark, K. (eds.) *Socialdemokratins Samhälle*, Stockholm: Norstedts.
Bartels, L. M.(2008). *Unequal Democracy*.
Basler, ed.,(1953). *The Collected Works of Abraham Lincoln*.
Beale, Howard K. ed.,(1960). *Diary of Gideon Welles: Secretary of the Navy under Lincoln and Johnson*, vol. 1, New York: W. W. Norton.
Berggren, H. (2010). *Underbara Dagar Framför Oss, En Biografi Over Olof Palme*, Stockholm:

Norstedts.

Bernstein, Richard J. 지음, 김선욱 옮김(2018). 『우리는 왜 한나 아렌트를 읽는가: 난민, 악의 평범성, 혁명정신』, 서울: 한길사.

Beschloss, Michael, 정상환 옮김(2016), 『대통령의 리더십(Presidential Courage)』, 서울: 넥서스BIZ.

Boller, Paul F.(1981). *Presidential Anecdotes*, New York: Oxford University Press.

Carnegie Andrew, 박상은 옮김(2005). 『성공한 CEO에서 위대한 인간으로(The Autobiography of Andrew Carnegie)』, 파주: 21세기북스.

Carpenter, Francis B.(1995). *Six Months at the White House with Abraham Lincoln*, Lincoln:

Collins, Jim, 이무열 옮김(2005), 『좋은 기업을 넘어 … 위대한 기업으로(Good to Great: Why Some Companies Make the Leap… and Others Don't)』, 파주: 김영사.

Dalio, R.(2017). "Populism: The Phenomenon" (Bridgewater®Daily Observations).

Degregorio, William A.(2001). *The Complete Book of U. S. Presidents*. New York: Cramercy Books.

Derfler, L. (2011). *The Fall and rise of Political Leaders: Olof Palme, Olusegun Obansanjo, and Indira Gandhi*, New York: Palgrave Macmillan.

Dole, Bob, 김병찬 옮김(2007), 『위대한 대통령의 위트(Great Presidential Wit)』, 서울: 아테네.

Economic Policy Institute (https://www.epi,org/chart).

Eklund, E. (2010). Plame, Stockholm: Bonnier McFadden, R. D. (1986) Olof Palme, Aristocrat Turned Socialist, Dominated Politics of Sweden, March 1, New York Times, https://www.nytimes.com/1986/03/01/obituaries/olof-palme-aristocrat-turned-socialist-dominated-the-politics-of-sweden.html, 2019년 8월 21일 검색.

Freedom House(2020). *Freedom in the World 2020*.

Fuerth, L.S., 2009. "Foresight and anticipatory governance." *Foresight*, 11(4): 14-32.

Goodwin, Doris K.(2018). *Leadership in Turbulent Times*, New York: Simon & Schuster.

Goodwin. *Team of Rivals*, p. xvi.

Hamel, Gary & Zanini, Michele(2020. 8). *Humanocracy: Creating Organizations as Amazing as the People Inside Them*, Havard Business Review Press.

Harari, Yuval Noah 지음, 조현욱 옮김(2015). 『사피엔스(Sapoens)』, 파주: 김영사.

Harris, K., Kimson, A., & Schwedel, A.(2018). *Labor 2030: The Collision of Demographics, Automation and Inequality: The Business Environment of the 2020s Will be More Volatile and Economic Swings More Extreme*. Bain & Company's Macro Trends Group.

Herndon, William H. & Weik, Jesse W.(1983). *Herndon's Life of Lincoln: The History and*

참고 문헌

Hertz, Emmanuel(1987). *Lincoln Talks: A Biography in Anecdote*, New York: Random House Value Publishing.
Korpi, W.(1983). *The Democratic Class Struggle*. Routledge Kegan & Paul.
Kostyal, K. M.(2009). *Abraham Lincoln's Extraordinary Era*. Washington, D.C.: National Geographic Society.
Kriesi, H.(2015). "Populism: concepts and conditions for its rise in Europe," A Paper prepared for Communicazione Politica.
Kyle, J. & Gultchin, Limor(2018). *Populism in Power Around the World*. Renewing the Center.
Lamon, Ward H.(1895). Recollection of Abraham Lincoln: 1847-1865, Chicago: A. C. McClurg. *Leadership*)』, 서울: 한스미디어.
Maffei, S., Leoni, F. & Villari, B.(2020). "Data-driven anticipatory governance. Emergingscenarios in data for policy practices," *Policy Design and Practice*(https://www.tandfonline.com/loi/rpdp20).
Maxwell, John(1998). *The 21 Irrefutable Laws of Leadership*, Tennessee: Thomas Nelson, Inc.
McPherson, James M.(1990). Abraham Lincoln and the Second American Revolution.
Meidner, R. (1978). *Employee Investment Funds: An Approach to Collective Capital Formation*, London: George Allen & Unwin.
Mudde, C.(2004). "The Populist Zeitgeist," *Government and Opposition* 39(4): 541-563.
Neely Jr., Mark E.(1982). *The Abraham Lincoln Encyclopedia*, New York: McGraw-Hill.
Nevins, Allen & Thomas Milton Halsey, eds.(1952) *The Diary of George Tmpleton Strong*, New York: Macmillan.
Oates, Stephen B.(1977). *With Malice None: The Life of Abraham Lincoln*, New York: Harper & Row.
Olof Palme International Center (2019). About Olof Palme, https://www.palmecenter.se/en/about-olof-palme/, 2019년 8월 20일 검색.
Österberg, K. (2001). *Olof Palme i sin tid, Huddinge: Samtidshistoriska institutet*, Södertörnshögskola.
Österberg, L. (2008). *I takt med tiden, Olof Palme 1927-1969*, Stockholm: Leopard.
Palme, O. (1972). Hanoi, Christmas 1972, in Ol.
Personal Recollections of Abraham Lincoln, New York: Da Capo Press.
Philips, Donald T., 이강봉·임정재 옮김(2006). 『신념의 CEO 링컨, 비전을 전파하라(*Lincoln on*
Pierre, J. (1995). *Bureaucracy in the Modern State: An Introduction Comparative Public Administration*, Cheltenham & Northhampton: Edward Elgar.

Polelle, Mark R., 김수진 옮김(2008), 『역사를 바꾼 50인의 위대한 리더십(*Fifty Great Leaders and the Worlds They Made*)』, 서울: 말·글빛냄.

Quirico, M. (2011). *Olof Palme's Politics, Nordicum-Mediterraneum*, Vol. 6, No. 1, https://pdfs.semanticscholar.org/1286/d563c9d9d312be10bfc243f7d998adec5522.pdf, 2019년 9월 1일 검색.

Rifkin, Jeremy 지음, 이경찰 옮김(2010). 『공감의 시대(*The Empathic Civilization*)』(2009). 서울: 민음사.

Roy P. Basler, ed.(1953). *The Collected Work of Abraham Lincoln*, 1-8. New Brunswick: Rutgers University Press.

Sandel, Michael J. 지음, 김명철 옮김(2014). 『정의란 무엇인가』, 와이즈베리.

Sandel, Michael J. 지음, 안기순 옮김(2012). 『돈으로 살 수 없는 것들』, 와이즈베리.

Smith, Adam 지음, 박세일 옮김(1996). 『도덕감정론(*The theory of moral sentiments*)』(1759), 서울: 비봉출판사.

Spagnolo, S. R.(2021). "Different forms of populism: are they all a threat to democracy?"(https://www.researchgate.net/ publication/349427974).

Thaler, Richard H. & Sunstein, Cass R., 인진환 옮김(2009), 『넛지(Nudge)』, 서울: 리더스북.

University of Nebraske Press.

Weber, M. (1921). *Politik als Beruf, Gesammelte Politische Schriften*, pp. 396-450.

Zall, Paul M.(1982). *Abe Lincoln Laughing*, Berkeley: University of California.

「大韓新民會의 構成」, p.1024.

「大韓新民會趣旨書」, p.1027.

「大韓新民會通用章程」, pp.1028~1029,

山縣五十雄 편(1912), 『朝鮮陰謀事件』.

동아일보, "전 대법원장 김병로, 국민은 악법 폐지를 요구할 권리 있다." 1960.1.1.

동아일보, 常設機關을 指向「時局收拾臨時協議會」構成, 1960.4.24.

서울신문, "조진만 대법원장, 법원의 기틀을 세운 분." 1964.1.14.

조선일보, "가인 김병로 옹 노변록(6)," 1958.1.8.

프레시안(2018. 03. 23).

경세치용의 공공리더십

Public Leadership

저자 소개

Public Leadership

경제·인문사회연구회 · 한국행정연구원 공편

김경희 이화여자대학교 교수
김기찬 가톨릭대학교 교수 / 전(前) 세계중소기업학회 회장
김문조 고려대학교 명예교수
김선욱 숭실대학교 학사부총장
김택환 경기대학교 특임교수
김형곤 건양대학교 교수
박상철 한국공학대학교 교수
백기복 국민대학교 교수
성경륭 농산어촌유토피아특별위원회 위원장 /
　　　　전(前) 경제·인문사회연구회 이사장
송재소 퇴계학연구원 원장 / 성균관대학교 명예교수
신용하 서울대학교 명예교수
윤종록 KAIST 과학기술정책대학원 초빙교수
이정우 경북대학교 명예교수 / 전(前) 한국장학재단 이사장
제장명 순천향대학교 이순신연구소 소장
한인섭 서울대학교 교수 / 전(前) 한국형사·법무정책연구원 원장

경세치용의
공공리더십

Public Leadership

-세상을 바꾸는 리더의 힘-